Neuer Stuttgarter Kommentar
– Altes Testament 29 –

Neuer Stuttgarter Kommentar
– Altes Testament 29 –

Herausgegeben von
Christoph Dohmen

Ernst Axel Knauf

Die Umwelt des Alten Testaments

Verlag Katholisches Bibelwerk GmbH, Stuttgart

Die Deutsche Bibliothek – CIP-Einheitsaufnahme

Neuer Stuttgarter Kommentar. –
Stuttgart: Verl. Kath. Bibelwerk
Altes Testament / hrsg. von Christoph Dohmen.
NE: Dohmen, Christoph [Hrsg.]

29. Knauf, Ernst Axel: Die Umwelt des Alten Testaments. – 1994

Knauf, Ernst Axel:
Die Umwelt des Alten Testaments / Ernst Axel Knauf. –
Stuttgart: Verl. Kath. Bibelwerk, 1994
  (Neuer Stuttgarter Kommentar: Altes Testament; 29)
  ISBN 3-460-07291-1

à Gisèle sans qui ce livre n'aurait pas été
écrit
et à tous mes étudiants
d'Irbid, de Heidelberg et de Fribourg
qui ont assisté à la conception du contenu

ISBN 3-460-07291-1
Alle Rechte vorbehalten
© 1994 Verlag Katholisches Bibelwerk GmbH, Stuttgart
Druck: Druckerei Neubert, Bayreuth

Inhaltsverzeichnis

5

Vorwort

Nach heutigem Sprachgebrauch läßt eine »Umwelt des AT« Auskünfte über Klima und Bodenbeschaffenheit Palästinas, Ökonomie und Ökologie des alten Israel erwarten. Diese Aspekte wird M.Niemann in NSK-AT Bd. 28 behandeln. Der vorliegende Band ist der Welt des Alten Orients gewidmet, von der das alte Israel einen recht kleinen Teil bildete – wenn auch den wirkungsreichsten. Die Erste Bibel sammelt wie ein Brennglas die Gedanken und Überlieferungen, die Geschichte und Vorgeschichte ihrer Welt und bringt sie auf den Punkt, an dem die Geschichte des christlichen Glaubens ihren Anfang nahm.

Die Welt des Alten Orients wird zur Umwelt des AT, indem sie nach Maßgabe dessen erzählt wird, was von ihr in die hebräische Bibel eingegangen ist und darum dem Verständnis der Heiligen Schrift förderlich ist. Die Bibel ist als Text in der Auseinandersetzung mit erlittener wie selbst zu verantwortender Geschichte entstanden; sie hat seit ihrer Entstehung eine nicht minder wichtige Lese- und Rezeptionsgeschichte hinter sich. Durch das Christentum ist die Geschichte der Bibel unsere eigene Geschichte. Es geht hier nicht um die Exotik ferner Kulturen, sondern um die Aufarbeitung einer kollektive Erinnerung, der wir uns nicht entziehen können.

Die Welt des Alten Orients ist in ihrer Vielfalt von einem einzelnen nicht darzustellen. Aber nur ein einzelner kann versuchen, sie als ein Ganzes ins Auge zu fassen, auch wenn seine individuelle Perspektive nicht erlaubt, alle Ergebnisse und Sichtweisen der beteiligten Fachwissenschaften gebührend zu berücksichtigen. Auf vieles wäre ich gerne ausführlicher eingegangen. Aber Zeichnen heißt weglassen. Wenn große Männer und Frauen und ihre Taten relativ wenig Raum einnehmen, dann nicht, weil sie nicht interessieren – das Gegenteil ist der Fall –, sondern weil der Überblick über eine ganze Welt die Beschränkung auf grundlegende Strukturen und Prozesse erfordert.

Weil das alte Israel ein Bestandteil der Welt des Alten Orients war, enthält dieser Band auch eine »Geschichte Israels in Grundzügen«. Da der Blick auf diese Geschichte dabei »von außen«, vom Alten Orient her erfolgt, unterscheidet er sich in manchen Punkten von anderen Darstellungen, die sie vom Standpunkt Israels aus betrachten. Zwei aktuelle »Geschichten Israels«, in denen der Alte Orient seinerseits gebührende Beachtung findet, können den Leserinnen und Lesern als Ergänzung der hier verfolgten Sichtweise empfohlen werden: H. Donner, *Geschichte des Volkes Israel und seiner Nachbarn in Grundzügen*, 2 Bde. Göttingen 1984-1986, und J. M. Miller und J. H. Hayes, *A History of Ancient Israel and Judah*. Philadelphia 1986.

Wer die Forschung der letzten zehn Jahre aufmerksam verfolgt hat, wird auf diesen Seiten wenig Neues finden. Die Literatur, auf die sich die Darstellung stützt, ist über die Bibliographien der im Anhang genannten Werke erschließbar; darüber hinaus finden sich im *Neuen Bibel-Lexikon*, Zürich, das von M. Görg und B. Lang herausgegeben wird und seit 1988 erscheint, zu allen angeschnittenen Fragen Artikel mit weiterführenden Literaturangaben. Ich hoffe, diejenigen Kolleginnen und Kollegen, deren Arbeiten hier dankbar benutzt wurden, ohne daß es möglich war, sie immer namentlich anzuführen, freuen sich trotzdem über ihre Rezeption.

Für die kritische Durchsicht einer ersten Fassung danke ich Gisela Belleri Knauf, Jobst Bösenecker, Ulrich Hübner, Michael Niemann und Helga Weippert, für ihre Ermutigung bei einem Unterfangen, das mir oft genug vermessen vorkam, Michael Niemann und dem Herausgeber. Wenn die Lektüre dieser Einführung dazu anregt, die Texte des Alten Orients selbst zu lesen oder wieder zu lesen, Sinuhe und Gilgamesch, Homer und Herodot, vor allem aber die Erste Bibel, hat das vorliegende Buch seinen Zweck erfüllt.

Genf, im November 1993   E. A. K.

Exkurs 0: Umschrift und Aussprache orientalischer Wörter und Namen

Wer im Orient reist, findet bisweilen auf Touristenkarten und Ortsschildern eine verwirrende Vielfalt von Formen des gleichen Ortsnamen. Die Konfusion setzt sich in der Tagespresse, allgemeinverständlichen Darstellungen und einem Teil der wissenschaftlichen Literatur ungebrochen fort: da steht *Amman* neben *'Ammân* und *^cAmmān, Cheikh Meskine* neben *Shaykh Meskîn*. Um, in welcher Umschrift auch immer, fremde Wörter korrekt aussprechen zu können, muß man zumindest ein wenig über die Herkunfts-Sprache wissen. Die Wissenschaft hat für die Wiedergabe semitischer Wörter und Namen in Lateinschrift ein System von Zusatzzeichen entwickelt (*^cAmmān, Šēh Miskīn*), daß eindeutig ist, aber Außenstehende oft verwirrt; meistens kann man die Striche und Punkte ungestraft ignorieren, aber im Falle des š muß man doch wissen, daß es ein »sch« darstellt.

Ohne solche »diakritische Zeichen« ist jede Umschrift ein Notbehelf; »lapeng« gibt französisch *lapin* so genau wieder, wie es die deutsche Orthographie erlaubt, würde aber nicht von jedem Franzosen sofort verstanden werden. Im Falle orientalischer Namen in den lateinschriftlichen Druckmedien, sowohl in deren Heimat-Ländern wie in Europa und Amerika, erwächst dem deutschen Publikum die zusätzliche Schwierigkeit, daß sich diese Umschriften an der Orthographie und am Lautstand des Englischen (in Syrien und im Libanon oft des Französischen) orientieren. Ich bin dieser Praxis gefolgt, weil sie international verbreitet ist und die Nachrichtenagenturen, die Touristenkarten und ein Teil der Literatur es ohnehin tun. Auch liest sich *Tell Hajjâj* bequemer als »Tell Hadschdschâdsch«. Man muß also beachten: *j* steht in diesen Umschriften immer für ein weiches »dsch«, für deutsches »j« tritt *y* ein.

Lange Vokale werden (nicht regelmäßig, außer in diesem Buch) mit dem Zirkumflex (dem Akzent auf dem zweiten a von *'Ammân*) gekennzeichnet. Diese Markierung ist notwendig, sie unterscheidet Bedeutungen: *'Ain al-Ghazal* ist eine »Quelle des Liebesgeflüsters«, 'Ain al-Ghazâl eine »Quelle der Gazelle« (gh steht für einen Laut, der exakt wie deutsches Zäpfchen-R klingt, oder wie »g« zwischen Vokalen in der Gegend von Magdeburg, der aber für den Araber kein »r« ist). Außerdem hängt von der Vokallänge die Betonung ab: ist der Vokal der letzten (vorletzten) Silbe lang, wird die letzte (vorletzte) Silbe betont, sonst die drittvorletzte (falls vorhanden). Also heißt die Hauptstadt von Jordanien immer *Ammán,* nie »Ámman«, es wird *'Ain al-Ghazál* betont, *Gházal* bedeutet, wie gesagt, etwas anderes.

Die Zeichen-Kombination *sh* versteht sich von selbst, *th, dh* bezeichen »hartes«, stimmloses (wie in engl. *think*) und »weiches«, stimmhaftes (wie in engl. *there*) gelispeltes »s«; *s* ist immer stimmlos, für stimmhaftes s steht *z* (und für deutsches »z« in Israel *tz* oder *ts*). *Kh* entspricht deutschen »ch« wie in »ach«, auch vor oder nach i. Am Silbenende (aber nicht am Wortende) wird h ausgesprochen, die Landschaft *Ruhbah* ist eher als »Ruchbaa« zu lesen denn als »Ruubaa«. Der Apostroph ' markiert einen Stimmabsatz (wie in »be'achten«), der immer deutlich hörbar sein muß, und vertritt meistens (wie in *'Ammân*) einen arabischen Gurgellaut, den näher zu beschreiben hier zu weit führen würde. Altorientalische Wörter werden, wo es unerläßlich ist, sie anzuführen, analog behandelt.

Zuviele Regeln? Nicht mehr, als man braucht, um der Nahost-Berichterstattung der Zeitungen zu folgen.

0. Einleitung

0.1. Welt und Umwelt

Die Bibel erzählt eine Welt, die mit jenem Anfang beginnt, an dem Gott Himmel und Erde schuf (Gen 1,1), und die mit jenem neuen Anfang endet, nach dem es keine Sonne und keinen Mond mehr geben wird (Jes 60,19; Offb 22,5). Die Umwelt dieser erzählten

Welt bilden die Erzählwelten der Nachbarn Israels, wie sie auch die Autoren der biblischen Geschichte in der einen oder anderen Form kannten und verarbeitet haben (vgl. Kap. 3.3). Die Welt der Bibel wurde zuerst einem Publikum erzählt, das anders lebte, dachte, litt und hoffte als Leser und Leserinnen der Bibel im 16., 18. oder 20. Jh. n. Chr. Auch wer eine neue Welt erzählt, kann sich nicht freimachen von den Selbstverständlichkeiten der eigenen Lebenswelt. Die ganz andere soziale Welt der Autoren der Hebräischen Bibel und ihres ersten Publikums gibt jenen Wörtern Sinn, die in unserer Welt nichts mehr bezeichnen außer Figuren aus »1001 Nacht«: dem König, dem Hirten, dem Höfling, dem Bettler, dem Bauern, der nicht weiß, ob die Ernte zum Leben reichen wird und zugleich für die Abgaben, die er schuldet, der Witwe, der keine Sozialversicherung eine Rente zahlt (vgl. Kap. 1 und NSK-AT Bd 28).

Als Teil der Welt, die sie entwirft, erzählt die Hebräische Bibel auch die Geschichte des Gottesvolkes vom Auszug aus Ägypten bis zur zweifachen Wiederherstellung des Tempels nach dem Exil (in Esra 1 - 6,17 und 1 Makk 4,52-59; 2 Makk 10,1-8). Um die Akzente zu verstehen, die jene Darstellung setzt, müssen wir die biblische Erzählung mit einer Rekonstruktion der gleichen Ereignisse durch die moderne Geschichtswissenschaft konfrontieren, manchmal auch mit der Unmöglichkeit einer historischen Rekonstruktion. Wir verfügen über Quellen und Methoden, die den biblischen Geschichtsschreibern nicht zur Verfügung standen. Wir sehen diese Geschichte aber auch von einem anderen Standort aus: was die Bibel darstellt als Geschichte zwischen Gott und seinem Volk, in der anderen Herrschern und Völkern nur Statisten-Rollen zukommen, erscheint hier als ein Ausschnitt aus einem langen historischen Prozeß, in dem die Zentren der Entscheidung immer recht weit von Israel und Juda entfernt lagen (vgl. Kap. 2).

Im Zentrum der biblischen Welt steht der biblische Gott, der sich im Zuge ihrer erzählten Entfaltung immer nachdrücklicher von anderen Göttern abgrenzt. Dabei erfährt dieser Gott selbst im Laufe der Erzählung eine Geschichte, wird größer und reicher. Bevor Gott von der Kirche aller Welt als ihr Herr verkündet wurde, war er der Gott einiger Sippen, dann zweier Kleinstaaten und schließlich eines Volkes des orientalischen Altertums (vgl. Exkurs 3). Sein Profil schärfte sich in der Konfrontation mit seinen »Kollegen«

(vgl. Kap. 4); aber die »Götter Kanaans« hatten schon bei den Griechen, dann bei Juden und Römern das, was man heute eine schlechte Presse nennt. Nicht immer zu Recht: wir schulden den »Heiden« etwas mehr Gerechtigkeit. Auf alle Fälle schulden wir ihnen, sie nicht schlechter zu schildern, als sie waren.

0.2. Raum und Zeit

Wo sind die Grenzen zu ziehen, die eine »Umwelt des AT« von einer Universal-Geschichte der Alten Welt unterscheiden? Das AT kennt Tarschisch im fernsten Westen, Medien und Elam im Osten, Saba und Hadramaut im Südosten (vgl. Abb. 1). Im Norden reicht der Blick kaum über die Gebirge hinaus, die das syrisch-mesopotamische Tiefland begrenzen, die gesamte Ägäis wird zusammengefaßt als die »Inseln der Cyprioten« (hebr. *kittîm*). Die geographische Umwelt des AT ist die Mittelmeerwelt – eine Mittelmeerwelt freilich, die noch im Osten, in der Levante, ihr Zentrum hat, zu dessen wichtigsten Randgebieten noch Ägypten und (As-)Syrien, Babylonien und Arabien gehören, noch nicht Italien, Gallien oder Britannien. Um zu verstehen, was in der Bibel »Himmel« heißt, ist es nützlicher, das Blau des levantinischen Himmels gesehen zu haben, als noch so viele Bücher darüber zu lesen. Um zu erfahren, was für die Bibel »Wein und Öl« bedeuten, kann schon ein Aufenthalt in Spanien oder Griechenland die wesentlichen Geschmacks- und Geruchseindrücke vermitteln. Um zu wissen, wie kostbar – und wie heilig – ein Baum, gar ein Hain sein kann, ist es nützlich, die verkarsteten Hänge Süditaliens oder der türkischen Ägäis vor Augen zu haben. Am besten ist es natürlich, alle diese Eindrücke im Land der Bibel selbst zu empfangen – doch droht dann denen, welche die anderen Ufer des Mittelmeeres nicht kennen, die Gefahr, für typisch biblisch zu halten, was allgememein-mediterran ist.

Mit dem östlichen Mittelmeer als Zentrum der »Umwelt des AT« ist eine Betrachtungsweise eingeführt, die alle Zivilisationen an seinen Küsten zu Randkulturen macht. Das wirtschaftliche Zentrum dieser Welt lag zuerst in den phönizischen Metropolen, seit dem 5. Jh. v. Chr. in Athen, im 2. Jh. v. Chr. bereits in Rom. Doch waren diese Zentren wieder abhängig vom jeweiligen Wirtschafts- und

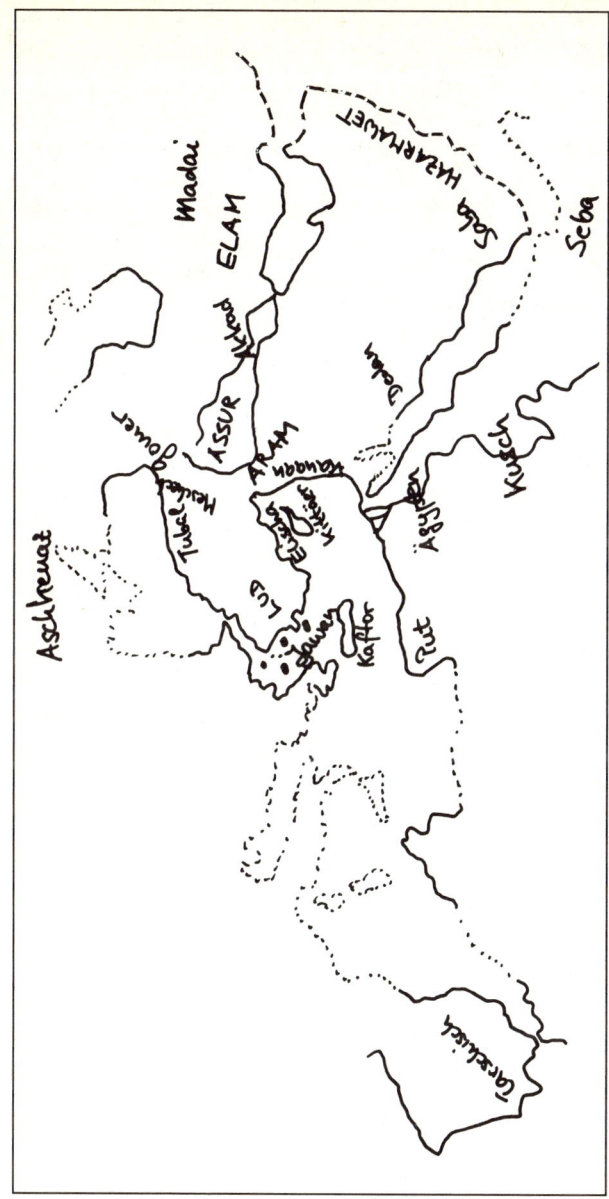

Abb. 1: Die Welt, soweit sie der »Völkertafel« Gen 10 bekannt war.
In GROSSBUCHSTABEN die »Nachfahren Sems«. Gestrichelt: dem AT wahrscheinlich unbekannte Küsten.

15

Handelssystem (Rom etwa vom Getreide aus Sizilien, dann aus Ägypten und Syrien), das sie eher repräsentierten als steuerten. Im Zentrum der Betrachtung stehen damit nicht so sehr einzelne Staaten, Städte oder Landschaften, sondern mehr das Zusammenspiel aller oder zumindest der aktivsten; stehen die langfristigen Prozesse, der Fluß von Kapital, Kulturgütern, Ideen, weniger die Leistungen einzelner Macher und Denker. Freilich: erst in der Rückschau zeichnen sich Prozesse und Strukturen ab, gliedern sich Umwelten zu sinnvoll abgegrenzten Räumen; den Akteuren der Vergangenheit, und damit auch ihren Annalisten und Geschichtsschreibern, blieben die Strömungen, die sie trugen, verborgen.

Den Raum der »Umwelt« zu umschreiben, erwies sich als überraschend leicht. Wie steht es aber mit der Zeit? Das AT stellt von Ex bis 2 Kön im Wesentlichen die Geschichte des ersten Tempels vom Zeltheiligtum in der Wüste bis zu seiner Zerstörung im Jahr 586 v. Chr. durch die Neu-Babylonier dar. Diese Darstellung diente als – teilweise programmatisches – »Grundgesetz« für die Gemeinde des zweiten Tempels (vgl. 2.8.2). Die dargestellte Zeit deckt sich für uns mit dem, was die Archäologie Palästinas die »Eisenzeit« nennt (ca. 1250/1150 – 600/500 v. Chr; vgl. Exkurs 1), die Zeit ihrer Darstellung mit der persischen Herrschaft in Palästina (538/520 – 332 v. Chr.). Nur wenige Bücher der hebräischen Bibel sind erst im 3. Jh. v. Chr. verfaßt, im Zeitalter des beginnenden Hellenismus (Koh, wahrscheinlich Hld, vielleicht 1/2 Chr; vgl. 2.9.1), während aus dem 2. Jh. v. Chr. Dan, Sir, Jdt und 1/2 Makk stammen (vgl. 2.9.2).

Die Jerusalemer Theologen der Perserzeit, denen wir die Tora (den Pentateuch, die 5 Bücher Mose) in ihrer kanonischen Form verdanken, hatten aber nicht nur Überlieferungen, sondern auch Texte zur Verfügung, die schon zur Zeit der Königreiche Israel und Juda schriftlich niedergelegt worden waren (vgl. 3.2.2; 3.3). Wer aber im 7., 6. oder 5. Jh. v. Chr. als Hebräer zum Thema »Schöpfung und Flut« schrieb (Gen 1 und 2; 6 - 9), setzte damit eine literarische Tradition fort, die wenigstens 1500 Jahre zuvor begonnen hatte (vgl. Kap. 3.3). Das Selbstverständnis Ägyptens und mesopotamischer Reiche im 1. Jahrtausend v. Chr. war geprägt von Denkformen, die im 3. Jahrtausend v. Chr. entstanden waren, und von Erfahrungen, die diese Staaten im 2. Jahrtausend gemacht hatten (vgl. Kap. 2). Die Formen der Lebensgestaltung und die Weltsicht bäuerlicher Stammesgesellschaften in regenbewässerten Bergländern zu verstehen heißt gar, bis in die Jungsteinzeit (das 8.-6. Jahrtausend v. Chr.) zurückzugehen (vgl. 1.1; 1.2 und 4.1).

Die Behandlung eines Abschnittes der menschlichen Geschichte wäre ein müßiger Zeitvertreib, sähen wir nicht, wie auch diese Geschichte auf uns zuliefe. Jede Gliederung der Weltgeschichte in Epochen verrät mehr über das Selbstverständnis der Gliedernden als über die gegliederte Geschichte. Geht man vom mediterranen Weltwirtschaftssystem, seinen Phasen des Wachsens, Blühens und Zusammenbrechens aus, ergibt sich folgende Kontur für den zeitlichen Kontext der biblischen Geschichte:

9.-4. Jahrtausend v. Chr.	Die jungsteinzeitliche Revolution. Entstehung des Sippenbauerntums. Erste Häuptlingstümer. Syrien-Palästina gehört zum Zentrum der wirschaftlichen und technologischen Entwicklung (vgl. 1.1-3; 3.1.2).
3. Jahrtausend v. Chr.	Staatenbildung in Mesopotamien und Ägypten. Palästina-Syrien wird zum Randgebiet, z. T. zur Kolonie (vgl. 2.1 und 2.2).
1800-1200 v.Chr.	Das erste mediterrane Wirtschaftssystem. Konkurrenz und Kooperation zwischen den Zentren Ägypten, Babylonien, Kleinasien, Kreta. In Palästina-Syrien überschneiden sich die kulturellen Einflußsphären (vgl. 2.3; 3.2.2).
1100 v. Chr. – 750 n. Chr.	Das zweite mediterrane Wirtschaftssystem. Phönizische, später griechische Kolonisation. Um 750 v. Chr. reicht der Welthandel von Südspanien bis Südarabien. 720/716/665 unterwirft Assyrien Ägypten: Geburt des Weltreiches, im folgenden von Neubabyloniern, Persern, Makedonen und Römern übernommen und erweitert (vgl. 2.5-9). Im 2./3. Jh. n. Chr. zivilisatorischer Höhepunkt. Seit der Reichskrise in der 2. Hälfte des 3. Jh.s Niedergang. Germanische Völkerwanderung und islamische Eroberung sind Indikatoren (nicht Auslöser) des Endes. Das Reich der Umayyaden-Kalifen erstreckt sich von Afghanistan bis Spanien und übertrifft an Ausdehnung das Alexanderreich. Erst mit dem Sturz der Umayyaden wendet sich der Orient (vorläufig) vom Mittelmeer ab. Palästina-Syrien gehören weiter zum Kern der zivilisierten Welt.

850-1600/1650 n.Chr.	Das dritte mittelmeerische Wirtschaftssystem, von Genua und Venedig, Mamluken und Osmanen dominiert. Letzte vor-neuzeitliche Blütezeit Syrien-Palästinas von 1100-1600.
1600/1650-1950	Die atlantische Zivilisation. Kulturverfall in Syrien-Palästina (wie im ganzen östlichen Mittelmeer) bis ca. 1850. Der amerikanische Bürgerkrieg führt erst zur Baumwoll-, dann Orangen-Produktion um Jaffa: die atlantische Wirtschaft hat Palästina erreicht und gestaltet es um. Eisenbahnbau und neue Siedler.
Ab 1950	Die globale Zivilisation.

Im Rahmen dieser Gliederung bildet das »zweite mediterrane Wirtschaftssystem« den zeitlichen Kontext des AT. Die Beschränkung auf die erste Bibel verbietet es, dem Auf und Ab dieser Welt bis zu ihrem Ende nachzugehen, das kein Ende, sondern eine Verwandlung war, das Spiel begann mit neuen Mitspielern von neuem. Doch sei wenigstens angedeutet, daß mit dem Ende jenes Zeitraumes, der in diesem Buch behandelt wird, kein End- oder Ruhepunkt der Geschichte erreicht ist. Mit dem Abschluß des letzten Buches, das in eine der verschiedenen Formen des biblischen Kanons bei Juden oder Christen aufgenommen wurde, war der Denk-Prozeß nicht abgeschlossen, der mit den ältesten altorientalischen Vorlagen der Bücher des AT begonnen hatte. Aus der gleichen Wurzel wuchsen alsbald Mischna und Talmud, Neues Testament, die Schriften der Kirchenväter und der Islam. Die Epoche von 1100 v. Chr. bis 750 n.Chr. hat am Ende nicht eine, sondern drei monotheistische Religionen hervorgebracht.

Bis ins 18. Jh. n. Chr. hinein war sich der Norden Europas seiner zivilisatorischen Abhängigkeit von der Mittelmeerwelt bewußt. Im Berlin Friedrichs d. Gr. gehörten italienische Gastarbeiter zu den am höchsten bezahlten Gehaltsempfängern. Goethe ist nicht wegen der Strände nach Italien gereist, und die Kreuzfahrer erschienen ihren orientalischen Zeitgenossen als die unkultivierten Rüpel, die sie waren. Daran erinnert sich besser, wer heute in die Welt des AT reisen will, zu seiner Sonne, seinem Himmel, seinem Wein und seinen Oliven.

0.3. Geschichten und Geschichte

Eine Reise in die Vergangenheit ist immer eine Reise in ein sehr fremdes Land. Alles ist anders: das Klima, das Essen, das Geld, wenn es überhaupt schon Geld gibt (vgl. 1.4), die Sprache, selbst wenn es die ältere Form einer Sprache sein sollte, die wir beherrschen (vgl. 3.1). Vor allem denken, fühlen und werten die Bewohner der Vergangenheit anders als wir. Eine solche Reise findet immer nur in der Vorstellung statt: denn die Vergangenheit ist ein Land, in das wir wohl hineinsehen können, soweit unsere eigene Erinnerung reicht, über das wir Nachrichten sammeln können, die uns aus diesem fernen Land zugekommen sind – nur hineingehen und selber nachprüfen, was es denn mit diesen Nachrichten auf sich habe, können wir nicht. Der Historiker befindet sich in der Situation des Astrophysikers, der das Leben von Sternen beschreibt, zu denen nie ein Mensch oder ein menschengesandtes Instrument dringen wird. Wie die Aussagen der Astrophysik sind auch die Aussagen der Geschichtswissenschaft von den Theorien abhängig, mit denen die Wissenschaftlerinnen und Wissenschaftler arbeiten. An Theorien gibt es bekanntlich nur zwei Arten: solche, von denen wir bereits wissen, daß sie falsch sind, und solche, von denen wir es noch nicht wissen.

Der Reisende sieht das fremde Land, das er besucht, mit anderen Augen als die Einheimischen. Er hat auch andere Länder gesehen und kann vergleichen. Er kann sich bemühen, die Einheimischen zu verstehen, kann auch einige ihrer Anliegen zu seinen machen; nur ein Einheimischer werden kann er nicht. Der Reisende kommt aus großer Ferne und kehrt dahin zurück. Er sieht manches klarer, anderes dafür überhaupt nicht. Ganz Venedig übersieht man aus der Luft, nicht vom Markusplatz aus. Aus der Entfernung gliedert sich die Unzahl der Ereignisse, werden Strukturen sichtbar. Aber Strukturen sind keine Naturgesetze. Wir können zu erklären versuchen, warum Israel 724-720 und Juda 597-582 v. Chr. untergingen. Vorhersagen, wie unsere eigene Geschichte weitergeht, können wir nicht. Die Zeit des Historikers ist eine von den vier Dimensionen eines hermetisch gegenüber dem Jetzt abgeschlossenen Raumes, in dem sich seine Forschungen bewegen. Innerhalb dieses historischen Raumes sind Vorhersagen möglich, z.B. »Man wird in Südarabien auch weiterhin keine Spuren staatlicher Organisation vor dem 8. Jh. v. Chr. antreffen«, oder, als Beispiel einer historischen Hypothese, die ich nicht teile: »Wenn man auf dem Berg Ararat nur lange genug sucht, wird man dort Reste der Arche finden«. Außerhalb des Raumes der Vergangenheit sind Historiker keine begabteren Propheten als andere Menschen.

Reisende bestimmen ihre Routen nach ihren Interessen, und Historiker wie Historikerinnen machen es nicht anders. Man kann andere Fragen stellen und andere Interessen verfolgen als hier gestellt und verfolgt werden. Aber ihre eigenen Fragen stellen und danach die zu befragenden Texte und Materialien auswählen müssen die Historiker von Anfang an, oder sie ertrinken in ihren Quellen und werden niemals dazu kommen, ihren Zeitgenossen eine verständliche Geschichte zu erzählen. Auch wer objektive, d.h. an den Fakten der historischen Welt überprüfbare Geschichte schreiben will, entgeht nicht dem Schicksal, daß die Geschichte, die er oder sie schließlich erzählt, eine eigene Geschichte ist. »Konstruieren muss man bekanntlich die Geschichte immer, ... Der Unterschied ist nur, ob man gut oder schlecht konstruirt« (J. Wellhausen).

Dieses Buch ist eine Einladung zu einer Besichtigungsreise in die Welt, aus der die Bibel kam. Es verfolgt eine Reiseroute von vielen möglichen. Sich umsehen müssen Leserinnen und Leser selber. Ich hoffe, erste Hinweise geben zu können – aber dann dem eigenen Schauen und Fragen nicht im Wege zu stehen.

Exkurs 1: Chronologie

Wer in der älteren oder auch erst zukünftig erscheinender Literatur weiterliest, wird dort wie auch in anderen Bänden dieser Reihe auf widersprüchliche Datierungen stoßen: regierte Pharao Ramses II, den viele für den Pharao des Auszugs der Kinder Israels aus Ägypten halten (vgl. 2.3.5), nun von 1290-1224 v. Chr. oder von 1279-1213? Wurde Jerusalem 587 v. Chr. von Nebukadnezzar erobert oder 586? Wie kommen Jahreszahlen für Ereignisse zustande, die vor Christi Geburt niemand »v. Chr.« datieren konnte?

Das Problem beginnt damit, daß die Grundeinheiten der menschlichen Zeitmessung: der Tag, der Monat (der Mondumlauf) und das Jahr (der Sonnenumlauf) keine einfachen Vielfachen der jeweils kleineren Einheit bilden. Ein Mond-Monat dauert eben 29 oder 30 Tage, das Sonnenjahr ungefähr 365 1/4 Tage. Für den Menschen vor der Erfindung des Staates, des Geldes, des meßbaren Bodens und der berechenbaren Zeit ist das alles kein Problem: man lebt im Rhythmus der Jahres-Zeit, allenfalls der Lebens-Zeit und zählt die Zeiten nicht über die absolute Notwendigkeit hinaus. Beduinen der Antike, Zeitgenossen des Archimedes, Herodes d. Gr. oder auch Konstantins, haben in der Basaltwüste Syriens und Jordaniens Inschriften mit Zeitangaben hinterlassen wie »als es in der Wüste regnete« oder »als die Ziegen Junge bekamen«. Die Verfasser wußten, worauf sie sich bezogen – wir können es nicht einmal erraten. Für große Zeiträume gab es Kategorien wie »seit Menschengedenken«, »ein Menschenleben«, »vor vier Generationen« – Kategorien, die in manchen scheinbar exakten Zahlenangaben antiker Texte weiterleben. Besonders häufig – und besonders verdächtig – sind Perioden von »40 Jahren« (s.u.).

Der alte Orient rechnete allgemein mit 12 Monaten von 30 Tagen. Die Ägypter fügten am Jahresende 5 Schalttage an, wodurch das ägyptische Kalender-Jahr 1/4 Tag kürzer war als das Sonnenjahr. Die Babylonier hingegen operierten mit Schaltmonaten wie einem zweiten Nisan, die zuerst gelegentlich und auf königlichen Befehl, später alle 19 Jahre eingelegt wurden. Die Konsequenzen eines reinen Mond-Kalenders demonstriert bis heute die islamische Zeitrechnung, deren Monate stetig durch die Jahreszeiten wandern.

Also schon das altorientalische Jahr, wiederum nach Zeit und Ort verschieden lang, entspricht nicht unserem Kalenderjahr. Und die Zählung der Jahre?

Das AT enthält in seiner Letztgestalt eine Chronologie, die von der Schöpfung bis zur Gegenwart der Schlußredaktion führt. Seit dem 16. Jh. n. Chr. (!) wird in der Synagoge nach dieser Chronologie datiert. Dieser Chronologie liegt freilich eine Auffassung von Zahlen als Qualitäten zugrunde, die uns fremd ist und die wir mißverstünden, wollten wir sie mit unserer Art, die Zeit zu messen, gleichsetzen oder beide Systeme ineinander überführen: sie sind inkompatibel. »Siebenmeilenstiefel« sind keine »7 x 1,524 km – Stiefel«. Mit der graduellen Abnahme der übermenschlichen Lebensalter von den Heroen der Urzeit vor der Flut (Adam bis Noach, Gen 5) über die Väter nach der Flut von Sem bis Terach (Gen 11,10-32) bis zu den Vätern Israels von Abraham bis Josua macht das AT eine theologische Aussage zum Verhältnis von begründender Urzeit und begründeter Jetzt-Zeit. Die Chronologie dient der Abgrenzung einer komplexen und gestuften »Vorzeit«, in der die Welt wurde, wie sie jetzt ist, von der Zeit der Geschichte, in der die Verfasser lebten und die im AT mit Israels Existenz im Land nach Josuas Tod beginnt.

Die Chronologie der hebräischen Bibel läuft darauf hinaus, daß im Jahr AM (= *anno mundi* »im Lebens-Jahr der Welt«) 4000 die Neu-Einweihung des Tempels unter den Makkabäern (Hanukkah, 164 v. Chr.) stattfand, und deutet so an, worauf die Schlußredaktion von »Gesetz und Propheten« abzielt; die Chronologie des Pentateuchs der Samaritaner und die der Septuaginta, der Bibel der griechisch-sprachigen Juden Alexandrias, ist dieser makkabäischen Redaktion entgangen. 4000 Jahre sind 10 x die Zeit, die Israel nach Gen 15,13 in Ägypten verbrachte, oder 100 x die Zeit der Wüstenwanderung, der Regierung Davids oder Salomos. »40 Jahre« steht dabei für »eine lange, aber noch menschliche (und nicht übermenschliche) Zeit, ein Menschengedenken« (vgl. Num 14,22-35 und die Inschrift des Königs Mescha von Moab, 2.5.3). Die exakten Regierungszeiten Davids und Salomos, ausgedrückt nach unserem Zeitmaß, sind der Bibel unbekannt. Der Umgang mit Zahlen als Qualitäten (statt Quantitäten) findet sich auch sonst im AT: so ist in Ri 9,5 etwa 70 – 1 = 1, in 1 Kön 11,30-32 gilt die Gleichung 12 = 10 + 1.

Seit Jerobeam I von Israel und Rehabeam von Juda enthält das AT eine Chronologie, die auf den Annalen, den offiziellen Regierungstagebüchern der Königshöfe, beruht. Solche Annalen bilden allgemein die Basis für unsere Berechnungen zur Chronologie des Alten Orients. Datiert wurde in Israel (wie in Ägypten und Babylonien) nach den Regierungsjahren der einzelnen Könige, die sich durch Synchronismen zu einem den ganzen Orient umfassenden System ausbauen lassen: »Im 18. Jahr des Königs Jerobeam [von Israel] wurde Abija König über Juda; drei Jahre regierte er in Jerusalem« (1 Kön 15,1-2). Es ergibt sich so ein System von Gleichungen, das nicht einmal für die Staaten Israel und Juda, schon gar nicht für den ganzen Alten Orient eindeutig zu lösen ist. Leser und Leserinnen seien damit eingeladen, die Chronologie des AT von Genesis bis 2 Könige herauszuschreiben und selbst zu addieren: exegetische Entdeckungen warten auf sie, aber auch arithmetische Verwirrungen. Wurde das Jahr, in dem der alte König starb, zweimal gezählt? Oder wartete der neue König bis zum nächsten 1.1., um sein »Jahr 1« beginnen zu lassen? Beide Praktiken kamen vor, und wir wissen nicht immer, welche angewandt wurde. Aber schlimmer noch: Haben ägyptische Kronprinzen, deren altersmüde Väter sie zu Koregenten beriefen, mit der Zählung ihrer Regierungsjahre angefangen, während die Jahreszählung ihres Vorgänger-Vaters noch lief? Handelt es sich bei Joram von Juda und Joram von Israel um einen Herrscher oder zwei (2 Kön 1,17; 3,1; 8,16.25)? In 2 Kön 17,6 wird der Fall Samarias in das 9. Jahr des Königs Hosea datiert (724/23 oder 723/22 v. Chr.), nach 2 Kön 17,4-5 wurde aber Samaria 3 Jahre belagert, nachdem der König schon gefangen gesetzt war; so ergibt sich 720 für den Fall Samarias, womit die assyrischen Nachrichten übereinstimmen.

Abgesehen von den Problemen, vor die uns die chronologischen Systeme des Alten Orients ohnedies stellen, liegen uns nicht einmal alle Quellen in Originalen vor, sondern oft nur in bearbeiteten Abschriften von bearbeiteten Abschriften – mit Versehen und Korrekturen, Kürzungen, Glättungen und harmonisierenden Berechnungen der Überlieferer. Gelegentliche astronomische Angaben in den Quellen, die heutigen Astronomen präzise nach unserer Zeitzählung umrechnen können, bieten die einzige Chance, im Gewirr der verschiedenen Datierungssysteme nicht ganz verloren zu gehen – vorausgesetzt, wir wissen, von welchem Punkt im alten Ägypten oder Mesopotamien die betreffende Konstellation beobachtet wurde.

Die Chronologie des Alten Orients stellt, kurz gesagt, ein System von zu vielen Gleichungen mit zu vielen Unbekannten dar. Viele Daten sind konventionell, Korrekturen weiterhin zu erwarten – freilich Korrekturen um wenige Jahre im 1. Jahrtausend, wenige Jahrzehnte im 2. Jahrtausend, wenige Jahrhunderte allenfalls vor dem 3. Jahrtausend. Das Netz der Daten ist dicht genug, um Versuche auszuschließen, die Pharao Echnaton zu einem Zeitgenossen des Persers Kyros machen. In der Geschichte Israels sind folgende Daten gesichert :

1208	Siegesstele des Pharao Merenptah. Erste Erwähnung Israels (vgl. 2.5.3).
853	Ahab von Israel kämpft in einer syrisch-palästinischen Koalition gegen Salmanassar III von Assyrien (nicht im AT erwähnt).
842	Jehu von Israel zahlt Salmanassar III Tribut (nicht im AT erwähnt).
738	Menahem von Israel zahlt Tiglat-Pileser III von Assyrien Tribut (vgl. 2 Kön 15,19-20).
734	Juda wird assyrischer Vasall (vgl. 2 Kön 16,7).
720	Fall Samarias (vgl. 2 Kön 17,6).
701	Einnahme von Lachisch. Belagerung Jerusalems. Hiskija zahlt Sargon II Tribut (vgl. 2 Kön 18,13 - 19,36).
609	Pharao Necho II rettet das assyrische Restreich von Harran. Joschijas Tod (vgl. 2 Kön 23,29).
597	Erste Eroberung Jerusalems durch Nebukadnezzar (vgl. 2 Kön 24,10-16)
520-515	Bau des 2. Tempels.
445/444	Mauerbau Nehemias in Jerusalem.

Ob Nebukadnezzar 587 oder 586 Jerusalem zum zweiten Mal eroberte, hängt davon ab, wann der judäische Kalender den Jahresanfang im Herbst (für das 10./9. Jh. v. Chr. belegt) zugunsten des Jahresanfangs im Frühjahr (so der babylonische Kalender und der des nachexilischen Judentums) aufgab. Eine babylonische Datierung der zweiten Eroberung nach Herrscherjahren Nebukadnezzars liegt noch nicht vor.

Eine weitere Schwierigkeit: Wir sind gewohnt, Herrscher gleichen Namens durchzuzählen: Louis I, II, ... XIV, XV, XVI, XVIII.

Das tat der Alte Orient noch nicht. So besteht wenig Hoffnung, die Debatte um die Mission Esras jemals abschließen zu können: handelte es sich bei dem Artaxerxes, in dessen 7. Jahr Esra nach Jerusalem kam (Esra 7,8), um Artaxerxes I (465/4-425) oder um Artaxerxes II (404-359/8)?

Eine »Ära«, d.h. eine durchlaufende Jahreszählung von einem »epochemachenden« Anfang an, führten zuerst die Seleukiden (vgl. 2.9) ein: diese Ära, die im Orient sehr verbreitet war, von den Juden bis ins 16. Jh. n. Chr. hinein benutzt wurde und von der syrisch-jakobitischen Kirche bis heute gebraucht wird, begann im Herbst 312 v. Chr. für die makedonischen, aber im Frühjahr 311 v. Chr. für die babylonischen/aramäischen Untertanen der Seleukiden. Auch das makedonische Jahr nahm wie das kanaanäische und altisraelitische Jahr seinen Anfang im Herbst, Griechen wie Israeliten waren schließlich Bergbauern, für die neues Leben erst mit neuem Regen möglich wurde; hingegen begann bei Babyloniern und Persern das Jahr am 1. Nisan, der ungefähr unserem April entspricht. Ostern fällt bekanntlich auf den ersten Sonntag nach dem 14./15. Nisan, d.h. nach dem ersten Vollmond nach Frühlingsanfang... Da nicht immer sicher ist, ob unsere antiken Gewährsleute die Taten der Seleukiden nach einer makedonischen oder einer babylonischen Quelle angeben, können wir uns weiter darüber uneins sein, ob Antiochus III 190 oder 189 die Schlacht von Magnesia verlor.

Als bereiteten die unterschiedlichen Jahresanfänge, Jahreslängen und Jahreszählungen nicht schon genug Probleme, trägt die Zeit der Archäologie und ihre Rezeption durch Historiker eine weitere Quelle für Irrtümer und Diskrepanzen bei. Die Archäologie beschreibt kulturgeschichtliche Epochen, aber die Zeit der Kulturgeschichte ist nicht die Zeit der politischen Geschichte. Die Kulturgeschichte kennt die »Gleichzeitigkeit des Ungleichzeitigen«: für die Pop-Musik hat Schönberg noch nicht stattgefunden. Kulturgeschichtlicher Wandel läßt sich nur langfristig wahrnehmen, nicht auf Jahr und Tag datieren: die Ablösung der Kutsche durch das Automobil hat sich in Mitteleuropa über den Zeitraum von 1900 − 1960 erstreckt, dauert anderswo noch an und wird sich an einigen

Orten wahrscheinlich gar nicht mehr vollziehen. So sind Kultur-Chronologien, die bei der Entwicklung der Keramik eine Epoche »Frühbyzantinisch I = 312-379 n. Chr.« kennen, nicht nur falsch, sondern vor allem absurd: kein Herold hat am 1.1.312 verkündet, daß mit augenblicklicher Wirkung alle Kochtöpfe des Typs »Spätrömisch IV« zu zerschmettern und durch Töpfe des Typs »Frühbyzantinisch I« zu ersetzen seien.

Die relative Chronologie der Kulturgeschichte basiert auf Typologien und Sequenzen. Absolute Zahlen ergeben sich durch Funde, die im Rahmen einer bekannten politischen Chronologie datiert sind (Schriftdokumente, Münzen) oder mit naturwissenschaftlichen Methoden, wie der Baumring-Chronologie oder der Kohlenstoff-14-Methode datiert werden können. Die C-14-Methode macht statistische Aussagen, eine Datierung »3278 +/- 128« bedeutet, daß der Baum, von dem die Holzkohlenprobe stammt, mit einer Wahrscheinlichkeit von 63% zwischen 3406 und 3150 v.Chr. gefällt worden ist (aber wielange diente sein Holz als Balken oder Bank?). Solche Datierungen sind für die Zeit vor 3000 v. Chr. brauchbar, wo es auf 100 Jahre mehr oder weniger nicht ankommt, im 1. Jahrtausend v. Chr. stehen meistens präzisere Datierungs-Kriterien zur Verfügung. Der typologische Vergleich ist aussagekräftig, wenn es um Wirtschaftspotential und gesellschaftliche Stratifikation geht (wieviele Leute konnten sich wieviel Luxus leisten?). Absolut-chronologisch sind typologische Vergleiche immer problematisch wegen des Gefälles von »progressiven« und »archaischen« Gesellschaften, von Zentren und Randgebieten, eben wegen der »Gleichzeitigkeit des Ungleichzeitigen«. Um 1100 v.Chr. herrschte überall im Bergland Palästinas die Kultur »Eisenzeit I«; nur in Bet-Schean war weiterhin Bronzezeit, die erst um 1000 endete und dann sofort in »Eisenzeit II« überging. Um 500 partizipierte Juda schon an der Kultur »Eisenzeit III«, in Edom herrschte weiter »Eisenzeit IIC«.

Archäologische Zeitangaben sind also nur genau, solange sie unscharf bleiben. In diesem Sinne werden sie auch in diesem Buch gelegentlich gebraucht (die Epochenbezeichnungen sind konventionell, die Sinnhaftigkeit der Etikette ist irrelevant, solange nur die Epochengrenzen sinnvoll sind):

Jungsteinzeit (8000-5000)	Beginn der Domestizierung von Pflanzen und Tieren. Dorf. Sippenbauerntum.
Kupfersteinzeit (5500-3200)	Beginn der gesellschaftlichen Arbeitsteilung (Handwerk). Zentralorte 1. Ordnung. Häuptlingstum. Einfach geschichtete Gesellschaft
Frühe Bronzezeit (3400-2000)	Proto-urbane Gesellschaft. Komplexe Häuptlingstümer in Palästina. Früher Staat in Ägypten und Mesopotamien
Mittlere Bronzezeit (2100-1500)	Urbane Gesellschaft. Stadtstaaten. Die erste Weltsprache: Akkadisch.
Späte Bronzezeit (1550-1150)	Stadtstaaten unter ägyptischer Herrschaft. Erstes internationales Wirtschafts- und Staatensystem.
Eisen-I-Zeit (1250-900)	Bäuerliche Häuptlingstümer (Stämme) im Bergland Palästinas
Eisen-IIA-Zeit (1050-850)	Komplexe Häuptlingstümer (Staatenbildungszeit)
Eisen-IIB-Zeit (950-700)	Klein- und Mittelstaaten (Israel, Juda, Ammon, Moab, Aramäer)
Eisen-IIC-Zeit (750-450)	Kleinstaaten und Provinzen unter assyrischer, neubabylonischer und persischer Herrschaft. Neuer Internationalismus.
Eisen-III-Zeit (550-200)	Mediterrane Weltökonomie. Persische Herrschaft und griechisches Kapital.

Statt »Eisen-III-Zeit« wird meist »Perserzeit« gebraucht, die in Palästina freilich nicht mit der Eroberung Babylons durch Kyros (539 v. Chr.), sondern erst mit der Errichtung einer effektiven Verwaltung unter Dareios begann (ab 520 v. Chr.). Genausowenig wurde Palästina 332 durch die Makedonische Eroberung mit einem Schlag »hellenistisch«. Griechische Lebensart blieb im 3. Jh. einer sehr kleinen Schicht vorbehalten, erst im 2. Jh. v. Chr. zog sie weitere Kreise (vgl. 2.9).

Literatur: P. Åström ed., *High, Middle or Low?* Göteborg 1987; R.A.Parker und W.H.Dubberstein, *Babylonian Chronology 626 B.C. – A.D.75.* Providence [3]1956; B.Spuler, *Wüstenfeld-Mahlersche Vergleichungstabellen zur muslimischen und iranischen Zeitrechnung mit Tafeln zur Umrechnung orient-christlicher Ären.* Wiesbaden [3]1961.

1. Bauern, Städter und Nomaden: der sozial- und wirtschaftsgeschichtliche Kontext des AT

Das europäische Bild vom Orient ist durch die Berichte der Reisenden des 18. und 19. Jh.s n. Chr. geprägt. Es kennt den doppelten Gegensatz der Bauern zu den Städtern einerseits, zu den Nomaden oder Beduinen andererseits: was der Bauer im Schweiße seines Angesichts erarbeitet hat, wird ihm vom Großgrundbesitzer genommen, der seinen Anteil in der Stadt verpraßt (oder verbaut); vom kleinen Rest erpreßt der Beduine noch sein »Schutzgeld«. Es gibt im AT durchaus Texte, in denen ähnliche Verhältnisse anklingen (vgl. etwa Am 2,8; 4,1; 5,11; 6,4-6 zum Gegensatz Stadt – Land; Gen 16,12; Ex 17,16; Ri 6,2-6; Klgl 5,9 zum Image der Nomaden). Ehe aber der Mythos vom »geschichtslosen«, weil vermeintlich unwandelbaren, Orient einmal mehr festgeschrieben wird, ist ein genauerer Blick angebracht: darauf, wie die Lebensweisen des Bauern, Städters und Nomaden entstanden sind und wie sich ihre Beziehungen zueinander bis zur Zeit der Abfassung des AT entfaltet haben.

Die Vielfalt jeder der drei Lebensweisen und die verschiedenen Möglichkeiten ihres Zusammenlebens lassen sich am einfachsten darstellen, indem man ihre Evolution nacherzählt. »Evolution« meint keinen beständigen Fortschritt vom »Niederen« zum »Höheren«. Evolution umfaßt auch Devolution: neben der Entwicklung zu immer komplexeren Formationen steht der Komplexitätsverlust, neben dem »Fortschritt« von der Steinzeit bis zum Christentum gibt es den »Rückschritt«, der vom Kaisertum eines Hadrian oder eines Marc Aurel zum »Kaisertum« eines Charlemagne führte, eines Herrschers, der nur mühsam seinen Namen buchstabieren konnte. Die Evolution ist nicht identisch mit einer bestimmten Evolutionstheorie, etwa jener des mittelalterlich-nordafrikanischen Geschichtsphilosophen Ibn Khaldûn. Nach ihm führte die Entwicklung der Menschheit vom Nomadentum über das Bauerntum zum Städtertum, damit zur Dekadenz. Die Nomaden überfielen sodann den Herrschaftsbereich der verweichlichten Städter und eigneten ihn sich an, wurden seßhaft – und der Zyklus begann von neuem. Ibn Khaldûn hat seine Welt recht genau beobachtet und Schule gemacht, bis in neuzeitliche Standardwerke der Geschichte Israels und des Alten Orients hinein. Eine andere Evolutionstheorie enthält die Bibel in Gen 1 - 11 in erzählender Form, deren Angemessenheit in den folgenden Abschnitten zur Debatte steht.

Evolution heißt: wir leben im Fluß einer nicht umkehrbaren Entwicklung, deren Erbe wir ebensowenig ausschlagen können wie ihren weiteren Gang anhalten. Alles, was ist, ist irgendwann geworden und wird irgendwann anders werden. Die Schöpfungsgeschichten des Alten Orients berichten vom Werden der gegenwärtigen Welt als Werk der Götter, damit sie inskünftig bleibe, wie sie ist, damit ihre Hörer und Leser der Verläßlichkeit und Beständigkeit der Wirklichkeit vertrauen konnten. Wir wissen heute, daß die Welt, wie wir sie kennen, nicht bleiben wird, daß auch die Sonne nur eine begrenzte Lebensdauer hat, wenn auch eine im Vergleich zu menschlichen Lebensspannen unvorstellbar große. Wir können die alten Texte weiter als »Lieder zur Ermutigung« lesen, aber wir müssen dann im Dialog mit ihnen unser Vertrauen in einen tragenden Grund der Welt sehr viel abstrakter denken und formulieren: darum verlangt die Bibel nach Bibelwissenschaft, der Glaube nach Theologie. Die Bibelwissenschaft hilft vielleicht nicht über den garstigen Graben, der sich zwischen unserer Welt auftut und jener, der die Heiligen Schriften entstammen; aber sie hilft möglicherweise jenen, die beim Versuch, den Graben zu überspringen, hineingefallen sind, wieder hinaus.

Keine menschliche Lebensform ist ohne Voraussetzungen, was nicht heißt, daß sie die notwendige Folge ihrer Vorausetzungen sei: man muß Schaf, Ziege und Kamel schon domestiziert haben, bevor man Beduine werden kann, aber es gab – und gibt weiterhin – Schaf-, Ziegen- und Kamelzüchter, die nicht im Traum daran denken, Beduinen zu werden. Der Zwang, im Rahmen evolutionären Denkens eine sinnvolle Abfolge für die kulturellen Errungenschaften zu finden, in der sie auseinander hervorgegangen sein können, befreit vom Diktat des Augenscheins und des vermeintlich gesunden Menschenverstandes: sowenig sich die Sonne um die Erde dreht, sowenig kann die Lebensweise der Beduinen jene ursprüngliche Lebensform darstellen, als die sie dem zivilisationsmüden Städter erscheint.

In der Sicht des AT setzte die soziale Evolution mit dem Garten-(Gen 2,15) und Ackerbau ein (Gen 4): der Sohn des enterbten Bauern Kain baut die erste Stadt (Gen 4,17), seine Ur-ur-ur-Großenkel werden die Vorfahren der Viehzüchter-Nomaden (4,20), der Musikanten (4,21) und der fahrenden Schmiede und Metallurgen (4,22). Man mag dem Text vorwerfen, daß er aus bäuerlicher Sicht ein unfreundliches Bild der anderen Lebensweisen entwirft. Aber ungefähr so war es, wenn der Prozeß auch einige Jahrtausende mehr in Anspruch genommen hat, als die biblische Geschichte wußte oder wissen konnte.

1.1. Beginn der Seßhaftigkeit

Am Ende der Altsteinzeit (dem Paläolithikum) lebte die Menschheit in kleinen Verwandtschafts-Gruppen von Jägern und Sammlern. Vermutlich herrschte wie bei ähnlich lebenden und wirtschaftenden Gruppen heute, etwa den Pygmäen im afrikanischen Regenwald, geschlechtliche Arbeitsteilung: die Männer jagten, die Frauen und Kinder sammelten Kräuter, Baumfrüchte, Wurzeln, Knollen, besonders aber die Samen einiger Gräser, die in Reibschalen zu Mehl vermahlen wurden. Um diese Samen zu ernten, hatten die Frauen bereits Sicheln. Da die Frauen die meiste Zeit entweder schwanger waren oder stillten, war ihr Aktionsradius beschränkt. Auch waren sie für den Fortbestand der Horde (und damit die Versorgung der Alten und Schwachen) zu wichtig, als daß sie sich jagend hätten gefährden dürfen. Auf den einzelnen Mann kam es hingegen nicht so sehr an; auch bot gerade die Gefahr und ihr Bestehen jungen Männern Gelegenheit, sich für eine Familiengründung zu qualifizieren.

Am Ende der Altsteinzeit (die bei manchen Forschern »Mittel-Steinzeit«, Mesolithikum, heißt) steuerten die Frauen mit ihrer Sammeltätigkeit bereits 75-85% zum Familien-Nahrungs-Einkommen bei. Nun kam es zur Revolution. Tatsächlich spricht die Forschung von einer »jungsteinzeitlichen (neolithischen) Revolution«, obwohl sich der Vorgang über mehrere Jahrhunderte, wenn nicht ein bis zwei Jahrtausende erstreckte und keiner/keine der Beteiligten sich revolutionär gefühlt haben dürfte. Um 10 000 v. Chr. war Syrien-Palästina klimatisch besonders gesegnet: warm und regenreich. Die Tier- und Pflanzenwelt der einzelnen Streifgebiete gedieh in einem Maße, daß die Jäger- und Sammler-Gruppen es sich leisten konnten, seßhaft zu werden. Statt den Umkreis des Lagerplatzes »abzugrasen« und dann weiterzuziehen, fanden sie Stationen, um die herum sie das Jahr hindurch Sektor nach Sektor ausbeuten konnten, um dann wieder mit dem ersten zu beginnen. Es ist nicht zweifelhaft, daß besonders den Frauen die Seßhaftigkeit gefiel (denn wer schleppte die Kinder, die Reibschalen und Mörser aus Basalt und die übrige Küchen-Einrichtung von Lagerplatz zu Lagerplatz?). Auch fielen beim Ernten der Ähren mit den groben Feuerstein-Sicheln, die mehr rissen als schnitten, viele reife Körner zur Erde. Dann war im nächsten Jahr die Ernte noch reicher.

Mit dem Beginn des 8. Jahrtausends trat eine Klimaänderung ein, die Welt wurde trockener und kälter. Vielleicht gab es jetzt doch eine Revolution. Vielleicht wollten die Männer weiterziehen, aber die Frauen sagten »nein« (sie hatten einkommensmäßig im Augenblick mehr zu sagen). Wenn nicht mehr genug Brotgetreide von alleine wuchs, könne man ja nachhelfen: von der eigenen Ernte zusätzlich aussäen, auch das Kraut (das hiermit zum Un-Kraut wurde) zwischen den eßbaren Gräsern ausjäten, damit sie unbehinderter wüchsen ... Aber die Welt wurde immer kälter, das Leben immer härter, statt 20-25 Wochenstunden wie in der guten alten Jäger-und-Sammler-Zeit schufteten Frau und Mann bald ihre 50-70 Wochenstunden. Zum Glück – oder Unglück – haben sie am Anfang nicht ahnen können, auf was sie sich einließen, weil sich diese Geschichte nicht in Tagen oder Jahren vollzog, sondern in Jahrhunderten. Bald war das Wildgetreide, das seine Körner leicht und schnell aus den Ähren fallen ließ, ausgestorben, verdrängt von den Getreidearten, die durch menschliche Einwirkung entstanden sind: deren Körner fest in der Ähre saßen, die man hinfort dreschen mußte. Wegen der Unvollkommenheit der steinzeitlichen Sicheln waren Ähren mit festsitzenden Körnern im Saatgut des nächsten Frühjahrs stärker repräsentiert als auf dem Halm im letzten Herbst. Die nicht mehr Nahrung sammelnde, sondern Nahrung produzierende Menschheit produzierte von Anfang an auch ihre Nahrungsquellen, manipulierte ihre Umwelt. Ob Fortschritt und Befreiung oder Verhängnis und Niedergang: die Zivilisation nahm ihren unwiderruflichen Anfang.

Wenn es eine historische Erfahrung gibt, die dem Mythos von der »Vertreibung aus dem Paradies« (Gen 3) zugrundeliegt, kann es nur die »jungsteinzeitliche Revolution« gewesen sein (S.Helms). Vielleicht war es ein Sündenfall – denn nun, wo die Menschheit sich nicht mehr mit der Aneignung jener Nahrung begnügte, wie sie die Umwelt von sich aus zur Verfügung stellte, sondern durch immer härtere Arbeit immer mehr Nahrung produzierte, war ihrem hemmungslosen Wachstum fürs erste keine Grenze gesetzt. Am Anfang galt: je mehr Produzenten, desto mehr landwirtschaftliche Produktion. Man wird an Grenzen des Wachstums stoßen, zuerst im 6. Jahrtausend v.Chr., man wird jede regionale oder globale Krise zumindest als Kollektiv überleben, aber nur, um nach einigen Jahrhunderten oder Jahrtausenden eine umso tiefere Krise bestehen zu müssen. Gewiß, den ersten Schritt zur Zivilisation haben nach heutigem Erkenntnisstand die Frauen getan. Wer sich nicht nach der Zeit zurücksehnt, als Mann rheumageplagt in zugigen Höhlen saß, und das Leben währte 30 Jahre und wenn es hoch kam 35, sollte dennoch nicht von Evas »Schuld« reden. Gen 3 ist die Geschichte von einem Verhängnis; was Schuld ist, beschreibt Gen 4.

Auf die Domestikation der ersten Pflanzen folgte die Domestikation der ersten Tiere, Ziege und Schaf; nur den Hund, den Fleischfresser, hatten schon die Jäger gezähmt. Man zähmt ein Tier, indem man es füttert, nicht, indem man es jagt. Alle Tiere (mit Ausnahme des Hundes, aber mit Einschluß des Kamels) wurden von seßhaften Bauern-Kulturen gezähmt, einen direkten Übergang von schweifenden Jägern-und-Sammlern zu Viehzüchter-Nomaden gibt es darum nicht. Die entscheidenden Prozesse haben sich zwischen dem 8. und 6. Jahrtausend v. Chr. im »fruchtbaren Halbmond« abgespielt (vgl. Abb. 2), der regenbewässerten Wald- und Savannen-Region, die sich vom Nordende des Roten Meeres und des persischen Golfes bis zur Gebirgsmauer erstreckt, die das anatolisch-iranische Hochland nach Süden abgrenzt. Palästina bildet ein Randgebiet dieses Mondes, seine Südwest-Spitze. Vom »fruchtbaren Halbmond« aus hat sich die bäuerliche Lebensweise über den Rest der Alten Welt verbreitet. Unabhängig entwickelte sich in Amerika eine Jungsteinzeit, aber erst einige Jahrtausende später und nur in Teilen des Kontinents; in Australien fand das Neolithikum gar

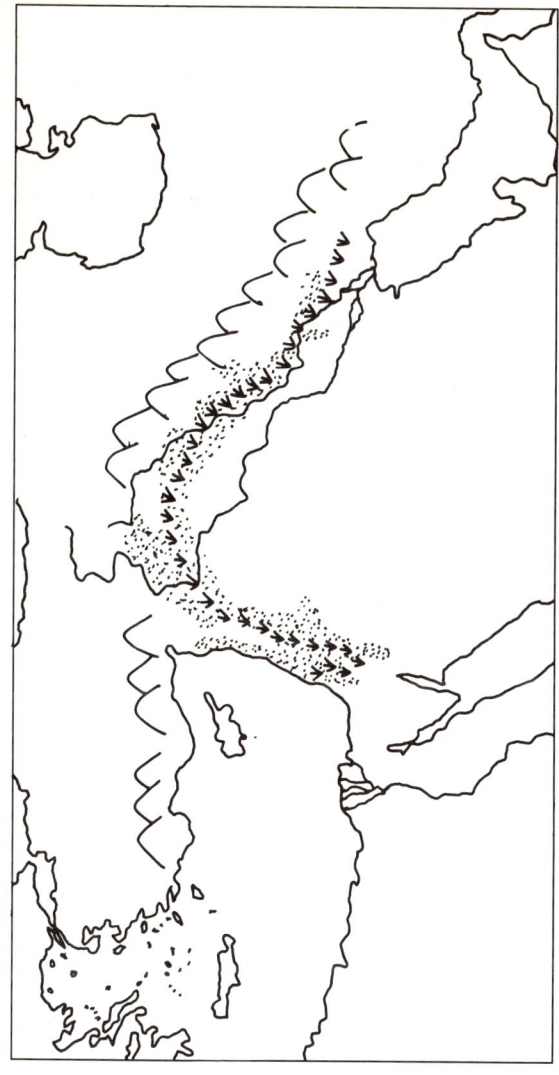

Abb.2: Der »fruchtbare Halbmond« zwischen Steppengrenze und Gebirgswall.
↓↓↓ heutige 250-mm-Regenfall-Linie (Steppengrenze). Das 8. und 7. Jahrtausend v. Chr. waren feuchter als die Gegenwart.
∴∴∴ frühe Ackerbau-Kulturen, Domestikationszentren des Getreides.
Nach *A.B.Knapp*, The History and Culture of Ancient Western Asia and Egypt (Chicago 1988), 18.

33

nicht statt. Einmal, und zwar beim ersten Mal, standen Syrien und Palästina mit an der Spitze der sozialen und wirtschaftlichen Entwicklung.

1.2. Von der familiären Arbeitsteilung zur gesellschaftlichen Arbeitsteilung

Es besteht Grund zur Annahme, daß die »familiäre Arbeitsteilung« der Jäger und Sammler bis in die späte Jungsteinzeit anhielt: die Frauen pflanzten, säten und ernteten, während die Männer jagten. Der Pflug war noch nicht erfunden; Garten- und Ackerbau mit dem Pflanzstock ist in der Regel Frauenarbeit. Frauenarbeit war auch die Korbflechterei, Spinnerei, Weberei und Töpferei (so noch bei den Bauern Palästinas im 19. und frühen 20. Jh. n. Chr.). Erst im 4. Jahrtausend, als der Ertrag der Jagd für die Ernährung vollends marginal wurde, besetzten Männer nach der Erfindung des Pfluges auch in der landwirtschaftlichen Produktion zentrale Rollen. Die Jagd, der keine wirtschaftlich Bedeutung mehr zukam, wurde aber als »heilige Jagd« weiter gepflegt (in Südarabien bis heute): durch die Bejagung ihm heiliger Tiere sollte der Himmels- oder Wettergott dazu gebracht werden, es regnen zu lassen (vgl. Kap. 4.1). Es ist möglich, daß religiös begründete, männerbündische Jagdgesellschaften beim Übergang von der sippenbäuerlichen Gesellschaft zu Stamm und Staat eine Führungsrolle spielten (vgl. Kap. 4.2).

Durch die Domestikation der ersten Nutztiere, die möglichst von den Äckern in der Nähe der Siedlung fern zu halten waren, ergab sich eine weitere Arbeitsteilung: die jungen Männer wurden mit den Herden auf entferntere Weiden geschickt (vgl. Gen 37,2.12-14). Wurden die Herden größer, konnten auch Teile der Sippe mit den Tieren auf die Winterweiden ziehen, um nach der Ernte zum Dorf mit seiner Quelle und den abgeernteten Feldern zurückzukehren. Der Fachausdruck für derartige saisonale Wanderungen dörflicher Viehzüchter, der in Europa etwa in der Form der Almwirtschaft vorkommt, heißt Transhumanz. Mit »Nomadentum« hat diese Wirtschaftsweise noch nichts zu tun.

Durch die Möglichkeit, einstweilen so viel Nahrung produzieren zu können, wie die Sippe Produzenten aufwies, setzte ein sprunghaftes Bevölkerungswachstum ein, das sich in der Folgezeit immer mehr beschleunigte. Im 8. bis 7. Jahrtausend v. Chr. scheint die Bevölkerung Syrien-Palästinas in Großdörfern gelebt zu haben (mit 1500 bis 2000 Bewohnern), die isoliert voneinander je eine Welt für sich bildeten. Eine Gliederung dieser Dörfer in Familienverbände (Sippen, Clans) wird durch die Verteilung der Wohnanlagen, ihre Konzentrationen und Agglomerationen nahegelegt, wo genügend große Flächen freigelegt worden sind (z. B. *'Ain Ghazâl* bei *'Ammân*). Eines dieser Dörfer hatte eine Mauer mit Türmen (Jericho), ohne daß man es deswegen schon eine Stadt nennen kann (vgl. 1.4 und 1.5). Man mag das »Sippenbauerntum« dieser Siedlungen für eine weitgehend »egalitäre« Gesellschaft halten (vgl. zu diesem problematischen Begriff Kap. 1.3, 2.1 und Exkurs 2). Es gab aber schon Sippen- und Familienoberhäupter, bei denen es sich anfänglich real um die »Ältesten« handelte; im AT hingegen bezeichnet »Älteste« Orts- oder Stammesaristokraten. Noch lassen sich keine signifikanten Unterschiede in Hausgröße und Familienbesitz feststellen. Hinweise auf spezialisierte »Berufe« gibt es ebenfalls nicht, wohl aber schon Indizien für den Besitz von Sklaven (Bastâ in Südjordanien). Alle Sippenmitglieder waren theoretisch gleich, aber Nicht-Familienangehörige waren ungleich.

Die Wirklichkeit des Bauerntums in Israel war im 1. Jahrtausend v. Chr. um einiges komplizierter als die bäuerliche Lebenswelt am Ende der Jungsteinzeit. Doch läßt sich die egalitäre Ideologie des bäuerlichen Israel letztlich als Festhalten an Lebens- und Denkweisen interpretieren, die spätestens im 7. Jahrtausend v. Chr. entwickelt waren. Seit dem Neolithikum gibt es das Phänomen der »Ungleichzeitigkeit des Gleichzeitigen«, des wirtschaftlichen Fortschritts, der von bestimmten Zentren ausgeht, sich deren Randgebieten mit mehr oder weniger großer Verzögerung mitteilt, manche Rand- und Rückzugsgebiete aber nie erreicht (Australien, die tropischen Regenwälder). Bis die jungsteinzeitliche Produktionsweise in Skandinavien ankam, mußten 5000 Jahre vergehen – da konnten Sumerer und Ägypter schon schreiben. Seit es »Modernität« gibt, gibt es auch das Phänomen der »Modernitätsverweigerung«. Die Verhältnisse, die man bewahren will, aber nicht bewahren kann, weil die Welt inzwischen eine andere geworden ist, werden idealisiert, werden zur Ideologie, die zum Besseren oder Schlechteren der Wirklichkeit eine andere Wahrheit entgegensetzt.

Palästina ist eine Zunge, die Syrien zwischen Meer und Wüste nach Süden streckt. Regenfeldbau ist möglich, wo im Jahr mehr als 400 mm Regen fallen, in günstigen Jahren auch in Gebieten mit mehr als 250 mm. Aber je näher man dieser »Regen-Grenze« kommt, umso häufiger fällt die Ernte in schlechten Jahren aus, genügen relativ geringfügige Klima-Veränderungen, um eine bäuerliche Welt zum Einsturz zu bringen. Dies ist um 6000 in Palästina geschehen: wie auf einen Schlag, so hat es den Anschein, verschwinden die jungsteinzeitlichen Großdörfer, um nach einer Siedlungslücke von 500-1000 Jahren einer anders strukturierten Besiedlung Platz zu machen. Die Dörfer werden in Palästina aufgelassen; im klimatisch günstigeren Syrien setzt sich die Tradition fort und erobert, fortgeschritten, ab 5500 v.Chr. das südliche Randgebiet zurück. Die Menschheit war an eine Grenze ihres Wachstums gestoßen. Die relative Trocken-Zeit um 6000 muß auch die Desertifikation (d.h. »Wüst-Werdung«) des Herzens von Nordafrika eingeleitet haben, das bis dahin eine Savanne war und heute, unter reichlicher menschlicher Mithilfe, die größte Wüste der Welt ist: die Sahara (vgl. auch Kap. 3.1.2). Die nutzbaren Böden in Reichweite der Großdörfer werden überdies ausgelaugt gewesen sein – das System brach zusammen. Was wurde aus den Menschen?

Die Überlebenden hatten ihre Rettung den Ziegen zu verdanken, den schlimmsten Baum- und Waldschädigern des Mittelmeerraumes. In Jahren, in denen kein Halm gedeiht und die auch kein Schaf übersteht, kommen Ziegen immer noch durch. Darum hielten und halten palästinische Bauern Ziegen, trotz der auch ihnen bekannten Folgen für den Baumwuchs: als Schlechtwetterversicherung. Was unter klimatisch ungünstigeren Bedingungen zusammenbrach, was sich ohne genügenden Regen und ohne die Möglichkeit von Bewässerungstechniken mit noch so viel Feldarbeit nicht aufrecht erhalten ließ, war die Seßhaftigkeit. Aus dem 6. und 5. Jahrtausend v. Chr. kennen wir in Gegenden, die heute zur syrischen Wüste gehören, damals aber noch eine Savanne bildeten, Lagerplätze von jungsteinzeitlichen Gruppen, die Jagd, Viehzucht und Ackerbau betrieben, wenn auch nicht mehr auf seßhafter Basis. Gibt der Boden weniger her, braucht es mehr Boden – so viel, daß er stationär nicht mehr zu bearbeiten ist.

Manche Forscher sehen in den »mobilen Bauern« der ausgehenden Steinzeit den Beginn des Nomadentums (S.Helms, A.Betts). Das ist möglich, wenn man unter »Nomaden« nichtseßhafte Bauern und Viehzüchter versteht. Die Lebensweise des »Ziehbauern« oder »Lokalnomaden«, der ohne Stammes- und manchmal auch ohne Sippen-Verband in kleinen Gruppen in Zelten oder Hütten wohnt und in einem kleinen, oft nur wenige Quadratkilometer umfassenden Gebiet mit seinen Schafen und Ziegen, Kühen und Hühnern umherzieht, Felder und bisweilen auch Gärten bestellt, hat hier, im 6. Jahrtausend v. Chr., seinen Ursprung. Diese Lebensweise hat sich nicht nur bis zu den Vätern Israels gehalten (vgl. Abraham in Gen 18), sondern bis zur Gegenwart: genau so leben »Beduinen« in Petra (Südjordanien) und Bergbewohner im heutigen Oman. Der kriegerische Nomadenstamm mit Großherdenhaltung taucht aber erst viel später auf (vgl. 1.7).

Seit dem 8. Jahrtausend v. Chr. hat die menschliche Herdenhaltung, sei es als Transhumanz aus den jungsteinzeitlichen, später kupfersteinzeitlichen Dörfern, sei es als ziehbäuerliche Wanderwirtschaft wenigstens eine Landschaft Palästinas großräumig verändert, im wörtlichen Sinn verwüstet. Wer heute aus dem *'Ajlûn*, dem alten Gilead, nach Osten fährt, zur Oase von *al-Azraq* etwa, durchquert eine 100 bis 150 km breite Feuersteinwüste. Die gleiche Wüste hätte schon Gideon überwinden müssen auf dem Weg nach Karkor (Ri 8,10-11). Um 8000 v.Chr. war diese Wüste noch eine Savanne mit Lehmboden. Menschliche Übernutzung, besonders Überweidung, hat die Grasnarbe zerstört, den Lehm hat der Wind verweht. Spätestens um 2000 v. Chr. war die Verwüstung des Ostrandes Palästinas abgeschlossen (A.Garrard). In mehr als einer Hinsicht erinnert die »jungsteinzeitliche Revolution« an die Vertreibung aus dem Paradies: seitdem lebt die Menschheit nicht mehr in der Natur, sondern in dem, was sie im Laufe der Jahrtausende daraus gemacht hat.

Das Bauerntum, das dann im 5. und 4. Jahrtausend v. Chr., in der Kupfersteinzeit (dem Chalkolithikum), in Palästina wieder auftritt, stellt sich viel differenzierter dar, als es die Kultur der jungsteinzeitlichen Großdörfer gewesen war (in Syrien und Nordmesopotamien ist die Entwicklung kontinuierlich verlaufen). Weder die Siedlungen noch die Gebäude in den Siedlungen sind gleich groß. Es gibt

Zentraldörfer und Satelliten. Hirten und Bauern sind wohl nicht mehr Angehörige der gleichen Familie, möglicherweise aber noch Angehörige der gleichen Sippe oder des gleichen Stammes. Es gibt Ansätze von handwerklicher Produktion, vorzugsweise von Luxusgütern: feine Keramik, Kupferarbeiten, Elfenbeinschnitzereien. Es gibt Tempel und Häuptlingshöfe, für die und an denen jene Luxusgüter produziert werden. Der Pflug kommt auf und damit eine weitere Steigerung der landwirtschaftlichen Erträge: der Bauer kann den Priester, den Häuptling, die Handwerker miternähren. Neben Ackerbau und Viehzucht ist der Gartenbau voll entwickelt, das orientalische Dorf fängt an, jene Gestalt zu zeigen, die es bis in die jüngste Vergangenheit behalten hat: um die Siedlung liegen die wertvollsten Pflanzungen, die Baum- und Weingärten, die erst nach jahrelanger Pflege Ertrag bringen. Danach kommt der Gürtel der Felder, und im äußeren Ring weiden die Herden, solange das Getreide noch wächst. Mit dem 5. Jahrtausend v. Chr. ist die bäuerliche tribale Klassengesellschaft da, ist jene Produktionsweise und jene Sozialstruktur entwickelt, wie sie dann auch bei den »Stämmen Israels« in vor- und frühstaatlicher Zeit zu beobachten ist (vgl. Exkurs 2). Angesichts des wiederholten Auftretens dieser Lebens- und Gesellschaftsform (z. B. in nachbiblischer Zeit bei den Bauernstämmen des nördlichen Ostjordanlandes im 16. bis frühen 20. Jh. n. Chr., als sich die türkische Herrschaft überwiegend durch Inaktivität auszeichnete) könnte man meinen, so hätte es bleiben können – wären nicht der Staat und die Stadt aufgetreten, zwei Formen der menschlichen Selbstorganisation, die nicht in Palästina-Syrien entstanden sind, aber Palästina-Syrien bald in ihren Bann schlugen.

1.3. Wirtschaft und Herrschaft

Steuerten die Besitzverhältnisse die politische Entwicklung? So Karl Marx, der aber Erfahrungen des 19. Jh.s verabsolutierte, als das wirtschaftlich dominierende Bürgertum die Beteiligung an der Macht verlangte. Von der Antike bis zum 18. Jh. n. Chr. war es eher umgekehrt: nicht Reichtum verleiht Macht, sondern Macht hilft, reich zu werden. Gewiß wird selten ein Habenichts zum Häuptling gewählt: denn der Häuptling muß repräsentieren, er muß gastfrei sein, er muß, da »Häuptling« zwar ein Amt, aber kein Beruf ist, die

Unkosten seiner Amtsausübung aus eigener Tasche bestreiten können. Dafür hat er Möglichkeiten, seinen Besitz bzw. den Besitz seiner Familie durch sein Amt zu mehren: durch einen größeren Anteil an der Kriegsbeute, durch den Erwerb von Rechts- und Herrschaftstiteln außerhalb des Stammesgebietes ... und ehe man es sich versieht, ist aus dem Häuptling ein kleiner König geworden, aus dem Stamm ein früher Staat.

Es ist heute leicht, Marx zu schelten. Gewiß, der »historische Materialismus« hält weder als historische noch als ökonomische oder sozialanthropologische Theorie stand. Doch verdanken wir bürgerlichen Wissenschaftler der Provokation durch den Marxismus viel: er hat uns gelehrt, daran zu denken, daß der Mensch essen muß (und sein Essen erwirtschaften), bevor er Kathedralen bauen kann; daß man das Funktionieren von Wirtschaften und Gesellschaften nicht dem ideologischen Selbst-Bild entnehmen kann, das die jeweiligen Eliten entwerfen; sondern daß man ihren Alltag und ihre Handlungen studieren muß.

Die einfach geschichtete Stammesgesellschaft des 5. Jahrtausends v. Chr. repräsentiert jene Stufe der sozialen Evolution, auf der politische Herrschaft entstanden ist – als Amt, noch nicht als Beruf. Weil es Häuptlingshöfe gab, gab es auch Kupferschmiede und Elfenbeinschnitzer, die in oder für diese Häuser arbeiteten. Wir betrachten jetzt Wirtschaftsweisen und Lebensformen; Aspekte der Herrschaft werden im folgenden Abschnitt behandelt. Doch kann der Einfluß der politischen Organisation auf Wirtschaft und Gesellschaft diesseits der Stammesgesellschaft nicht ausgeblendet werden: die Stadt entstand als Herrschaftszentrum, sie hat ihre wirtschaftlichen Funktionen sekundär erworben. Umgekehrt wird selten Politik getrieben, ohne an den wirtschaftlichen Nutzen zu denken.

Mit der Geburt der Stadt, der Entdeckung von Machtausübung als Beruf, der Einführung von Geld und Kapital in eine Welt, die diese Begriffe bislang nicht kannte, ändert sich auch das Leben derer, die einstweilen oder für immer, aus Not oder freier Wahl außerhalb des städtischen Bereichs bleiben. Stadt und Land werden von nun an konkurrierende, aber auch kooperierende Rechts- und Gesellschaftssysteme bilden (vgl. 1.6). Im »Nebeneinander des Ungleichzeitigen« wird es Nutznießer und Verlierer geben. Im 19. Jh. n. Chr. bezahlt ein Beduinenscheich den Osmanen die Grundsteuer für das Gebiet seines Stammes, läßt das Land auf seinen Namen registrieren; in der nächsten Generation stellt seine Familie den Großgrundbesitzer, während die ehemaligen Stammesbrüder zu Pächtern oder Landarbeitern werden. Das habe es in der Antike nicht gegeben? Aber wer hat dann die Jotam-Fabel erzählt (Ri 9,7-15; vgl. auch 1 Sam 8,11-17)?

1.4. Die Geburt der Stadt

Wir verlassen jetzt die engere geographische Umwelt des AT und begeben uns ins südliche Zweistromland. Wir sind am Ende des 4. Jahrtausends v. Chr. Jene globale Klimaverschlechterung um 6000 v. Chr., die der jungsteinzeitlichen Dorfkultur im Süden Syrien-Palästinas ein Ende setzte und die Menschen wieder auf Wanderschaft schickte, hatte langfristig eine weitere Folge: die bislang versumpften Flußtäler des Eufrat und des Tigris, aber auch des Nils öffneten sich menschlicher Besiedlung. Da das ehemalige Sumpfland überaus fruchtbar war, da in den Flußoasen reichlich Wasser zur Verfügung stand und der Ertrag der Felder nicht vom Regen abhängig war, wuchs die Menschenzahl entlang dieser Ströme in bislang unvorstellbarem Ausmaß, lebte die Bevölkerung in zuvor unerhörter Dichte. Der Nachbar, der Nachbarort war nicht mehr zu ignorieren, man mußte sich arrangieren.

Zur Entstehung des Staates gibt es eine Vielzahl von Theorien: ging der Staat aus dem Krieg hervor, als die Sieger dazu übergingen, nicht einmalige Beute oder Tribut, sondern dauernde Unterwerfung zu suchen? Konkurrenz und Krieg mögen gerade in Mesopotamien eine Rolle gespielt haben, sie haben es sicher, als aus dem Stadt-Staat ein Imperium wurde (vgl. 2.1.1; 4.3) – aber Herrschaft als Dauerzustand beruht weniger auf der Willkür der Herrschenden als auf der ausdrücklichen oder (meistens) stillschweigenden Zustimmung der Beherrschten. Entstand der Staat durch die gemeinschaftliche Organisation von Wasserbaumaßnahmen, dem Bau von Deichen, von Kanälen? Es liegt nahe, gerade bei Eufrat und Tigris an diese Möglichkeit zu denken, verdanken wir doch dieser Kultur die ersten Geschichten von der »Großen Flut« (Sintflut, Gen 6 - 9), in der sich (allerdings wiederholte) Erfahrungen einzelner Siedlungen des Zweistromlandes niedergeschlagen haben. Aber gerade der deichebauende Teil Deutschlands, Friesland, war im Mittelalter bis in die frühe Neuzeit Siedlungsgebiet eines recht unabhängigen, eher staatsfeindlichen Bauerntums. Für Mesopotamien und Ägypten läßt sich nachweisen, daß die Wasserbauaktivitäten den Staat bereits voraussetzen, ihn also nicht begründet haben können.

Die einfachste Erklärung wird Computer-Besitzern und -Besitzerinnen unmittelbar einleuchten: je größer die Speicherkapizität eines Datenträgers ist, umso hierarchischer muß das Ordnungssystem werden, mit dem man hoffen kann, eine Datei wiederzufinden. Eine Diskette mit 8 Dateien muß man nicht weiter ordnen; auf einer Festplatte mit 3-4000 Dateien wäre man ohne Ordnungshierarchie verloren. Das heißt auf das frühe Mesopotamien übertragen: je mehr Menschen auf immer engerem Raum leben müssen oder wollen, umso effizienter muß die Ordnung sein, die das Zusammenleben regelt. Irgendwann genügten Sippenälteste, irgendwann genügten auch Häuptlinge nicht mehr, deren Autorität auf der freiwilligen Zustimmung der von ihnen Vertretenen beruhte, die Konfliktlösungen immer nur aushandeln, nie dekretieren konnten. Irgendwann mußten sich Menschen hauptberuflich um das Management der Angelegenheiten ihrer Mitmenschen kümmern.

Damit wird »Staat« als eine Lebensform verstanden, in der einige Menschen davon leben, die ihre Nahrung oder Güter produzierenden Mitmenschen zu organisieren, zu verwalten, zu schützen, wofür sie durch einen Anteil am Ertrag vergütet werden (vgl. 2.1). Es gibt anspruchsvollere Definitionen dessen, was Staat eigentlich sei. Der Darstellung von Zeiträumen und Sachverhalten, für die es fast nur archäologische Belege gibt, wird man es nachsehen, wenn sie sich an eine Definition hält, die im Rahmen solchen Quellenmaterials überprüfbar ist.

Die Stadt betritt die Bühne der Geschichte als Sitz von Herrschaft und Handel. In ihr konzentriert sich der »tertiäre Sektor« der Volkswirtschaft, die Verwaltung von Gütern und die Bereitstellung von Dienstleistungen. Den »primären Sektor« bildet die Produktion, den »sekundären Sektor« die Verarbeitung von Gütern. Die frühe Stadt ist ein erweiterter Palast oder Tempel, denn der frühe Staat ist eine Theokratie (»Gottesherrschaft«, vgl. 2.1), der König Priesterkönig oder zugleich Oberpriester. Die Stadt ist charakterisiert durch die öffentlichen Bauten Tempel und Palast, durch die

Behausungen von Personen, die weder Bauern noch Handwerker waren, und oft durch ihre Stadtmauer von gewöhnlich monumentalen Ausmaßen, deren Gestaltung und Verzierung andeutet, daß sie mehr als einem Schutzbedürfnis dient. Sie trennt »innen«, den Bereich der Herrschaft, vom »außen«, dem Bereich des Beherrschten. Die Landbesitzer befinden sich »innen«, die Landbearbeiter meistens nicht. Ob eine Siedlung eine Stadt ist oder nicht, ist eine Frage der in der Siedlung beheimateten Funktionen, keine Frage ihrer Größe oder ihrer Ummauerung.

Die Stadt ist Sitz des Fernhandels, der lange, bis ins 1. Jahrtausend v. Chr. hinein, Staatshandel blieb (vgl. zur Emanzipation privater Handelshäuser in Phönizien und später Griechenland 2.5.1). Mesopotamien und Ägypten waren gesegnet mit landwirtschaftlichen Produktionsmöglichkeiten, sie waren arm an Bauholz, Bodenschätzen, das Zweistromland selbst an Steinen, Bedürfnissen also, auf die eine Stadt mit ihrer monumentalen Architektur nicht verzichten konnte. Die frühe Stadt war aufgrund ihrer Lage im Schwemmland gezwungen, mit ihren Handelsbeziehungen sehr weit in ihr Umland auszugreifen. Bald war sie durch das Kulturgefälle zwischen dem Zentrum (ihr selbst) und der Peripherie versucht, mit der Flagge dem Handel zu folgen, wirtschaftliche Dominanz in politische Herrschaft zu verwandeln (vgl. 2.1). In der Stadt konzentrierte sich die Oberschicht, damit der Luxus- oder Prestige-Konsum: ein weiterer Anreiz für den Fernhandel in Gold, Silber, Edelsteinen, Parfümen, Textilien, aber auch Architekten, Sängern und Sängerinnen, Malern und Stukkateuren. Lokalen Handel gab es hingegen schon an den Häuptlingssitzen und in den Zentraldörfern des 5. Jahrtausends, wo Wolle gegen Korn, Töpfe gegen Oliven getauscht worden sein mögen. Die Stadt aber ist ein Parasit, die Stadt ist der Nistplatz der Dekadenz, der Kehrseite der Urbanität; sie ist der Ort des freieren Denkens, des raffinierteren Genusses, des besseren Geschmacks. Was wäre die Welt ohne London, Paris oder Venedig?

Als die Stadt endgültig über die Funktion eines »erweiterten Häuptlingshofes« hinausgewachsen war, als die wirtschaftlichen Transaktionen, die sich in ihr abspielten, endgültig zu zahlreich und zu kompliziert geworden waren, als daß ein Verwaltungszentrum sie alle hätte abwickeln und dabei ineinander umrechnen können, hat die Stadt das Geld erfunden. Das war spätestens im Babylonien des späten 3. Jahrtausends der Fall, auf der Basis des Silbers, das als Wertmesser erst in der zweiten Hälfte des 2. Jahrtausends vom Gold abgelöst wurde. Ein Unter-Getreideverwalter des Tempels mochte drei seiner Bier-Rationen gegen ein neues Paar Sandalen geboten haben – aber wenn der Sandalen-Anbieter kein Bier wollte, sondern vier Fische, mußten die beiden erst einen Fischer finden, der an Bier interessiert war. Man sieht, die Stadt konnte auf Dauer nur funktionieren, wenn es einen von Bier, Sandalen und Fischen unabhängigen Wertmesser gab, in dem alle Transaktionen berechnet und der selbst in beliebige Güter umgesetzt werden konnte. Als solcher Wertmesser haben bald abgewogene Mengen der Edelmetalle Gold und Silber gedient. Es war nicht nötig, daß ein Sandalenmacher jemals Silber in der Hand hatte oder auch nur zu sehen bekam, um den Wert seiner Arbeit in Silber ausdrücken zu können. Geld ist nicht Währung: Geld hat die Wirtschaft des Vorderen Orients seit dem 3. Jahrtausend bestimmt, während die ersten Münzen, unhandlich wertvoll für den Alltagsgebrauch, erst im 6. Jh. v. Chr. auftraten, ein sinnvolles Kleingeld, mit dem sich dann auch der Krug Wein in der Schenke »Zum fröhlichen Makedonen« bezahlen ließ, gar erst im 3. Jh. v. Chr.

Um zu ermessen, welche Möglichkeiten und Freiheiten die Einführung des Kleingeldes seit dem 3. Jh. v. Chr. gerade den »kleinen Leuten« eröffnete, kehren wir noch einmal zum Fischer im 3. Jahrtausend v. Chr. zurück. Er lebte nun im Rahmen einer Geldwirtschaft, und doch gab es keine physische Menge Geldes, die seinen drei Fischen entsprochen hätte. Für ihn gab es nun zwei Möglichkeiten.

Erstens, er entzog sich der Geldwirtschaft und blieb bei der Tauschwirtschaft. Er mag ein »Nebenerwerbsfischer« geblieben sein, der mit seiner Familie für den eigenen Bedarf Feld- und Gartenbau trieb. Er kann gewartet haben, bis ihm ein Sandalenmacher Sandalen gegen Fische anbot (aber Fische verderben so rasch). In diesem Fall konnte der Fischer die Geldwirtschaft »nebenan« ignorieren. Doch gab es wahrscheinlich einen Priester oder Häuptling, dem der Fischer regelmäßig von seinem Fang abgab. Der verfügte, weil er mehr als einen Fischer zu seiner Klientel zählte, seinerseits über genug Fische, um sie gegen Silber einem Fischkonserven-Fabrikanten zu verkaufen. Durch die Geldwirtschaft, an der anfangs nur wenige partizipieren konnten, vergrößerte sich der

Abstand zwischen der Unterschicht und der Oberschicht quantitativ und qualitativ, innerhalb wie besonders außerhalb der Städte. Es gibt bis heute Bereiche, in die das Geld noch nicht vorgedrungen ist, aber es gibt in den »geldlosen« Regionen eine lokale Oberschicht, die an der Geldwirtschaft teilnimmt. Vielleicht gibt es noch Buschmänner im Kongo, die nie in ihrem Leben einen Dollar oder einen Schweizer Franken zu Gesicht bekommen haben; zugleich besitzt der Regierungschef des Kongo Millionen davon.

Die zweite Option des Fischers: er bezog Waren von einem städtischen Großhändler »auf Kredit«, den er mit Fischen beglich. Ohne physisches Geld (Münzen) zu besitzen, hatte der Fischer damit ein Darlehenskonto eröffnet, denn sein Abnehmer und Lieferant verfügte über einen Schlüssel, mit dem er Fische in Sandalen, Korn und Bier umrechnete. Daß Händler in derartigen Situationen die Kurse zu ihren Gunsten festsetzen, ist bekannt. Daß die Nicht-Geldbesitzer in diesem ihnen nur teilweise durchschaubaren System die Geldbesitzer prinzipiell für Betrüger und Ausbeuter halten, ist ebenfalls häufig (vgl. Am 8,5). Daher das schlechte Image der handeltreibenden Phönizier bzw. Punier bei den (ursprünglich) bäuerlichen Israeliten, Griechen und Römern (vgl. Hos 12,8); die unheilvolle Geschichte des Antisemitismus begann mit der griechischen und römischen Sicht der Phönizier-Punier.

Auch Lebensbereiche, die noch am Anfang des 1. Jahrtausends der Geldwirtschaft so fern wie nur möglich standen, keinen oder fast keinen Außenhandel trieben und sich auf den Austausch zwischen einzelnen Sippen im Rahmen eines Stammes beschränkten, der nur sich selbst versorgen wollte wie etwa die frühen Israeliten, konnten sich dem Geld dennoch nicht entziehen. Sie rechneten wie selbstverständlich auf Geld-Basis, auch wenn die meisten Geschäfte und Wiedergutmachungen faktisch in Naturalien abgewickelt wurden (vgl. Ex 21,21.30.34; 22,7.25; Ri 5,19; 9,4).

Neben seiner Eigenschaft, Wertmesser für Tauschgeschäfte zu sein, hat Geld die weitere Eigenschaft, selbst zur Ware zu werden, deren Wert von lokalen Nachfragen und Angeboten abhängt. Die Verelendung judäischer Kleinbauern in persischer Zeit, die sowohl das Reformprogramm Esras und Nehemias provozierte (Neh 5) als auch Entwürfe zum Bodenrecht und zur Schuldsklaverei wie Lev 25,8-55; Dtn 15,1-18 veranlaßte, hatte ihren Grund auch in der

Finanzpolitik des persischen Staates, der die Grund- und Kopfsteuern in Geld verlangte, dieses aber hortete und außer im Kriegsfall, wenn Söldner zu bezahlen waren, nicht wieder in Umlauf setzte. Weil Geld so zur knappen Ware wurde, waren Geldbesitzer gegenüber Landbesitzern im Vorteil. Nebenbei hatte diese Politik die Folge, daß griechisches und phönizisches Silber die Wirtschaft im östlichen Mittelmeerraum schon lange dominierte, als 336-332 v. Chr. die griechisch-makedonische Armee Alexanders einrückte.

Neben dem Geld, in den Quellen »Gold und Silber«, hat die frühe Stadt auch das Kapital erfunden. Dafür haben der alte Orient und das AT überhaupt keinen Begriff. Der Tempel oder der Königshof konnten Erträge ihres Grundbesitzes benutzen, um ihre Angestellten zu entlohnen. Sie konnten aber auch die Erträge eines bestimmten Grundstückes einem Bediensteten als Lohn zuweisen und ihn zugleich mit der Bewirtschaftung betrauen: so war aus dem Land, u.U. samt den dazugehörigen Bearbeitern, Kapital geworden, das nicht mehr als konkreter Ackerboden, sondern Ertragsgrund einer Rente interessierte. Die Sippen-Bauern des 8. bis 5. Jahrtausends (und folgender Jahrtausende) arbeiteten, um zu leben. Die Pächter und Landarbeiter des frühen Staates lebten nach städtischer Auffassung, um zu arbeiten (vgl. Gen 2,5.15): Zivilisation und Staat mußten finanziert werden.

Geld und Kapital waren anfänglich zweierlei, der Staat als alleiniger Eigentümer des Bodens auch alleiniger Eigentümer von Kapital. Die Umwandlung von Geld in Kapital war nicht einfach. Bankgeschäfte kamen bald auf, als Verbrauchs- nicht Investitionsdarlehen, waren aber nach Art und Umfang im Vergleich zu heute bescheiden und wurden im AT legislativ bekämpft: Ex 22,25; Lev 25,36f. Beteiligungen am Fernhandel, falls möglich, waren risikoreich. Der Konflikt um das bäuerliche Bodenrecht, der das AT von der Affäre um Nabots Weinberg (1 Kön 21) bis zu den Reformen Esras und Nehemias (Neh 5) durchzieht, war ein Konflikt zwischen teilweise noch sippenbäuerlich denkenden Kleinbauernfamilien, für die das Produktionsmittel Land prinzipiell unveräußerlicher Besitz war, und Fernhändlern und Großgrundbesitzern, die ihr Geld in Land-Kapital anlegen wollten. Von der Antike bis weit in die Neuzeit war Land die beliebteste, sicherste und ertragreichste Anlageform, oft die einzige. Aber das führt schon zu einem anderen Kapitel (1.6).

1.5. Stadt und Stadt: von Ober- und Unter-Zentren

Was eine Stadt »eigentlich« sei, ist eine angesichts der Vielzahl städtischer Lebens- und Siedlungsformen schier aussichtslose Fragestellung. Was haben Orte wie Zavelstein, Zons und Zürich außer der Bezeichnung »Stadt« gemeinsam? Die deutsche Sprache differenziert hier wenig, aber auch die englische Unterscheidung zwischen town (Landstadt, lateinisch *oppidum*, französisch *ville*) und city (Großstadt, lateinisch *urbs*, französisch *cité*) wird der Vielfalt der Stadt-Formen noch nicht gerecht. Läßt sich auch diese Vielfalt als Entfaltung aus *einem* Ursprung in den Griff bekommen? Denn »die Stadt« hat eindeutig eine Wurzel, die ins Mesopotamien des ausgehenden 4. Jahrtausends v. Chr. reicht. Alle anderen Städte und Kern-Staaten sind jünger (Ägypten, die Induskultur, Alt-China) und im Austrahlungsbereich Süd-Mesopotamiens bzw. seiner Tochter-Kulturen entstanden.

Man kann den Begriff »Stadt« ganz vermeiden und stattdessen von »Zentralorten erster, zweiter, ...n-ter Ordnung« sprechen. Zentralorte erster Ordnung gab es schon in den Häuptlingstümern Palästinas im 5. Jahrtausend v. Chr. (s.o. 1.2.), vielleicht schon im Neolithikum Nordsyriens, es wird sie auch in der Stammesgesellschaft des vorstaatlichen Israel geben: Großdörfer wie *Khirbet el-Mshâsh/Tel Masos* im Negev, Satelliten wie Giloh oder *'Izbet Sartah* (vgl. auch Ri 10,4-5 und Abb. 3). Einen Zentralort zweiter Ordnung haben wir im frühbronzezeitlichen Arad vor uns (ca. 3200-2600 v. Chr.), dem ummauerten Zentrum eines Gebietes, das Dörfer, Gehöfte und saisonale Lager bis in den Sinai und das südliche Ostjordanland hinein umfaßte (vgl. Abb. 4). Ist auch die Mauer ein Herrschaftssymbol, fehlt doch noch jede markante Differenzierung nach Funktionen oder Besitz innerhalb der Siedlung. Man mag das Arad des frühen 3. Jahrtausends v. Chr. town nennen, eine city war es nicht. Die Komplexität, die Arad vermissen läßt, findet sich dann spätestens Ende des 3. Jahrtausends v. Chr. in Megiddo. Hier sind Tempel und Palast als Sitz und Symbol von Herrschaft und Verwaltung deutlich markiert.

Am Beispiel des frühbronzezeitlichen Arad und Megiddo läßt sich ferner zeigen, daß die Städte Palästinas als »sekundäre Zivilisation« seit jeher auf ihnen wirtschaftlich oder politisch übergeordnete Zentren außerhalb Palästinas ausgerichtet waren, was nicht allen ihren Bewohnern immer klar gewesen sein muß. Die einmal entwickelte Zivilisation schafft sich Nachahmer, die das fertige Produkt ohne dessen Entwicklungskosten und Entwicklungszeit übernehmen und damit bisweilen ihre jeweiligen Geber-Kulturen überrunden und ausboten können: wie Akkad die Sumerer, Assyrien die Babylonier, Griechenland die Phönizier, Makedonien die Hellenen. Manchmal verbessern die Empfänger das »Produkt Zivilisation«, unbelastet von den Traditionen der Erstbenutzer, auch entscheidend. Die Mesopotamier haben die Schrift erfunden, aber die Kanaanäer das Alphabet (vgl. 3.2.2). Das einmal entzündete Feuer greift um sich, wo es Nahrung findet, dafür erlischt es zuerst an seinem Ursprungsort. Babel wurde zur Wüste, wenn auch aus anderen Gründen und später, als die Propheten annahmen (vgl. Jes 13; Jer 51): die überbewässerten, übernutzten Äcker versalzten, der Handel fand andere Wege, kein Eroberer mußte an diesem Ruin mitwirken.

Das »Produkt Zivilisation« wird bisweilen sogar von Abnehmern erworben, die damit wenig bis nichts Nützliches anfangen können, für die es Dekoration, Fassade, Ornament bleibt. Zum Zweck ihrer Selbstdarstellung als hellenistische Könige bauten um die Zeitenwende die Ober-Scheichs der Nabatäer (1 Makk 9,35; 2 Kor 11,32) eine Stadt, Petra, die nur repräsentative Funktionen erfüllte. Die großen Karawanenrouten, denen diese arabischen Nachfolger der Edomiter (vgl. 2.6.2) ihren Reichtum verdankten, liefen daran vorbei. Anders als in den gewachsenen Städten des hellenistisch-römischen Orients (z.B. in Gerasa/Jerash) ist das Pflaster der Hauptstraße Petras von keinen Wagenspuren gezeichnet, weil niemand zu Wagen dorthin gelangen konnte; man baute die Straße, damit sie aussähe, wie die Hauptstraßen der Städte, die man sich zum Vorbild nahm, und nicht, weil man eine gepflasterte Straße brauchte. Falls Hof und Tempel Salomos wirklich so prächtig waren, wie die Bibel sie schildert (1 Kön 4 - 10, vgl. aber 2.4.2), läge auch hier ein Fall für »Prestigewirtschaft« vor, die weit über das hinausgegangen wäre, was Israel im 10. Jh. oder Juda im 9. Jh. v. Chr. an »Stadt und Staat« brauchten oder hätten bezahlen können (vgl. weiter 2.5.2).

Aber kehren wir ans Ende des 3. Jahrtausends v. Chr. zurück. Megiddo markiert den südlichen Endpunkt der Verbreitung der mesopotamischen Erfindung »Stadt«, die zuvor Syrien erfaßt und dort echte Metropolen (wie Ebla) hervorgebracht hatte. Hier, am Rand, ist alles ein wenig kleiner und bescheidener. Aber auch Megiddo war, als Stadt, die Schnittstelle zwischen seinem Umland (oder Hinterland) und dem Wirtschaftsgroßraum, mit dem es im Austausch stand. Daß Megiddo sich höher entwickeln konnte als Arad, hängt z.T. mit dem Regenfall und damit der Ertragkraft des unmittelbaren Umlandes zusammen: außer zur See konnte Getreide vor dem Bau der ersten Eisenbahnen zu vertretbaren Kosten nicht über weite Strecken transportiert werden. Selbst vom Seehandel mit Getreide kann im 3. Jahrtausend v. Chr. noch keine Rede sein; ein ägyptischer Versuch, um 1200 v.Chr. das unter einer Dürre zusammenbrechende Hetiterreich mit Katastrophenhilfe zu versorgen, scheiterte noch, Rom aber konnte ohne das Getreide aus Sizilien, dann Nordafrika und dem vorderen Orient nicht existieren. Der Fernhandel der Antike und des Mittelalters war Handel mit Luxusgütern und mit Metallen, die nach heutigen Maßstäben in geringen und unwirtschaftlichen Mengen erzeugt und verbraucht wurden, er bedurfte als Motor einer städtischen Kultur mit reicher Oberschicht ebenso sehr wie er half, diese Kultur und ihren Reichtum zu erzeugen.

Der weltwirtschaftliche Zusammenhang von Niedergang hier und Aufstieg dort ebenso wie die Abhängigkeit der städtischen Kultur Palästinas von Entscheidungen, die außerhalb fallen, zeigt sich schon im 3. Jahrtausend am Beispiel von Arad und Megiddo. Die Entstehung der »nicht-urbanen« Stadt Arad läßt sich nur mit Blick auf ihren Handelspartner, Ägypten, und den Rohstoff erklären, den das sinaitische und südjordanische Umland Arads zu bieten hatte: Kupfer. Um 2600 v. Chr. aber war die Küstenschiffahrt etabliert genug, daß Ägypten auf phönizisches (und bald zyprisches) Kupfer zurückgreifen konnte. Ein Schiff transportierte soviel wie eine Karawane, aber schneller und mit geringerem Personal. Die Stammesaristokratie von Arad verlor ihren Markt, damit die Quelle ihres Reichtums und ihres Prestiges. Ägypten hatte im Austausch gegen Rohstoffe – neben Kupfer sind Lieferungen von Olivenöl erschließbar – Luxus- und Prestige-Objekte wie Schminkpaletten und Zeremonialkeulenköpfe geliefert. Ihres Rückhaltes in der »ersten Welt« beraubt, zerfiel das Häuptlingstum, dessen Zentrum Arad gebildet hatte, der Ort verödete.

Die Handels-Struktur »Rohstoffe gegen Luxusgüter« charakterisiert von nun an den Austausch zwischen »erster« und »dritter« Welt. Nach 2600 v.Chr. wurde Byblos zum Brückenkopf Ägyptens in Vorderasien, sein Stadtkönig vom Pharao als ägyptischer Bürgermeister »anerkannt«. In barbarischen Hieroglyphen nennt sich einer dieser Fürsten selbst einen »Hyksos«, das ist ägyptisch für »Herrscher eines Fremdlandes«, in ägyptischen Ohren alles andere als ein wohlklingender oder gar ehrender Titel (vgl. 2.3.1). Kolonialismus findet zu einem wesentlichen Teil in den Köpfen der Kolonisierten statt, ohne deren Kollaboration hätte er keine Chance. Jedenfall begann mit der ägyptischen Interessen-Verlagerung von Südpalästina nach der Küste des Libanon der Aufstieg Phöniziens und mit ihm die Prosperität der Städte Nordpalästinas: der Anfang des Aufstieges von Megiddo bedeutete den Untergang von Arad.

Ein »Zentralort dritter Ordnung« wie Megiddo lag seinerseits an der Peripherie eines »Zentralortes vierter Ordnung«, einer phönizischen Handelsmetropole wie Byblos, die sich ihrerseits in politischer Abhängigkeit von Ägypten befand. Man kann sich jetzt den Kulturschock ausmalen, den judäische, ammonitische, moabitische und edomitische Bauarbeiter-Kolonnen haben erleiden müssen, als der Assyrerkönig Asarhaddon im 7. Jh. v. Chr. seine Vasallen aufbot, um in Ninive das Zeughaus zu bauen. Aus Dörfern und Landstädten wurden diese Arbeiter plötzlich versetzt in die Hauptstadt der ganzen damaligen Zivilisation. Dieser Schock war nicht der geringste Anlaß für die Sammlung und Sichtung der Traditionen Israels, die im 7. Jh. v. Chr. den Grund zur Bibel legte (vgl. 2.6). »Ninive, die große Stadt« hat das AT noch lange, bis ins 4./3. Jh. v. Chr., als Inbegriff des »Ganz Anderen« fasziniert (vgl. Jona 1,2; 3,2; 4,11).

Nie haben Städte Palästinas den Umfang mesopotamischer oder ägyptischer Städte erreicht – dazu war das agrarische Potential ihres Hinterlandes zu gering, waren die verschiedenen Hinterländer zu klein. Palästina ist aufgrund seiner Oberflächengestalt, seiner Fragmentierung in klimatisch ganz verschiedene Kleinlandschaften und seiner Kleingliederung im Gebirge in Täler und Tälchen eines der ungeeignetsten Länder der Erde für die Errichtung eines Flächenstaates, ungefähr so ungeeignet wie die Schweiz, deren Staatswerdung von der Bundesurkunde von 1291 bis zur Bundesverfassung von 1848 viel Zeit und Blut gekostet hat. Doch trafen sich an der phönizisch-palästinischen Küste die Handelsrouten von Vorderasien nach Ägypten, seit dem 2. Jahrtausend kam die Ägäis ins Spiel, seit dem 1. Jahrtausend v. Chr. Arabien. Hazor konnte um 1700 v. Chr. mit syrischen Städten wie Mari mithalten, aber Megiddo war niemals Ugarit. War das Klima, besonders das ökonomische Klima günstig, gab es auch in Palästina, zumindest in der Küstenebene und in der Jesreelebene, Siedlungen, die an der internationalen Urbanität teilhatten. Aber die Metropolen lagen immer woanders: sie hießen Memphis oder Theben, Sidon, Tyrus oder Ninive, Alexandria oder Antiochien, Rom, Istanbul, London oder Washington.

Was die Qualität ihrer künstlerischen und kunsthandwerklichen Erzeugnisse betrifft, erreichte die Stadtkultur in der ersten Hälfte des 2. Jahrtausends in Palästina nach verbreiteter Ansicht einen Höhepunkt, der erst ab dem 3. Jh.v.Chr. überboten werden sollte und seit 1500 v.Chr. in einen langsamen Niedergang mündete. Dem ist entgegen zu halten, daß die Bevölkerung Palästinas im ganzen 2. Jahrtausend ungefähr konstant blieb (bei ca. 150-250 000 Einwohnern, heute sind es 6 Millionen). Lebten um 1750 v. Chr. 25 % der Einwohner (oder weniger) in Städten, waren es 1350 v. Chr. 75% (oder mehr). Die Fixierung auf die Schönheit des Einzelobjekts, etwa einer Vase, übersieht, daß quantitativ die Wirtschaftskraft Palästinas mit der des ganzen östlichen Mittelmeerraumes im Verlauf des 2. Jahrtausends v. Chr. zugenommen hat. Wie klein die Bevölkerung dieser Städte aber war, zeigen die Hilfsgesuche palästinischer Stadtkönige an ihren Oberherren, den Pharao (vgl. 2.3.4): die ägyptischen Bogenschützenkontigente, die sie zu ihrer Sicherheit anfordern, umfassen 10 bis maximal 400 Mann.

Das Bergland Palästinas ist hingegen, soweit es dort überhaupt zu städtischen Siedlungen kam, das Gebiet der Landstadt, in der wohl Getreidehändler den lokalen Überschuß auf Rechnung der nächsten Großstadt aufkauften, in die auch ein Trödler aus der Metropole kam, an der aber die Warenströme der Fernhandelsgüter vorbeiliefen: in Athen verkauften phönizische Händler im 5. Jh. v. Chr. die Wohlgerüche des Orients, in Jerusalem Fische (Neh 13,16). Und doch hat auch die Bibel ihre Stadt: eben Jerusalem, der Ort, wo Jahwe seinen Namen wohnen ließ. Die kulturellen Errungenschaften der Stadt: Geld und Kapital, aber auch Schrift und Literatur, bleiben nicht auf ihren Entstehungsort beschränkt, sondern ziehen immer weitere Kreise. Jerusalem zeigt exemplarisch, wie eine Stadt als Herrschafts- und Verwaltungszentrum entsteht, nämlich als Sitz der davidischen Dynastie und ihres Gottes, um dann jahrtausendelang davon zu leben. Zugleich demonstriert Jerusalem die Rezeption der Errungenschaften der Urbanität im recht eigentlich nicht-urbanen Bereich, in einer Landschaft, die von sippenbäuerlichen Dörfern geprägt war: als Stadt konnte sich Jerusalem nie mit einer Metropole wie Ugarit im 2. Jahrtausend oder Ninive im 1. Jahrtausend v. Chr. messen. Die Literatur, die man in Jerusalem im 5. Jh. v. Chr. sammelte, war nicht weniger reich und umfangreich als die Literatur Ugarits 800 Jahre früher. Gleichzeitig aber schrieben in Athen Aischylos und Sophokles.

So mag verständlich werden, warum die Haltung des AT zur Stadt so ambivalent ist: Städte gebaut zu haben, macht Hos 8,14 Juda zum Vorwurf – aber Jerusalem wird geliebt und verehrt (Ps 48; 137,5-6). Das AT hat für »Stadt« im allgemeinen nur ein Wort: hebräisch 'îr, das ursprünglich »Burg, Festung« bezeichnete und für Siedlungen von 500 (Am 5,3) bis 120 000 (Jona 4,11) Einwohnern verwendet wird. Die hebräische Sprache sieht die »Stadt« von außen: den abweisenden Mauerring, nicht von innen: ihre Vielfalt und Geschäftigkeit. Aus städtischer Tradition kommt hingegen das seltener verwandte qirjah wie in Kirjat-Arba »Vierstadt« als Bezeichnung von Hebron. Ein Begriff für »Dorf« fehlt im AT, so daß dessen »Städte« keine Städte in unserem Sinn sein können. Es gibt ein Wort für »Gehöfte«, wodurch sich die hebräische Stadt als »Zentralort erster Ordnung« zu erkennen gibt (s.u. Abb. 3-5). Erst im Zuge der wirtschaftlichen, gesellschaftlichen und politischen Differenzierung bildet dann auch das Hebräische Zusammensetzungen: Land-Stadt (Dtn 3,5), Haupt-Stadt (2 Sam 12,26).

Im 10. Jh. v. Chr. nehmen die öffentlichen Gebäude (die Zitadelle) 10% der Grundfläche von Hazor ein. Der archäologische Befund verrät nicht, ob Hazor damals das selbständige Zentrum seines Umlandes war oder von einer übergeordneten Instanz nominell oder real abhängig. Hingegen beträgt der Anteil der Verwaltung im israelitischen Megiddo des 8. Jh.s oder im judäischen Lachisch des 7. Jh.s 30-50%: diese Städte verwalteten gewiß nicht nur sich selbst und ihr unmittelbares Umland, sondern funktionierten innerhalb einer staatlichen Hierarchie. Den Bau solcher Städte kritisiert Hos 8,14 (vgl. auch 1.6 und Exkurs 2). Andererseits ist das vor- und nachexilische Jerusalem der Sitz der Weisen, Priester und Schriftgelehrten, die das AT verfaßt und abschließend redigiert haben, eine Tätigkeit, die in dieser Form nur in einer Stadt möglich war, in der Repräsentanten aller Kreise und Interessengruppen vertreten waren. Die wirklich große Stadt aber bleibt eine fremde Stadt, ob sie Babel heißt oder Ninive.

In der Jungsteinzeit war das Dorf die Welt. Man mochte wissen, daß es in der Ferne noch andere Dörfer gab, mochte gelegentlich Nützliches oder Begehrenswertes tauschen, wie Obsidian oder farbige Steine, aber man mußte es nicht. Nach dem 3. Jahrtausend v.Chr. hat noch mancher Dörfler sein Tal für die Welt gehalten, aber längst gab es mehr als *eine* Welt, gab es eine erste und zweite, bald auch dritte und vierte Welt. Die wenigsten haben es sofort gemerkt, manche bis heute nicht. Aber die Möglichkeiten, die den verschiedenen Menschen bei ihrem Streben nach Glück offen standen, waren von nun an sehr verschiedene.

1.6. Stadt und Land: Formen der Beziehung

Weder das Sippenbauerntum noch der frühe Staat kannten privates Grundeigentum. Eigentümer des Landes war die Sippe bzw. der Staat, d.h. der Staatsgott und in seinem Namen der König. Im frühen Bauerntum konnte die Vorstellung von abgegrenztem Grundeigentum nicht aufkommen, da fürs erste unbegrenzte Reserven anbaufähigen Landes zur Verfügung standen. Sowenig wir auf den Gedanken kommen, daß die Luft jemandem gehören könne, sowenig vermochte eine Vorstellung von Grund und Boden als Eigentum aufzukommen, solange noch Land darauf wartete, in Besitz genommen zu werden. Nur die Erträge des Bodens gehörten dem Besitzer, der sie erzeugte. Der Unterschied von Land als Eigentum oder Besitz erklärt auch die ungerechten Verträge, die amerindische oder australische Stämme mit den Kolonisten abschlossen. So dumm waren auch die Indianer nicht, Tausende von Quadratkilometern für eine Wagenladung Wolldecken einzutauschen. Was sie zu verkaufen meinten, war die Nutzung des

betreffenden Gebietes, und sie lernten zu spät, daß ihre Handelspartner die Integrität des Landes, das sie gehütet hatten, nicht zu
respektieren gedachten.

Mit dem frühen Staat, vor allem aber mit der Besiedlung allen
agrarisch nutzbaren Landes (ein Prozeß, der in Palästina erst Ende
des 8. Jh.s v. Chr. abgeschlossen war), wurde Land zur unvermehr-
baren Ressource, an dem nun Rechte zu fixieren waren. Dabei kol-
lidierte staatliches Denken, wonach Land Eigentum des Staates war
und vom Staat für Dienstleistungen zur Nutznießung vergeben
werden konnte, mit der sippenbäuerlichen Einstellung, die Grundeigentum prinzipiell nicht kannte. Der Konflikt, der entstehen
mußte, konnte verschieden gelöst werden.

Im Extremfall hat staatliches Grundeigentum sich durchgesetzt.
Der Staat läßt sein Land durch Pächter, Tagelöhner oder Sklaven
bearbeiten, oder er übergibt den Besitz (nicht das Eigentum) an
Tempel und Priester, Militärs und Beamte, die es ihrerseits bearbeiten lassen und vom Ertrag versorgt werden, um mit ihrer Person
dem Staat zu dienen. Wie die Geschichte des europäischen Mittelalters zeigt, versuchen die Landbesitzer in einem derartigen Feudal-
system, die Güter in ihrer Familie erblich zu machen samt den Leistungen, zu denen der Besitz verpflichtet, und so den Besitz im Laufe der Generationen in Familieneigentum zu überführen. Insofern
aber auch der Besitz Kapital darstellt, das Erträge bringt, kann auch
er verpfändet oder verkauft, beliehen oder gekauft, vermindert oder
vermehrt werden. Die Erblichkeit des Landbesitzes hatte aber
immer dann ein Ende, wenn ein fremder Eroberer den Staat, damit
auch dessen Grundeigentum übernahm und den Landbesitz einzog,
um ihn neu zu verteilen (vgl. Jer 39,10; 40,5-10). Als Kyros dann
den Nachkommen der ehemaligen judäischen Oberschicht im
babylonischen Exil die Rückkehr ermöglichte, schuf er ein besitz-
rechtliches Problem, das sich in den theologischen Diskussionen
des AT deutlich abzeichnet: welchem Israel gehört nun das Land,
dem nach Babylon exilierten oder dem daheimgebliebenen (vgl. Ez
11,14-18; 33,24-29)?

Staatliches Grundeigentum und bäuerliches Sippen-Eigentum
können in der Form einen Kompromiß eingehen, daß ein Dorf als
ganzes mit seinem Boden »belehnt« und als Kollektiv für die staatlichen Abgaben haftbar gemacht wird, intern aber seine Angelegen-

heiten, auch den Anteil einzelner Familien am Gemeinschaftsbesitz, selber regelt. Dies war im 2. Jahrtausend v. Chr. in Ugarit und wahrscheinlich auch in den anderen Stadtstaaten Syrien-Palästinas der Fall. Sippenbäuerliche (»segmentäre«) Strukturen blieben so im Staat erhalten, »Staat« und »Stamm« koexistierten. Überdies bilden Königshaus und die Familien der Oberschicht in den meisten orientalischen Staaten Sippen, d.h. tribale Segmente, mit je eigenen familiäreren Interessen. So sind nach Jahrhunderten staatlicher Verfaßtheit unter den Bauern Palästinas immer wieder Stammesstrukturen entstanden, wenn die Staatlichkeit ganz oder in einem Teilbereich zusammenbrach. Solches geschah in der frühen Eisenzeit und im 13.-19. Jh.n.Chr. Die Sippenordnung als Grundelement des Tribalismus war nie ganz erloschen (vgl. Exkurs 2 und 2.1). Damit bildete aber zugleich die Ko-Existenz zweier Eigentumsordnungen, der städtisch-staatlichen und der sippenbäuerlichen, ein permanentes Kritik-Potential an König und Staat, das sich nicht auf die Staatenbildungszeit beschränken läßt.

Die dritte Form der Beziehung zwischen Stadt und Land ist die der Apartheid: Bereiche staatlichen Grundeigentums und sippenbäuerlicher Bodennutzung berühren sich, aber überlagern sich nicht. Der Stamm zieht der Expansion der Stadt eine Grenze. Dieser Sachverhalt liegt den Konflikten zwischen Staat und Stämmen in Mari zugrunde (vgl. 2.3.2), wobei die Könige von Mari zugleich Ober-Häuptlinge der umgebenden Stämme waren. Auch getrennt bildeten Stadt und Sippenbauern Teile eines gemeinsamen Wirtschaftssystems, gar politischen Systems, wofür sich der Begriff »dimorphe Gesellschaft« heute einiger Beliebtheit erfreut. Dabei war es in der Regel die Land-Aristokratie, die als Schnittstelle zwischen städtischer und ländlicher Wirtschaft fungierte. Ob bäuerlicher oder – seit dem 1. Jahrtausend v. Chr. – nomadischer Herkunft, legten sich Großgrundbesitzer und Großherdenhalter bald Residenzen in jenen Städten zu, auf deren Markt sie ihren Überschuß absetzten (vgl. Gen 13,12).

Es liegt auf der Hand, daß in einer sippenbäuerlichen Selbstversorgungs-Wirtschaft nur schwer Großgrundbesitz und Großherdenbesitz aufkommen werden. Aber bislang hat keine Subsistenzwirtschaft der Welt der Versuchung widerstanden, für einen Markt und damit für Geld zu produzieren, wenn sich ihr diese

Möglichkeit bot. Der Prophet Amos (8. Jh.v.Chr.) war bereits ein Großherdenhalter (hebräisch *nôqêd*) und Maulbeerbaum-Plantagenbesitzer (Am 1,1; 7,14). Nabal von Meon (1 Sam 25) kann seine 3000 Schafe und 1000 Ziegen nur mithilfe von Lohn-Hirten (oder Sklaven) bewirtschaften; als vergleichbarer Großherdenhalter wird in Gen 12-13 Abraham geschildert, in Gen 26 Isaak. Die Judäer Nabal und Amos produzierten für den Markt der philistäischen Städte so wie ihre aristokratischen Kollegen in Israel Getreide, Öl und Wein nach Phönizien exportierten (vgl. 1 Kön 5,24-25; Ez 27,17) – wieder im Austausch für Luxusprodukte. Erst im 7. Jh.v.Chr. hat die judäische Hauptstadt Jerusalem einen Umfang und eine Einwohnerzahl erreicht, mit denen sie philistäischen Städten nahekam. Damit wurde auch Jerusalem zu einem attraktiven Markt für die südjudäischen Fleisch-, Milch- und Woll-Produzenten.

Was kritisiert dann der judäische Landaristokrat Amos an seinen israelitischen Kollegen? Wohl dies, daß sie – im Gegensatz zu ihm – das Land verlassen haben und sich in ihrer Hauptstadt Samaria niedergelassen haben. Während Amos, bei allem Unterschied im Besitz, den Alltag seiner Sippengenossen teilt und wahrscheinlich die Witwen, Waisen und Armen seines Familienverbandes unterstützt hat, wie es das Herkommen gebot, haben jene das Land verlassen, um am Hof und dessen ausländischen, importierten Luxus teilzuhaben (vgl. Abb. 6). Für Amos ist sein Landbesitz Mittel einer Produktion, an der er sich eigenhändig beteiligt; für seine entwickelteren israelitischen Standesgenossen ist ihr Besitz ein Kapital, dessen Erträge sie in der Stadt verzehren. Im Rahmen dieses »Rentenkapitalismus« interessiert am Boden-Kapital nur noch sein Ertrag, die Rente; risikoreiche Investitionen, damit die Finanzierung von Innovationen, werden vermieden, oft selbst der Unterhalt von Produktionsstätten und Produzenten vernachlässigt. Der Niedergang des orientalischen Bauerntums in nachrömischer Zeit ist durch das Umsichgreifen der rentenkapitalistischen Produktionsweise mitverursacht (E.Wirth, X. de Planhol). Der Rentenkapitalismus war jedoch keine autonome Entwicklung innerhalb der Gebiete, die von ihm betroffen wurden, sondern wurde ausgelöst durch das Einströmen städtischer Konzepte und städtischen Geldes in eine nicht-urbane Gesellschaft. Die Umwandlung von Grundbesitz in Landkapital geschah zuerst in den Köpfen.

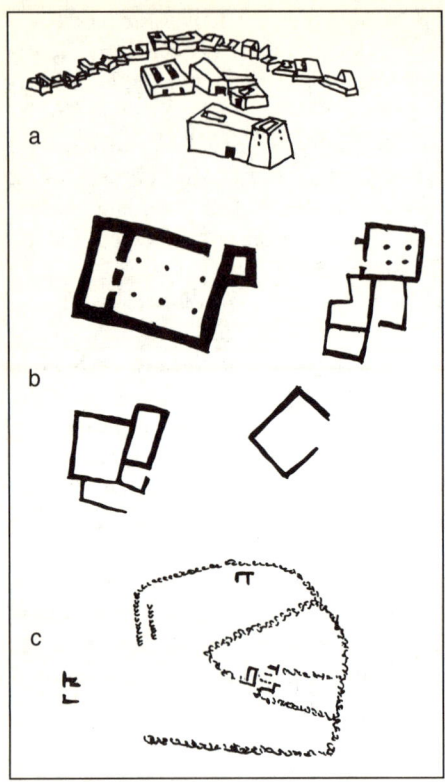

Abb.3: Früheisenzeitliche bäuerliche Siedlungen mit keiner (c), einfacher (b) und zweifacher sozialer Schichtung (a).

a) Khirbet el-Meshâsh nach *I.Finkelstein*, The Archaeology of the Israelite Settlement (Jerusalem 1988), 43 (korrigiert nach dem abschließenden Grabungsbericht von *V.Fritz und A.Kempinski*, Wiesbaden 1983).
Der äußere Ring von Bauern- und Hirtenhäusern umschließt einen inneren Ring von Händler- und Handwerker-Wohnungen. Ganz im Zentrum steht ein öffentliches Gebäude (Häuptlingssitz?).
b) 'Izbet Sartah, eine Satelliten-Siedlung von Afek (nach *Finkelstein*, 78; der Abstand zwischen Zentralbau und Peripherie ist in Wirklichkeit etwas größer als hier wiedergegeben).
c) Giloh, eine Hirtensiedlung bei Betlehem, die fast nur aus Hürden und Pferchen besteht (nach *Finkelstein*, 49).

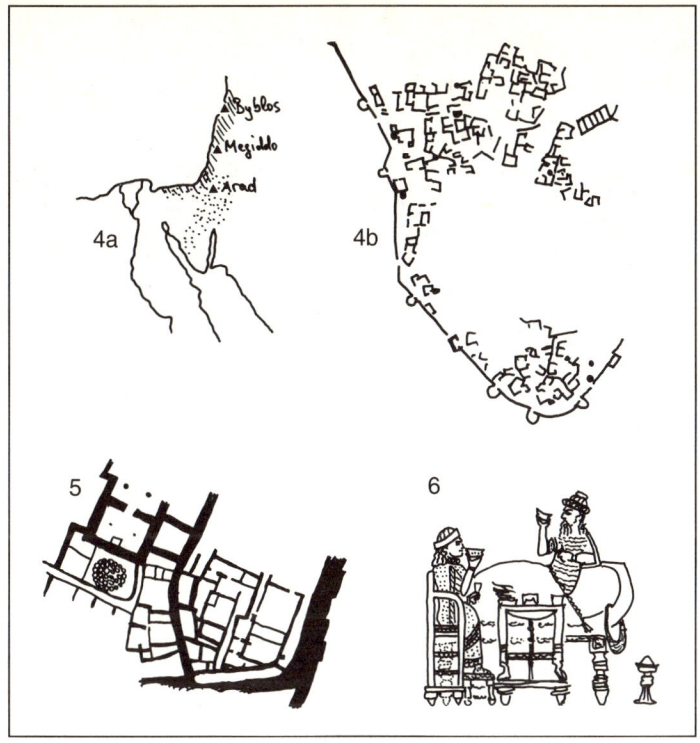

Abb.4: a) Ägyptisches Einfluß- und Herrschaftsgebiet im Palästina
Anfang ⋰⋅⋅⋅⋰ und Mitte \\\\\\\\ des 3. Jahrtausends.
b) Der Stadtplan von Arad zeigt im Wesentlichen identische Haus- und
Hofgrundrisse. Falls es Tempel und »Paläste« gab, sind sie architektonisch
nicht akzentuiert (nach *R.Amiran* u.a., Arad – eine 5000 Jahre alte Stadt
in der Wüste Negev, Israel (Neumünster 1992), 35)

Abb.5: Tempel (mit einem großen Brandopferaltar im Hof) und Palast
(mit einem Empfangsraum rechts) von Megiddo, Mitte des 3. Jahrtausends.
Herrschaft und Verwaltung drücken sich jetzt im Stadtbild aus. Nach
H.Weippert, Palästina in vorhellenistischer Zeit (München 1988), 161.

Abb.6: Assurbanipal beim Gelage – die Daseinshaltung, die Am 6,4 bei
der israelitischen Aristokratie kritisiert. Nach *E.Ferries-Beach*, The Samaria
Ivories, Marzeah and Biblical Texts. Biblical Archaeologist 55 (1992), 130-
139, 137.

Schon in der Antike setzte sich die Verflechtung der Wirtschaft über Stammes- und Staatsgrenzen hinweg. Auf dem Gebiet der Wirtschafts- und Sozialgeschichte Israels fallen darum »Welt« und »Umwelt« zusammen. Die Verflechtung reicht bis in die Weltsicht der biblischen Überlieferung hinein. Die ideale Welt des AT ist eine Welt von Sippenbauern, die keinem staatlichen Zwang und keiner grundherrlichen Ausbeutung unterworfen sind: ein jeder Israelit soll unter seinem Feigenbaum die Erträge seiner Ölbäume und seiner Weinstöcke, seiner Äcker und seiner Herden genießen können (1 Kön 5,5; Mi 4,4; Sach 3,10). Lassen wir es für den Augenblick dahingestellt, daß es auch im Sippenbauerntum nur eine bäuerliche Oberschicht ist, die sich diesen Genuß leisten kann. Das Ideal wurde zuerst im Bundesbuch kodifiziert (Ex 21-23). Auch wenn die Sammlung erst aus dem 8. oder 7. Jh. v. Chr. stammt, gehen die darin geschilderten Lebensverhältnisse doch tief in die bislang geschilderte »Vorgeschichte Israels« zurück. Wir sahen bereits, daß die bäuerliche Gesellschaft des Bundesbuches schon insofern städtisch kontaminiert ist, als sie den Geldbegriff kennt (vgl. 1.4). Diese Kontamination geht aber weiter. Bei der Kodifikation des sippenbäuerlichen Bodenrechts in nachexilischer Zeit dient das hebräische Wort *nachalah* zur Bezeichnung des unveräußerlichen Erbbesitzes der Israeliten (Lev 25 u.ö.). Dieses Wort stammt aber aus dem Lehnsrecht des 2. Jahrtausends v. Chr. und bezeichnet in Ugarit das »Lehen« (vgl. auch Dtn 32,9). Das Lehen ist unveräußerlich, weil es nicht dem Besitzer gehört, sondern dem Staat, der es verliehen hat und wieder einziehen kann. In der Konzeption des AT ist Israel nicht Eigentümer, sondern nur Besitzer seines Landes. Eigentümer ist und bleibt Gott (Lev 25,23).

1.7. Von der gesellschaftlichen Arbeitsteilung zur ethnischen
     Arbeitsteilung, oder: die Nomaden

Mit der Handelsstruktur zwischen städtischen und ländlichen Gesellschaften, dem Tausch von Fertigwaren/Luxusgütern gegen Rohstoffe haben wir im dritten Fall der eben geschilderten Stadt-Land-Beziehungen, dem Nebeneinander der Systeme, bereits den Anfang der ethnischen Arbeitsteilung vor uns: bestimmte Produkte (Getreide, Öl, Wein, Fleisch) werden nicht mehr im eigenen

Staats-Verband hergestellt, sondern aus dem politisch unabhängigen, aber wirtschaftlich abhängigen »Ausland« importiert – auch »Stämme« sind politische Organisationen (vgl. Exkurs 2). Dieses Modell haben Stammesgesellschaften ihrerseits aufgegriffen: in den meisten Bauern-Stämmen bleibt Handwerkern der Status eines Voll-Mitgliedes versagt. Sie werden als Klienten (hebräisch *gêrîm*) aufgenommen und geschützt, denn der Stamm ist, um seine Unabhängigkeit von auswärtigen Wirtschaftszentren zu steigern, an ihrer Anwesenheit im Stammesgebiet durchaus interessiert. Zur Zeit Mohammeds waren die Gold- und Silberschmiede Arabiens fast ausschließlich Juden; die Rückwanderung der jemenitischen Juden anfangs der 50er Jahre dieses Jahrhunderts hat in Südarabien das traditionelle Metallhandwerk zum Erliegen gebracht. Gruppen von Handwerkern oder Spezialisten (wie für Tanz und Musik) können in einer Stammesgesellschaft aber auch den Status eines minderberechtigten, abhängigen Stammes erhalten. Dies scheint bei den Kenitern der Fall gewesen zu sein, die einerseits in ein Klientenverhältnis mit Juda traten und innerhalb Judas ein geschlossenes Siedlungsgebiet besaßen (Ri 1,16f; 1 Sam 27,10; 30,29f; Num 24,21f), andererseits als kleine Gruppen wandernder Metallarbeiter und Musikanten in Israel präsent waren (Gen 4,20-22; Ri 4,17-22; 5,24-27).

Die Anfänge der ethnischen Arbeitsteilung führen ins 3. und 2. Jahrtausend v. Chr.; im 1. Jahrtausend v. Chr. dehnt sie sich auf das gesamte Weltwirtschaftssystem aus. Für Griechen, Römer wie Juden wird »Sidonier«, »Punier« und »Kanaanäer« (alle drei Bezeichnungen meinen Phönizier) Synonym für »Fernhändler« – allen drei Bauernkulturen gleichermaßen suspekt, weil augenscheinlich nicht durch Arbeit reich. Um 600 v. Chr. wird im Juda »Kittäer« (ursprünglich: Cypriot, dann auch: Grieche) zum Synonym für »Söldner«. Diese Struktur wird sich im Mittelmeerraum bis ins 20. Jh. n. Chr. erhalten, mit seinen griechischen Schiffern und Reedern, armenischen Finanziers, rumelischen Bauern, albanischen Söldnern und palästinischen Tagelöhnern.

Um einen eindeutigen Fall von ethnischer Arbeitsteilung handelt es sich beim Nomadentum. Gegenüber unscharfen Verwendungen des Nomadenbegriffs wie der ausschließlichen Betonung der Nichtseßhaftigkeit (so werden bisweilen auch die Jäger und Sammler der Altsteinzeit »Nomaden« genannt) dient eine klarere Begriffsbildung einer genaueren Erfassung des Phänomens. »Nomade« sei hier auf Angehörige nichtseßhafter, viehzüchtender Stämme beschränkt – also auf das, was sich Leser Karl Mays ohnedies darunter vorstellen. Der Nomade ist durch eine Lebensweise (Nichtseßhaftigkeit) und eine Wirtschaftsweise (Viehzucht) und durch eine politische Organisation (Stamm) definiert. Nach derzeitigem Erkenntnisstand sind alle drei Kriterien vereint zuerst bei den arabischen Kamelzüchtern belegt, die in der ersten Hälfte des 1. Jahrtausends v.Chr. in der syrisch-arabischen Wüste auftauchen. Gegenüber früheren Forschungen läßt sich festhalten: der Beduine (= Kamelnomade) steht nicht am Ende, sondern am Anfang der Geschichte des Nomadentums.

Gewiß hat es vor dem 1. Jahrtausend bereits Stämme gegeben, wie die zahlenmäßig starken und große Flächen beanspruchenden Stämme von Mari (um 1700 v.Chr.; vgl. 2.3.2). Aber die Mari-Stämme waren Bauernstämme, die im Rahmen familiärer oder intra-tribaler gesellschaftlicher Arbeitsteilung auch transhumante Viehzucht trieben (vgl. 1.2). Es gab in der zweiten Hälfte des 2. Jahrtausends im palästinischen Bergland zeltbewohnende und viehzüchtende Gruppen, die in den ägyptischen Quellen *Shasu* heißen und bisweilen, aber zu Unrecht, in der Forschung als »Beduinen« figurieren. Aber die *Shasu* waren nicht über die Ebene der Sippe hinaus politisch organisiert (Exkurs 2 und 2.3.5). Weder Texte noch archäologische Zeugnisse belegen für diesen Zeitraum einen Handel zwischen den Städten der Ebenen und den nichtseßhaften Viehzüchtern der Berge, bei dem die *Shasu* einen Überschuß an Vieh gegen Getreide hätten eintauschen können. Die archäologische Untersuchung der lokalen Handelsbeziehungen palästinischer Städte der Spätbronzezeit steht allerdings noch ganz am Anfang. Zur Zeit ist anzunehmen, daß diese »Lokalnomaden« (vgl. 1.2) autark waren und neben der Viehzucht auch nichtseßhaften Ackerbau trieben. Vermutlich geht jener Abraham, der in Gen 18 geschildert wird, auf die Tradition einer *Shasu*-Sippe zurück. Hier ist sein Besitz an Rindvieh (V. 7f) ein eindeutiges Indiz für Ackerbau des Zeltbewohners (V. 1; 6; 9f), denn das Rind wurde im vorderen Orient nicht in erster Linie als Milch- und Fleischlieferant, sondern als Zugtier, besonders zum Pflügen, gehalten.

Wie alle Haustiere (mit Ausnahme des Hundes) wurde auch das Dromedar (das einhöckrige Kamel) in Ost- und Westarabien von Bauern gezähmt, die über Erzeugnisse verfügten, mit denen sie sich den Tieren als Ernährer interessant machen konnten. Das Kamel ist im Laufe der Zeit eine so enge Symbiose mit dem Menschen eingegangen, daß es heute wild nicht mehr existieren kann: es würde verdursten. Hauptprodukte des Kamels waren im 3. Jahrtausend v. Chr. Wolle und Milch, ab dem 2. Jahrtausend seine Transportleistung. Im 14. und 13. Jh. v. Chr. lassen sich die ersten (kleinen) Kamelkarawanen an der palästinischen Mittelmeerküste und im Ostjordanland nachweisen. Midianitische Bergleute und Kupferschmelzer, Angehörige einer bäuerlichen Kultur aus dem nordwestlichen Arabien, von den Ägyptern als Facharbeiter in den Kupferminen von Timna (Wadi ʾ*Arabah*) beschäftigt, haben auch Kamele gegessen. Das taten die Beduinen des 1. Jahrtausends v. Chr. und späterer Zeit sehr selten und nur, um Götter oder Gäste zu ehren, da sich Kamele am zweitlangsamsten von allen Säugetieren fortpflanzen: die Kamelstute bringt nur ein Junges pro Schwangerschaft zur Welt, die 13 Monate dauert (nur bei der Elefantenkuh dauert es länger: 22 Monate). Stattdessen nutzen die Beduinen die Kamelmilch (Nahrung), das Kamelhaar (Kleidung), den Kameldung (Brennstoff), das Kamelurin (Hygiene) für den Eigenbedarf und die Transportleistung des Kamels als Tauschobjekt. Das Beduinentum setzt den im 8. Jh. v. Chr. in Schwung gekommenen transarabischen Handel von Südarabien zum Mittelmeer und zum Eufrat (vgl. 2.6.3) voraus. Wer Viehzucht in Monokultur betreibt, braucht einen Markt, auf dem er seine Überschüsse absetzen kann. Wer ein Tier züchtet, das hauptsächlich Transportleistungen erbringt, setzt eine Weltwirtschaft voraus, in der genug zu transportieren ist. Spätestens seit dem ausgehenden 8. Jh. v. Chr. gehört zum Beduinentum die Großherdenhaltung der Stammesaristokraten. Daß sich die Kamelzüchter-Stämme politisch unabhängig erhalten konnten, erforderte ein beträchtliches Transportvolumen durch die syrisch-arabische Wüste: Transporte, die sie entweder beförderten oder wenigstens, gegen Zahlung eines »Schutzgeldes«, nicht behinderten.

Die Fähigkeit des Kamels, kurzfristig in Wüstengebieten zu überleben, in die vergleichbar lange kein anderes Lebewesen ohne großen logistischen Aufwand vordringen kann, verleiht den Beduinen Macht über die Oasenstädte in ihrem Lebensbereich und eine relative Sicherheit gegenüber den Mächten des Agrarlandes. Beduinenstämme können Oasenbauern gegenüber die gleichen Abgabenforderungen stellen wie städtische Rentenkapitalisten an ihre Pächter. Das Beduinentum ist eine para-urbane Lebensform.

Das Beduinentum hat unter der nicht- oder nur teilweise seßhaften Bevölkerung an den Rändern des orientalischen Agrarlandes bewußtseinsbildend gewirkt: die nichtseßhaften Bauern und Viehzüchter »beduinisierten« sich, sie übernahmen das Selbstverständnis der neuen Wüsten-Aristokratie, ohne an ihrem Leben ganz teilzuhaben. Die Nöte des randständigen Lebens werden zum Ideal verklärt und heben das Selbstwertgefühl. Kamelnomaden waren spätestens seit 750 v. Chr. im judäischen Negeb alltäglich. Um 600 v. Chr. klingt das Lebensideal der Rechabiter (Jer 35,6-7) fast wortwörtlich an das »Beduinenideal« der Nabatäer um 312 v. Chr. an, das der Historiker Hieronymus von Kardia aufgezeichnet hat, und nimmt die Zivilisationsfeindschaft späterer arabischer Götter, »die keinen Wein trinken«, vorweg (vgl. auch Spr 31,4). Wer heute in Jordanien in einem Zelt lebt und selbst, wenn er nicht einmal mehr Ziegen, sondern nur noch Hühner auf die Weide führt, beansprucht in der Regel, einem der prestigeträchtigen Beduinenstämme anzugehören, was diese ihrerseits mit gleicher Ausdauer bestreiten. Umgekehrt wird dem Besucher Jordaniens heute ein Nationalgericht aus »typisch beduinischer« Tradition vorgestellt, das *mansaf*: Schaf oder Ziege, in aufgelöster getrockneter Sauermilch gekocht und auf Brot oder einem Reishaufen serviert. Ähnliches genoß schon um 1950 v. Chr. der Ägypter Sinuhe bei seinen syrischen Gastgebern, die zwar in Zelten wohnten, aber Weinberge und Ölgärten angelegt hatten, also Bauern waren (vgl. 1.3; 2.3.1). Auch das biblische Verbot, das Böckchen nicht in der Milch seiner Mutter zu kochen (Ex 23,19; 34,26; Dtn 14,21), macht nur Sinn, wenn die alten Israeliten zu ihren drei hohen Festen (denn sonst wurde kein Fleisch gegessen) ein ähnliches Rezept anwandten. Also war das *mansaf*, ehe es »beduinisch« wurde, das Festessen einer Bauern-Hirten-Gesellschaft.

Entgegen einer Wissenschaftstradition, die es sich angewöhnt hat, jeden Hinweis auf Hirten, Zeltbewohner oder Stämme als Indiz für

»Nomadentum« zu deuten, läßt sich die Abwesenheit des »Nomaden« im vorderen Orient vor dem 1. Jahrtausend v. Chr. auch terminologisch nachweisen. Keine altorientalische Kultur hatte vor dem Aufkommen der Beduinen ein Wort für »Nomade«. Was es gab, sind unzählige Stämmenamen, die aber nichts über die Lebens- und Wirtschaftsweise dieser Stämme aussagen. Die Ägypter sprachen von »elenden Sandbewohnern« und meinten damit jeden, der nicht auf Nilschlamm leben durfte. Die »elenden Sandbewohner« Palästinas im 3. Jahrtausend besaßen Ölbäume und Weinstöcke, sie bewohnten Siedlungen mit Mauern und Bastionen, die sie auch zu verteidigen wußten. Die erste orientalische Sprache, die ein Wort für »Nomade« geprägt hat, ist das Arabische: *'arab* heißt auf Arabisch »Nomade«. Als Fremdwort wurde »Arab« bei Assyrern, Babyloniern, Aramäern, Hebräern und Südarabern zur ethnischen Bezeichnung für jene, die diese bisher unbekannte Lebensweise praktizierten. Sie kann also erst unter den (proto-)beduinischen »Arabern« entstanden sein. Erst spät hat das Hebräische ein Wort für Nomade gebildet: 2 Chr 14,14 ** 'ahl miqnê* »Vieh-Leute« – und dieser Ausdruck enthält wieder ein arabisches Lehnwort (*'ahl* »Leute«). Ökologie, Ökonomie und Philologie führen zum gleichen Ergebnis: der Viehzüchter-Nomaden-Stamm entstand im 1. Jahrtausend v. Chr.

1.8. Übergänge

Das Zusammenwirken von Städtern, Bauern und Nomaden ist im Lauf der Jahrtausende gewachsen und hat zu verschiedenen Zeiten zu Städtern, Bauern und Nomaden ganz verschiedener Art geführt, die auf mehr als eine Weise konkurrieren und kooperieren konnten. Statt eines statischen Systems war eine dynamische Entwicklung zu beschreiben, die mit dem Entstehen Israels nicht aussetzte.

Gesellschaftliche Komplexität und wirtschaftliche Prosperität wachsen nicht ununterbrochen, es gibt Niedergänge und Zusammenbrüche. Die Errungenschaft der jungsteinzeitlichen Revolution, die Seßhaftigkeit, wurde um 6000 großräumig aufgegeben. Die andere Errungenschaft, die Domestikation von Getreide, Schaf und Ziege nicht (vgl. 1.2). Die proto-urbane Kultur Palästinas im 3. Jahrtausend kollabierte um 2300 (vgl. 2.2). Zentralorte zweiter und dritter Ordnung machten einer Gesellschaft von transhumanten, zum Teil ganz mobilen Bauern Platz, die allenfalls noch Zentralorte erster Ordnung kannten: aber der Gartenbau, die Anpflanzung von Weinstock, Ölbaum und Feige wurde nicht vergessen (vgl. 2.3.1). Als sich Anfang des 2. Jahrtausends v. Chr. das makroökonomische Klima wieder verbesserte, ging aus diesen zeltbewohnenden Bauern nahtlos die erste voll-urbane Kultur Palästinas hervor. Ideen und technologische Anstöße, auch ein paar Angehörige der Elite mögen aus dem Norden gekommen sein, die Mehrheit der Bevölkerung war es nicht. Die Verstädterung Palästinas erreichte nach 1500 v. Chr. ihren Höhepunkt: das Bergland, bis dahin Sitz einer Dorfkultur, die sicher in Abhängigkeit von den Städten der Ebenen stand, wurde aufgelassen, die Dörfer machten subsistenzwirtschaftlichen Sippen von Lokalnomaden (*Shasu*) Platz. Als das erste mediterrane Weltwirtschaftssystem um 1200 v. Chr. zusammenbrach, läßt sich ein rapider Bevölkerungsrückgang im urbanen Gebiet feststellen. Sind alle verhungert? Zur gleichen Zeit läßt sich ein merklicher Bevölkerungsanstieg im vormals »nomadischen« Bergland feststellen. Sind alle aus der Wüste eingewandert? Es liegt näher, anzunehmen, daß Menschen, die sich im ökonomischen System der Stadt nicht mehr ernähren konnten oder darin keine Sicherheit mehr fanden, bäuerliche Kolonisten wurden im unbesiedelten, wenn auch nicht menschenleeren Bergland. So stellt sich für die neuere Forschung die Entstehung Israels aus und im spätbronzezeitlichen Kanaan dar.

Die Wirtschafts- und Sozialgeschichte ist voller Übergänge: Nichtseßhafte werden zu Seßhaften – und umgekehrt. Bauern werden zu Städtern – und umgekehrt. A.Toynbee hat den Gang der Geschichte mit einer Schraube verglichen, die sich ein kleines Stück vorwärtsbewegt hat, wenn sie sich einmal um sich selbst gedreht hat. In ihrem Rechts- und Wirtschaftssystem können die frühen israelitischen Bauernstämme ihre Herkunft aus einer städtisch geprägten Welt nicht verbergen (vgl. 1.4. und 1.6.). Aus dem Sippenbauerntum sind andererseits verschiedene Formen des Nomadentums hervorgegangen (vgl. 1.2; 1.7). Hat ein Beduinen-Scheich erfolgreich gewirtschaftet, läßt er sich als Patrizier in einer Stadt nieder, erwirbt gar die Herrschaft über sie: wieder schließt sich ein Kreis.

Wir konnten die Übergänge von Bauern zu Städtern und Nomaden langfristig, makrohistorisch verfolgen. Wie sieht es mikrohisto-
risch aus, auf der Ebene, die sich in den Texten niederschlägt? Der
Weg der ländlichen Elite, der Dorfaristokratie in die Stadt ließ sich
anhand des Rentenkapitalismus, wie ihn Amos kritisiert, verfolgen
(vgl. noch 1 Sam 9,9-10; 16,1-4; 19,25-31 zur Entstehung eines vom
Land versorgten, aber in der Residenzstadt ansässigen Hof-Adels).
Den umgekehrten Weg geht Abjatar (1 Kön 2,26-27), gehen die
Exilierten von 598, 586 und 582 gezwungenermaßen, geht der
Abraham der Priesterschrift (Gen 11,27-32; 12,4-5) freiwillig, als er
die Stadt Ur verläßt, um in Palästina als Aufenthaltsberechtigter
(hebräisch *gêr*) zu weilen und keinen anderen bleibenden Ort für
sich und seine Familie zu erwerben als ein Grab (Gen 23,15f). Dabei
bleibt er reich genug, die ungeheure Summe von 400 Silberschekeln
für ein nutzloses Stück Land zu bezahlen, eine Höhle, wie sie
Tagelöhnern, Nomaden und anderen Besitz- und Zahlungsunfähi-
gen Zuflucht bieten mag (Ijob 30,1-7). Für die gleiche Summe hätte
Abraham 20 Einfamilienhäuser erstehen können (nach den Preisen
der perserzeitlichen Kauf- und Erbverträge aus Elephantine).
Wir sahen, daß Bauern die Seßhaftigkeit aufgeben können, wenn
das physische oder politische Klima intensive Landwirtschaft zu
einem unsicheren Geschäft machen. Es waren Hirten vom Stamm
der *Ta'âmire*, denen wir die Entdeckung der ersten Qumran-Hand-
schriften verdanken; bei diesem »Beduinenstamm« handelt es sich
um die Bewohner des ehemaligen Dorfes *Bait Ta'mûr*, die in den
1830er Jahren Haus und Hof kurzerhand verließen, um der soeben
eingeführten Grundsteuer zu entgehen. Wenn die stammesge-
schichtliche Deutung von Gen 4 Recht hat, wird auch hier das
Nomadentum der Keniter auf eine Katastrophe zurückgeführt, die
den ehemals bäuerlichen Stamm befallen hat.
Komplizierter sieht es mit der Ansiedlung von Nomaden aus.
Den oft beschworenen »Landhunger« der Nomaden gibt es nicht:
der Übergang von einer extensiven Viehwirtschaft zu intensiver
Landwirtschaft bringt eine beträchtliche Erhöhung der Wochenar-
beitszeit mit sich und ist darum an sich nicht attraktiv. Seßhaft wird
die Stammesaristokratie der Nomaden, die sich als Handelsherren
in Städten oder Grundherren auf dem Land niederläßt: aber hier
geht es um die Verwandlung von Geld in Kapital. Verbandsweise

werden Nomaden nur seßhaft, wenn sie dazu gezwungen werden: sei es durch nicht immer wirksame Polizeimaßnahmen, sei es durch wirtschaftlichen Druck, etwa in der Form, daß durch das Einströmen von Siedlern das den Nomaden zur Verfügung stehende Land zu klein wird, so daß sie ebenfalls zu intensiver Bewirtschaftung übergehen müssen.

Auch wenn makrohistorisch der Weg vom Kulturland in die Wüste führte, ist der Eindruck eines vielbegangenen Weges aus der Wüste ins Kulturland keine reine Illusion: Wüsten wie Bergbauernländer produzieren einen Bevölkerungsüberschuß, der wegen der ökologischen Grenzen, die die Heimat setzt, abwandern muß. Im Fall der Wüste ist dieser Bevölkerungsüberschuß nicht sehr groß, aber unter Umständen sehr militant – aber auch »Schweizer« war vom 15. bis ins 19. Jh. n. Chr. eine andere Bezeichnung für »Elitesoldat«, im Vatikan bis heute. Umgekehrt ist die Stadt, nicht nur die orientalische, durch ein Geburtendefizit charakterisiert. Das Land frißt wahrhaft seine Bewohner (Num 13,32). Epidemien wie Kriege wüteten im dichtbevölkerten Gebiet immer grausamer als im Streifgebiet der Nomaden. Unvermeidlich, daß in Zeiten des Niedergangs die Reihen der Steppenbewohner von ehemaligen Bauern verstärkt wurden, unvermeidlich auch, daß sie in die Lücken und Wüstungen einrückten, welche die je letzte Katastrophe gerissen hatte; wo sie vom nächsten Aufschwung miterfaßt oder von neuen Siedlern verdrängt wurden.

1.9. Rückblick

Wir haben die Entstehung jener sozialen und ökonomischen Welt, von der Israel ein kleiner Teil war, von den Anfängen bis ins 1. Jahrtausend v. Chr. verfolgt. Am Anfang war die Welt das Dorf, und es gibt Stimmen im AT, die diese Auffassung noch zu teilen scheinen. Für die Autoren, die das AT sammelten und redigierten, reichte die Welt immerhin schon von den Skythen bis zu den Äthiopen, von Gibraltar bis Aden. Es ist die Welt, in der auch wir als Erben Jerusalems, Athens und Roms beheimatet sind. Als Israel entstand, war Israels Welt noch nicht fertig. Als die letzten Schriften der hebräischen Bibel vollendet wurden, hatte sich schon die Kluft zwischen hellenistischem und traditionellem Judentum gebildet, die jene andere Kluft zwischen Christentum und rabbinischem Judentum vorwegnahm.

Als sich Ende des 13. Jh.s v. Chr. im zentralpalästinischen Bergland jenes erste Israel konstituierte, das vernichtet zu haben der Pharao Merenptah sich rühmt (vgl. 2.3.5), gab es noch keine Beduinen und noch kein Münzgeld. Es gab aber schon ein international verflochtenes Wirtschaftssystem, dessen Leistungs- und Aufnahmefähigkeit mitbestimmte, in welchen Regionen Palästinas wieviele Menschen wie gut oder schlecht sich ernähren konnten, aber dessen Zentren waren den ersten Israeliten unbekannt, dessen Funktionieren uneinsichtig. Als in persischer Zeit die Tora abschließend redigiert wurde, die hinfort definierte, was Israel sei und wie es sich zu verhalten habe (2.8.2), gab es in Israels Umwelt Handelsmetropolen, Großgrundbesitzer und Pächter, sippenmäßig gebundene Kleinbauern und Landarbeiter, geprägtes Geld und Kamelnomaden. Israel selbst hatte ein städtisches Zentrum, Jerusalem, und der theopolitische Streit in Israel ging unter anderem darum, welche Art von Stadt dieses Jerusalem sein solle.

Als Israel in die Geschichte trat, waren die Imperien des 2. Jahrtausends untergegangen, deren Herrschaft in der kanaanäischen Provinz ohnedies nie sehr effektiv war (vgl. 2.3.4). Als im 3. Jh. v. Chr. Kohelet schrieb, war Palästina Teil eines mit griechischer Rationalität und Effizienz betriebenen, staatskapitalistisch organisierten Wirtschaftsraumes, des Ptolemäerreiches (vgl. 2.9.1). Als Israel entstand, hatte Palästina (einschließlich Israels) maximal 250 000 Einwohner. Als das AT abgeschlossen war, näherte sich die Einwohnerzahl einer Million. Die Welt, in der das AT vollendet wurde, war nicht mehr die Welt, in der Israel entstand.

Hoffentlich ist niemandem zu schwindlig geworden bei diesem raschem Gang durch die Jahrtausende. Unser Leitfaden war die Frage nach der Entstehung jener Welt, die im AT teils geschildert, teils vorausgesetzt wird. Hätten wir Zeit gehabt zu verweilen, stellte sich manches komplizierter dar. Vieles haben wir nicht einmal gestreift. Aber Zeichnen heißt weglassen. Wir sind bei unserer Wanderung einem Zugang gefolgt, neben dem es auch andere gibt (vgl. Exkurs 2). Wir müssen immer – in der Geschichte wie in der Gegenwart – *einem* Zugang folgen, wollen wir nicht im Chaos der Einzelheiten ertrinken. Aber vergessen wir nicht: es geht bei alledem um Wege in die Welt des AT, nicht um diese Welt selbst. Was die historische Anthropologie zur Schriftauslegung beitragen kann, sind erste Worte, versuchsweise gesagt; keine letzten Worte, nicht einmal vorletzte.

Exkurs 2: Gibt es »segmentär-egalitäre« Gesellschaften? Zur Terminologie der politischen Evolution.

In den letzten Jahren ist unter Bibelwissenschaftlern der Begriff der »segmentär-egalitären« Gesellschaft recht beliebt geworden (F.Crüsemann, R.Albertz u.a.). Man meint damit, die Gesellschaftsordnung des vorstaatlichen Israel auf einen Begriff gebracht zu haben, der zugleich die Sozialgesetzgebung des AT erklärt und für gegenwärtige sozialethische Utopienbildung relevant gemacht werden kann.

Der Begriff vermischt einen beschreibenden Ausdruck (»segmentär«) mit einem ideologischen (»egalitär«). »Egalität« ist eine politische Forderung. Die Pariser Revolutionäre von 1789 forderten damit eine Gleichheit aller Bürger vor dem Gesetz, wie sie damals in Preußen schon Wirklichkeit war. An das Stimmrecht für ihre Arbeiter und Frauen dachten sie nicht. Die westlichen Industrienationen des 20. Jh.s n. Chr. sind die egalitärsten Gesellschaften, die es je gab: noch nie waren Grundrechte und Chancen dermaßen gleich verteilt. Daß es zugleich Gesellschaften ohne Besitz- und Klassenunterschiede seien, wird niemand ernstlich behaupten. Es ist üblich, politische Ideale durch den Rückgriff auf Geschichte – eine Geschichte – zu begründen. Üblich, aber logisch nicht korrekt: denn die Begründung liefert nie das vergangene Geschehen, sondern immer das Wertsystem, mit dem es interpretiert wird; für das Töten eines Mitmenschen kann man einen Orden bekommen oder ein Gerichtsverfahren. Umso vorsichtiger müssen Historikerinnen und Historiker sein, ihre Werte nicht auf die ferne, fremde Zeit zu projizieren, deren Bewohner sich gegen ihre Interpretationen nicht wehren können.

Als »egalitär« im beschreibenden Sinn ist allenfalls die Horden- (oder Banden-) Gesellschaft der Jäger und Sammler zu verstehen. Die einzelnen Gruppen sind einander gleichberechtigt, eine ihnen übergeordnete Instanz gibt es nicht. Innerhalb der Gruppen sind die Rechte und Pflichten alles andere als gleich verteilt. In der Regel nehmen sich Männer schon hier mehr Rechte als Frauen, alte Männer mehr Rechte als junge Männer.

»Segmentär« ist die Gesellschaft der Sippenbauern. Die Genealogie der Sippe dient als Ordnungssystem, das den Rang der einzelnen Familien und ihrer Angehörigen definiert. In der Genealogie stehen die einzelnen Familien dem (halbmythischen) gemeinsamen Urvater der Sippe verschieden nahe. Jetzt kann ein junger Mann aus einer hochrangigen Familie gesellschaftlich höheren Rang als ein alter Mann aus einer nachrangigen Familie beanspruchen. Die Bahn zum Häuptlingstum und zum Staat ist beschritten, aber noch nicht durchschritten. Das Land ist Sippeneigentum, aber unter Umständen können hochrangige Familien mehr von dessen Erträgen beanspruchen als nachrangige.

Im Zuge der weiteren Entwicklung, der voranschreitenden Arbeitsteilung und der Notwendigkeit, sippenübergreifende politische Allianzen einzugehen (d.h. Stämme zu bilden), kommt es zu einer geschichteten Gesellschaft – einer, wenn man diesen Begriff verwenden will, einfachen Klassengesellschaft. Segmentäre Strukturen bleiben erhalten, im Orient und im mittelalterlichen Europa bis weit in die staatliche Phase hinein. Aber die entscheidende Differenz ist die Herausbildung eines Häuptlingstums und der Unterscheidung von vollberechtigten Stammesmitgliedern und von Hintersassen (Fremden, Klienten, Sklaven). Mit dem Häuptlingstum wird politische Führung personalisiert und institutionalisiert, auch wenn der Häuptling aus seinem Amt keine direkten Einnahmen erzielt, er es nicht als Beruf ausüben kann. Bei allen wichtigen Entscheidungen bleibt er auf die Zustimmung seiner »Großen«, der Häupter der einzelnen Sippen, angewiesen. Der Ethnologe Walter Dostal hat für diese Stufe der gesellschaftlichen Entwicklung den treffenden (aber bei Sozial-Romantikern unbeliebten) Begriff der »tribalen Klassengesellschaft« geprägt.

Im archäologischen Befund erscheinen tribale Klassenge-
sellschaften (gleichbedeutend mit »Stämmen« oder »Häuptlingstümern«) als Gesellschaften mit Zentralorten erster Ordnung (vgl. 1.2 und 1.5). Regelhaft zeigt sich diese Schichtung
auch in den Siedlungen selbst (vgl. 1.5. mit Abb. 3): neben den
mehr oder weniger gleichartigen Häusern der Stammesmitglieder erscheinen im Zentrum bevorzugte, größere und rei-
chere Anlagen. Diese Struktur fanden wir im kupfersteinzeitlichen Palästina, aber auch unter den Stämmen Israels in vor-
staatlicher Zeit.

»Egalität« ist als Ideologie von Stammesgesellschaften weit
verbreitet. Sie regelt die Beziehungen zwischen Häuptling und
Stammesmitgliedern und zwingt den Häuptling, sich als *primus inter pares* zu geben. Sie kann jedoch auch von der Stammes-Aristokratie mißbraucht werden (»Weil wir alle gleich
sind, handeln wir auch dann in eurem Interesse, wenn wir euch
nicht gefragt haben«), nicht nur bei G.Orwell. Ideologien sind
immer *ein* Aspekt der gesellschaftlichen Realität, die zu unter-
suchen der Geschichtswissenschaft aufgegeben ist. Sie sind
aber nie akkurate Beschreibungen dieser Realität. Die egalitäre Ideologie des frühen Israel verhinderte nicht, daß Körper-
verletzung mit Todesfolge im Falle eines freien Stammesmit-
gliedes teurer zu stehen kam als im Falle eines Sklaven (Ex
21,29-32). Unbeschadet der prinzipiellen Gleichheit aller Israeliten gab es unter ihnen »Fürsten« und »Szepterträger« (Ri
5,14f), die auf Teppichen sitzen und auf weißen Eselinnen reiten (Ri 5,10). Da Esel weder Fleisch, Milch noch Wolle geben
und auch den Pflug nicht ziehen, ist ihr Besitz in der bäuerlichen Gesellschaft ein Luxus (vgl. Gen 49,10f; Ri 10,4; 12,14;
1 Sam 9,1 - 10,16). Ideologien sagen, was sein soll, sie erhe-
ben Forderungen, die uns sympathisch sein mögen und die wir
teilen können. Sie sagen aber nicht, was ist oder was war.

Zum Nachweis einer »segmentären« Gesellschaft gehört
nicht nur der Nachweis von Sippen-Strukturen, sondern auch
der Nachweis, daß es eine den einzelnen Sippen übergeordnete Struktur noch nicht gibt. Jede Stufe der sozialen Evolution
ist in Form von Archaismen oder Fossilien in jeder folgenden
Stufe erhalten. Menschen sind auch Säugetiere, und doch

würde ihnen nicht gerecht, wer sie darauf beschränkte. Es gab segmentäre Strukturen im vorstaatlichen, aber auch im staatlichen und im nachexilischen Israel. Eine »segmentäre Gesellschaft« gab es in Israel nie.

Literatur: *M.H.Fried*, The Evolution of Political Society. An Essay in Political Anthropology. New York 1967; *E.R.Service*, Ursprünge des Staates und der Zivilisation. Der Prozeß der kulturellen Evolution. Frankfurt/Main 1977; *W.Dostal*, Egalität und Klassengesellschaft in Südarabien. Anthropologische Untersuchungen zur sozialen Evolution. Horn – Wien 1985.

2. Stämme, Staaten und Imperien: der politische Kontext des AT

Die wirtschaftliche und gesellschaftliche Entwicklung ließ sich ohne Berücksichtigung der politischen Organisation nicht darstellen (vgl. 1.3-7). Umgekehrt werden sich bei der Behandlung der Staatenwelt des Alten Orients wirtschaftliche Zusammenhänge nicht ausblenden lassen. Staat ist teuer: wir definierten ihn als ein System, in dem Menschen davon leben, statt zu säen und zu ernten, zu zimmern oder zu schmieden, die Angelegenheiten der Güterproduzenten zu verwalten und sich durch einen Anteil von deren Ertrag versorgen zu lassen. Ein Staat bricht zusammen, wenn er nicht mehr finanzierbar ist (vgl. 2.3; 2.5; 2.6.2).

Während der Staat die politische Organisation urbaner Gesellschaften bildet, handelt es sich beim »Stamm« um die politische Organisation nicht-urbaner Gesellschaften. Damit ist von Anfang an dem biologistischen Mißverständnis von »Stamm« (und »Volk«; vgl. Exkurs 3) als »Abstammungsgemeinschaft« entgegen zu treten, einem Mißverständnis, das gewiß vom genealogischen Ordnungsprinzip aller sozialen Beziehungen in Stammesgesellschaften genährt wird: der Stamm sieht sich selbst als große Familie, er gliedert nach dem gleichen Prinzip auch seine Außenbeziehungen und vererbt dieses Denken seinen Nachfahren, mögen diese längst als Städter unter Städtern leben: vgl. Gen 5; 10; 25,12-17; 36 – keiner dieser Texte geht in vorstaatliche Zeiten zurück, alle entstanden als Schreibtischprodukte.

Sippen sind allenfalls noch Abstammungsgemeinschaften, Stämme dagegen regionale politische Zusammenschlüsse von Sippen mit institutionalisierter, aber nicht professionalisierter, zentraler Leitung, dem Häuptling und/oder dem »Ältestenrat« (vgl. 1.2). Bei der Bildung eines Stammes wird oft der Name der Landschaft, die sich zusammenschließt, zum Namen des Stammes: so waren sicher Efraïm, Benjamin, Juda, Gilead und Naftali ursprünglich Landschaftsnamen, die in genealogischen System zu fiktiven Ahnherren wurden, über die man dann auch Geschichten zu erzählen wußte (wie Gen 38). Genealogische Systeme drücken Herrschaft und

Herrschaftsansprüche aus. Judäische Perspektive macht Jakob, den Vater der 10 Stämme Israels (Ri 5; 1 Kön 11,31f), zu einem Sohn des judäischen Stammvaters Isaak (vgl. Am 7,9.16 mit Am 5,5; 8,14) israelitische Perspektive hingegen Juda zu einem Sohn Jakobs. Es bedurfte wohl des Unterganges des Staates Israel 720 v. Chr. und der Übernahme einiger seiner Traditionen durch das weiterbestehende Juda, bis beide Systeme friedlich in der Familie des Urgroßvaters Abraham, des Großvaters Isaak, des Vaters Jakob und dessen 12 Söhnen vereint werden konnten, wobei Juda zum prominentesten Jakobs-Sohn wird (Gen 49,8-12).

Handelt es sich bei Stämmenamen um echte Personennamen, geht der Name des Stammes meist auf den Namen der Häuptlingssippe zurück, um die er sich gebildet oder unter deren Führung er seine Unabhängigkeit gegenüber einem älteren Verband durchgesetzt hat. So gibt es Indizien, nach denen die Sippe *Nabat* den Kedrenern angehörte (Gen 25,13; Jes 60,7), bevor sie Nukleus eines eigenen Stammesverbandes wurde, der Nabatäer. Territorialstämme und Personenverbandsstämme finden sich gleichermaßen bei Bauern und Viehzüchtern.

Die Staatenbildung wurde von tatkräftigen Häuptlingen betrieben, denen es die wirtschaftliche Entwicklung gestattete, einen zuerst ihnen persönlich verpflichteten Apparat von Funktionären, Hilfs-Machtausübern, aufzubauen und zu besolden. Im einmal etablierten Staat war dann der Unterhalt des Staatsapparats vom königlichen Haushalt auf die Allgemeinheit überzuwälzen. Dies ließ sich nicht von heute auf morgen bewerkstelligen. Dem »Heiligen Römischen Reich« gelang es nie ganz, dem Staat Israel wohl auch nicht vollständig, dem Staat Juda erst im 7. Jh. v. Chr. Es scheint, als bilde die Effizienz von Steuerveranlagung und -erhebung einen praktikablen Maßstab für den Grad von Staatlichkeit, den eine Gesellschaft erreicht hat.

Keine Stammesgesellschaft nach dem 3. Jahrtausend v. Chr. kann mit den Häuptlingstümern vor dem Aufkommen der ersten Staaten ganz gleichgesetzt werden: einmal entwickelt, veränderte der Staat auch sein vor-staatlich bleibendes Umfeld, so wie Geld und Kapital, einmal vorhanden, auch die wirtschaftlichen Transaktionen in vermeintlich »geldfreien« Bereichen zu beherrschen begannen (vgl. 1.6). Wer bis zum 4. Jahrtausend v. Chr. einem Stamm angehörte, partizipierte damit an der damals intensivsten Form eines politischen Zusammenschlusses. Wer seit dem 3. Jahrtausend Stammesmitglied war oder wurde, lehnte es unter Umständen ab, Untertan eines Staates zu sein. Von nun an begegnen uns »sekundäre« Stammesgesellschaften als politische Organisationen von Menschen, die sich gegen einen militärisch expandierenden Staat zusammenschließen (vgl. 2.3.2) oder im Zuge der wirtschaftlichen Expansion der Städter in nicht-urbane Bereiche auf einem Niveau organisieren können oder müssen, das sie »von alleine« nicht angestrebt hätten (vgl. 1.6; 2.5.1; 2.6.2). Ob sich eine Bevölkerung als »Staat« oder »Stamm« organisiert, hat weniger mit deren politischen Idealen zu tun als damit, wieviel Herrschaft und Machtausübung finanzierbar oder zum eigenen Überleben notwendig war.

2.1. Der frühe Staat

Der frühe Staat, unabhängig davon, wo und wann er entstanden ist und welchen konkreten Vorgänger er kopiert, tritt immer als Theokratie auf: der König ist zugleich oberster Priester (oder umgekehrt), er repräsentiert einen Gott (oder die Gesamtheit der Götter) auf Erden, und er repräsentiert die Gesamtheit seiner Untertanen gegenüber den Göttern. Er hat Teil an der Sphäre des Göttlichen, in die er nach seinem Tode zurückkehren kann mit der Macht, auch seine Getreuen mit der Unsterblichkeit zu belohnen. Er ist Herr über Leben und Tod seiner Untertanen, wie nur ein Gott es kann. Dienst am König ist unmittelbar Gottesdienst, die irdische Ordnung ein Abbild der himmlischen.

Der erste Staat entstand in Mesopotamien. Während der sumerische Königstitel LUGAL (wörtlich »großer Mann«) auf die Entstehung der Herrschaft in Häuptlingstümern hinweist, wird mit dem gleichzeitigen Titel EN (»Herr«, »Priesterfürst«) der Anspruch auf eine neue Qualität des Herrschers erhoben. Mesopotamische Schöpfungsmythen trennen die Erschaffung des Königs von der Erschaffung des Menschen (ein relativ später Reflex: Gilg. I, II 20). Im sakral legitimierten Staat ist der König nicht mehr, wie noch der Häuptling, *primus inter pares*, dessen »Charisma« in der freiwilligen Zustimmung seiner Stammesgenossen besteht und das verloren gehen kann, wie es Saul geschah, sondern ein qualitativ anderes

Wesen, das seine Besonderheit vererbt. Schon der Begriff des »Staates« hat sich erst langsam vom »Hofstaat«, dem erweiterten königlichen Haushalt abgelöst. Noch Louis XIV identifizierte seinen Staat mit sich, erst Friedrich Wilhelm I empfand sich wie jeden seiner Untertanen als Diener des »Königs in Preußen«. Einen Begriff für »Staat« können wir im Alten Orient nicht erwarten. Es gibt lediglich den Begriff des »Königreiches«, der uns je und je vor die Frage stellt, ob er im konkreten Fall einen Staat oder ein Häuptlingstum bezeichnet. Doch war es auch nach sumerischer Auffassung nicht der einzelne König, sondern das *Königtum*, das vom Himmel herabgestiegen war (RT B I 10).

Wir mögen über den Bau der Pyramiden, die einmal den größten Teil des ägyptischen Staatshaushaltes absorbiert haben müssen, oder über die Königsgräber von Ur, wo das Gefolge dem Herrscher in den Tod folgte, verwundert oder entsetzt den Kopf schütteln. Aber die Investitionen in Infrastruktur und Bildungswesen, von denen alle folgenden Generationen profitieren sollten, mußten erst einmal erwirtschaftet werden. Der neuzeitliche Staat kann sich mit den Leistungen legitimieren, die er für seine Bürger erbringt. Die rationale Konstruktion des Staates, wie sie dann in der westeuropäischen Philosophie des 17. und 18. Jh.s n. Chr. erfolgte, war in der Anfangsphase mit ihren hohen Anlaufinvestitionen nicht möglich. Hier entsteht der Gedanke vom Menschen als »Vieh der Götter«, der bis in Gen 2,15 nachwirkt: die Aufrechterhaltung der Weltordnung erfordert ein festgesetztes Maß an Arbeit, das auch von den Göttern zu leisten ist. Um die revoltierenden kleinen Götter zu entlasten, schaffen die großen Götter die Menschen (so im altbabylonischen Atramhasîs-Mythos).

Gewiß gab es auch in der Antike und im Mittelalter die Abwendung, den Rückzug vom Staat, wenn er seine Leistungen (militärischen Schutz der Untertanen, Versorgung in Notlagen) nicht mehr erfüllen konnte. Wenn die Ritter, ob im Streitwagen oder gepanzert zu Roß, nichts mehr für ihre Zinsbauern tun konnten oder wollten, gab es für die Bauern keinen Grund, das System aufrechtzuerhalten – ein Moment, das bei der Entstehung Israels eine Rolle spielen wird (vgl. 2.3.5; 2.4). Aber argumentiert wurde mit den Füßen, allenfalls mit den Ansprüchen einander feindlicher Götter, nicht mit rationalen Argumenten.

Ein weiterer Faktor für den Erfolg des Staates, jenes Systems, in dem die Arbeitslast des Menschen ihren Höhepunkt erreicht, liegt im Bedürfnis nach einer sinnvollen, geordneten, durchschaubaren, beherrschbaren Welt. Das gilt in besonderem Maße für Zeiten, zu denen alternative Entwürfe zur jeweiligen, von den Göttern konstituierten Welt gar nicht denkbar waren. Vielleicht verstehen wir es nicht mehr, aber die Geschichte ist voll von Menschen, die einen sinnvollen Tod einem sinnlosen Leben vorgezogen haben. Das Leben als der Güter höchstes? Ich fürchte, hier sind wir Modernen in der Minderheit. Der moderne, rationale Staat eröffnet seinen Angehörigen Freiheiten und Möglichkeiten, von denen im alten Sumer nicht einmal ein König zu träumen gewußt hätte. Er mutet seinen Bürgern aber auch zu, den Sinn ihrer Existenz selbst zu definieren, er belädt sie mit der Last der Eigenverantwortlichkeit: eine Zumutung, die viele, wie es scheint, überfordert.

Auch im frühen Staat beruht Herrschaft auf der Zustimmung und der Kooperation der Beherrschten. Sie erteilen diese Zustimmung implizit durch den Glauben an die Götter des Staates. Das heißt nicht, daß sich kein Widerstand gegen die neue Institution des Königtums regte. Träger des Widerstandes war freilich nicht das »Volk«, sondern die Sippen-, später Feudal-Aristokratie, die durch königlichen Machtzuwachs am meisten zu verlieren hatte. Gegen Gilgamesch, den legendären König von Uruk (Anfang des 3. Jahrtausends v. Chr.), revoltieren die Bürger wegen exzessiver Beanspruchung ihrer Militärdienstpflicht (Gilg. I, II 11-28). Wie man seine »Großen« mit dem Staat versöhnt, zeigt exemplarisch Louis XIV: man besticht sie, erfindet Futter für ihre Eitelkeit. Altorientalische Herrscher griffen daneben zum Mittel einer Sozialgesetzgebung, um sich der Mittel- und Unterschicht gegenüber dem Adel als die fürsorglicheren Herren zu empfehlen. Hier liegt auch eine der Wurzeln des »Armen-, Witwen- und Waisen-Rechts« im AT.

Der sekundäre Staat, der sich nach dem Vorbild älterer Vorgänger organisiert, übernimmt dessen institutionelle und ideologische Errungenschaften, ohne daß sie ihm in jedem Fall passen (vgl. 1.5). Auch das Königtum in Israel und Juda hat theokratische Konzepte aus dem Repertoire des Alten Orients zu seiner Legitimation bemüht (vgl. 2.1.2). Da in Palästina jedoch aufgrund der Landesnatur, der Sozialstruktur und der Wirtschaftskraft so viel Staat nicht zu machen war wie am Eufrat, am Nil, klaffen Anspruch und Realität dieses Königtums auseinander. Wenn das AT die Entstehung des Königtums in Israel geradezu »entmythologisierend« darstellen kann (vgl. Ri 9,7-15; 1 Sam 8; 1 Kön 2,46), liegt das zum einen daran, daß sich die judäische Landaristokratie bis zum Ende der Dynastie Davids eine gewisse Distanz zur Königsmacht bewahren konnte, zum anderen aber daran, daß im AT die Geschichte eines untergegangenen, eines gescheiterten Staates dargestellt wird, dessen überlebender Gott gegen die Evidenz der faktischen Geschichte in Schutz genommen wird.

2.1.1. Mesopotamien

Im Mesopotamien des späten 4. und 3. Jahrtausends entstanden Stadt (vgl. 1.4) und Staat. Die gelegentliche Unterwerfung eines Stadtstaates durch einen anderen führte zu Flächenstaaten mit einem Ober-Zentrum (Kisch, Mari, Ebla, Ur) und mehreren Unterzentren. Das hatte Konsequenzen für die Theologie: differenzierte lokale Götter-Himmel waren zur Kenntnis zu nehmen und zu integrieren (vgl. 4.3). Der zivilisatorische Prozeß spielte sich zuerst unter den Sumerern Südmesopotamiens ab (vgl. 3.1), doch partizipierte die »akkadische« (vgl. 3.1.2) Bevölkerung Mittel- und Nordmesopotamiens und Nordsyriens sehr bald daran. Weil im Norden die Städte dünner gesät waren, ging dort die Entwicklung zum Flächenstaat schneller voran. Im 23. Jh. v. Chr. beanspruchte die Stadt Akkad die Herrschaft über die ganze ihr bekannte zivilisierte Welt. Daher rührt der Name »Akkader« für die semitisch-sprachigen Bewohner des Zweistromlandes, die jedoch überwiegend unterworfenen Staaten und Stämmen angehörten. Das erste Imperium war geboren, das seinen Welt-Herrschaftsanspruch und den verzweifelten Versuch, ihm gerecht zu werden, seinen Nachfolgern hinterließ. Schon das neu-assyrische Reich wird sich bei der Verfolgung dieses Ziels in einer zu groß gewordenen Welt zu Tode laufen; Persern und neueren imperialen Versuchen bis zum britischen Empire wird es nicht besser ergehen (vgl. 2.6; 2.7; 2.8). Das erste »Imperium« dauerte weniger als hundert Jahre und existierte mehr in der Vorstellung seiner Protagonisten als in der politischen Realität. Der Gründer der Dynastie, Sargon, beanspruchte

die Ober-Herrschaft über einige »Könige des oberen Meeres«, d.h.
des Mittelmeeres, darunter Ebla (»das untere Meer« war der persische Golf); ob er wirklich bis zum Libanon vorgedrungen ist, bleibt
fraglich. Das hindert seinen Enkel Naramsin nicht, sich seinerseits
zu rühmen, er habe als erster Ebla unterworfen. Sargon brüstet sich
damit, die »Vier Weltufer« durchzogen zu haben, d.h. die ganze
Welt; wir würden von den vier Himmelsrichtungen reden. Herrschaftsmittel Sargons war die militärische Kampagne, die je nach
dem Verhalten der Opfer den Charakter einer aufwendigen diplomatischen Mission oder eines Raub- und Plünderungszuges annehmen konnte. So blieb es bis zu den Assyrern. Deswegen waren die
ersten Imperien so instabil. Die Erkenntnis, daß man, was das
Schwert erworben hatte, nur mit dem Griffel, später dem Schreib-
rohr des Beamten behaupten könne, kam ansatzweise erst dem
neuassyrischen Reich, effektiv erst Persern, Makedonen und
Römern.

Die »Welt« Sargons und Naramsins war der Bereich zwischen
Mittelmeer und Persischem Golf. Es gab indirekte, nur archäologisch erfaßbare Handelsbeziehungen mit Ägypten und explizite,
d.h. in sumerischen Texten genannte, mit der Induskultur und
Nordostarabien. Mesopotamien und Ägypten bildeten zwei Inseln
in einer sonst kaum oder noch gar nicht staatlich verfaßten Welt, die
offiziell nicht voneinander Notiz nahmen. Diese Einstellung spiegelt sich selbst in den Ortsnamen, die im Archiv von Ebla vorkommen: man war dort auf den Osten und ein wenig auf den Norden
ausgerichtet, die phönizische Küste oder der syrisch-palästinische
Süden, wo Ägypten Fuß gefaßt hatte, kamen nicht in den Blick. Für
Ebla lagen Mari und Assur näher als Byblos.

Kurzlebig, wie es war, hat das erste Imperium der Nachwelt im
wesentlichen die Idee des Imperiums hinterlassen. Im 17. Jh. v. Chr.
wird sich Hammurabi von Babylon »König der vier Weltufer« nennen... Die Austrahlung der südmesopotamischen Zivilisation reichte nicht nur nach Syrien (Ebla), nach Südost-Kleinasien und in den
südwestlichen Iran (Elam), sie könnte in »Fernwirkung« auch die
Entstehung der Stadtkultur am Indus (sumerisch Meluhha) veran-
laßt haben. Sie hat gewiß die erste Blüte Bahrains (sumerisch Dil-
mun) als Handelsstation am Weg nach Indien ausgelöst und in
Nordostarabien (sumerisch Magan, heute Oman) in der zweiten

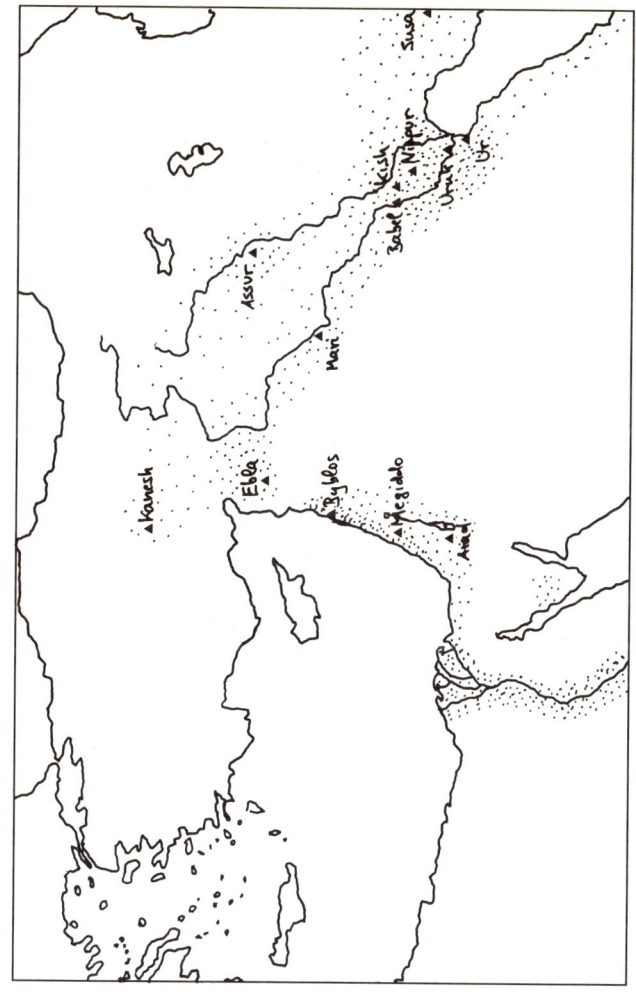

Abb. 7: Das 3. Jahrtausend v. Chr. mit dem Einfluß- und Ausstrahlungs-Bereich der »Staaten-Inseln« Sumer/Akkad und Ägypten.

Hälfte des 3. Jahrtausends ein kupferexportierendes Häuptlingstum entstehen lassen, ganz analog zum Aufstieg und Fall des südpalästinischen Arad in der ersten Hälfte des 3. Jahrtausend (vgl. 1.5). Seine bedeutendste Fernwirkung entfaltete aber das frühe Mesopotamien am Nil.

2.1.2. Ägypten: der erste sekundäre Staat

Die Ägyptologen hören es nicht gern, besonders wenn sie sich die extrem ägypto-zentrische Weltsicht der alten Ägypter zueigen machen, aber der Anstoß zur Entwicklung des ägyptischen Staates kam wohl von außen. Das heißt nicht, daß ein Schiff voller Sumerer in den Golf von Suez verschlagen wurde. Es heißt aber, daß die Ägypter des späten 4. Jahrtausends vernommen haben können, welche revolutionären Neuerungen in Südmesopotamien vor sich gegangen waren, die wir mit dem Kürzel »Staatenbildung« zusammenfassen. Obwohl sich die frühen Staaten als Inseln in einer staatenlosen Welt entwickelten und empfanden, gab es doch Kontakte: Kulturgüter wanderten, unter Umständen von Hand zu Hand. Es gab zwischen den Staaten-Inseln Handel ohne Händler wie schon in der Steinzeit, als Obsidian von einer Gruppe zu anderen gelangte, ohne daß die letzten Empfänger wissen mußten, wo ihr Obsidian letztlich herkam. Kulturgüter, die von Kopf zu Kopf weitergereicht werden, sind schließlich die Ideen, die Konzepte. Daß eine Idee, wo sie auf fruchtbaren Boden fällt, dort ihre Wirkung entfaltet, verwundert nicht. Staatenbildung durch die Fernwirkung der Idee »Staat« wird uns wenigstens noch einmal begegnen (vgl. 2.6.3). Ende des 4. Jahrtausends v. Chr. war das Niltal dicht bevölkert, die Böden waren durch die jährliche Überflutung mit Nilschlamm fruchtbar, die Überschüsse hoch. Natürliche Grenzen innerhalb des Niltals fehlten, es war um so schärfer von der umgebenden Wüste (im 3. Jahrtausend noch eine Steppe) abgegrenzt.

Folgende Beobachtungen sprechen dafür, daß Ägypten als erster »sekundärer Staat« bei seiner Entstehung ein bereits vorhandenes Modell übernehmen und weiterentwickeln konnte und so einen großen Teil der Entwicklungskosten und der Entwicklungszeit einsparen konnte: Gerade zur Staatenbildungszeit lassen sich mesopotamische Kulturimporte in Ägypten nachweisen – und ihre Imitation auch da, wo unter ägyptischen Verhältnissen für sie eigentlich kein Bedarf bestand. Aus Mesopotamien kommt das Rollsiegel: gravierte Zylinder, deren Abrollung auf Ton ein Bild ergibt (u.U. mit Beischrift), wodurch die siegelnde Autorität eines Schriftstückes oder der Besitzer, Absender oder Empfänger des Inhalts eines Vorratskruges identifiziert werden konnten. Rollsiegel sind bei den Keilschriftbenutzern bis in die Perserzeit die Siegelform mit dem höchsten Prestige geblieben, sicher auch wegen der Größe und Komplexität des Bildfeldes, das sie aufnehmen konnten. In Ägypten taucht diese Siegel-Gattung am Anfang der Staatenbildungszeit kurz auf, blüht, geht zurück und verschwindet mit dem Ende des »Alten Reiches« (im 23./22. Jh. v. Chr.) fast ganz. Anfänglich übernahmen die Ägypter mit der Sache »Siegel«, die verwaltungstechnisch notwendig war, auch deren anderwärtig entwickelte Form. Da die Ägypter aber nicht auf Ton, sondern auf Papyrus schrieben, waren Siegel, die einen großen Tonklumpen zum Abrollen erfordern, für sie unpraktisch. Die ägyptischen Rollsiegel werden darum im Verlauf des 3. Jahrtausends immer kleiner, bis seit dem 2. Jahrtausend dann ganz das Stempelsiegel dominiert, zu dessen Abdruck die Papyrusrollen nur noch mit kleinen Tonbullen verschlossen werden mußten, unserem Siegelwachs vergleichbar.

Zweitens übernahmen die Ägypter die Idee der Schrift von den Sumerern, ohne die eine Verwaltung nicht funktionieren kann. Die ägyptische Schrift setzt das Grundprinzip der sumerischen Schrift, Begriffe, Worte oder Silben durch Bilder darzustellen, voraus, verbessert das System jedoch entscheidend (vielleicht, ohne es gemerkt zu haben, vgl. 3.2.2). Die Keilschrift hat sich langsam aus einfachen Buchhaltungstechniken entwickelt (vgl. 3.2) und ist in Mesopotamien immer ein Gebrauchsgegenstand geblieben. In Ägypten taucht die Hieroglyphenschrift so plötzlich auf, daß die Ägyptologie geradezu von einer »Schrifterfindungszeit« spricht. Für die Ägypter blieb die Schrift selbst etwas Sakrales, Wirkmächtiges, dem Zeichen kam außer-linguistische Realität zu. Hier war die Schrift von Anfang an in der »sakralen« Sphäre des Zentral-Staates beheimatet, beide treten in der ägyptischen Geschichte zugleich auf. Während die Mesopotamier ihre Keile in Tontafeln eindrückten, stand in Ägypten und im ägyptischen Ausstrahlungsbereich wie Byblos das gepreßte und getrocknete Mark der Papyrusstaude zur

Verfügung (daher unser »Papier«, und über griechisch *biblos* »Buch« unser Wort »Bibel«). Da es in Ägypten nicht regnet, sind uns von den Aktenbergen der ägyptischen Bürokraten zahlreiche Stöße erhalten; in Palästina sind von ganzen Archiven nicht mehr als die Bullen erhalten geblieben, außer, die Archive wurden rechtzeitig am Toten Meer versteckt, wo es auch nicht regnet. Die alten Ägypter waren begeisterte Bürokraten, d.h. jene etwa 200 Ägypter, die in jeder Generation aus einer Bevölkerung von ca. 1 Million lesen und schreiben konnten und den »Staatsapparat« bildeten. Auch im AT sollten wir, wenn von einem »Schreiber« die Rede ist, nicht an ein pergamentenes Männchen mit tintenbeklecksten Fingern denken, sondern an einen Amts-, Regierungs- oder Staats- *sekretär*.

Drittens entwickelte sich in Mesopotamien der Staat, dann das Imperium, aus der Stadt und aus Agglomerationen von Städten; in Ägypten aber führte erst der Staat zur Bildung von Residenz- und Festungsstädten. Im ganzen 3. Jahrtausend gab es dort noch keine rechten Städte: das Niltal bildete ein einziges großes Dorf bzw. einen Verband von Dörfern mit einem göttlichen Oberhäuptling an der Spitze, dem Pharao (wörtlich: »Großes Haus«). Schon die alten Ägypter haben ihre Geschichte nach Pharaonen-Dynastien gegliedert. Während der 1. und 2. Dynastie (ca. 3000-2650 v. Chr.) waren noch alle »Beamtenposten« mit Verwandten des Pharao besetzt, d.h. dieses Ägypten war noch kein Staat, in dem man den Beruf eines Beamten hätte ergreifen können, es war ein sehr umfangreiches und komplexes Häuptlingstum.

Das ägyptische »Alte Reich« kulminierte um 2500 in der 4. Dynastie, die jene großen Pyramiden bei Gizeh errichtete. Fast scheint es, als habe der Staat, nachdem er sich mit einer derart gewaltigen Demonstration seiner Möglichkeiten der Mit- und Nachwelt eingeprägt hatte, solche Demonstrationen nicht mehr nötig gehabt. Langsam setzt ein Prozeß der ›Demokratisierung‹ der Unsterblichkeit ein: war die Mumifizierung und der Schutz der Mumie zur Ermöglichung der Fortexistenz im Tode zuerst dem Pharao und seiner Familie vorbehalten, erfaßte er danach die höheren Beamten und dehnte sich schließlich auf alle aus, die sich die Einbalsamierung leisten konnten. Die meisten Mumien stammen aus hellenistisch-römischer Zeit.

Noch bevor aus dem Niltal ein Staat wurde, die 1.Dynastie die Herrschaft angetreten hatte, expandierte Ägypten bereits wirtschaftlich und wohl auch militärisch ins fortan unterentwickelte Palästina. In Arad und einer anderen früheren Handelsstation sind auf Resten von Verpackungsmaterial vordynastische Pharaonen des 31./30. Jh. v. Chr. belegt, darunter der mögliche »Reichseiniger« Narmer. Ägypten war auf die Rohstoffe Palästinas angewiesen: Kupfer, Bau-Holz, Olivenöl. Das Kulturgefälle machte es leicht, durch die Kooperation mit der palästinischen Stammesaristokratie, die in diesem Prozeß ihrerseits Prestige durch Luxusgüter empfing, die Ressourcen des Landes zu erschließen (vgl. 1.5). Um 2600 erreichte der ägyptische Einfluß Phönizien, wo er sich bis zum Ausgang der orientalischen Antike hielt: niemand hat Ägyptisches effizienter im weiteren Mittelmeerraum verbreitet als die Phönizier, deren eigene Kunst und Architektur das Vorbild nie verleugneten. Es gab Zeiten, in denen Ägyptens Griff in Palästina lockerer war, und auch Zeiten, wo er ganz erlahmte oder einem anderen, stärkeren Zugriff nachgeben mußte. Seit der Frühzeit bleibt aber Ägyptens Begehrlichkeit auf Palästina – aus wirtschaftlichen Gründen ebenso wie aus strategischen – ein Grundzug seiner Politik, die wir im ganzen 2. und 1. Jahrtausend v. Chr. ebenso antreffen wie unter den Ptolemäern im 3. Jh. v. Chr., unter Fatimiden und Mamluken, Mohammad Ali im 19. Jh. n. Chr. und Gamal Abdel Nasser im 20. Jh.

Wie die Mesopotamier ihre Welt großzügig »die vier Weltgegenden« nannten, so waren die Ägypter überzeugt, daß nur sie »Menschen« seien; die Angehörigen der vorstaatlichen Gesellschaften in ihrem Umfeld, die »elenden Sandbewohner«, betrachteten sie mit Neugier, aber auch Herablassung und gelegentlich Abscheu. Das beste, was sie ihnen anbieten konnten, war, sie zu »Ägyptern ehrenhalber« zu ernennen. Es war ein langer und schmerzhafter Prozeß für Ägypten, im Laufe des 2. Jahrtausends v. Chr. anzuerkennen, daß es nicht der einzige Staat auf Erden, der Pharao nicht allmächtig und ein Angehöriger anderer Ethnien auch ein Mensch sei. Ganz haben sie es nie geschafft. Die ägyptische Haltung gegenüber den Fremden ist im Alten Orient die Regel, keine Ausnahme. Noch die Griechen unterschieden Hellenen von Barbaren dadurch, daß letztere von Natur aus zum Sklavendasein bestimmt wären. Es sind erst

Stimmen im AT, die mit solcher Ethnozentrik ansatzweise brechen (vgl. Ijob 1; Mal 1,11f; Jona), und nicht ohne daß Eierschalen älterer Einstellungen zurückbleiben (Dtn 7; 15,3; 23,3.20; 24,14.17).

Die Staatlichkeit wurde Palästina von Ägypten vermittelt. Im 3. und 2. Jahrtausend v. Chr. stand Palästina zeitweise unter direkter, zeitweise unter indirekter ägyptischer Herrschaft. Wenn es am Hofe der Davididen in Jerusalem, aber auch am Hofe Ammons und Moabs einen »Oberschreiber« und »Oberherold« gab (2 Sam 8,16f; 20,24f; 1 Kön 4,3), setzten die Titel zwei Institutionen im 1. Jahrtausend fort, die der Jerusalemer Kleinkönig im Verlauf des 2. Jahrtausends vom Pharaonenhof kopiert hat. Es blieb nicht bei den Hofämtern und ihren Bezeichnungen. Ein so kühner Text wie Ps 2,7-8, wo Gott zum König spricht:

Mein Sohn bist du. Heute habe ich dich gezeugt.
Fordere von mir, und ich gebe dir die Völker zum Lehen (EÜ: Erbe), die Enden der Erde zum Eigentum

ist durch und durch geprägt von der Ideologie ägyptischen Gott-Königtums (vgl. auch 2 Sam 7,14; Ps 110). Sicher haben diese Worte und Vorstellungen schon vor David ihren Weg von Ägypten nach Jerusalem gemacht. Sie zeigen eine Gefahr der »sekundären Staatenbildung« auf, die bereits angesprochen wurde: daß der Rezipient in einen Mantel schlüpft, der ihm einige Nummern zu groß ist. Nahm man, wie vielleicht König Joschija von Juda, als er 609 dem Pharao Necho bei Megiddo entgegentrat, einen solchen Text wörtlich, war eine Katastrophe unausweichlich (2 Kön 23,29). Bewahrt man ihn als Symbol, das jedes irdische Königtum transzendiert, kann man ihn im Kontext des jetzigen Psalters, also im Rahmen der Theologie und Frömmigkeit des nachexilischen Judentums, als Wegmarke der Hoffnung auf ein Reich lesen, das nicht mehr von dieser Welt ist.

2.2. Vom 3. zum 2. Jahrtausend: Zusammenbruch und Neubeginn

Im 23. Jh.v.Chr. macht in Mittel-, Süd- und Ost-Palästina die »proto-urbane« Kultur der Frühen Bronzezeit (vgl. 1.5) Platz für eine Gesellschaft von transhumanten Bauern mit einfacher sozialer Schichtung. Häuptlingsgräber bleiben reicher als andere Gräber, aber Zentren zweiter Ordnung gibt es nicht mehr (vgl. 1.8). Geringere Intensität der Bodennutzung bedingt eine Ausweitung des genutzten Bodens, besonders in Süd- und Ost-Palästina. Die Keramik ändert sich, sie folgt zunehmend Mustern aus Nord-Syrien.

Man hat für den Zusammenbruch der proto-urbanen Kultur in Palästina verschiedene Gründe namhaft gemacht: eine neue Bevölkerungswelle aus der Wüste, die Amoriter, habe das Land überschwemmt, seine Bewohner ausgerottet, und fürs erste weiter nomadisiert. Doch die Hinfälligkeit des Paradigmas »Völkerwanderung« besprachen wir bereits (vgl. 1.8). Nomaden stellen keine Keramik her (zu zerbrechlich), und die Sprachen, die in Palästina im 2. Jahrtausend gesprochen worden sind, setzen kontinuierlich die Sprachen des 3. Jahrtausends fort (vgl. 3.1.2). Man hat vorgeschlagen, daß die proto-urbane Kultur zum Zweck des Hausbrandes, der Metallproduktion und der Keramikherstellung die Holzvorräte Palästinas erschöpft habe. Daran mag etwas sein, aber Kuh-Dung heizt auch. Man hat schließlich auf eine kurzfristige Trockenperiode um 2300 verwiesen, die in der Tat nachzuweisen ist und das ihre dazu beigetragen haben wird, das damalige Wirtschafts- und Staaten-System aus dem Gleichgewicht zu bringen.

Denn um eine internationale Rezession handelte es sich beim Übergang von der Frühbronze- zur Mittelbronzezeit, vom 3. Jahrtausend zum 2. Jahrtausend bereits, obwohl ein Weltwirtschaftssystem noch nicht voll ausgebildet war. Nach heutigen Maßstäben würde man von einer globalen Krise sprechen, nur reichte der Globus damals lediglich vom persischen Golf bis zu den Nil-Katarakten. In Ägypten brach das Alte Reich (das die 1. bis 6. bzw. 7./8. Dynastie umfaßt) zusammen. Seit dem 25. Jh. v. Chr. emanzipierte sich das Priestertum aus der Staatsverwaltung, die Tempel und ihre Güter destabilisierten nun den Staat, der nach wie vor und bis an sein Ende seinen theokratischen Ursprung nicht verleugnete. Hohe Verwaltungsbeamte, die Gaufürsten, machten ihr Amt erblich. So entstand in Ägypten als Folge des imperialen Staates, was in Mesopotamien seine Voraussetzung war: der Kleinstaat. Die Residenzen der Gaufürsten entwickelten sich zu Städten mit einem besitzenden Bürgertum. Es kam zu Hungerrevolten und Bürgerkrieg zwischen den Gauen: das zentrale Verteilungssystem war zusammengebrochen, die Bewässerungstechnik noch nicht weit genug entwickelt, um der sich verschlechternden Klimalage zu begegnen. Zwar gab es noch Titulatur-Pharaonen (und die Literatur erlebte eine erste Blüte: Intellektualität gedeiht in Krisen gut), aber die Macht hatte sich dezentralisiert.

Palästina, und besonders die Ränder Palästinas litten stärker unter der Trockenzeit. Generell nimmt der Niederschlag in Syrien-Palästina von Nord nach Süd und von West nach Ost ab, wodurch sich ein ständig besiedelter Kern leicht von einer nur in Zeiten der Hochkonjunktur rentabel zu bewirtschaftenden Peripherie abgrenzt. Palästina ist zu seinem größten Teil ein Randgebiet, dessen Auf und Ab das Auf und Ab der Welt-Konjunktur recht genau spiegelt. Die politische Klasse des frühbronzezeitlichen Palästina, aufgestiegen als Vermittler zwischen der lokalen Bevölkerung und der beherrschenden ägyptischen Wirtschaft und Macht, war durch den Zusammenbruch Ägyptens desavouiert und verschwand. Zu ihrem Untergang mögen ägyptische Feldzüge um 2300 v. Chr. beigetragen haben: im Nachhinein sicher der falsche Zeitpunkt, um von indirekter Herrschaft (wirtschaftlicher Ausbeutung mittels der lokalen Oberschicht) zu direkter Herrschaft (politische Unterwerfung) überzugehen.

Aber die Krise beschränkte sich nicht auf die ägyptische Staaten-Insel und ihre Satelliten. Das Imperium von Akkad verschwand so plötzlich, wie es aufgestiegen war. Die Historiographie, schon die des alten Mesopotamien, hat den Untergang des ersten Imperiums mit dem Einfall eines barbarischen Gebirgsvolks, der Gutäer, verbunden. Für die Bewohner der urbanen Ebene an Eufrat und Tigris konzentrierten sich die Barbaren in den Bergen, im Sumerischen klingt »Berg« (*kur*) an »Feind« (*kúr*) an. Nun folgen »barbarische Invasionen« zwei Mustern: erstens dem der Not, in Zeiten von Natur- und anderen Katastrophen (wie etwa im Fall der Kimbern und Teutonen). Intakte Staaten werden mit solchen Migrationen in der Regel fertig, haben sie doch in Zeiten der Hochkunjunktur einen unstillbaren Bedarf an Arbeitskräften. Zweitens dem der Beutelust, wenn die Zivilisation an den Grenzen der »Barbaren« Schwächezeichen zeigt. Nach diesem Muster verlief im großen und ganzen die »germanische Völkerwanderung«, die im Imperium Romanum germanische tribale Eliten an Stelle der zusammenbre-

chenden Reichsverwaltung setzte. Aber um mehr handelte es sich
nicht: in Spanien wird heute nicht Gotisch oder Wandalisch, in
Frankreich nicht Fränkisch, in Italien nicht Langobardisch gesprochen, sondern in allen genannten Ländern verschiedene Spätformen
des Vulgärlatein. So sind auch die Gutäer im Falle des Unterganges
von Akkad Symptom einer Krise, nicht deren Ursache.

Die urbane Kultur verschwand nicht aus der Welt, sie bestand in
klimatisch und politisch begünstigten Regionen weiter. Ebla blieb
das Zentrum eines Flächenstaates (bis um 2000 v.Chr.). Im Süden
Mesopotamiens beanspruchte die sumerische Stadt Ur den Nachlaß
Akkads, fügte der imperialen Titulatur den Titel »König von Sumer
und Akkad« hinzu, auch wenn ihr realer Herrschaftsbereich nicht
einmal bis Mari reichte. Das erste Imperium war untergegangen,
aber nicht die Idee des Imperiums.

Trotzdem verzeichnet Mesopotamien verstärkt (aber nicht plötzlich, auch nicht in Wellen) die Zuwanderung von »Amurru« (daher
biblisch Amoriter), d.h. wörtlich von »Westleuten«. Sie sind in allen
Berufen anzutreffen; daß ihre charakteristische Sprache bald besonders bei den Stämmen zuhause ist, darf nicht dazu verführen, sie für
»Nomaden« zu halten. »Westleute«, also Syrer, ist schon der tref-
fende Ausdruck. Die »amoritische Wanderung«, in Palästina aus
den verschwindenden proto-urbanen Zentren aufs Land, in Syrien
aus den Städten, die den Feldzügen Sargons I. und seines Nachfahren Naramsin zum Opfer gefallen waren, und aus dem Untertanen-
land von Zentren wie Ebla nach Mesopotamien und weiter, bis nach
Ostarabien, hat nicht aus der Wüste ins Agrarland, sondern in einer
Zeit der Rezession, des Rückgangs intensiver Agrikultur unter
anderem auch in die Wüste geführt (vgl. 3.1.2). Mesopotamien hatte sich unter Sargon den Westen erschlossen. Jetzt kam der Westen,
subsistenzsuchend, nach Mesopotamien.

2.3. Der neue Aufschwung und das erste internationale
     Staatensystem: das 2. Jahrtausend v. Chr.

Im Verlauf des 2. Jahrtausends wachsen die bisherigen Stateninseln
Mesopotamien und Nordsyrien einerseits, Ägypten mit Palästina
und Phönizien andererseits zum ersten Weltwirtschaftsraum
zusammen. Die Zivilisation erreicht Kleinasien, Zypern und Kreta,

das mykenische Griechenland, Äthiopien. Die Küste Syrien-Palästinas wird zur Drehscheibe des internationalen Handels.

2.3.1. Das Mittlere Reich und die Hyksos

Seit der zweiten Hälfte des 21. Jh.s v. Chr. überwindet die 11. Dynastie durch eine erneute Reichseinigung die Zeit der ägyptischen Wirren, die das Alte Reich beendet hatten. Bewässerungstechnologie löst jetzt die Subsistenzprobleme, die ein mit den administrativen und technologischen Mitteln des 3. Jahrtausends nicht zu bewältigendes Wachstum verursacht hatte. Die ägyptische Schriftsprache erhält ihre für die Folgezeit »klassische« Form.

Die Beziehungen zur palästinischen Provinz vertiefen sich. Um 1950 v. Chr. geht der Hofbeamte Sinuhe ins palästinische Exil, wo er wie selbstverständlich schon andere ägyptische Flüchtlinge antrifft. Byblos ist ihm zu ägyptisch. Er findet im Inland bei Bauernstämmen mit einem bereits recht komplexen Häuptlingstum, das über mehr als einen Stamm gebietet, Zuflucht (TGI 1):

Es war ein schönes Land mit Namen Arar; es gab dort Feigen und Weintrauben; es hatte mehr Wein als Wasser, besaß viel Honig und reichlich Öl. Allerlei Früchte waren an seinen Bäumen, es gab Gerste und Emmer und allerlei Vieh ohne Zahl ... Er (der Fürst von Retjenu namens 'Ammu'anas) machte mich zum Herrscher eines Stammes im besten Teil seines Landes. Man lieferte mir täglich Brot und Wein, gekochtes Fleisch und Geflügel als Braten, abgesehen von dem Wild der Steppe; ... Es wurden mir viele Süßigkeiten zubereitet, und Milch war in allem, was gekocht wurde. Ich verbrachte viele Jahre, während meine Kinder starke Männer wurden, ein jeder der Bezwinger seines Stammes. Der Bote (des Pharao), der nach Norden ging oder südwärts zur Residenz zog, hielt sich bei mir auf; ich beherbergte alle Leute, gab Wasser den Durstigen, brachte den Verirrten auf den Weg und errettete den Beraubten.

Der Pharao belohnt Sinuhes Verdienste, indem er ihn im Alter heimberuft und dies unter anderen begründet:

... Du hast ja jetzt begonnen, alt zu werden ... Denke an den Tag des Begräbnisses und des Geleitens zur Ehrwürdigkeit. Ein Abendfest wird dir bereitet mit Öl und den Leinenbinden von der Hand (der Web-Göttin) Tait, ein Leichenzug wird dir gemacht am Tage des Begräbnisses; die Mumienhülle ist aus Gold, der Kopf aus Lapislazuli; der Himmel ist über dir, du liegst in einem Sarg, und Ochsen ziehen dich ... man liest dir die

Opferliste vor und schlachtet an der Türe deines Opfersteins. Deine Grab-
säulen sind aus weißen Steinen inmitten der Königskinder. Du sollst nicht
im Ausland sterben, keine Asiaten sollen dich bestatten; nicht sollst du in
ein Widderfell gehüllt werden, und kein Steinhaufen soll dir gemacht werden...

Etwa 100 Jahre später setzt in Palästina eine Urbanisierungswelle
ein, die das Land in den Ebenen mit den ersten »richtigen« Städten,
im Bergland mit Dörfern überzieht. Der Prozeß der Verstädterung
läßt sich in etwa an magischen Texten ablesen, mit denen Ägypten
im 19. und 18. Jh. v. Chr. die »aufrührerischen« palästinischen
Untertanen »bekämpfte«, die sogenannten »Ächtungstexte« (die
Urform des Woodoo: man tötet die mit dem Namen des Feindes
beschriebene Puppe, man zerschmettert die mit seinem Namen
beschriebene Schale). Diese Texte belegen den ägyptischen
Anspruch auf Palästina, aber sie waren nicht das einzige Mittel der
Herrschaftsausübung. Die ersten ägyptischen Gouverneure
erscheinen in Palästina, im 18. Jh. auch eine Armee vor einem offensichtlich »rebellischen« Sichem. Die Expeditionen in den Sinai zur
Gewinnung von Kupfer und Türkis werden regelmäßiger, die Mitarbeit südpalästinischer Häuptlinge und Fürsten (wie dem von
Horma) wird sichergestellt, die notwendigen Fach- und Hilfsarbei-
ter von diesen zugeführt. Zugleich wächst die Zahl der »Asiaten«,
d.h. überwiegend der Palästinenser, in Ägypten, die es als Sklaven
oder Arbeitsmigranten, Händler oder Spezialisten dorthin ver-
schlägt.

Blieb Palästina unvermeidlicherweise unter ägyptischer Herrschaft, solange Ägypten imstande war, seinen Anspruch durchzusetzen, so hatte sich kulturell doch Entscheidendes gegenüber dem
3. Jahrtausend geändert. Denn die palästinische Stadtkultur des
frühen 2. Jahrtausends blieb ein Ableger der syrischen Zivilisation,
wie es schon die bäuerliche Kultur der Frühbronze-Mittelbronze-
Zwischenzeit gewesen war (vgl. 2.2). Phönizien-Palästina hat die
Zwischen- und Schnittstelle zwischen den altorientalischen
Großmächten eingenomen, die seine Geschichte in den nächsten
2000 Jahren in guten wie in schlechten Tagen prägen wird. Jetzt
bedient man sich auch in Palästina der Keilschrift, nunmehr dem
Medium zwischenstaatlicher Korrespondenz der »höheren Bildung«. Die ein bis zwei Schreiber, mit denen pro Stadtkönigtum zu

rechnen ist, lernten mithilfe von Wörterbüchern Akkadisch und ein wenig Sumerisch (vgl. 3.1 und 3.2.1). In Megiddo wurde das Gilgamesch-Epos gelesen (vgl. 3.3.1), Hazor handelte mit Mari (TGI 2; vgl. 2.3.2). Weiter greifen die palästinischen Vasallen Pharaos eine militärtechnische Innovation auf, die indoeuropäische Zuwanderer aus dem Norden mitgebracht hatten: den pferdegezogenen Streitwagen.

Schon die Sumerer stellten im 3. Jahrtausend die Kommandeure ihrer speer- und schildbewehrten Fußtruppen auf Wagen, die von Eseln oder Onagern gezogen wurden. Der erhöhte Standort gewährte die bessere Übersicht: Pferdereiten war unbekannt und wird es mit Ausnahme von seltenen athletischen Leistungen bis ins 1. Jahrtausend v. Chr. hinein bleiben. Das in den eurasischen Steppen beheimatete Pferd brachte aber einen neuen Elan mit sich. Nicht verwunderlich, daß mit der neuen Technologie auch Leute kamen, die sie besonders gut beherrschten. Das Wort für »Pferd« ist in allen altorientalischen Sprachen ein indoeuropäisches Lehnwort. Eine »indoarische Völkerwanderung« mit Staatenbildung kann man aus dem Vordringen von Pferd, Pferdezüchtern und Lenkern aber keineswegs machen. Hetitern wie Assyrern haben die weder semitischen noch indoeuropäischen Hurriter die Pferdezucht vermittelt, indoeuropäischer Herkunft war nur die herrschende Dynastie im hurritischen Mitanni-Reich (vgl. 2.3.3). Auch unter syrischen oder palästinischen Stadtkönigen und ihrem Adel kommen indoeuropäische Namen vor. Kann überraschen, daß die ritterlichen Kriegs-Spezialisten eine besondere Nähe zur Macht hatten?

Damit ist zum Thema der »Indoarier« im alten Orient bereits alles Nötige gesagt, nicht aber zum Streitwagen. Die neue Technologie bleibt für die altorientalische Kriegspraxis bis zum Hellenismus bestimmend. Als er gegen den an der Spitze seiner Kavallerie anstürmenden Alexander die Schlacht verloren sieht, verläßt Darius III seinen Wagen und steigt zu schnellerer Flucht auf ein Pferd um. Diese Szene aus der Schlacht von Issos (333 v. Chr.), wie sie ein Mosaik aus Pompeji festgehalten hat, läßt im Nachhinein fragen, warum der Orient so lange brauchte, um einzusehen, daß Reiten effektiver war. Die homerischen Helden, getreu ihren mykenischen Ur-Ur-Bildern, fahren im Wagen in die Schlacht, denn bis zu den Mykenern und darüber hinaus, den britannischen Kelten, hatte sich das fürstliche Prestige-Gefährt verbreitet. Dann aber läßt Homer seine Heroen absteigen, denn wie man mit einem Wagen kämpfen soll, wußte er nicht mehr, und wir wissen es auch nicht so recht. Diese Wagen hatten eine starre Achse: Richtungsänderungen während der Attacke müssen mörderisch gewesen sein – für den Angreifer, ein Stein auf dem Feld desgleichen. Die Auswahl möglicher Schlachtfelder ist bei dieser Militärtechnologie recht beschränkt. Gewiß kann man sich den Terror vorstellen, den eine Front herandonnernder Pferde bei einem schlecht disziplinierten Fußvolk ausgelöst haben muß; um diesen psychologischen Effekt ging es wohl letztendlich. Tatsächlich liefen die Schlachten des Alten Orients darauf hinaus, daß eine Seite möglichst frühzeitig demoralisiert davonlief und dann vom verfolgenden Sieger massakriert wurde. Hielt der Angegriffene stand, war die Schlacht mangels einer taktischen Gliederung im Grunde vorbei, beide Seiten konnten sich den Sieg zuschreiben und haben es auch getan, so 1275 bei Kadesch und 853 bei Qarqar. Gegen eine disziplinierte Infanterie wie die makedonische Phalanx bei Gaugamela (331 v. Chr.) waren Streitwagen wirkungslos: die Makedonen ließen die schrecklichen persischen Sichelwagen heranbrausen, öffneten die Glieder, ließen die manövrierunfähigen Gefährte durch ihre Aufstellung passieren, schlossen sich wieder und walzten dann die persische Armee vom Feld. Kein Pferd, bekanntlich das Lebewesen mit dem größeren Kopf, rennt in eine waffenstarrende Menschenmenge hinein, solange es nicht ganz durchgeht – aber das muß man erst einmal wissen.

War der Streitwagen auch keine umwerfende militärtechnologische Idee, so hatte er doch sozialgeschichtlich erhebliche Konsequenzen. Streitwagen waren jedenfalls teuer, daher als Prestige-Indikator geeignet; teuer war auch die Ausrüstung und Ausbildung von Streitwagenfahrern und -kämpfern. Es bildete sich, institutionell wie mentalitätsmäßig, ein Rittertum. Ein Lehen, das einen Wagenkämpfer samt Wagen finanzieren konnte, mußte wesentlich größer sein als ein Lehen für einen Bogenschützen zu Fuß. Der physische Abstand zwischen Wagenkämpfer und Fußvolk setzte sich in einen ideologischen um: wir hier oben – ihr da unten. Schon im neuassyrischen Heer hat die Kavallerie die Wagentruppe bedeutungslos gemacht. Sie wird aber weiter aufgestellt, und der Großkönig läßt sich selbstverständlich auf dem Wagen darstellen, fast nie als Reiter. Vorstellungen darüber, »was sich gehört«, sterben langsam, haben in Europa etwa Morgarten (1315 n. Chr.) und Crecy (1346 n. Chr.) um einige Jahrhunderte überlebt.

Den Terror, den wagenbesitzende Heere auf die wenig organisierten Bewohner der Bergländer Palästinas ausübten, spüren wir noch im AT (Ex 14,7; Ri 1,19; 4,3; 5,22). Zugleich fehlt es nicht an Hinweisen auf mehr als einen antiken Vorgänger von Morgarten und Crecy: so, wenn Jahwe »Pferd und Wagenfahrer« (in wahrscheinlich unwegsamem Gelände) ins Meer wirft (Ex 15,21) oder die Wagenräder im Schlamm steckenbleiben läßt (Ex 14,25; Ri 5,20-21). Abgesehen vom Gefährt macht sich der Unterschied von »denen oben« zu »denen unten« aber noch in anderer Hinsicht bemerkbar: der Feudalherr, der Ritter ist in der Regel von Jugend auf besser ernährt als der Untertanenbauer oder auch der Bergbauer, d.h., Aristokraten sind durchschnittlich größer (nach physisch-anthropologischen Befunden im 2. und 1. Jahrtausend v. Chr. ca. 10 cm: durchschnittlich 1,75 m gegenüber 1,65 m). Ein größerer Krieger führt aber auch eine längere Lanze, ein wuchtigeres Schwert – und so ist, was das AT über »Riesen« oder besonders hochgewachsene Männer zu sagen hat (vgl. etwa Num 13,33; 1 Sam 10,23; 17; 2 Sam 21,15-22), nicht ganz ohne realen Hintergrund.

Ägypten, das überlegen auf seine über 1000jährige Geschichte zurückblicken konnte, hatte für die barbarische Neuerung des Streitwagens fürs erste nichts übrig. Die Konsequenz war, daß eine Koalition palästinischer Stadtkönige sich zwischen 1650 und 1550 v. Chr. das ägyptische Delta unterwarf und als »Hyksos« (gräzisiert aus der ägyptischen Bezeichnung für »Herrscher der Fremdländer«) die Nachfolge der Pharaonen beanspruchten, wobei sie außerhalb des Deltas die Machtausübung an einheimische Dynasten delegierten. Unter diesem Kulturschock hat sich Ägypten tief verändert. Als die 18. Dynastie Ägypten befreite und Palästina fester an die Kandare nahm als es ein »Sohn des Re« vorher für nötig gehalten hatte, war es ein viel weltofferneres Ägypten als das des Alten oder Mittleren Reiches. Das Neue Reich, das sich in der zweiten Hälfte des 2. Jahrtausends als ein Mitspieler neben anderen am Konzert der Mächte beteiligte, hatte jetzt auch sein Streitwagenkorps, das Bibelleser (Ex 14) schon erwarten.

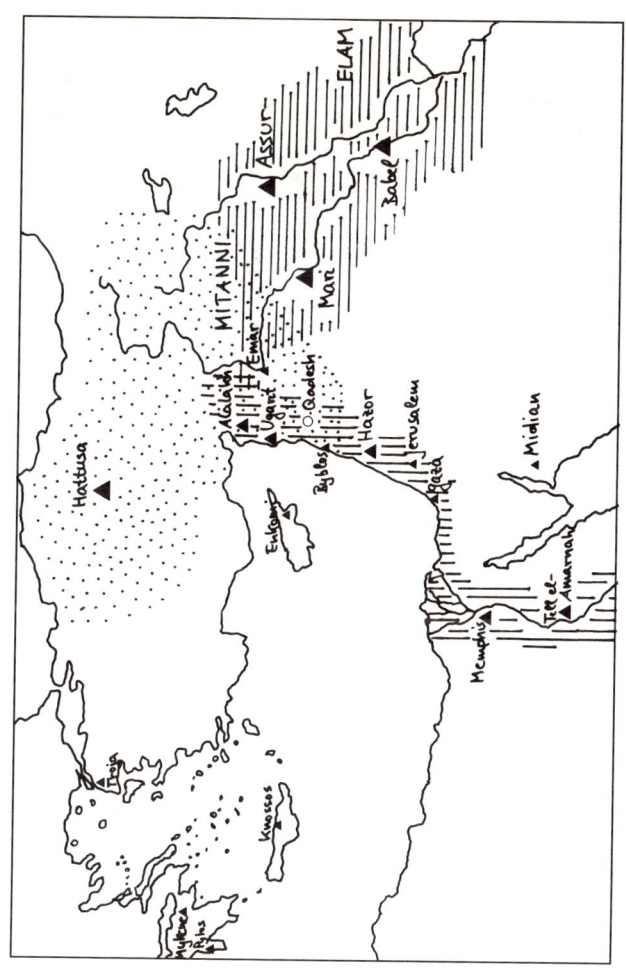

Abb. 8: Die Staatenwelt des 2. Jahrtausends v. Chr. ▬▬▬ Das Hammurabi-Reich
IIIIIIII Größte Ausdehnung des ägyptischen Neuen Reiches unter Thutmosis III
· · · · · Größte Ausdehnung des Hetiter-Reiches nach der Schlacht von Qadesh 1275 v. Chr.

93

2.3.2. Assur, Mari und Babylon

Aus der Konkursmasse des akkadischen Imperiums überlebten oder bildeten sich eine Reihe von Stadt- und Flächenstaaten (vgl. 2.1.1; 2.2). Am Nordwestrand Mesopotamiens, im Süden des heutigen Kurdistan, in einem regenbewässerten, damit von der Laune des Wettergottes abhängigen, von den Bergstämmen des Nordens wie von den reicheren Staaten des Südens ständig bedrohten Landstrich formierte sich im 19. Jh. v. Chr. der Staat der Stadt des Gottes Assur mit Handelskolonien im südöstlichen Kleinasien. Kaum hatte sich das assyrische Königtum konstituiert, anfänglich noch mit Mitspracherechten der Sippenhäupter, griff es schon nach Süden aus, beanspruchte das Erbe Akkads und Sumers, eroberte Mari.

Am Anfang der assyrischen Königsliste stehen »Könige, die in Zelten wohnten«. In Mari, Babylon und anderen Städten Mesopotamiens kommen Dynastien zur Macht, die nach Ausweis ihrer Herrschernamen zu den Amoritern gehörten. Also doch eine »Einwanderunsgwelle aus der Wüste«? Keineswegs. Das Bevölkerungswachstum der orientalischen Stadt ist negativ: die konzentrierte Bevölkerung ist anfälliger für Epidemien und Versorgungskrisen. Die orientalische Stadt ist darauf angewiesen, neue Bürger aus ihrem Umland zu rekrutieren. Die Bergbauernländer sind umgekehrt darauf angewiesen, ihren Bevölkerungsüberschuß zu exportieren (vgl. 1.8). So saßen eines Tages die Griechen um das Mittelmeer wie Frösche um einen Teich, kam die Mafia von Sizilien nach Chicago. In Perioden konjunktureller oder politischer Schwäche ist die Stadt nicht mehr in der Lage, ihr Umland zu dominieren: die notwendige Allianz der städtischen Herren mit den tribalen Eliten des Umlandes führt dann nicht selten dazu, daß Stammesaristokraten die Herrschaft über eine Stadt erlangen. Exemplarisch ist dieser Fall am Beispiel von Sichem und Abimelech in Ri 9 dargestellt. Doch setzt sich langfristig die städtische Tradition durch: der judäische Häuptling David ist vielleicht eher durch Vertrag als durch Eroberung König von Jerusalem geworden (vgl. 2 Sam 5,13; NSK-AT 7, 147f), aber unter seinem Sohn Salomo beseitigt die Jerusalemer Elite den Einfluß der judäischen Großen am Hof (1 Kön 1-2).

Die Probleme einer derartigen »Doppelherrschaft«, bei der ein Regent sowohl König eines Stadtstaates ist als auch Ober-Häuptling (in den Quellen oft ebenfalls »König« genannt) eines Stammes oder Stammesverbandes in seinem Umland, verdeutlichen die umfangreichen, noch längst nicht vollständig veröffentlichten Archive der Stadt Mari aus dem 18./17. Jh. v. Chr. Man hat nach der Entdeckung der Keilschrifttafeln darin vor allem ein Exempel der Konfrontation von »Seßhaften« und »Nomaden« gesehen. Diese Perspektive ist falsch (vgl. 1.7). Es geht vielmehr um den Konflikt zwischen tribalem und staatlich-imperialem Herrschaftssystem. Der König von Mari mit dem Vorbild eines Sargon von Akkad (vgl. 2.1.1) war zugleich Ober-Häuptling des großen Stammes der Hanäer. Fuhr er als Stadt-König auf einem Wagen (vgl. 2.3.1), verärgerte er seine Hanäer (vgl. Dtn 17,16), ritt er als Häuptling der Hanäer auf einem Esel (vgl. Gen 49,11; Ri 5,10; Sach 9,9-10), nahmen ihm das die Bürger von Mari übel. Konflikte zwischen der Staatsverwaltung und dem Bauern-Stamm, von dem ein Teil transhumante Viehwirtschaft betrieb, konnten nicht ausbleiben, Konflikte auch zwischen der intensiven Landwirtschaft der Stadt und der extensiven Landnutzung der Stämme, die zum Teil das gleiche Territorium beanspruchten. Die Bildung von Groß-Stämmen wie dem der Hanäer ist als ländliche Antwort auf entsprechend großräumige Staaten zu verstehen, die anfänglich bei der Selbstorganisation ihres Umlandes Starthilfe geleistet haben. In Ebla (vgl. 2.1.1) stehen »Älteste« (saibū, also eine tribale Elite) dem König von Ebla als Berater zur Seite, aber auch an der Spitze von Ortschaften in der Abhängigkeit von Ebla (vgl. auch 1.6). Derart großräumige Stammesverbände, wie sie das ökologische und politische Potential Nordsyriens und Mesopotamiens ermöglicht und erfordert, hat es im kleinräumigen Palästina nie gegeben. Die gleichen strukturellen Probleme der Beziehung zwischen Stadt und Stamm gab es durchaus.

Der Staat von Mari fiel, kaum hatte er sich aus alt-assyrischer Abhängigkeit befreit, seinem größten Rivalen, dem König von Babylon namens Hammurabi, zum Opfer, der Babylon damit aus einem Mittel-Staat unter gleichberechtigten Nachbarn (wie Alalakh, Assur und Mari) zum Erben des Imperiums von Akkad machte. Unter Hammurabi erhielt die babylonische Sprache ihre klassische Form (wie wenige Jahrhunderte zuvor das Ägyptische). Neuzeitlich bekannt geworden ist der Herrscher durch seine Gesetzessammlung (keineswegs die erste und einzige, noch die letzte ihrer

Art), in der er das Gewohnheitsrecht kodifizierte, partiell reformierte und als königlichen Erlaß in Kraft setzte. Was schon immer galt, sollte hinfort aufgrund des königlichen Wortes gelten. Im Prolog verweist der König auf seine göttliche Erwählung, die Legitimation seiner Herrschaft, die dann ihrerseits das Gesetz legitimiert. Inhaltlich erläßt er nichts, was nicht auch seine tribalen Untertanen längst praktizierten. Weil das Gewohnheitsrecht des Codex Hammurabi im ganzen syrischen Raum verbreitet war (gewiß mit lokalen Varianten), finden sich frappante Parallelen zwischen dem Bundesbuch (Ex 21-23) und den babylonischen Gesetzen, die zur Zeit ihrer Entdeckung einigen Wirbel machten. Vergessen wir nicht, daß die Familie des Amoriters Hammurabi ursprünglich aus dem Westen kam – und daß Palästina seit dem 23. Jh. v. Chr. zur syrischen Kultur-Provinz gehörte.

Vor dem Hintergrund der Legitimationskette Gott – König – Gesetz ist erst zu ermessen, welchen revolutionären und in die Zukunft weisenden Akt die Transformation dieser Kette im AT zu Gott – Gesetz – König darstellt, d.h. die Unterordnung auch des Königs, schließlich aller Könige, unter das göttliche Gesetz. Es schmälert diese intellektuelle Leistung nicht, daß sie wohl erst nach dem Untergang des judäischen Königtums möglich war. Hammurabi konnte wie viele nach ihm sagen: *l'état, c'est moi.* Nach Dtn 17,14-20 hätte jeder König nur noch von sich sagen können, er sei der erste Diener seines Staates. Es brauchte seine Zeit, bis es wirklich einen König gab, der es sagte.

Die Stele mit Hammurabis Gesetzen wurde nicht in Babylon, sondern in Susa gefunden, der Hauptstadt Elams, eines Staates, der sich im 3. Jahrtausend im heutigen Khuzistan (Südwest-Iran) an der Peripherie Mesopotamiens gebildet hatte und seitdem in der mesopotamischen Geschichte mitmischte, bevor er im 6. Jh. v. Chr. im Reich der Meder und Perser aufging. Hammurabis Imperium war noch kurzlebiger als das Sargons von Akkad: es zerfiel schon in der nächsten Generation. Aus den Wirren ging eine Dynastie als Sieger hervor, die wieder aus den Bergen gekommen war, die Kassiten, die sich sowenig wie Hurriter, Gutäer oder Sumerer einer bekannten Sprachfamilie anschließen lassen. Unter ihrer Herrschaft wurde Babylon ein relativ stabiler, prosperierender Flächenstaat, eine Mittelmacht im Konzert der Mächte der Spätbronzezeit. Imperiale

Träume hegten jetzt andere. Im 12. Jh. nahm Elam dann Babylon ein und plünderte es aus; so kam der Codex Hammurabi dorthin, wo er gefunden werden sollte. Aber schon 1530 v. Chr. hatte eine Macht, die wesentlich jünger war als Elam, Babylon heimgesucht: das Hetiter-Reich.

2.3.3. Hetiter, Hurriter, Mitanni. Die Ägäis

Die Hetiter sind ab dem 19. Jh. v. Chr. im östlichen Kleinasien bezeugt – zuerst durch die altassyrische Handelskolonie in ihrer Nachbarschaft. Ob sie autochthon waren oder aus der eurasischen Steppe zugewandert, ist gegenwärtig kontrovers. Auch ihr Staat begann als Stammeskönigtum bzw. Häuptlingstum, der König war anfänglich Erster unter Gleichen, bald aber absoluter Herr, dem alle Funktionäre einen Treueid leisten mußten. Der Vorstoß nach Babylon blieb Episode; doch drangen hetitische Heere im 14. und 13. Jh. v. Chr. nach Syrien vor und kollidierten mit den Ägyptern bei Kadesch am Orontes im heutigen Libanon (1275 v. Chr.). Danach verlief im Orontestal die Demarkationslinie zwischen beiden Machtbereichen, bis Palästina kamen die Hetiter nicht.

Ihr Beitrag zur Welt des AT ist gering. Sie waren es wohl, die zuerst einen dritten Mann als Schildträger neben den Kämpfer und den Fahrer auf den Streitwagen stellten. Im Hebräischen heißt *shalîsh*, wörtlich »Dritter« (nämlich auf dem Wagen), dann soviel wie »Adjutant, Offizier«. Wenn biblische Autoren Hetiter unter der Bevölkerung Palästinas nennen, handelt es sich in seltenen Fällen (vielleicht bei Urija, dem ersten Mann der Batseba, 2 Sam 11) um Flüchtlinge aus dem Norden oder Nachfahren von Flüchtlingen. Meist aber haben sie entweder die hetitischen Nachfolgestaaten in Nordsyrien am Anfang des 1. Jahrtausends vor Augen (vielleicht Ri 1,26, vgl. 2.5.1), oder sie folgen zeitgenössischem assyrischen und neubabylonischen Sprachgebrauch, der von ganz Syrien-Palästina auch im 7. und 6. Jh. v. Chr. noch von »Hatti-Land« (und/oder »Amurru«) reden konnte (so wohl Jos 1,4 u.ö.). Eine Erinnerung an die Großmächte des 2. Jahrtausends mag 2 Kön 7,6 bewahren, ohne daß wir sagen können, wie präzise sie war. Parallelen zwischen der Religion der Hetiter und der Religion Syrien-Palästinas können auf vergleichbare ökologische, ökonomische und politische Verhältnisse zurückgehen, hier wie dort handelt es sich um Bauernstämme in regenbewässerten Bergländern. Die Hetiter haben zusammen mit der Keilschrift Texte und Überlieferungen von der mesopotamisch-syrischen Zivilisation entlehnt. Wie in Megiddo und Babylon wurde auch in der Hetiter-Hauptstadt Hattusa das Gilgamesch-Epos gelesen, sie kannten auch den syrisch-kanaanäische Schöpfergott *'Elqônê'artz »El-Schöpfer-der-Erde«, der noch im 7. Jh. v. Chr. in einer Inschrift aus Jerusalem erwähnt wird.

Seit dem 23. Jh. v. Chr. sind Hurriter, eine weder semitische noch indoeuropäische Bevölkerungsgruppe, am gebirgigen Nordrand Mesopotamiens anzutreffen, im 15. Jh. v. Chr. errichteten sie unter der Führung einer indoeuropäischen Dynastie das Mitanni-Reich, das die Hetiter zeitweise aus Syrien verdrängte und der ägyptischen Expansion entgegentrat. Ägyptische Quellen sprechen seitdem von Syrien-Palästina als »Hurriter-Land«. So gelangten die Horiter unter die vermeintlichen Vorbewohner Palästinas vor dem Einzug der deuteronomistischen Israeliten (Gen 14,6; Dtn 2,12.22) auf die gleiche Weise wie Amoriter und Hetiter, nämlich aufgrund von archaisierenden Bezeichnungen für Syrien-Palästina bei den Großmächten des 1. Jahrtausends v. Chr. Im 14. Jh. wurde das Mitanni-Reich dann seinerseits vom mittelassyrischen Reich abgelöst, mit dem Assur aus dem Schatten seiner übermächtigen Nachbarn heraustrat, um sich hinfort nicht mehr dominieren zu lassen: am Anfang des assyrischen Imperialismus und Militarismus stand die Erfahrung der eigenen Ohnmacht.

Im Syrien des 16. bis 13. Jh.s v. Chr. änderten sich Grenzen und Loyalitäten schnell, die Menschen und ihr Alltag blieben davon weitgehend unberührt. Keines der besprochenen Reiche war ethnisch homogen. Aber alle Staaten, ihre Vasallen und Provinzstädte verband die Teilhabe an der Keilschrift und ihrer Literatur, an der internationalen Zivilisation ihrer Zeit. Für Historiker, die im Wahn des Nationalitätsprinzips verfangen sind, ist der alte Orient nicht darstellbar. So fragmentierte Landschaften wie Kleinasien, Nordmesopotamien, Syrien, Palästina, in denen Berg und Tal, Hochland und Ebene, Wald und Steppe so unmittelbar aneinander stoßen, durch die im Verlauf der letzten fünf Jahrtausende soviele Händler und Heere zogen, um die sich so viele Herren stritten, leben die Gegenwart ihrer Vergangenheit in der Vielzahl der ethnischen

Gruppen, die sie hinterließ. Im 2. Jahrtausend erweiterte sich die zivilisierte Welt um die Ägäis. Das minoische Kreta, mit dem sowohl Palästina-Phönizien wie Ägypten Handel trieben, lernte von den Händlern der syrischen Küste schreiben, bevor diese noch das Alphabet zuende erfunden hatten (vgl. 3.2.2). Während die frühen kretischen Texte (Linear A) noch einige Rätsel aufgeben, war die Sprache, die man in der Spätbronzezeit auf Kreta und in einigen mykenischen Burgen des griechischen Festlandes schrieb (Linear B), bereits ein griechischer Dialekt. Die minoische und die mykenische Kultur kannte noch keine Städte; in ihren Burgen und Palästen, die zugleich die Wirtschaftszentren des Umlandes waren, feierten streitwagenfahrende Herren ungefähr jene Gelage und fochten zwischendurch etwa solche Kämpfe aus, wie sie später Homer oder die unter diesem Namen gehenden Dichter und Überlieferer in Verse gebracht haben.

Wie reich die Küste des östlichen Mittelmeeres im Brennpunkt dieser ostmediterranen Weltwirtschaft wurde, zeigt die nordsyrische Handelsstadt Ugarit. In wechselnder Abhängigkeit ein Vasallenstaat Ägyptens, der Mitanni, der Hetiter, trieb Ugarit mit Zypern und Kreta, der Küste Kleinasiens und den Häfen Phöniziens und Süd-Palästinas Seehandel. Die Ugariter schrieben ihre geschäftliche und diplomatische Korrespondenz, aber auch ihre Mythen und Legenden in Ton, so daß uns von diesem Ort seine Version der syrisch-kanaanäischen Mythologie erhalten ist, die dort, wo man auf Papyrus schrieb wie in Byblos, Tyros oder Sidon, bis auf klägliche Reflexe in späteren Werken verloren gegangen ist (vgl. 3.3.3; 4.2-6; RT E 25). Als internationales Handelszentrum verlangte Ugarit von seinen Schreibern besonders umfangreiche Sprachkenntnisse: außer der Gelehrten-Sprache Sumerisch und der internationalen Verkehrssprache Akkadisch mußten sie für die Korrespondenz mit Mitanni auch Hurritisch beherrschen. So wurden in Ugarit viersprachige Wörterbücher angelegt: Ugaritisch-Akkadisch-Sumerisch-Hurritisch. Vertreter der Handelspartner steuerten noch hetitische, ägyptische und cypro-minoische Texte bei. Verdeutlicht man sich das Sprachengewirr, das auf den Straßen und in den Kontoren Ugarits zu hören gewesen sein muß, man könnte glauben, man wäre in einer Großstadt unserer Tage.

2.3.4. Das Neue Reich und seine kanaanäische Provinz

Nach der Vertreibung der Hyksos (vgl. 2.3.1.) stieß das ägyptische
Neue Reich sogleich nach Palästina vor. Thutmosis III erreichte im
15. Jh. den Eufrat und machte das Land »vom Bach Ägyptens bis
zum Eufratstrom« (1 Kön 5,1; 2 Kön 24,7) zur ägyptischen Provinz.
Syrien-Palästina war zum erstenmal in seiner Geschichte politisch
geeint. Auch wenn die Oberherrschaft über den Norden auf die
Dauer gegen Mitanni und die Hetiter nicht zu halten war, auch
wenn die ägyptische Verwaltung nicht imstande sein würde, die
Erfolge der Feldzüge zu behaupten, blieb doch ein ägyptischer
Herrschaftsanspruch auf Syrien bis zur Eufratgrenze, den noch
Necho II 609-605 einzulösen versuchte. Die südlichste ihrer asiati-
schen Provinzen mit der Hauptstadt Gaza nannten die Ägypter
»Kanaan«. So wurde Kanaan aus einer unscharfen Bezeichnung für
die Städter Südsyriens-Palästinas zum Namen eines abgegrenzten
Territoriums. Die ägyptische Provinz deckte sich aber nicht mit den
Grenzen des »verheißenen Landes«, wie sie in Num 34,1-12; Ez
47,13-20 beschrieben werden: sie umfaßte im Nordosten weniger,
im Osten mehr als in der Bibel angegeben.

Für das 14. Jh. v. Chr. gewährt ein Archiv mit der diplomatischen
Korrespondenz der Pharaonen, nach seinem Fundort die »Amarna-
Briefe« (abgekürzt EA) genannt, Einblicke in die Beziehungen
Ägyptens zu Babylon und Mitanni, aber besonders in die inneren
Zustände der kanaanäischen Provinz. Auch Ägypten hat jetzt seine
Keilschriftkanzlei, auch Ägypten muß die Gleichberechtigung der
anderen Großmächte anerkennen. Die Anerkennung geht bis zu
diplomatischen Heiraten mit Mitanni (und später den Hetitern),
undenkbar im Rahmen der ägyptischen Mentalität vor der Hyksos-
Herrschaft, und in Ägypten weiter von starker Opposition
bedroht; ethnozentrischer Dünkel wächst bisweilen umgekehrt
proportional zur realen Macht, die seine Träger auszuüben vermögen. Hinter dem oft barbarischen Akkadisch der Briefe verbargen
sich kulturspezifische Konzepte, die zu den Problemen Ägyptens
mit den asiatischen Untertanen das ihre beigetragen haben (M.
Liverani). Wenn ein palästinischer Stadtkönig das akkadische Wort
sharru »König« schreiben ließ, dachte er an kanaanäisches *milk*
oder *malk* und an einen Ersten unter Gleichen wie sich selbst, der

sich mit seiner Stadtaristokratie arrangieren mußte; der Pharao dachte hingegen an einen unbeschränkten Herrscher, der mit seinen Vasallen nicht in einem Treueverhältnis auf Gegenseitigkeit, sondern wie in Ägypten als Gottkönig mit seinen Ortsvorstehern verbunden war. Die Verständigung konnte nicht funktionieren, und sie hat auch nicht funktioniert.

So wird man die Unruhen in Palästina, die die Könige Kanaans untereinander oder mit rebellischen Untertanen ausfochten, nicht als eine vorübergehende Schwäche Ägyptens der »Amarna-Zeit« (vgl. 4.7) interpretieren, sondern als eine akkurate Beschreibung des Systems und seiner Unzulänglichkeiten. In ihren Briefen stellen sich die Könige als treue Vasallen dar, ihren jeweiligen Konkurrenten als Aufrührer gegen den Pharao. Der Nachbar tat in seinen Briefen das gleiche mit umgekehrtem Vorzeichen. Die Anerkennung der ägyptischen Oberhoheit und der Rekurs an deren Polizei- und Militärapparat waren für den einzelnen Herrscher immer auch ein Mittel zur Steigerung seiner persönlichen Macht. Insofern hat sich seit dem 3. Jahrtausend wenig geändert (vgl. 1.5; 2.1.2). Die Kritik an der Bündnispolitik der Könige von Israel und Juda, wie wir sie in den Büchern Hosea (Hos 7,8f.11f; 8,8-10; 10,3-4) und Jesaja (Jes 20,1-5; 30,2-3; 31) finden, muß auch im Kontext aristokratischer Opposition gegen mögliche Bündnispartner des Kleinkönigs gelesen werden, die dessen Macht auf Kosten der »Großen« hätte steigern können (vgl. auch 2.6.2).

Die Kleinräumigkeit der Verhältnisse beleuchten die ägyptischen Truppenkontingente, die jene Stadtherrscher anforderten (und nicht erhielten: sie sollten aus ägyptischer Sicht ihre Steuern abliefern, nicht Kosten verursachen): es handelte sich um Einheiten von 10, 20, 30, im Höchstfall um 400 Mann. Als 1275 bei Kadesch Ägypter und Hetiter aufeinanderprallen, umfaßt hingegen die ägyptische Armee 4 Divisionen mit je 5000 Mann, das hetitische Heer nicht weniger. Die Bescheidenheit der Königtümer Kanaans ist auch daran abzulesen, daß die Briefe mehrerer benachbarter Absender, besonders in Südpalästina, in der gleichen Handschrift geschrieben sind. Vielleicht ist es zu hochgegriffen, jedem Stadtstaat seinen keilschriftkundigen »auswärtigen Korrespondenten« zuzuschreiben, vielleicht mußten sich mehrere Könige einen dieser seltenen und teuren Spezialisten teilen.

Die Konsequenzen der ägyptischen Herrschaft waren für den letzten Untertanen der Kleinkönige spürbar. So scheinen die Stadtherren mit ihren Untertanen u.a. Sklavenhandel getrieben zu haben:

An Milkîl, dem Herrn von Geser, folgendermaßen der König (Pharao): Diese Tafel hier habe ich dir geschickt, um zu dir zu sprechen. Den Hanya hier habe ich dir geschickt, den Oberstallmeister der Bogenschützen, mit allem Nötigen, um schöne Schenkinnen entgegenzunehmen: nämlich Silber, Gold, Gewändern, roten Steinen, Edelsteinen aller Arten, einem Ebenholz-Thron, jeglichem Schönen: in summa 160 Zehnschekel wert. (Dafür) in summa 40 Schenkinnen: das macht 40 Silberschekel als Preis für eine Schenkin. Und schicke sehr schöne Schenkinnen, in deren Herz kein Falsch ist... (EA 369,1-18).

Der Pharao feilscht mit einem seiner »Bürgermeister«, was der Text gedrechselt zu verbergen sucht. Die Struktur des Handels kennen wir bereits aus dem 3. Jahrtausend: Luxus- und Prestige-Güter (wie einen Thron) gegen Rohstoffe, hier menschliche Ware. Dazu kam Fronarbeit auf ägyptischen Staats- und Tempel-Domänen in Palästina und Einquartierungen durchziehender ägyptischer Truppen:

Und bereite dich auf die Ankunft der königlichen Bogenschützen vor: bereite viel Essen, viel Wein, von jeglichem viel (EA 367,15-17).

Kein Wunder, daß den Stadtkönigen eine der Zeit spezifische Form des Aufruhrs zu schaffen machte: der Rückzug der Bevölkerung aus diesem sie ausbeutenden System. Wer seinem Fronhof den Rücken kehrte, wurde zum Gesetzeslosen. Er konnte sich in Banden organisieren, die vom Raub lebten oder auch ihre Dienste einem der ständig Krieg führenden Könige verkauften (wie David in 1 Sam 25-27, vgl. NSK-AT 7, 105-122). Schlimmstenfalls konnten die »Gesetzeslosen« sich selbst in die Sklaverei verkaufen, wenn sie nicht bei organisierten Sklavenjagden eingefangen und nach Ägypten geschickt wurden. Die Bezeichnung für solche dropouts war 'apirû. Natürlich konnten sie auch im Bergland, außerhalb des Machtbereichs der Könige und außerhalb des Horizonts ihrer Berichte, siedeln und eine Subsistenzwirtschaft aufbauen. Es war keine »Revolte«, was sich abspielte, obwohl sie von den Vertretern des Systems als solche verstanden und bezeichnet wurde: man denunzierte den Nachbarn als Rebellen, indem man von ihm behauptete, er habe sich den *'apirû* angeschlossen. Es war ein individueller Protest, der mehr am eigenen Überleben als an Idealen von Freiheit, Gleichheit und Brüderlichkeit interessiert war. Aus *'apiru* wurde hebräisch *'ibrî*, »Hebräer«, die Bedeutungsentwicklung deutet an, woher die Vorfahren Israels wirklich kamen. Die unfreiwillige Geburtshilfe Ägyptens bei der Entstehung Israels (vgl. Hos 11,1) ist aber eine eigene Betrachtung wert.

2.3.5. Ägypten, Israel und der Exodus

In der ersten Hälfte des 2. Jahrtausends (der Mittelbronze-Zeit) koexistierte mit den Städten in den Ebenen eine Dorfkultur im Bergland Palästinas. Die mit dem erneuten ägyptischen Vorstoß beginnende Spätbronzezeit setzt in den Städten die Kultur der Mittelbronzezeit kontinuierlich fort. Aber es kommt zu einem Kulturbruch in den Bergen: die Dörfer verschwinden und machen Lokalnomaden Platz, kleinräumig operierenden Sippen von zeltbewohnenden Bauern und Viehzüchtern ohne sippenübergreifende Stammesverbände. Die ägyptischen Texte nennen sie *Shasu* (vgl. 1.8). Eine »Nomadisierung« der gesamten Dorfbevölkerung ist ausgeschlossen, da mit dem Übergang von intensiver Dorfwirtschaft zu extensiver Subsistenzwirtschaft die Bevölkerungsdichte sinken mußte. Vielmehr werden die städtischen Zentren und ihr unmittelbares Umland die Bevölkerung der entfernteren Satelliten aufgesogen haben. Die von den Stadtstaaten kaum zu kontrollierenden Bergländer wurden sich selbst und damit Gruppen eines geringeren sozialen und politischen Organisationgrades überlassen, unter denen sich auch »Modernisierungsverweigerer« aus den ehemaligen Dörfern befunden haben werden. Zugleich bot sich das nunmehr »extraterritoriale« Bergland als Zuflucht für Wirtschafts- und andere Flüchtlinge (*'apirû*) an.

Im 13. Jh. v. Chr. intensivierte Ägypten seinen Zugriff auf Palästina noch einmal. Der Begründer der 19. Dynastie, Sethos I, bekämpfte in der Umgebung von Bet-Schean u.a. eine Shasu-Sippe namens Raham, die eine Aktionsgemeinschaft mit den »*'apirû* des Berges Yarmut« eingegangen zu sein scheint (TGI 12B). Wenn die Rahamiter einen Ahnherren kannten oder gar verehrten, hätte er Abraham geheißen. Sethos' Sohn Ramses II baute im Ostdelta, also nahe zur kanaanäischen Provinz, eine neue Residenz, die Ramses-stadt, deren Monumentalität und deren wiederverwendete Bauteile die Phantasie der Gelehrten Ägyptens und Palästinas auch noch im 1. Jahrtausend v. Chr. beschäftigte. Beim Bau der neuen Residenz wurden u.a. 'apirû eingesetzt (TGI 12D). Da nach Ex 1,11 die Vorfahren Israels in Ägypten beim Bau dieser Stadt beschäftigt gewesen sein sollen, hält man oft Ramses II für den Pharao des Exodus. Diese Annahme findet eine scheinbare Bestätigung im Sachverhalt, daß sein Nachfolger Merenptah 1208 in Palästina, und zwar in jenem Bergland, das wir aus der Bibel unter dem Namen Efraïm kennen, einen Stamm Israel besiegt haben will.

Die Fürsten sind niedergeworfen und sagen: Schalom!
Keiner erhebt mehr seinen Kopf unter den Neun Bogen.
Libyen ist zugrunde gegangen, Hatti ist friedlich,
Kanaan ist mit allem Schlechten erobert:
Askalon ist fortgeführt, und Geser gepackt; Jenoam ist zunichte gemacht,
Israel liegt brach und hat keinen Samen.
Hurru ist zur Witwe geworden für Ägypten ... (TGI 15).

Dieser Harmonisierung der ägyptischen Dokumente mit der biblischen Tradition stehen aber große Bedenken entgegen. Im Namen der Ramses-Stadt erscheint ägyptisches s als hebräisches s, im Namen des Mose, der zweifellos ägyptischer Herkunft ist, wird aber ägyptisches s zu hebräischem sh. Sprachgeschichtlich betrachtet, erscheint »Ramses« im AT in einer Form, die bei Entlehnung im 1. Jahrtausend als regelmäßig anzusehen ist, der Name Mose aber in einer Gestalt, die bereits im 2. Jahrtausend v. Chr. in die kanaanäische Tradition eingegangen sein muß: ein starkes Argument für die Geschichtlichkeit der Verbindung von Israel, Exodus und Ägypten. Aber die gleiche, wahrscheinlich recht kleine Exodusgruppe kann unmöglich zwei Namensformen verschiedenen Alters, Mose und Ramses, mit ihren Erinnerungen nach Palästina gebracht haben. Mit anderen Worten: wenn man mit guten Gründen an der Zusammengehörigkeit von Mose und Exodus festhält, trägt Ex 1,11 für die Frage nach dem Pharao des Auszugs nichts bei, es handelt sich um eine gelehrte Spekulation hebräischer Historiographen des 1. Jahrtausends v. Chr.

Auch Merenptahs Israel läßt sich kaum mit dem biblischen Israel, dessen Gott Jahwe war, verbinden. Es fehlt nicht an Hinweisen, daß es einmal ein Israel gegeben hat, dessen Gott nicht Jahwe, sondern El geheißen hatte (besonders Gen 33,20). Nimmt man seine Inschrift beim Wort, hat Merenptah Israel 1208 vernichtet. Dazu paßt, daß sich im 12. Jh. v. Chr. im Territorium jenes ersten Israel der Stamm Efraïm bildete, der seinen Namen wiederum von der Landschaft ableitete, in der er entstand. Den Pharao Merenptah kennt das AT und erkennt ihn doch nicht. In seinem Versuch, auch das »wilde« Bergland seiner Kontrolle zu unterstellen, legte er auf dem Kamm des Gebirges eine mit Militärstationen gesicherte Straße an, die »Brunnenstraße Merenptahs«. Jos 15,9 und 18,15 erwähnen einen Ort »Quelle der Wasser von Neftoach«, dessen Name, dem AT unbewußt, auf eine »Quelle Merenptahs« zurückgeht, eine Station jener Straße also.

Merenptahs Siegeslied kann aber erklären, wie Israel nach Ägypten kam – nämlich als eine Gruppe von Kriegsgefangenen. Die gegenteilige Auffassung, die Israels Vorfahren als Nomaden auf der Flucht vor einer Versorgungskrise nach Ägypten gelangen läßt, scheitert daran, daß die Ägypter solche Gruppen zwar durchaus aufnahmen und durchfütterten, aber kaum bestrebt waren, schlecht qualifizierte Bauarbeiter aus ihnen zu machen. Ägypten gewährte politisches Asyl, auch Wirtschaftsflüchtlingen, hatte dabei aber seine eigenen Interessen im Auge (vgl. 1 Kön 11,14-22.26-40). Belegt ist, daß unter Merenptah eine Gruppe von *Shasu* aus dem Land Edom in Ägypten Zuflucht suchte und fand (TGI 16). Die Trockenheit, die sie auf Wanderung geschickt hatte, war wohl ebenjene, die damals globales Ausmaß ereichte (vgl. 2.4). Aber in unmittelbarer Nachbarschaft Edoms hatte Ägypten Bergbauinteressen. Die Kupferminen im südlichen *Wadi 'Arabah*, in Timna, wurden im 13. und frühen 12. Jh. v. Chr. ausgebeutet wie früher die Minen im Sinai. Ägyptische Expeditionen versicherten sich der Mitarbeit lokaler Experten und führten »präventive Strafexpeditionen« gegen potentiell feindliche *Shasu*-Gruppen durch: Zuckerbrot und Peitsche. So konnten edomitische *Shasu* einen spezifischen Grund haben, sich nach Ägypten zu wenden, und Ägypten ein Interesse daran, ihnen zeitlich befristet Zuflucht zu gewähren.

In den Wirren, die um 1190 v. Chr. die Regierung der 19. Dynastie nach dem Tod des letzten, kinderlosen Pharao beendeten, scheint ein Wesir asiatischer Herkunft, gestützt auf das in Ägypten zahlreiche Kontingent asiatischer, überwiegend palästinischer Söldner, Gastarbeiter und Sklaven nach der Herrschaft gegriffen zu haben – eine Neuauflage der Hyksos-Konstellation. Diesen Versuch erstickte aber der Begründer der 20. Dynastie, Sethnacht, im Keim; er vertrieb die Asiaten aus Ägypten (1186/85 v.Chr.; vgl. Ex 12,33). Wer einem dokumentierten Ereignis als Ursprung der Exodus-Tradition vor undokumentierten Rückschlüssen aus späteren Texten den Vorzug gibt, findet ihn hier (M. Görg).

Der Gott Jahwe war im 14. Jh. v. Chr. bei den Zeltbewohnern östlich des *Wadi 'Arabah* beheimatet, was wir wiederum einer ägyptischen Ortsnamenliste entnehmen können. Das erste Israel, das Merenptah 1208 v. Chr. vernichtet hat, kannte Jahwe wohl noch nicht. Aber jene Israeliten, die nach 1185 den Weg zurück fanden, müssen ihn kennengelernt, ihm sogar ihre Rettung zugeschrieben haben. Seitdem war Jahwe der Gott Israels, Israel das Volk Jahwes.

2.4. Von der Bronze- zur Eisenzeit: ein nicht ganz dunkles Zeitalter

Um 1200 brach das internationale Staaten- und Wirtschaftssystem zusammen, nicht zum erstenmal (vgl. 2.2.), nicht unvermittelt und nicht ohne, wie schon 1000 Jahre zuvor, in einigen Nischen zu überleben (Assyrien, Ägypten, Phönizien) und einen neuen Anlauf zu nehmen. In diesem »dunklen Zeitalter«, in dem sich die Stämme Israels formieren sollten, aber auch die Stämme der Hellenen, die das mykenische Griechenland beerbten, ziehen sich die Annalen führenden Staaten (Ägypten, Assyrien) auf sich selbst zurück oder gehen unter (das Hetiterreich, Ugarit). Mit dem Untergang der mykenischen Herrenhöfe und ihrer Kanzleien verschwindet die Kunst des Schreibens für 400 Jahre aus Griechenland, man wird, wenn das Bedürfnis wieder besteht, eine verbesserte Form der Schrift von Phöniziern oder Aramäern lernen und weiterverbessern (vgl. 3.2.2). Dunkel ist dieses Zeitalter für jene, die nur schriftlichen Quellen trauen. Diese sind spärlich oder bestehen aus literarischen Gestaltungen späterer Jahrhunderte (wie Homer oder das AT). Es ist das Sagen- und Heldenzeitalter der klassischen Antike: der trojanische Krieg und der Exodus, oder was beiden historisch zugrundelag, fallen in die erste Hälfte des 12.s Jh. v. Chr., Achill und Odysseus, Mose und Josua sind Zeitgenossen. Das gilt auch von ihrer literarischen Gestaltung, die in beiden Fällen im 8./7. Jh. v. Chr. einsetzt. Wer freilich archäologische Befunde zu lesen vermag, sieht im Dunkel dieser Zeit doch einiges Licht.

2.4.1. Ägypten und die Philister

Um 1200 verschob sich wieder, wie schon um 2300 v. Chr., kurzfristig das Klima im Mittelmeerraum. Die Folge waren außergewöhnliche Trockenheit in einigen Gebieten, überdurchschnittliche Feuchtigkeit in anderen. Anatolien und die Ägäis litten sehr, aber im Negev konnten im 12. Jh. v. Chr. Rinder grasen. Wieder wurde die Instabilität des Staaten- und Wirtschaftssystems bloßgelegt, wieder kam es zu Katastrophen. Das Hetiterreich brach zusammen. Ägypten schickte Schiffe mit Getreide – der erste bekannte Fall von internationaler Katastrophenhilfe. Am völligen Zusammenbruch des jahrhundertelangen Gegenspielers war man nicht interessiert, aber er trat ein.

Als Agenten der Katastrophe gelten weithin die »Seevölker«, ägäische Gruppen, die zu Wasser und zu Lande die Küsten des Mittelmeeres heimsuchten. Zu diesen »Seevölkern« gehörten die Danuna (Homers Danäer?), die Lykier (1 Makk 15,23; Apg 27,5), die Sikuler (ägyptisch/ugaritisch s[h]ikila[sh]), die Sardanen (beider Namen in Inseln des westlichen Mittelmeeres bis heute erhalten), die Tirasiter/Tyrrhener (Gen 10,2), die Tjeker (Teukrer?) und die Philister. Aber Völkerwanderungen verursachen nicht den Zusammenbruch großer Reiche, sie nutzen ihn aus. Briefe aus den letzten Tagen Ugarits liefern Einzelheiten: die Flotte Ugarits war mit der hetitischen Flotte nach Zypern gesegelt, den Feind dort zu erwarten. Die Stadt war schutzlos 8 Piraten-Schiffen ausgeliefert, die in ihrer Nähe landeten: keine großen Zahlen, keine Menschenmassen, gewiß kein »Seevölkersturm«. Ugarit wurde von seinen Bewohnern aufgegeben. Die strukturalen Gründe der Katastrophe sind daran ablesbar, daß die Stadt nach der Plünderung nicht wieder aufgebaut wurde, was in Zeiten der Hochkunjunktur ein Leichtes gewesen wäre. Unter der Disintegration des Staaten- und Wirtschaftssystems litten am meisten seine Exponenten und Hauptnutznießer, die Städte (vgl. 1.8; 2.2; 2.3.2).

Die Invasion der »Seevölker« ist insofern eine Konsequenz der Entstehung des ersten mediterranen Wirtschaftssystems, als diese Völker dadurch erst mit dem Zentrum der Zivilisation in Kontakt gekommen waren. Das Pendel schwang zurück: wer im zusammenbrechenden Seehandel keine Beschäftigung mehr fand, wurde Pirat, wer nicht mehr handeln wollte oder konnte, wurde geplündert, der Reichtum des zivilisatorischen Zentrums, gewiß noch übertrieben und ausgemalt durch die Eigenheiten antiker Kommunikationskanäle (vgl. 2.6.3), lockte Bevölkerungen vom unterentwickelten Rand an, die ihrerseits durch ökologische oder politische Katastrophen entwurzelt worden waren. Als die Seevölker in Palästina ankamen, hatten sich den Schiffen zu Lande *displaced persons* aus dem nordsyrischen und anatolischen Bereich mit ihren Ochsenwagen angeschlossen.

In einer doppelten Land- und Seeschlacht (oder in zwei Schlachten?) stoppte Ramses III, der letzte große Pharao des Neuen Reiches, 1175 v. Chr. die Seevölker im ägyptischen Delta und/oder in Südpalästina. Ob der Pharao siegte (wie er es darstellt) oder gerade noch einmal davon kam, ob die Philister als unterworfene Militärkolonen im Kernbereich ägyptischer Herrschaft über Palästina, d.i. in den südlichen Küstenstädten, angesiedelt wurden oder ob damit ägyptischerseits nur abgesegnet und anerkannt wurde, was nicht zu verhindern war, ist umstritten. Die Philister übernahmen jedenfalls Gaza, Aschdod, Aschkelon, Ekron und Gat, wo sie eine neue Oberschicht bildeten. Nicht nur in Phönizien, in Sidon, Tyrus und Byblos, sondern auch in Philistäa überlebte bronzezeitliche Urbanität in die Eisenzeit hinein. Von der Sprache der Philister ist so gut wie nichts erhalten: als Minderheit haben sie sich bald der kanaanäischen Sprache ihrer neuen Untertanen bedient. Ihre angestammten Personennamen überlebten etwas länger; Achisch heißt ein König von Gat, der David in seine Dienste nahm (1 Sam 27,1-7), im 7. Jh. v. Chr. noch ein König von Ekron. Mit diesen Namen hat man »Anchises« verglichen, den Namen des Vaters des Aenaeas, und mit »Goliat« den Namen Alyattes. Die große Mehrzahl der Philister-Könige, die im 8. und 7. Jh. den Assyrern bekannt waren, trägt aber schon semitische Namen wie jener Abimelech, mit dem Abraham (Gen 20) und Isaak (Gen 26) in Verwicklungen geraten. Um ein philistäisches Wort scheint es sich bei der hebräischen Bezeichnung für die Herrscher der fünf Philister-Städte zu handeln: *serânîm*, womit sich vorgriechisches *tyrannos* »Alleinherrscher, Häuptling« vergleichen läßt. Westmediterran ist wohl auch der Name Sisera (Ri 5,20.26.28).

Blieben die Philister auch eine Minderheit im eigenen Herrschaftsbereich, sind sie doch mittelbar Ursache jenes Namens, der dem Heiligen Land in der humanistischen Tradition geblieben ist: Palästina. Für die Griechen, die die Welt des Mittelmeeres bekanntlich vom Schiff aus betrachteten, war Syrien südlich von Phönizien »das philistäische«, griechisch »das palaistinische Syrien« (Her. III 5,91 u.ö.). Als die Römer nach der Niederwerfung des letzten jüdischen Aufstandes 135 n. Chr. einen ethnisch neutralen Namen für die vormalige Provinz Judäa suchten, griffen sie auf die Nomenklatur der griechischen Geographie zurück und errichteten *Syria Palaestina*. Was die wissenschaftliche Tradition seitdem beiderseits des Jordan »Palästina« nennt, deckt sich in seinem Umfang mit keinem Staat und keiner Provinz, die oder der innerhalb dieses Gebietes jemals existiert hat: ein Grund, diesen geographischen Begriff nicht leichtfertig aufzugeben.

Das AT spielt zweimal an eine Erinnerung an, wonach Israel und die Philister etwa zur gleichen Zeit in Palästina erschienen sind: Ex 13,17 (vgl. oben 2.3.5 zur Chronologie des Exodus) und Am 9,7. An den Zustand internationaler Rezession, Stagnation und allgemeiner Verarmung, wie er mit der Eisen-I-Zeit eintrat, erinnert vielleicht Ri 5,6-7.

Der Zusammenbruch des internationalen Handels, der Vorderasien kurzzeitig von Zypern, seinem Hauptlieferanten für Kupfer, abschnitt, hatte für die Entstehung der israelitischen Tradition wohl eine weitere Konsequenz: die reichen, aber schon damals schwer zugänglichen Kupferminen des *Wadi 'Arabah* beherrschten für kurze Zeit den palästinischen Markt. Schon im 13. Jh. v. Chr. setzten ägyptische Expeditionen nach Timna ein, die bald Metallurgen aus dem nordwestlichen Arabien (Midian) und aus dem Negev (wie die Keniter) involvierten, Stämme, die nach dem Abzug der Ägypter nicht in Timna, sondern in *Feinân*/Punon (Num 33,42f) unterhalb des edomitischen Plateaus den Kupferabbau in eigener Regie betrieben. Die wirtschaftliche Bedeutung, die Midian damals kurzfristig für Palästina erlangte, mag dazu beigetragen haben, daß

Midian durch die Flucht und Heirat des Mose (Ex 2,15 - 4,20) mit den Traditionen vom Ursprung Israels unauflösbar verhaftet ist. Freilich verrät die Art, wie die Midianiter im AT dann ausgemalt werden, keine Kenntnis mehr des Landes Midian, wie es im 13./12. Jh. v. Chr. existierte, sondern ist von judäischen Erfahrungen mit Arabern späterer Zeit und anderer Art geprägt.

Nach 1150 v. Chr. war Ägypten nicht mehr imstande, seinen Herrschaftsanspruch in Palästina durchzusetzen. Das Land blieb sich selbst überlassen – nicht nur in den Bergen, sondern auch in den Städten. Eine Stadt, Bet-Schean, hat diesen Wechsel freilich nicht zur Kenntnis genommen: man blieb eine Kleinstadt der Spätbronzezeit, setzte die ägyptisierende Kultur des 13. Jh.s v. Chr. fort – bis der Ort im 10./9. Jh. v. Chr. israelitisch wurde. Man hat in Bet-Schean sozusagen die Eisen-I-Zeit verschlafen, ermöglicht von der extremen Kleinräumigkeit Palästinas: hinter jedem Berg liegt potentiell eine andere Welt.

Während sich die Philister an der südlichen Küste einrichteten und fürs erste recht still verhielten, während sich Ägypten aus einer Provinz, in der für den imperialen Staat nichts mehr zu holen war, zurückzog, bildeten sich im Bergland aus den *'apirû*, den Abwanderern aus den Ebenen, und den bereits anwesenden *Shasu* die Stämme Israels. Der Prozeß ist hier im einzelnen nicht näher zu verfolgen; er hat sich bis ins 10. Jh. v. Chr. erstreckt. An seinem Ende waren einige Stämme der Frühzeit, wie Simeon und Ruben, schon wieder verschwunden. Die Theorie, die jene frühen Israeliten aus der Wüste einwandern läßt, kann kaum erklären, warum die Sprache jener Stämme ganz in der Kontinuität des Kanaanäischen der späten Bronzezeit steht wie auch ihre materielle Kultur, Hausbau und Keramikproduktion. Man hätte noch schnell von den Vorbewohnern die Sprache gelernt, bevor man sie ausrottete? Die Einwanderungstheorie kann auch nicht erklären, warum der starken Bevölkerungszunahme in den Bergen, die deren landwirtschaftliche Kolonisation ebenso ermöglichte wie erforderte, ein gleich starker Bevölkerungsrückgang in den Ebenen korrespondiert. Muß man die Städter allesamt aussterben lassen, nur um die Herkunft der Bergbauern nicht erklären zu können? Eine andere Theorie, wonach die Israeliten ausschließlich aus der lokalnomadischen *Shasu*-Bevölkerung hervorgegangen sein sollen, scheitert an der

Arithmetik: da eine dichter siedelnde und wirtschaftende Bevölkerung weniger Land beansprucht, bliebe die Erfassung des ganzen Berglandes durch den Siedlungsprozeß unerklärlich.

Mit der Bevölkerung im Bergland wuchs deren soziale Komplexität und wirtschaftliches Potential. Es kam zu Häuptlings-Herrschaften (Gideon in Ri 6 - 8) und deren Erweiterungen zu Klein- und Stammes-Staaten (Abimelech in Ri 9, aber auch David in Hebron, 2 Sam 2,1-11). Gegen Anfang des 10. Jh. v. Chr. war im Bergland eine Kultur entstanden, die Eroberungsgelüste der – jetzt philistäischen – Städte herausfordern konnte (Ri 5,19.30). Aber damit sind wir schon in der Zeit nach Sauls Tod (vgl. Exkurs 3), des ersten »Königs von Israel«, der sich besonders als Bekämpfer der Philister profilierte, ohne daß sich sagen läßt, wer damals wen provozierte.

Monokausale Erklärungen greifen in der Geschichte immer zu kurz. Nicht nur bei der Entstehung Israels, sondern auch zur Erhellung seines weiteren Ergehens scheint es, als könne man gar nicht genug Faktoren berücksichtigen. So bleibt im Augenblick einer weiteren Beziehung nachzugehen. »Mein Vater war ein umherirrender (oder: zum Untergang verurteilter; EÜ: heimatloser) Aramäer«, soll nach Dtn 26,5 jeder Israelit bei der Opferung der Erstlingsfrüchte bekennen. Gab es also doch eine »aramäische Wanderung«, an der Israel oder eine Gruppe der Vorfahren Israels Teil hatte?

2.4.2. Tiglat-Pileser I und die Aramäer

Eine »aramäische Wanderung« gab es nur als Binnenwanderung innerhalb des Stadt- und Staatensystems, vergleichbar jener palästinischen Binnenwanderung, die Israels Vorfahren aus den Ebenen in die Berge brachte, oder der »amoritischen« Wanderung um 2000 v.Chr. (vgl. 2.2; 2.3.2). Die Aramäer kamen wohl aus dem Gebirge nördlich der syrisch-mesopotamischen Ebene, der heutigen Südosttürkei. »Kir« (das heißt »Mauer«) nennt Am 9,7 die Heimat der Aramäer; die Bezeichnung trifft den Anblick jener Berge von Süden. Daß bis um 500 v. Chr. der gesamte Vordere Orient von Südbabylonien bis Palästina und weiter bis zu den syrisch-palästinischen Militärkolonien in Ägypten Aramäisch sprechen sollte, hat mit dem neuassyrischen Reich und seiner Bevölkerungspolitik viel, mit den Aramäern des ausgehenden 2. Jahrtausends v. Chr. aber so gut wie nichts zu tun. Wir wissen nicht einmal mit Sicherheit, ob die frühen Aramäer schon Aramäisch sprachen. Diese Sprache ist zur Zeit ihrer ersten schriftlichen Zeugnisse aus dem 10.-8. Jh. v. Chr. noch durchaus im Werden; von den frühen Aramäern kennen wir nur Stammes- und Personennamen, die weiter nichts als gemeinwestsemitisch sind (vgl. 3.1.2). Der Vordere Orient wird sich im nächsten halben Jahrtausend sprachlich aramaisieren, aber dieser Prozeß umfaßte mehr Faktoren als das Vordringen der »Ur-Aramäer« aus ihren Bergen in die Ebene.

Dieses Vordringen ist freilich feststellbar. Wie bei den ᵓapirû Kanaans läßt sich auch im Norden eine Fluchtbewegung aus den Städten und ihrem Machtbereich in die Berge und in die Steppen feststellen, die noch das ganze 11. Jh. v. Chr. anhält. Auch die Berge im Norden produzierten, einmal besiedelt, einen kontinuierlichen Bevölkerungsüberschuß, der in die Ebenen, die Städte abwandern mußte. Die Aramäer erscheinen zuerst in den Inschriften Tiglat-Pilesers I (1114-1076). Hatten sich frühere Herrscher des mittelassyrischen Reiches (vgl. 2.3.2) an der »Steppengrenze«, d.h. der Grenze zwischen dem städtisch kontrollierten und dem nicht-urbanen Bereich Mesopotamiens, mit *Ahlamu* auseinanderzusetzen, so werden diese *Ahlamu* jetzt als »aramäische Ahlamu« spezifiziert. *Ahlamu* ist ein westsemitisches Kollektiv, es bedeutet »Jungvolk« und deutet möglicherweise an, daß Banden von jungen Männern Träger der Bewegung waren, die in der Stammesgesellschaft sich durch Militanz qualifizieren mußten, bis sie der älteren Generation in deren Besitz nachfolgen konnten. Daß »Aramäer« hingegen von Anfang an ein Stammes-, Orts- oder Landschaftsname war, ist nicht zu bezweifeln. Zweifelhaft bleibt jedoch, ob alle Aramäer-Gruppen, die Tiglat-Pileser I bekämpft hat, aus den Bergen des Nordens stammten – oder ob der Assyrerkönig nicht *einen* Stammesnamen auf andere Stämme ähnlichen Organsationsgrades und ähnlicher Kampfesweise, aber unterschiedlicher Herkunft ausgeweitet hat? In dem Maße, wie die Aramäer sich der Assyrer auf Dauer erfolgreich erwehren konnten, ist auch damit zu rechnen, daß weitere Stämme sich entweder aramäischen Gruppen anschlossen oder anfingen, sich ebenfalls als »Aramäer« zu bezeichnen und so zu verstehen. Ethnizität ist immer eine politische Stellungnahme, eine Abgrenzung gegen A und ein Anschluß an B (vgl. Exkurs 3).

Mit der Hilfe des Gottes Assur, meines Herren, nahm ich meine Wagen und Krieger und brach in die Steppe auf. Ich zog gegen die *Ahlamu*-Aramäer, Feinde des Gottes Assur, meines Herren. Ich plünderte (das Gebiet) vom Rand des Landes Sûhu [am mittleren Eufrat, das Schuach von Gen 25,2] bis zur Stadt Karkemisch in Hatti-Land [Syrien] innerhalb eines Tages. Ich massakrierte sie ... Ich eroberte sechs ihrer Siedlungen am Fuß des *Djabal Bishri*, verbrannte, zerstörte, vernichtete sie, brachte ihre Beute, ihre Besitztümer, ihre Götter in meine Stadt Assur.
Ich überschritt den Eufrat 28 mal, in einem Jahr zweimal, auf der Verfolgung der *Ahlamu*-Aramäer nach Hatti-Land. Ich bewirkte ihre Niederlage vom Fuß des Libanons über die Städte Tadmar [Palmyra] des Amurru-Landes (und) Anat des Landes Sûhu bis nach Rapiqu in Karduniash [Babylonien]. (Nach *A.K. Grayson*, Assyrian Royal Inscriptions II [Wiesbaden 1976], Parr. 34, 83 und 97).

Nach jedem »Sieg« über die Stämme werden die Zusammenstöße häufiger, erstrecken sie sich über ein größeres Gebiet. Der Sohn und zweite Nachfolger Tiglat-Pilesers I, Assur-Bel-Kala (1073-1056), redet von nichts anderem mehr (außer, er schreibt es bei seinem größeren Vorgänger ab) als von Konflikten mit den Aramäern. Dann setzen die assyrischen Königsinschriften aus. Als sie mit Assur-Dan II (934-912) wieder einsetzen, muß dieser das unmittelbare Umland von Assur erst wiederbesiedeln:

Ich brachte die erschöpften Leute von Assyrien zurück, die ihre Städte und Häuser vor Not, Hunger und Versorgungskrisen verlassen hatten und in andere Länder gezogen waren... Ich ließ Pflüge bespannen in den verschiedenen Bezirken meines Landes und häufte mehr Korn auf als je zuvor. (*Grayson* Par. 368).

Zwischen Tiglat-Pileser I und Assur-Dan II verschwand auch das mittelassyrische Reich. Im 10. und 9. Jh. v. Chr. hatten aramäische Dynastien die Herrschaft in Arpad, Hamat und anderen großen Städten Innersyriens, schließlich auch über Damaskus (1 Kön 11,23-25) erlangt, wie 1000 Jahre zuvor amoritische Häuptlings-Familien in Assur, Mari und Babylon die Macht übernommen hatten (vgl. 2.3.2). Doch am Anfang des 11. Jh.s v. Chr., während sich das Hetiterreich in einzelne Stämme und Kleinstaaten auflöste, während sich Ägypten auf sich selbst zurückzog und die Auseinandersetzung mit den neuen Stämmen den philistäischen Vasallen überließ (die bald vergessen mochten, daß sie Vasallen waren), erreichte das mittelassyrische Reich seine größte Ausdehnung, um dann um so schneller mit hundertjähriger Verspätung am allgemeinen Verfall des bronzezeitlichen Staatensystems teilzuhaben. Tiglat-Pileser zog, wie der sagenhafte Reichsgründer Sargon (vgl. 2.1.2) in den Libanon, um Zedern zu schlagen, erhielt von den phönizischen Städten Byblos, Sidon und Arwad Tribut und ließ sich von den Arwaditern ein Stück an der Küste entlang fahren, wobei eine Robbe seine Aufmerksamkeit so fesselte, daß er sie mehrmals in seinen Inschriften erwähnt. Tiglat-Pileser eroberte Babylon und führte mit einem gewissen Recht den imperialen Titel »König der Gesamtheit, König der vier Weltgegenden«, den der Begründer des altassyrischen Reiches im 18. Jh.v.Chr., Shamshi-Adad, usurpiert und den seine Nachfolger oft ohne Berechtigung tradiert hatten. Aber die Krise deutet sich darin an, daß Tiglat-Pileser I der erste assyrische König ist, der es nötig hat, nicht nur seine Siege und Baumaßnahmen, sondern auch wirtschaftspolitische Erfolge in den Inschriften zu erwähnen. Der Großkönig siegte immer, jedenfalls in den Annalen seiner Historiographen. Wo und gegen wen er es aber nötig hat, zu siegen, zeigt die Probleme seiner Zeit auf.

Anders als Ägypten, erlaubte Assur seine geographische Lage keinen Rückzug vor den Stämmen, die es bedrohten. Trotz militärischer Erfolge von Babylonien bis zum Libanon konnte Assyrien die Auseinandersetzung mit einem imgrunde unschlagbaren Feind weder lange durchhalten noch gewinnen, konnte die letzten Schätze der Spätbronzezeit aus der Nachbarschaft wohl plündern, aber ohne Handelspartner keine neuen schaffen. Der Imperialismus des 3. und 2. Jahrtausends, ein Imperialismus des Herrschaftsanspruches und der Machtdemonstration, war am Ende. Anders als das Hetiterreich ging Assur freilich nicht unter: die Stadt und ihre Traditionen überlebten – und fanden dann seit dem 9. Jh.v.Chr. zum Herrschaftsanspruch auch neue politische Mittel, Herrschaft durchzusetzen (vgl. 2.6). Im 11. Jh. jedoch kam erst einmal das Ende – die weltwirtschaftliche Lage finanzierte einstweilen keine Imperien.

Aber soll nicht gerade in dieser Depression das »Großreich« Davids und Salomos geblüht haben? Man wird an dieser Vorstellung Abstriche machen müssen. Mit einer Hauptstadt, die wie Jerusalem im 10. Jh. v. Chr. nicht ganz 4 ha bedeckte, verwaltet und beherrscht man kein Imperium, das von Mittel- oder gar Nordsyrien bis an das Rote Meer reicht. Das Uruk am Anfang des 3. Jahrtausends, die Stadt des legendarischen Königs Gilgamesch, umfaßte bereits 400 ha. Das heißt nicht, daß der judäische Häuptling David die Kriege und Siege nicht erkämpft oder die Loyalität anderer Häuptlinge und Stämme nicht gesammelt haben kann, mit denen ihn die Überlieferung in Verbindung bringt. Feststellbar ist jedoch, daß es von einem Staat, gar einem »Reich«, das von Hamat im Norden bis zum Golf von Aqabah gereicht hätte, im 10. Jh. v. Chr. schlechterdings keine Spuren gibt (und was überhaupt archäologische Spuren, aber auch Reflexe in den Texten benachbarter Schriftkulturen hinterläßt, sind in erster Linie die Imperien). Es geht nicht darum, die historische Realität Davids zu verneinen, sondern darum, ihre Annahme zu ermöglichen, wenn Davids Herrschaft eher nach dem Modell eines Zhâhir al-'Umar vorgestellt wird, der im 18. Jh. n. Chr. sukzessive eine Reihe osmanischer Verwaltungsbezirke in Palästina unter seine persönliche Herrschaft brachte, bis er von seiner Hauptstadt Tiberias aus tatsächlich von »Dan bis Beerscheba« herrschte, als nach dem Modell eines Herodes oder gar eines Saladin.

Die biblischen Autoren, die das Reich Salomos schildern (1 Kön 1 - 11), haben einen entwickelten Staat nach dem Muster des Assyrerreiches im 7. Jh. v.Chr. vor Augen. Ihnen ist aus dem Anachronismus, ihre Nachrichten aus dem 10. Jh. innerhalb der Vorstellungswelt des 7. oder 6. Jh.s zu interpretieren, kein Vorwurf zu machen – sowenig wie Altdorfer für seine »Alexanderschlacht«, die hinsichtlich des antiquarischen Details hinter der Darstellung aus Pompeji (vgl. 2.3.1) zurücksteht. Der Vorwurf trifft aber jene modernen Historiker, die den Anachronismus nicht bemerken. Das 10. Jh. v. Chr. war in Syrien und Palästina immer noch eine arme Zeit, eine ärmere als Assyrien sie im 11. Jh. erlebte; zwar ging es wirtschaftlich wieder bergauf, aber langsam und vorerst auf recht niedrigem Niveau. Man kann die feststellbare Armut der (ausgegrabenen) Landstädte in diesem Fall nicht mit dem Luxus der (zu wesentlichen Teilen nicht ausgrabbaren) Hauptstadt erklären. Bevor Paris den Reichtum Frankreichs abschöpfen konnte, mußte dieser Reichtum erst erarbeitet werden. Im 10. Jh. v. Chr. war in Palästina noch nichts abzuschöpfen.

Wenn man unter der »aramäischen Wanderung« inskünftig die Umschichtung von Bevölkerung und Macht von den Städten zu den Stämmen verstehen will, die um 1200 den Vorderen Orient umgestaltet hat, dann mag man weiterhin von einer solchen Wanderung reden und davon, daß die Anfänge Israels im gleichen Prozeß verwurzelt sind. Versteht man darunter aber das Hervorbrechen einer neuen Ethnie – oder gar Kultur – aus der Wüste, ist festzustellen, daß es eine solche Wanderung nicht gab und daß die kanaanäischen Träger der Staaten Israel, Juda, Ammon, Moab und Edom nicht das geringste mit »Aramäern« zu tun hatten.

Die Verwandtschaft, die das biblische Israel mit den Aramäern behauptet und mit den Israel real verwandten Kanaanäern bestreitet, mag auf der Erinnerung an die eigene Stammes- und Staatenbildung zur gleichen Zeit in einem ähnlichen, anti-urbanen Prozeß beruhen (vgl. noch einmal Am 9,7). Ethnische Verwandtschaft ist immer ein politisches Postulat, das über Sprache, Kultur oder gar biologische Verwandtschaft der Involvierten wenig bis nichts aussagt. Daß in der Endgestalt des AT die aramäische Verwandtschaft Israels dominiert, hat mit der vehementen Ablehnung urbaner Zivilisation, in Palästina durch die Phönizier/Kanaanäer repräsentiert (vgl. 1.6), dann mit dem Siegeszug der aramäischen Sprache seit 700 v. Chr. zu tun – so konnte man sich der aramäischen Koine anschließen, ohne eine »Fremdsprache« in den Mund zu nehmen. Daneben haben sich im AT – wenn auch weniger auffällig – Traditionen von Israels Ursprüngen erhalten, die weder mit Aramäern noch einer Einwanderung rechnen: Dtn 32,8f; Ez 16,3.

2.5. Zwischen den Imperien: die Kleinstaaten Syrien-Palästinas am Anfang des 1. Jahrtausends

Der neue Aufschwung setzt in der zweiten Hälfte des 11. Jh.s ein. Er zieht nur langsam seine Kreise: in Phönizien hat die Stadtkultur der Bronzezeit überlebt, jetzt durchdringt sie schrittweise ihr Vor- und Hinterland, das um 750 v. Chr. vom Jemen bis Spanien reichen wird. Die phönizische ökonomische Expansion läßt sich an den konzentrischen Ringen von Kleinstaaten ablesen, die sich seit dem 10. Jh. v.

Chr. um die syropalästinische Küstenregion bilden. Wirtschaftliche Macht ist von politischer Herrschaft unabhängig geworden.

2.5.1. Ägypten und Phönizien, die Nachfolger der Hetiter und die Aramäer

Was sich seit dem 3. Jahrtausend in den Beziehungen zwischen Ägypten und seiner »phönizischen Provinz« geändert hat, macht niemand so deutlich wie der Tempelbeamte Unamun, der in der ersten Hälfte des 11. Jh.s in das den Ägyptern altvertraute Byblos fährt, um Holz für die Prunkbarke des Gottes Amun zu holen (TGI 17). Die Forderung, mit der er nach altägyptischer Sitte huldvoll die elenden Asiaten beehrt, wird brüsk zurückgewiesen: kein Bargeld – kein Holz (zur Amarna-Zeit waren die Ägypter noch zahlungsfähig, vgl. 2.3.4). Geld ist Macht geworden – und diese Macht ist nun, bis zum Aufstieg Athens im 5. Jh. v. Chr., in Phönizien konzentriert.

Die Konstitution eines zweiten mediterranen Wirtschaftssystems, weiträumiger und langlebiger als der erste Versuch, ist abzulesen an der phönizischen Kolonisation des Mittelmeerraumes. Der Prozeß beginnt in der zweiten Hälfte des 11. Jh.s v. Chr. mit Zypern, dessen Kupfer wieder den vorderorientalischen Markt erreicht und die kupferschmelzenden Stämme des *Wadi 'Arabah* aus dem Geschäft verdrängt. Der Weg der Phönizier führt weiter nach Sizilien, nach Sardinien, wo sie spätestens im 9. Jh. ankommen, nach Nordafrika, wo sie Ende des 9. Jh.s die »Neustadt« Karthago gründen, schließlich nach Südspanien mit seinem Eisen, Kupfer und Zinn, das sie in der zweiten Hälfte des 8. Jh.s erschließen: dem biblischen Tarschisch, wohin Jona vergeblich zu fliehen versucht, weil ihm ein Land, das von seinem Bestimmungsort Ninive noch weiter entfernt gelegen hätte, nicht bekannt ist (Jona 1). Auf Zypern, Sizilien und im Falle von Karthago kommt es zu Städtegründungen mit eigenen Stadtkönigtümern oder aristokratischer Kollegialverwaltung. Im allgemeinen aber sind die phönizischen Kolonien keine Siedlungskolonien, sondern Handelskolonien, Faktoreien, in denen die Luxusgüter der Alten Welt (damals: des Orients) gegen die Rohstoffe der unterentwickelten Stämme (damals: des Okzidents) getauscht werden.

Pyramiden oder ein Ischtar-Tor haben die Phönizier nicht hinterlassen, überhaupt wenig Spektakuläres; gefällige Kleinkunst gewiß, im Unterschied zu Vorgängern und vielen Nachfolgern. Die Phönizier lebten und arbeiteten für die Gegenwart, nicht für die Ewigkeit, für das eigene Leben, nicht für den Tod, für sich, nicht für den Staat. Fernhandel blieb Staatshandel (vgl. 1 Kön 10,28-29; 20,34) – außer in Phönizien. Denn die phönizische Erschließung des Mittelmeeres war kein Projekt, das ein Großkönig auf der Suche nach neuen Tributären und Untertanen betrieb, sondern eine Serie einzelner Expeditionen von Handelsherren auf der Suche nach neuen Märkten. Im 2. Jahrtausend v. Chr. hatten der Staat und die Staats-Stadt Südsyrien-Palästina erreicht mit einer für die Folgezeit wichtigen Modifikation: in der syrisch-palästinischen Kleinstadt war der König nicht unumschränkter Gottkönig (wo er so tat, schmückte er sich mit geborgten Federn, vgl. 2.1.2.), sondern ein »Erster unter Gleichen«. Darin wirkt die Tribalverfassung der Frühbronze-Mittelbronze-Übergangszeit, letztlich der Frühbronzezeit und des Chalkolithikums nach. Neben dem König – und manchmal an Stelle des Königs – standen die Aristokraten, die sich, anders als in Assyrien und im Hetiter-Reich, ihre Mitwirkungsrechte nicht nehmen ließen. An der Spitze des karthagischen Staates werden später zwei abwählbare Suffeten stehen, zeitweise werden Suffeten aber auch Städte des Mutterlandes regieren (in Tyrus 562-555). »Suffet« ist das gleiche Wort wie das biblische *shôphêt* »Häuptling, Lokalherrscher«, das in allen Übersetzungen der Bibel falsch mit »Richter« wiedergegeben wird. Die Verfassungen Athens (bald freilich mit eigener Dynamik), der Etrusker, Roms haben sich im Kontakt mit der phönizisch-punischen Welt entwickelt. Die Mitwirkung der Senate, der »Ältestenversammlungen«, an der Regierung war noch nicht Demokratie, aber es war ein Schritt zur Demokratie. Am Anfang der Entwicklung, die aus Untertanen Staatsbürger machte, steht in Phönizien die Emanzipation des Privat-Kapitals, des Unternehmers, des Bürgers mit der Freiheit zu Investitionsentscheidungen und der Bereitschaft, Risiko zu übernehmen, vom mittlerweile 2000 Jahre alten Staats-Kapitalismus.

Die Phönizier sind von den bäuerlichen Griechen und Römern als Halsabschneider, als Ausbeuter nach Kräften gehaßt worden. Das Repertoire des Antisemitismus wurde damals und dort entwickelt, das Christentum hat dann freilich das seine dazu beigetragen, es zu vertiefen und zu verbreiten. Die Phönizier des 1. Jahrtausends v. Chr. sind das »Kanaan«, von dem sich das biblische Israel so weit wie möglich distanziert. Der Sieg von Salamis 480 v. Chr., der Athens großes Halbjahrhundert einleitete, war ein Sieg der Athener Schiffe über die phönizische Flotte im persischen Dienst; Rom wurde zur Vormacht im westlichen, dann im ganzen Mittelmeer, indem es Karthago zerstörte und beerbte. Aber mehr als das Blei in der Flinte hat das Blei im Setzkasten die Welt verändert (nach G. Lichtenberg) – und daß das Abendland eine Schrift erhielt, die sich unaufwendig setzen, damit preisgünstig produzieren und reproduzieren ließ, verdankt es einmal mehr den Phöniziern, die das Alphabet nicht nur erfunden, sondern es direkt oder indirekt auch an fast alle seine heutigen Benutzer vermittelt haben (vgl. 3.2.2).

Die phönizische Expansion ins syrische Inland zeigt andere Züge. Ihr Hinterland war für die Phönizier von zweifacher Bedeutung: als Lieferant von Lebensmitteln – waren die Metropolen doch auf einen schmalen Landstreifen zwischen dem Libanon und dem Meer eingezwängt, und als Abnehmer der Importe aus dem Mittelmeerraum. Die phönizische kulturelle Dominanz auf der Basis ihres Fernhandels-Monopols ist ablesbar an der Rezeption der phönizischen Schrift durch die entstehenden Klein- und Mittel-Staaten, selbst wo in ihrem Territorium eine eigene Schrifttraditon aus dem 2. Jahrtausend überlebt hatte. Oft wird anfänglich mit der Schrift auch die Schriftsprache übernommen, erst nach ein oder zwei Generationen schreibt man nicht mehr Phönizisch, sondern die eigene Sprache in phönizischer Schrift. Selbst in den südostanatolischen und nordsyrischen Kleinstaaten, die Erbe und Sprachen der Hetiter fortführen, wird Phönizisch im 8. Jh. v. Chr. zur zweiten Amtssprache. Neben der Schrift bilden Luxusgüter die Spuren der Phönizier im Hinterland: Metallarbeiten und Elfenbeinschnitzereien, phönizisch vermittelte ägyptische Importe, phönizische Imitationen ägyptischer Kleinkunst, schließlich einheimische Nachbildungen phönizischer Kunst.

Bei den Staatsgründungen im phönizischen Hinterland des 10. und 9. Jh.s v. Chr. (Hamat und Damaskus, Israel, Ammon und Moab) ist es der ökonomische Impuls von Westen, der die lokalen

Stammesgesellschaften jeweils transformiert. Bei den Koalitionen gegen Assyrien halten sich die Phönizier auffallend zurück – *bella gerunt alii*. Im Verhältnis zu den Assyrern, den Neubabyloniern, den Persern faßt man sich gegenseitig mit Samthandschuhen an und flucht nur insgeheim über den Partner, versucht ihn nach Kräften zu übervorteilen (vgl. 2.6.2). Die phönizische Flotte, das zyprische Kupfer waren den Großmächten unverzichtbar. Wohl gab es phönizische Aufstände gegen die Zentralgewalt – sie wurden meistens verziehen. Langfristig hält das Arrangement vor. Nebukadnezzar belagert Tyrus 13 Jahre lang, aber vergeblich. Denn Tyrus war eine Insel, wie Arwad noch heute. Erst Alexander, ohne Respekt vor den gottgesetzten Grenzen von Land und Meer, nahm die Stadt 332 ein, indem er einen Damm aufschütten ließ, über den er stürmen konnte; seitdem ist Tyrus keine Insel mehr, sondern eine Halbinsel.

Ende des 9. Jh.s ruft ein Funktionär des Königs von Damaskus in der Umgebung von Aleppo den tyrischen Melqart (»König der Stadt«, im AT »Baal von Tyrus«, 1 Kön 16,31f; 18,16-40; 2 Kön 10,18-27) an (RT E I 1). Damaskus konnte nach der Herrschaft über ganz Syrien-Palästina streben (ohne sie jemals zu erlangen: vgl. 2.6) aufgrund seiner Lage als agrarische Oase im unmittelbaren Hinterland Phöniziens, von wo sich die Handelsströme sowohl des Nordens wie des Südens zur Küste leiten ließen. Phönizien war politisch keine Macht, es war politisch nicht einmal geeint: »Phönizier« ist ein von außen geprägter Begriff, den Homer noch nicht kannte, er spricht nur von Sidoniern. Die Phönizier verstanden sich als Tyrer, Arwaditer oder Gebaliter (phönizisch Gebal = griechisch Byblos). Aber die phönizischen Städte blieben bis ins 5. Jh. v. Chr. *die* wirtschaftliche Macht, eine Art multinationaler Konzern, der die mediterrane Wirtschaft organisierte und dominierte ungeachtet, wer auf der Landmasse des Orients politisch das Sagen hatte oder es zu haben glaubte.

Und Ägypten? Man hörte ägyptischerseits nie auf, daran zu erinnern, daß die asiatische Provinz eigentlich und von Rechts wegen dem Pharao gehörte: einmal ägyptisch, für immer ägyptisch, eine verbreitete Denkfigur des Imperialismus. Man hatte aber nicht mehr viel Gelegenheit, die asiatischen Untertanen an ihre Pflichten gegenüber Ägypten zu erinnern. Schwache Dynastien lösten einander ab, Libyer aus der westlichen Wüste errangen den Thron, dann

Kuschiten aus dem Staat von Meroë, dem Äthiopien des Kämmerers von Apg 8,26-39. Scheschonq (oder Schoschenq, im AT Schischak) unternahm zwischen 945 und 925 noch einmal eine Expedition nach Palästina, suchte verschiedene Orte heim und sammelte Tribut, hinterließ eine Inschrift in Megiddo und ignorierte sowohl Israel wie Juda, die nach biblischer Darstellung zu dieser Zeit bereits bestanden haben müssen (vgl. 2.5.2.). Osorkon (924-887) sandte huldvoll seine Statuen nach Byblos, dem alten ägyptischen Brückenkopf. Die Könige von Byblos schrieben respektlos ihre eigenen Inschriften darauf. Zur Zeit Hiskijas, als die Herrscher Palästinas auf ägyptische Hilfe gegen die Assyrer hofften (2 Kön 17,4; 19,9; Jes 20,1-7), war Ägypten in Kleinkönigtümer zersplittert, die unter Asarhaddon selber den Assyrern zum Opfer fielen. Im Gegenzug einte die 26. Dynastie (664-525) noch einmal das Land und stieß einmal mehr nach Syrien-Palästina vor, sich an der Erbmasse des untergehenden Assyrer-Reiches zu bereichern. Für Ägypten scheint die Zeit stehen geblieben zu sein: Psammetich (664-610) wiederholt Ahmose, Necho (610-595) Thutmosis III. In Vorderasien aber war sie es nicht.

2.5.2. Israel und Juda

Nach der biblischen Tradition haben Saul, David und Salomo die Staaten Israel und Juda gegründet. Für die altorientalischen Zeitgenossen galt Omri als Gründer des Staates Israel: auch nach dem Aussterben seiner kurzlebigen Dynastie (1 Kön 16,15 – 2 Kön 9,37) beziehen sich die Assyrer auf dieses Königreich bis zu seinem Untergang als *Bît Humrî*, »Haus (= Dynastie, Staat) Omris«. Innensicht und Außensicht kollidieren hart, schließen sich aber nicht aus: betont die biblische Tradition den Anfang des Prozesses, der im 9. Jh. zu einem Staat Israel führte, so bezeugen die zeitgenössischen Dokumente dessen Abschluß.

Als Schischak um 940 oder 930 nach Palästina zog (vgl. 1 Kön 14,25-26), konnte er Juda und Israel noch ignorieren. Die Städte, die ihm Tribut zahlten, mochten vorher und nachher Israel oder Juda gegenüber in einem lockeren Abhängigkeitsverhältnis gestanden haben – der Zug des Pharao suspendierte es. Der archäologische Befund kennt im 10. Jh. v. Chr. keine Baumaßnahme in Palästina, die zwingend das Werk einer zentralen Autorität gewesen wäre und nicht mit lokalen Mitteln lokalen Interessen gedient hätte. Das Bild ändert sich für Israel im 9. und für Juda im 8. Jh. (vgl. 1.5). Vielleicht erwähnt Schischak indirekt die Kerne der beiden werdenden Staaten, indem die Liste seiner Eroberungen Sichem, Jerusalem und deren unmittelbares Umland ausspart. Trotz großer Unsicherheiten gerade in der Chronologie des 10. Jh. v. Chr. war Schischak aber im 5. Jahr Rehabeams (922/21) wohl schon tot (1 Kön 14,25-28), und von Jerusalem hat er *keinen* Tribut erhalten. Man kann die Diskrepanz zwischen dem biblischen Bericht und Schischaks Inschrift verschieden auflösen: kam Jerobeam I, immerhin ein ägyptischer Protegé (1 Kön 11,40), noch zu Lebzeiten Salomos auf den Thron, so daß der Zug im Jahr »Jerobeam 5« stattfand? Oder ist er gar im Jahr »Salomo 5« anzusetzen?

Gewiß ist, daß die biblischen Autoren erst ab Jerobeam/Rehabeam auf schriftliche Quellen zurückgreifen konnten, denen die Regierungsjahre der einzelnen Könige zu entnehmen waren. Die »40 Jahre« sowohl Davids wie Salomos sind ein Indiz, daß über ihre Regierung keine annalistischen Aufzeichnungen existierten (vgl. Exkurs 1 und 2.5.3). Das »Großreich Salomos« (1 Kön 3-11) liest sich wie ein politisches Programm aus dem 7. Jh. v. Chr., etwa der Kriegs-Ziele Joschijas. Indem es die Geschichte der Könige von Israel und Juda wie eine Ouvertüre eröffnet, faßt es auf der strukturellen Ebene diese Geschichte zutreffend zusammen, besonders in der Schilderung der Beziehungen Salomos zu Phönizien: er erhält Bauholz (wie jahrtausendelang die Pharaonen), Künstler und Handwerker, also Luxusprodukte, die sein Prestige und damit seine Herrschaft festigen. Er bezahlt mit Öl, Wein und Getreide, Leiharbeitern, Boden (1 Kön 5,24-28; 9,10-14). Wir kennen diese Struktur bereits (vgl. 1.5; 2.1.2.; 2.3.4). Ob sie schon für das 10. Jh. v. Chr. die israelitisch-phönizischen Beziehungen zutreffend beschreibt, sei dahingestellt. Doch galt sie im 9. Jh.: Omris Sohn Ahab war durch eine dynastische Heirat mit Sidon verbunden (1 Kön 16,31), phönizische Luxusimporte wurden in Samaria gefunden. Im 9. Jh. mögen auch die phönizisch-israelitischen *joint ventures* im Rotmeer-Handel lanciert worden sein, die das AT ebenfalls Salomo zuschreibt (1 Kön 9,26-28; 10,11) und die der Judäer Joschafat erfolglos zu kopieren versuchte (1 Kön 22,49-50).

Daß der prophetische Protest gegen Omri und seine Söhne, dem das AT breiten Raum einräumt und der die großen Leistungen der Dynastie ganz übertönt, gleichermaßen von ihrer Religions- wie Wirtschaftspolitik ausgelöst wurde, wurde schon angedeutet (vgl. 1.6 und Abb.6). Über die Bedeutung Omris und Ahabs informieren uns Assyrer (und Moabiter, vgl. 2.3.3), einmal durch den Namen, unter dem sie den Staat Israel registrierten, dann durch den Bericht über die Schlacht von Qarqar in Mittelsyrien, in der eine Koalition von 12 syrisch-palästinischen Klein- und Mittelstaaten 853 v. Chr. Salmanassar III entgegentrat (TGI 19). Mit 2000 Wagen stellte Ahab darin das größte Kontingent. Auf seiten der Syrer kämpften auch 1000 Araber und 500 Mann aus Byblos, während sich Tyrus und Sidon im Hintergrund hielten. Auch nicht dabei waren Juda, Ammon, Moab und Edom, letztere beiden gewiß, weil es sie als Staaten noch nicht gab. Natürlich siegt der Großkönig in seinen Inschriften, sein Sieg wird von »Auflage« zu »Auflage« (insgesamt gibt es deren vier) seines Schlachtberichts immer gewaltiger: die Zahl der gegnerischen Gefallenen steigt von 14000 über 20500 und 25000 auf 29000. Der Sieg war – durchaus dem »Sieg« Ramses II bei Kadesch vergleichbar – derart, daß für einige Jahre Syrienzüge des Assyrers ausgeschlossen waren.

842 zahlt Jehu (2 Kön 10,29-36) dann Salmanassar Tribut (TGI 20), um 796 kommt es noch einmal zu einer Zahlung Israels an die Assyrer anläßlich einer Damaskus-Expedition Adadneraris III (vgl. TGI 22). Die Schwächung von Damaskus, mit dem Israel spätestens seit der Revolution Jehus bitter verfeindet war, und eine Periode assyrischer Desorganisation verschafften dem Nordreich noch einmal eine Atempause, die Jerobeam II, der von Amos bekämpfte König, zur Expansion bis in die libanesische Biqāʼ hinein nützte (vgl. Am 6,13f). Dann aber folgt Schlag auf Schlag: 738 verlangt Tiglat-Pileser III Tribut (TGI 24; 2 Kön 15,18-20). Aus der Umlage der Summe auf die freien, grundbesitzenden und heerbannpflichtigen Israeliten ergibt sich, daß deren Zahl damals 60 000 betrug – nach zwei Jahrhunderten nachhaltigen wirtschaftlichen Aufschwungs, der die Bevölkerung Palästinas gegenüber dem 10. Jh. v. Chr. wenigstens verdoppelt hatte. 733/32 verliert Israel Galiläa, die Jesreelebene, Dor und Gilead an die Assyrer (TGI 26 und 27), 724-720 wird auch der Reststaat Efraïm zur assyrischen Provinz Sama-

rien (TGI 29 und 30). Am Charakter des Landes Israel als agrarischem Hinterland der phönizischen Metropolen änderte sich nichts, diese Struktur wird noch von Ez 27,17 für die Zeit nach dem Untergang des Nordreichs bezeugt. Ein israelitischer Grundbesitzer (und Getreidehändler?) hat dem Tempel der Astarte von Sidon ein Siegel als Votivgabe hinterlassen (7. Jh. v. Chr.). Deportiert wurde von den Assyrern bei der Eroberung nur der Staatsapparat – und anderenorts in gleicher Funktion weiterbeschäftigt. Die Mehrheit der Israeliten blieb im Lande und wurde im Laufe der Zeit zu den Samaritanern (2 Kön 17,6.24-41 ist eine tendenziöse Übertreibung im Rahmen nachexilischer Konflikte).

Das kleine Juda stand im Schatten Israels – entgegen der Darstellung in den Königsbüchern, die den Herrschaftsanspruch Davids und der Davididen über Israel als einklagbaren Rechtstitel darstellen. Die sozio-ökonomische Entwicklung zu Urbanität und Staatlichkeit erreichte Juda 100 Jahre später als Israel, ablesbar an der städtebaulichen Entwicklung, der Häufigkeit von Luxusgütern und Schriftdokumenten. Zwischen 850 und 750 war eine Handelsstation im Negev im Betrieb, *Kuntillet 'Ajrûd*, die nach Aufweis der dortigen Inschriften von Israeliten und Phöniziern betrieben wurde – Judäer fehlen. Es fehlt in den Königs-Büchern nicht an Hinweisen, daß Juda nicht nur im Schatten Israels stand, sondern unter Umständen sogar dessen Vasall war (vgl. 2 Kön 9,16.27; 14,8-14). Israel wurde 733/32-720 assyrische Provinz, Juda aber 701 noch nicht. Sanherib hätte zweifellos Jerusalem erobern können, wenn er gewollt hätte. Er hat aber nicht gewollt. Er wird, wie auch im Falle von Ammon, Moab und Edom (vgl. 2.5.3. und 2.6.2), Kosten und Nutzen gegeneinander abgewogen haben. Ob sich direkte Herrschaft, d.h. die Einverleibung eines Gebietes in das eigene administrative System, lohnt, ist eine Frage von dessen Infrastruktur und Entwicklungsstand. Bei halb- und unterentwickelten Staaten ist indirekte Herrschaft kostengünstiger: man läßt eine einheimische Elite im Amt und schöpft von dieser die Erträge ab. Wenn Juda erst 586 (bzw. 582, vgl. 2.7.2) Provinz, und zwar neubabylonische Provinz wurde, beruhte die unterschiedliche Behandlung 701 und 586/82 möglicherweise weniger auf den Taten oder Untaten judäischer Politiker als auf dem wirtschaftlichen und administrativen Fortschritt Judas im 7. Jh. v. Chr. Die gleiche Überlegung erklärt, warum die Römer 63 v. Chr. das Nabatäerreich nicht eroberten, obwohl sie damals einen guten Kriegsgrund hatten, es aber 106 n.Chr. annektierten, obwohl jetzt keinerlei Rechtsgrund bestand. Umgekehrt unterlief Nabonid eine katastrophale Fehlkalkulation, als er 552 v.Chr. Edom und Arabien aus indirekter in direkte Herrschaft zu überführen versuchte (vgl. 2.6.2, 2.6.3 und 2.7.2).

Für die Religion und Literatur des Kleinstaates Juda vor 734 ist die Quellenlage wohl schlechter, als die bisherige Forschung annahm (für den Staat Israel ist sie nahezu hoffnungslos). Gewiß tradierte man die alte Jerusalemer Königsideologie, die letztlich aus Ägypten stammt (vgl. Ps 2; 110; vgl. Kap 2.1.2). Wahrscheinlich tradierte man auch davididische Herrschaftsansprüche (obwohl ein bedeutender Teil der David-Überlieferung nach Hebron führt, nicht nach Jerusalem). Auf alle Fälle war man aber bereit, sich als gleichberechtigter Partner in eine Welt von Kleinstaaten einzufügen:

> Als der Höchste die Völker vergab, verteilte die Menschenkinder, zog er die Grenzen der Völker gemäß der Zahl der Söhne des Höchsten. Da wurde Israel Jahwe zu Teil, Jakob zum Grundstück des Lehens (Dtn 32,8f – EÜ paraphrasiert und setzt in V. 9 den Gott Israels mit dem höchsten Gott gleich, was in diesem alten Fragment noch nicht der Fall ist).

Das klingt, als habe man auch in Jerusalem (wohin der Gottesname *El 'Elyôn*, der »Höchste« V. 8 führt) einmal den ammonitischen Milkom, den moabitischen Kemosch und den edomitischen Qaus für Söhne Els und Brüder Jahwes gehalten.

2.5.3. *Ammon und Moab*

Nachdem die eisenzeitliche Regeneration des levantinischen Staatensystems in der ersten Hälfte des 9. Jh.s v. Chr. Israel erreicht hatte, erfaßte es um die Jahrhundertmitte Ammon und Moab. Es wird noch weitere 100 Jahre brauchen, um auch in Edom Fuß zu fassen. Zwar war nach dem biblischen Geschichtsbild Israel ein Spätling unter seinen Nachbarn (vgl. Gen 36,31; Dtn 2,2-22; 1 Sam 12,9-13) – aus judäischer Perspektive ist diese Überzeugung nicht unverständlich (das AT setzt sprachlich und inhaltlich judäische Traditionen fort, israelitische nur in judäischer Rezeption). Es sei aber daran erinnert, daß ein König von (oder in?) Moab zur Zeit Davids (1 Sam 22,3f), ein König der Ammoniter zur Zeit Jiftachs (Ri 11,12-28) und Sauls (1 Sam 11,1f) nicht genügt, um für diese Perioden einen ammonitischen oder moabitischen Staat vorauszusetzen. Im Neuaramäischen bedeutet das alte semitische Wort für »König« nur noch »Dorfvorsteher«. Ob es sich bei einem »König« in den literarischen Quellen um ein Stammes- oder Staats-Oberhaupt handelt, entscheidet sich an der politischen Struktur seines Herrschaftsbereichs. Zu den sicheren Zeichen von Staatlichkeit gehören Monumentalarchitektur und eine Verwaltungssprache. Beides ist in Ammon um die Mitte des 9. Jh.s v. Chr. gegeben. Die älteste, nur fragmentarisch erhaltene ammonitische Inschrift aus dieser Zeit enthält einen Befehl des Gottes Milkom, eine Anlage mit Eingängen, Säulenhallen und Türen zu bauen: der frühe Staat ist immer eine Theokratie (vgl. 2 und 2.1).

Der Staat Ammon nahm nicht viel mehr als jenes Gebiet ein, das heute 'Ammân, die Hauptstadt Jordaniens, bedeckt. Der Staat war klein, er verdankte seine Prosperität der Lage am Rand der Wüste, die ihn befähigte, Gewinne aus dem arabischen Karawanenhandel (vgl. 2.6.3) abzuschöpfen. Er kontrollierte die Straßen, die aus dem Süden und Osten kamen, bevor sie nach Westen (Israel, Phönizien) und Norden (Damaskus, Syrien) weiterführten. Der Aufstieg Ammons beginnt, als der Araber Gundab mit seinen 1000 Kamelen an der Schlacht von Qarqar 853 v.Chr. teilnimmt, das syrische Staaten- und Wirtschaftssystem sich die Wüste erschließt. Der Reichtum, den die Ammoniter im Laufe des 7. Jh.s v. Chr. erwarben, verrät sich sowohl an der außergewöhnlichen Quantität und Qualität ammonitischer Kleinkunst (auch wenn ein Teil davon in neuzeitlichen Werkstätten der Ammonitis das Licht der Welt erblickt haben dürfte) als auch an der Höhe der Tribute, die Ammon den Assyrern zahlte: nach einer Liste entrichtete Ammon 2 Minen Gold, das flächenmäßig viel größere Moab 1 Mine Gold, Juda gar 10 Minen Silber (TGI 36B; der Wechselkurs zwischen Silber und Gold lag in der Regel unter 1:2).

Ende des 7. Jh.s v.Chr. konnte sich ein König von Ammon ein Trianon leisten, einen Garten, ein Landgut vor den Toren der Stadt, von dem er in der anmutigsten aller kanaanäischen Inschriften sagt:

Die Werke Amminadabs, Königs der Ammoniter
Sohnes des Hassil'il, Königs der Ammoniter
Sohnes des Amminadab, Königs der Ammoniter:
der Weingarten und Obstgarten und die Terassenmauer(n)
und ein Wasserreservoir.
Möge er jauchzen und fröhlich sein
viele Tage und lange Jahre

Der Text steht auf einer Bronzeflasche, die vor den Toren des
alten Rabbath-Ammon gefunden wurde und, gewiß als Opfergabe,
»Belegstücke« der landwirtschaftlichen Produkte des Gutes enthielt. Königliche Schäferspiele wie bürgerliche Königsspiele bilden
ihrerseits den Hintergrund des anmutigsten Buches der Bibel, des
Hld (vgl. 4.8).

Man wird die Ammoniter für autochthon halten dürfen – trotz
Dtn 2,20, das die deuteronomistische Theorie einer »Landnahme«
Israels auf Moab, Edom, und Ammon ausweitet und daher für die
Ammoniter Vorbewohner erfinden muß. Wie tief die Kultur der
Ammoniter im 2. Jahrtausend v. Chr. wurzelt, bezeugt der Name
ihres Gottes Milkom, der altes »amoritisches« *Malikum »König«
fortsetzt, wobei die Endung -um westlich des Jordan seit dem 18.
Jh. v. Chr. nicht mehr nachweisbar ist. Randgebiete sind sprachlich
oft besonders konservativ. Davids Eroberung der ammonitischen
Hauptstadt (2 Sam 12,26-30) hinderte den Sohn jenes Nahasch, mit
dem sich Saul geschlagen hatte, nicht, den Jerusalemer König in
einer Notlage zu unterstützen (so 2 Sam 17,27). Von »National-
staaten« kann schwerlich die Rede sein.

Das Ende Ammons kam 582 zusammen mit dem Ende Moabs,
Gedaljas und der 3. Deportation (Jer 52,30; vgl. 2.7.2). Auch unter
babylonischer und persischer Herrschaft ging das Leben Ammons
weiter – wie das Leben Judas. Zwar waren Ammon und Moab in
persischer und hellenistischer Zeit spärlicher besiedelt, die Bauern
gaben das Plateau weitgehend auf und zogen sich an oder in den
Gebirgsabfall zurück, doch war das Land keineswegs so wüst, wie
Ez 25,1-7 es will. Der Bevölkerungsrückgang war nicht unmittelbar
die Folge der Eroberung. Unter römischer Herrschaft hat das Land
geblüht und sein eisenzeitliches Zivilisationsniveau übertroffen.
Die persisch-hellenistische Rezession in Transjordanien war vielmehr die Folge von Verlagerungen der arabischen Handelsströme.

Die Gründung des Staates Moab durch König Mescha um die Mitte des 9. Jh.s v. Chr. dokumentiert eine Inschrift dieses Herrschers:

Ich bin Mescha, Sohn des Kemoschyat, König von Moab, der Daiboniter. Mein Vater war König über Moab gewesen, 30 Jahre lang, und ich wurde König nach meinem Vater. Ich machte diese Kulthöhe für Kemosch in Qarhô, ... denn er errettete mich vor allen Bedrängern (?) und ließ mich auf alle meine Feinde herabsehen.

Omri war König über Israel und bedrückte Moab lange Zeit, denn Kemosch zürnte seinem Land. Sein Sohn folgte ihm, und auch er sprach: »Ich will Moab unterdrücken«. In meinen Tagen sprach er so, ich aber sah auf ihn und sein Haus herab. Jetzt ist Israel ganz und gar zugrunde gegangen. Omri hatte das Land Madeba in Besitz genommen. Er wohnte darin während seiner Tage und der Hälfte der Tage seines Sohnes, 40 Jahre. Kemosch aber brachte es zurück in meinen Tagen ...

Die Leute von Gad wohnten seit jeher im Lande Atarot, aber der König von Israel hatte Atarot für sich ausgebaut. Ich kämpfte gegen die Stadt und eroberte sie. Ich tötete alles Volk der Stadt als Darbringung für Kemosch und für Moab... Und ich ließ dort wohnen die Leute von Scharon und die Leute von Macharot.

Da sprach Kemosch zu mir: Geh, erobere Nebo (im Kampf) gegen Israel!«. Ich ging bei Nacht und bekämpfte die Stadt vom Tagesanbruch bis Mittag. Ich eroberte es und tötete alles: 7000 Bürger und Beisassen, auch die Frauen und Beisassinnen und die Konkubinen – denn ich hatte sie Aschtar-Kemosch banngeweiht. ... Der König von Israel hatte Jahaz gebaut und blieb darin, während er mit mir Krieg führte. Aber Kemosch vertrieb ihn vor mir. Ich nahm aus Moab 200 Mann, alle seine Elitesoldaten. Ich führte sie gegen Jahaz und eroberte es und gliederte es Daibon an.

... Was Haurônên anbelangt, so wohnte darin ... Aber Kemosch sprach zu mir: »Steige hinab, kämpfe gegen Haurônên!«. Ich stieg hinab, bekämpfte es und eroberte es ... (Die Inschrift ist vollständig übersetzt TGI 21; RT E 5).

So berichtet Mescha von seinen Kriegen. Ausgelassen sind eingestreute Notizen über seine Bau- und Verwaltungsmaßnahmen, wodurch die Inschrift ungelenk wird: man hatte noch keine Erfahrung in der Abfassung derartiger Texte. Diese Beobachtung legt bereits nahe, daß mit Mescha Moabs Staatlichkeit beginnt, auch wenn sein Vater und womöglich diverse Väter als Häuptlinge des Gaues/Stammes Daibon bereits den Königstitel führten. Daibon (biblisch Dibon) ist in der Inschrift Landschafts- oder Stammesname. Der Hauptort des Stammes, heute *Dhîbân*, heißt bei Mescha noch Qarhô. Für das AT ist Mescha, der von Israel abfällt, ein

Schafe züchtender Großherdenhalter (hebr. *nôqêd*; 2 Kön 3,4). Nach seiner Inschrift ist er mehr. Das Gebiet Moabs, der getreidereichen Hochebene zwischen dem *Wadi eth-Themed* und dem *Wadi el-Hasâ*, hat erst Mescha politisch geeint, wie sein Feldzug gegen Hauronen, biblisch Horonajim (Jer 48,3), zeigt. Die Inschrift ist aus Annalen-Exzerpten zusammengesetzt (S.Mittmann). An Meschas Hof hat man also Annalen geführt – noch nicht aber am Hof seines Vaters, wie die Angabe von »40 Jahren« für die Zeit der israelitischen Okkupation des moabitischen Nordens zeigt. Es fehlt nicht an Versuchen, diese Zahl mit den biblischen Angaben über die Regierungen Omris und Ahabs zu harmonisieren. Keiner davon ist gelungen. Die Zahl ist ein Indiz, daß man in Moab über diese Zeit keine Aufzeichnungen besaß und auf vage Erinnerungen angewiesen war – 40 Jahre, ein Menschengedenken. Die Annalistik setzt in Moab mit Mescha ein, wie sie in Israel mit Jerobeam I begann (vgl. Exkurs 1).

Moab ist wie Edom ein Land, kein Volk. Ethnisch bezeichnet sich Mescha als »Daiboniter«. Daibon scheint eine Unterabteilung des Stammes Gad gewesen zu sein. In der Regel begründet Mescha seine Feldzüge mit einem Befehl seines Gottes Kemosch, so wie das deuteronomistische Israel die fiktive Eroberung des verheißenen Landes mit einem Jahwe-Wort legitimiert (vgl. Dtn 7; Jos 1,2-9). Im Falle Atarots aber erklärt Mescha sein Vorgehen damit, das es sich seit Ewigkeit um gaditisches Land handele, in das der König von Israel als fremder Zwingburgbauer eingedrungen sei. Meschas Heimat erscheint im AT einmal als Dibon-Gad (Num 33,45f), es besteht kein Grund, diese Angabe zu bezweifeln. Gad war nach Meschas Auffassung ein moabitischer Stamm – daß der gleiche Grenz-Stamm nach biblischer Ansicht israelitisch gewesen sein soll, verwundert nicht. Man denke nur an das Schicksal der Elsässer, die zwischen 1871 und 1945 nicht weniger als viermal »wiedervereinigt« worden sind.

Man versucht oft, Meschas Bericht von seinen Kriegen mit der Prophetenlegende 2 Kön 3 zu harmonisieren: entweder so, daß hier von zwei verschiedenen Feldzügen die Rede sei, oder so, daß Mescha den Feldzug von 2 Kön 3, das AT aber die Ereignisse um Jahaz, Nebo, Atarot absichtlich unterdrückten. Meschas Bericht ist sicher nicht aus der Perspektive kühler Objektivität geschrieben, aber zeitgenössisch. Die Prophetenlegende 2 Kön 3 führt geographisch in einen Bereich, der frühestens 100 Jahre nach Mescha, besonders aber in persischer und hellenisitisch-römischer Zeit zum politischen Schwerpunkt Moabs wurde. Es spricht alles dafür, daß Mescha in diesem Fall über die besseren Quellen verfügte, während 2 Kön 3,6-27 eine judäische, legendarische Ausmalung der israelitischen Annalennotiz 2 Kön 3,4-5 ist, die nicht mehr als das Ergebnis von Meschas Unabhängigkeitskrieg festhält, ohne auf das Wie einzugehen.

In der Kriegs-Theologie und Kriegs-Praxis Meschas nimmt Kemosch jene Rolle ein, die in Israel Jahwe spielt. Die Verhältnisse gleichen sich bis zur Vernichtungs-Weihe der Bevölkerung einer eroberten Stadt (vgl. Dtn 7,2; 20,17; Jos 6,18; 8,26; 1 Sam 15,3). Wie jeder altorientalische Herrscher ist Mescha fromm: durch seinen Flankenmarsch und Handstreich gegen Nebo hat er die israelitische Position bei Jahaz unhaltbar gemacht, aber er schreibt den Abzug der israelitischen Armee nicht seinem strategischen Genie, sondern seinem Gott Kemosch zu (vgl. Jos 23,3).

Die Schrift von Meschas Texten ist nicht direkt Phönizien, sondern Israel entlehnt – der Gründer des sekundären Staates verdankt seine »Ausbildung« oft der Kolonialmacht, gegen die er rebelliert. So hatte David als philistäischer Vasall in Ziklag regieren gelernt (vgl. 1 Sam 27,1 - 28,2; 30,1-31; 2 Sam 2,1-11), er rekrutierte weiterhin seine Leibgarde aus Philistern (vgl. NSK-AT 7, 160f). Seit Mescha Moab bis zum Nebo, zum Gebirgsabfall am Nordende des Toten Meeres, ausgedehnt hat, heißt die Steppe zu dessen Füßen »die Steppen von Moab« (vgl. Num 22,1 – Dtn 34,1). Auch Moab erlebt unter assyrischer Herrschaft eine Blütezeit, zusammen mit Ammon wird es 582 neubabylonische Provinz. Infolge der »Beduinisierung« der Hochebene (vgl. Ez 25,8-11) zieht sich die Verwaltung aus Rabbah (in römischer Zeit Rabbathmoba, der »Hauptstadt Moabs«) ins feste Kerak am Rand des Gebirgsabfalls zurück, der »Festung von Moab«, deren aramäischer Name zugleich andeutet, welche Sprache in persischer Zeit als überregionale Verwaltungssprache dient.

Moab bildete unter stabilen politischen Verhältnissen die Kornkammer Südpalästinas bis in die erste Hälfte des 20. Jh.s n. Chr. Die wirtschaftlichen Voraussetzungen, einen Staat zu errichten, waren

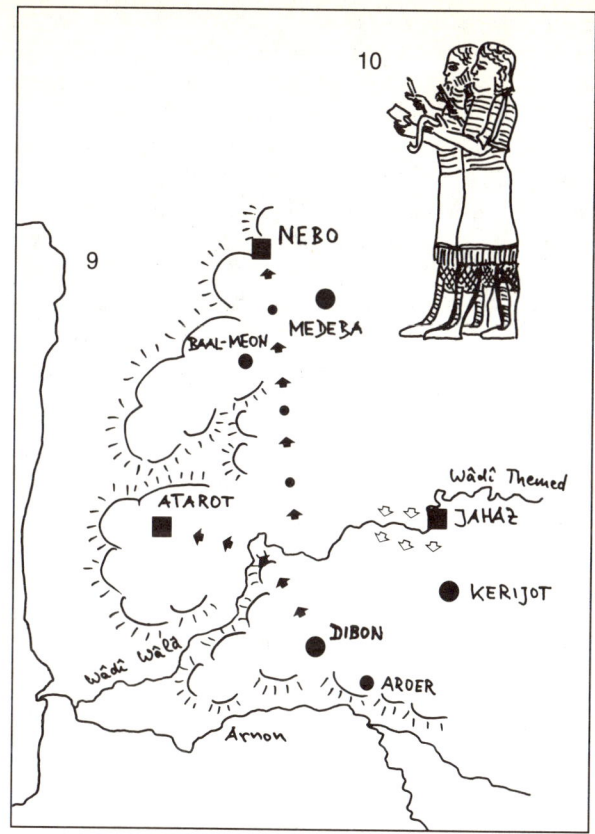

Abb.9: Meschas Krieg
(nach Zeitschrift des deutschen Palästina-Vereins 104 (1988), 175).
■   israelitische Festungen
➡ ➡   Meschas Handstreich gegen Atarot
⇨ ⇨   israelitischer Aufmarsch zum Gegenangriff
● ➡ ● Meschas Handstreich gegen Nebo, durch den die israelitische Position bei Jahaz unhaltbar wurde.

Abb.10: Zwei Schreiber Sanheribs – ein »Tafel-Schreiber« und ein »Buchrollen-Schreiber«. Nach *K.Galling* ed., Biblisches Reallexikon (Tübingen 1977), 291 Abb. 76.

zu allen Zeiten gegeben. Nicht aber die politischen Voraussetzungen: um durch die tiefeingeschnittenen Täler und das unwirtliche Jordantal mit und nach Moab Handel zu treiben, waren Frieden, Rechtsstaatlichkeit und Sicherheit nicht nur in Moab, sondern auch um Moab herum vonnöten. Darum hat die Staatlichkeit auch auf dem moabitischen Plateau immer nur Gastspiele gegeben, solange der gesamtwirtschaftliche Kontext und die politischen Verhältnisse außerhalb Moabs es gestatteten oder erforderten. Moab ist fruchtbar, weil das Hochplateau die judäischen Berge um 100-200 m überragt, also reichlich Steigungsregen erhält. Daher zogen in Zeiten der Hochkonjunktur, zuletzt 1890-1948, zahlreiche Wanderarbeiter aus der Gegend von Hebron zur Erntezeit nach Moab, und einzelne sind immer auch geblieben (vgl. Rut 1,1-6).

Kurz nachdem Moab sich von Israel befreit hatte, warf Edom das judäische Joch ab – worin immer diese Oberherrschaft bestanden haben mag (1 Kön 22,48; 2 Kön 8,20-22). In Edom liegen nur wenige agrarische »Inseln« über der 450-mm-Jahres-Niederschlags-Linie. Edom ist ein Land der Subsistenzwirtschaft und der Viehzucht. Mehr als ein Stammeskönigtum oder mehrere Häuptlingstümer kann diese Region nicht tragen – außer, es kommen ungewöhnliche überregionale Faktoren zusammen. Das wird unter assyrischer Herrschaft der Fall sein (vgl. 2.6.2.).

2.6. Das assyrische Imperium

Das neuassyrische Reich war das erste Imperium, das nicht nur Anspruch und Idee, sondern auch Wirklichkeit war. Die neue Realität verstörte jene Staaten und Zivilisationen zutiefst, die mit ihr in Kontakt kamen, und veränderte sie grundlegend . Die *pax assyriaca* nimmt die *pax romana* voraus: in einem einheitlichen Wirtschaftsraum ohne Binnengrenzen setzte im 7. Jh. v. Chr. für die damals »neuerschlossenen Gebiete« wie Juda, Ammon, Moab und besonders Edom eine wirtschaftliche Blüte ein, die erst wieder in römischer Zeit erreicht und übertroffen werden sollte. Ein Friede, der auf Gewalt beruhte, wie der römische, aber zugleich auf Recht, dem des Siegers. Die assyrischen Vasallitäts-Verträge, die beiderseitige Rechte und Pflichten regeln (vgl. RT B 31), bilden die literarische Vorlage und den theologischen Anstoß für den Vertrag (hebr. *berît*, meist unzutreffend mit »Bund« wiedergegeben), den Jahwe nach der deuteronomistischen Theologie mit Israel am Horeb abgeschlossen und in den Gefilden Moabs erneuert hat (vgl. Dtn 1,1-8; 4,44-46; 29,1).

Es sei dahingestellt, ob die Assyrer wirklich grausamer waren als im Alten Orient üblich. Assur hat aber bewußt Grausamkeit als Herrschaftsmittel eingesetzt und publizistisch, in Wort und Bild, ausgeschlachtet (vgl. NSK-AT 7, 123 Abb.23 und 24; 137 Abb.28). Der »Vernichtungsbann«, den Israeliten wie Moabiter im konkreten Einzelfall kannten und praktizierten (vgl. 2.5.3), wurde generalisiert und damit zum Schicksal jeder Stadt, die sich dem Weltherrschaftsanspruch des Gottes Assur und seines Stellvertreters auf Erden widersetzte (vgl. 2 Kön 19,10-12).

738 wurde Israel den Assyrern tributpflichtig, 734 Juda. Man hat anfänglich den Ernst der Lage nicht erkannt, nicht eingesehen, daß hier ein anderer Feind angetreten war als die Herrscher-Kollegen von Damaskus oder Moab, mit denen man Kriege geführt hatte und wieder Allianzen eingegangen war. Die sinnlosen Rebellionen Israels (734/733 und 724-720) und Judas (701 v. Chr.) bezeugen es. Spätestens im 7. Jh. v. Chr., unter Manasse, machten sich die assyrische Herrschaft und die neue Internationalität auch innerhalb Judas fühlbar. Der Kleinkönig von Jerusalem, der an seinem Hof pharaonische Weltmachtträume pflegte (vgl. 2.1.2), aber auch die Sippenbauern auf dem Lande erlitten einen Kulturschock. Man kam umher: judäische, ammonitische und moabitische Kontingente fochten mit der assyrischen Armee in Ägypten (vgl. Dtn 17,16?), alle drei Staaten schickten Dienstverpflichtete nach Ninive zum Bau des dortigen Zeughauses. Die zurückkehrten, konnten von Städten und städtischem Reichtum erzählen, wie er bislang unerhört war und mit dem das AT dann Salomo ausstattet (vgl. 1 Kön 5 - 11). Die deuteronomistische Bewegung (vgl. NSK-AT 7, 212) ist nichts anderes als die Verarbeitung dieses Kulturschocks. Sie ist von der Bedrohung geprägt, die sie abzuwehren versucht. Das deuteronomistische Bundeskonzept, in Form und Inhalt den assyrischen Vasallitätsverträgen verpflichtet, dient der Behauptung, daß Jahwe größer ist als Assur, und so der Selbstbehauptung Israels. Aber so, wie die Sprache der Deuteronomisten stilistisch die Sprache etwa der Inschriften Asarhaddons fortsetzt, so nimmt jener Jahwe, der

nun gegenüber Assur zu profilieren ist, auch Züge Assurs an. Man lernt von den Assyrern, Landbesitz durch Eroberung zu legitimieren, und konstruiert eine Eroberung des verheißenen Landes durch Israel, die so nie stattgefunden hat (Num 21,21-35; Dtn 2,26 - 3,11; Jos 1-12). Der mit Zügen Assurs ausgestattete Jahwe befiehlt den Völkermord an den Vorbewohnern (Dtn 7,2.16.22f.24). Auch er hat sich so nicht zugetragen, aber das Konzept blieb virulent, die Makkabäer werden es anwenden (vgl. 2.9.2), besonders aber die Christenheit in ihren »heiligen Kriegen« gegen Muslime und Pruzzen, Albigenser und Waldenser. Die grauenhafte Geschichte einer Gottheit, die den Völkermord befiehlt, beginnt vor dem AT und führt über das AT hinaus. Das Engagement gegen die Unmenschlichkeit würde unglaubwürdig, wollte es die Augen davor verschließen, daß die biblisch-christliche Tradition an dieser Unheilsgeschichte nicht unbeteiligt ist.

Nicht physischen Völkermord (außer im Falle des bewaffneten Widerstandes), aber »kulturellen Völkermord« beabsichtigten die Assyrer schon. Neben dem Herrschaftsmittel des Terrors entwickelten sie im Laufe des 10. und 9. Jh.s das Herrschaftsmittel der Deportation zur Perfektion. An sich nichts neues: auch die Ägypter verschleppten Kriegsgefangene, *Shasu* und *'apirû* aus Kanaan, auch Mescha siedelte in eroberten israelitischen Festungen neue Untertanen an. Neu ist aber die Konsequenz, mit der die Assyrer die Oberschicht jeder neugewonnenen Provinz entfernten und durch Deportierte vom anderen Ende des Reiches ersetzten. Die Entfernung der einheimischen Elite sollte den Traditions-Zusammenhang der jeweiligen Kultur zerstören und so alle Welt zu »Untertanen der Stadt des Gottes Assur« machen. Kulturelle Identität, auch »Nationalität«, ist immer Sache der jeweiligen Elite (vgl. Exkurs 3). Den Deportierten ging es nicht schlecht, denn die ehemaligen Verwaltungsbeamten und Militärs wurden meist in ihren gelernten Berufen weiterbeschäftigt, wenn auch an anderen Dienstorten.

Als Konsequenz dieser Praxis entstand eine aramäische Standardsprache. Die ersten Nachbarn, die den Assyrern in die Hände fielen, waren Aramäer. Aramäer blieben in der Hauptsache ihre Opfer bis zum Ende des 8. Jh.s v. Chr. Durch die Verpflanzung aramäischer Eliten mit anfänglich eigenständigen Dialekten entstand bis zur

Wende vom 8. zum 7. Jh. eine aramäische Verkehrssprache, die nun allgemein, im Kernland zu Lasten des Assyrischen, gesprochen wurde. Das »Reichsaramäische« wurde zur internationalen Verkehrs- und Diplomatensprache, wie ein Hilferuf des Königs von Ekron an den Pharao aus dem Jahre 605 zeigt (TGI 43). Das Reichsaramäische ist keine Schöpfung des Perser-Reiches (vgl. 2.8), die Achämeniden haben es bereits vorgefunden (vgl. 2 Kön 18,26). Schon Sargon II (722-705) mußte seine Geheimagenten anweisen, ihre Berichte an den Hof nicht aramäisch (in Alphabetschrift), sondern auf Assyrisch (in Keilschrift) einzureichen, damit Unberufene sie nicht so leicht lesen konnten. Er beschäftigte aber am eigenen Hof neben Schreibern, die mit Griffeln Keile in Ton drückten, andere, die seine Taten mit Tinte auf Leder schrieben, also auf Aramäisch (Abb. 10).

Die Deuteronomisten haben offensichtlich assyrische Texte gekannt. Der propagandistische Impetus der königlichen Annalen wäre verpufft, hätten diese Texte nur auf den Wänden der Paläste in Assur, Ninive und Dur-Sarrukin gestanden, wären sie in den Grundsteinen der Tempel und Paläste begraben geblieben oder in den königlichen Archiven thesauriert. Man darf annehmen, daß aramäische Übersetzungen dieser Texte unter den Vasallen zirkulierten. Handfeste Belege für die Praxis alphabetschriftlicher »Volksausgaben« von keilschriftlichen Monumentaltexten liegen erst aus persischer Zeit vor, doch werden die Perser einmal mehr eine assyrische Praxis fortgesetzt haben. Warum sonst ließe Sargon seine Texte in zwei Schriften und Sprachen aufzeichnen?

Den Assyrern ist freilich zuzugestehen, daß sie das neuzeitliche Konzept des »Volkes« noch gar nicht kannten (vgl. Exkurs 3). Auch lag ihnen das Wohl ihrer Untertanen durchaus am Herzen: jemand mußte schließlich die Staatsausgaben erarbeiten (vgl. auch 2 Kön 18,31-32). Die Assyrer fanden sich in der gleichen Lage wie später Hellenen und Römer, Briten und Franzosen, wenn sie zurückgebliebenen Stämmen die Zivilisation, die Freiheit von ihrem ererbten Aberglauben und die Menschenwürde bringen wollten. Mit dem Assyrerreich, spätestens mit dem Perserreich tritt der Weltbürger auf, der seinen ethnischen Ursprung hinter sich läßt, nicht unbedingt verleugnet. Der griechische Dichter Meleager hat diese Einstellung anfangs des 1. Jh.s v. Chr. in die Worte gefaßt:

Bist du ein Syrer, grüß ich »Salâm!«; Phöniker: »Audonis!«; »Chaire«
dem Griechen, erwarte zur Antwort Gleiches darauf.
(Anthologia Graeca VII 419,7f)

Eine einzige Welt, Freund, ist unsere Heimat, gleiches Chaos gebar die
Sterblichen alle, und gleich.   (ebd. 417,5f)

Für die Hellenisten sind »Ethnien« die Stämme, die vom Prozeß
der Zivilisation (noch) nicht erfaßt sind. Seit dem Assyrerreich
besteht die Spannung zwischen einer weltbürgerlichen Elite und
denen, die sich ethnozentrisch verschließen vor der bedrohlichen
Vielfalt dieser Welt. Wie schmerzhaft die Horizonterweiterung
wurde, die mit dem Assyrerreich für die Bewohner der judäischen
Berge einsetzte, zeigt exemplarisch Jer 45. Baruch steht nun die
ganze Welt offen – aber um welchen Preis. Der Konflikt zwischen
kosmopolitischem Universalismus und Lokalpatriotismus prägt die
Erste Bibel. Er äußert sich in den theologischen Differenzen unter
den Büchern der Propheten Jeremia, (Deutero-)Jesaja und Ezechiël,
später im Konflikt zwischen dem Großgrundbesitzer Ijob und seinen Freunden, die in etwa das Sozialprogramm Esras und Nehemias vertreten.
Assyrische Herrscher hinterließen in neueroberten Provinzen ihr
Standbild als Herrschaftssymbol, so Sargon II in Samaria, der sich,
wie alle Assyrer-Könige, als Stellvertreter seines Gottes auf Erden
verstand. So waren sie auch abwesend anwesend, den Untertanen
und Beamten vor Augen. Nach altorientalischem Verständnis ist
der als »Standbild Gottes« in die Weltherrschaft eingesetzte
Mensch (Gen 1,26-28) nicht zu einer absoluten, gottgleichen
Herrschaft, sondern zu einem privilegierten Dienstverhältnis
bestellt, die Welt nicht seiner Willkür, sondern seiner Fürsorge
übergeben.

2.6.1. Von Tiglat-Pileser III bis Assurbanipal

Daß man Ende des 8. Jh.s v. Chr. in Samaria und Jerusalem nicht
sogleich verstand, was es mit der neuen Oberherrschaft auf sich hatte, hängt damit zusammen, daß man sie seit langem zu kennen
glaubte. So wie sich phönizisches Kapital und phönizischer Handel
in den letzten 200 Jahren stetig neue Märkte erschlossen hatten, so

lag es im Zug der Zeit, daß sich die Kontakte zwischen den Mittel- und Kleinstaaten im 9. Jh. v. Chr. intensivierten. Von Süden gesehen erschien es, als habe die politische Macht nicht einen (Assur), sondern zwei Kristallisationspunkte (Assur und Damaskus). In Palästina konnte man meinen, Damaskus sei im Begriff, ganz Syrien-Palästina vom Golf von Aqabah bis zum Eufrat zu unterwerfen. Assur erschien als natürlicher Verbündeter der Kleinstaaten, die sich von aramäischer Vorherrschaft bedroht sahen. Gemeinsam mit Damaskus hatte Israel 853 das Vordringen der Assyrer bei Qarqar gestoppt, gemeinsam mit Damaskus zahlte man 842 (und 796) Tribut. Hasaël von Damaskus hat später sogar den Eufrat überschritten. Kurz nach 800 rettete eine assyrische Intervention den König von Hamat vor einer Koalition, die von Damaskus angeführt wurde (vgl. RT E 2). Als Adadnirari vor Damaskus den Tribut von 796 einforderte, zahlten selbstverständlich auch die Vasallen und Hintersassen von Aram-Damaskus, Israel und Edom, dessen Staatenbildungsprozeß noch keineswegs abgeschlossen war (vgl. 2.6.2). Selbst in Ammon beschriftete ein Herrscher des 8. Jh.s v. Chr. seine Statue auf Aramäisch, nicht Ammonitisch. Assurs Druck auf Damaskus ermöglichte Jerobeam II, sich aus der aramäischen Abhängigkeit zu lösen, in die Israel nach Jehus Revolution geraten war, und im Norden und Osten zu expandieren (2 Kön 14,25; Am 6,13). 734 v. Chr. konnte man in Juda berechtigterweise von Assur Hilfe gegen Israel erwarten, die noch einmal die Koalition von 853 zu beleben versuchten (2 Kön 16,5-9); aber jetzt stand ihnen ein ganz anders organisierter Feind im Rücken.

Tiglat-Pileser III begründete die letzte und nachhaltigste Blüte des assyrischen Reiches. 738 v. Chr. hatte er Nordsyrien erobert und erhielt u. a. Tribut von Damaskus, Israel und dem arabischen Stamm Kedar (TGI 24). Freilich bezeichnen »Tribute« innerhalb des Staatshandels-Systems, wenn sie auf lange Distanz eingingen, oft nur die Begleitgeschenke von diplomatischen Delegationen oder Handelskarawanen, die der assyrische Hof aufgrund seines Selbstverständnisses nur als freudig dargebrachte Gaben von freiwilligen Untertanen verbuchen konnte. 734 rückte Tiglat-Pileser bis Gaza vor; umgehend zahlten die Handelszentren Westarabiens, die auf diesen Mittelmeerhafen angewiesen waren, »Tribut« (vgl. 2.6.3; TGI 25-27). Dieser Vorstoß provozierte den Widerstand von

Israel und Damaskus, die gewaltsam Juda zur Gefolgschaft zwingen wollten (sog. »syrisch-efraïmitischer Krieg«, vgl. 2 Kön 16,5-9; Jes 7; Hos 5). Tiglat-Pileser verwandelte 734/33 den Norden (Megiddo, Dor) und Osten (Gilead) Israels in assyrische Provinzen, 732 fiel Damaskus. Der Tod des Großkönigs 727 rief noch einmal Aufstände hervor, den seine Nachfolger Salmanassar V und Sargon II bis 720 erstickten. 716 erschien Sargon wiederum in Gaza, jetzt zahlte neben Saba auch Ägypten Tribut: es gab nunmehr nur noch eine Großmacht. Im gleichen Jahr drang eine assyrische Armee im alten Midian ein, Deportierte wurden in Samaria angesiedelt (TGI 34). 701 sah auch Hiskija ein, daß weiterer Widerstand nutzlos war (TGI 39), obwohl Jerusalem noch nicht gefallen war. In der Stadt könnte die noch einmal abgewendete Katastrophe freilich den Glauben genährt haben, daß der Zion und die Gottesstadt überhaupt unbezwinglich seien (vgl. 2 Kön 19,20-37; Jer 7; 26 und dagegen die realistische Schilderung der Lage Jes 1,5-9).

Babylon war seit Tiglat-Pileser mit Assur in Personalunion verbunden. Einen Aufstand Babylons bestrafte Sanherib mit der völligen Zerstörung der Stadt, die sein Sohn Asarhaddon (681-669) wieder aufbaute:

… Eine mörderische Schlinge war um ihren (der Babylonier) Leib gelegt. Man knebelte den Schwachen und schenkte ihn dem Mächtigen. In der Stadt gab es Bedrückung und Bestechung. Tag für Tag, unaufhörlich, stahl einer des anderen Eigentum. Der Sohn verfluchte auf der Straße seinen Vater … (an den Tempel) legten sie ihre Hand und stahlen sein Eigentum; (die Schätze) des Tempels verschleuderten sie nach Elam als Kaufpreis (für Militärhilfe gegen Assyrien)... Enlil sah es, sein Herz ergrimmte und sein Gemüt tobte; Enlil, Herr der Götter, Herr der Länder sann Böses, um Land und Leute zu vernichten; in seinem zornigen Herzen entschloß er sich, das Land niederzuwerfen und seine Bewohner zu verderben...
Die Götter und Göttinnen, die darin (in Babylon) wohnten, flogen wie Vögel fort und stiegen zum Himmel empor. Die Schutzgötter flohen und zogen seitdem anderswo umher. Die Leute, die dort wohnten, flohen nach einem anderen Ort, versteckten sich in einem unbekannten Land. Bis die Tage erfüllt sein würden, daß das Herz des großen Herrn Marduk sich beruhigen und er sich mit dem Land, dem er gezürnt hatte, versöhnen würde, sollten 70 Jahre verstreichen; doch schrieb Marduk alsbald »11 Jahre«, und faßte Erbarmen, sprach: »Friede!« (Asarhaddon, Babel-Text B, Episoden 3-10 nach *R.Borger*, Die Inschriften Asarhaddons, Königs von Assyrien. AfO Beih. 9, 1956 = Osnabrück 1967, 12-15).

Unter Sanherib waren assyrische Truppen bis ins Herz der nordarabischen Wüste, nach Duma (Gen 25,14; Jes 21,11) vorgedrungen und hatten die dortigen Götterbilder deportiert. Auch sie gab Asarhaddon seinen arabischen »getreuen Untertanen« zurück. Ein Reich zu bewahren braucht es andere Mittel als ein Reich zu erwerben. So sind aus seiner Zeit die meisten Vasallitätsverträge erhalten: Macht ist dauerhafter auf Recht gegründet als auf Gewalt. Aber Asarhaddon setzte zugleich die Eroberungspolitik fort, führte die assyrische Armee durch die Sinai-Wüste nach Ägypten:

> 30 Doppelstunden Landes, eine Strecke von 15 Tagen, zog ich durch gewaltige Sandmassen. 4 Doppelstunden Landes mit Alaunstein ... ging ich. 4 Doppelstunden Landes, eine Strecke von 2 Tagen, zertrat ich immer wieder Schlangen mit 2 Köpfen, deren ... Tod bedeutet, und zog weiter. 4 Doppelstunden Landes, eine Strecke von 2 Tagen mit ... gelben Schlangen, die mit den Flügeln schwirrten... Da kam mir der große Herr Marduk zu Hilfe ... belebte meine Truppen neu. (Asarhaddon Fragment F, Rs. 3-10, nach *Borger*, 112f).

Die Wüstenschilderung ist eine literarische Leistung, die zugleich zeigt, wie international die mit dem Topos »Wüste« verbundenen Vorstellungen waren (vgl. Num 21,6; Dtn 8,15; Jes 30,6; Her. II 75; III 109). Einen Aufstand Sidons warf Asarhaddon mit maritimer Hilfe von Tyrus, der Konkurrenz, nieder. Als Tyrus mit ägyptischer Rückendeckung seinerseits rebellierte, konnte der Assyrer die Stadt nur ergebnislos zu Lande blockieren und sich wutschnaubend auf Ägypten stürzen. Am Bericht über die Eroberung Ägyptens sind die herkömmlichen assyrischen Machtmittel »Übe Terror aus und sprich darüber!« abzulesen:

> Als der große Herr Assur, um die Herrlichkeit meiner mächtigen Taten den Leuten zu zeigen, mein Königtum herrlicher gemacht hatte als das der übrigen Könige der vier Weltufer, den Ruf meines Namens groß gemacht hatte, mir ein zorniges Zepter zum Zerschmettern der Feinde in meine Hände gelegt hatte, mir jedes Land, das gegen Assur verbrecherisch, leichtfertig oder frevelhaft vorging, überantwortet hatte, um es zu plündern und auszurauben und das assyrische Gebiet zu vergrößern, habe ich, nachdem Assur und die großen Götter, meine Herren, den Befehl zum Aufbruch gegeben hatten, ferne Wege, steile Berge und gewaltige Sandmassen, Orte des Durstes, willfährig und wohlbehalten zurückgelegt. – (Unter den Truppen) des Taharka, des Königs von Ägypten und Kusch (Meroë), Gegenstand des Fluches ihrer großen Gottheit, richtete ich von Iskhupri bis nach

seiner Residenz Memphis, eine Strecke von 15 Tagesreisen, täglich ohne Aufhören ein gewaltiges Blutbad an. Ihm selbst brachte ich 5 mal mit der Spitze meines Pfeiles eine unheilbare Wunde bei. Seine Residenz Memphis belagerte und eroberte ich in einem halben Tage mittels Untergrabung, Breschen und Leitern; ich verwüstete, zerstörte es und verbrannte es mit Feuer. ... Die Wurzel von Kusch riß ich aus Ägypten aus. Niemand ließ ich dort zurück, um mir zu huldigen. Über ganz Ägypten setzte ich Könige, Statthalter, Verwalter, Hafeninspektoren, Vorsteher und Beamte von neuem ein. Stiftungsopfer und feste Opfer für Assur und die großen Götter, meine Herren, setzte ich für ewig fest. Tribut und Abgaben an meine Herrschaft legte ich ihnen Jahr für Jahr, nie endend, auf. (Asarhaddon, Monument A, Rs.31-50 nach *Borger*, 98f).

Den Abstand zwischen Realität und Propaganda illustriert nicht ohne Ironie, daß Asarhaddon in einem Land, in dem er niemanden am Leben gelassen haben will, sogleich eine funktionierende Verwaltung einrichtet, die Staatseinnahmen erbringt. Asarhaddon führt nur einen Kriegsgrund an, um den letzten altorientalischen Staat von Bedeutung dem Imperium einzuverleiben: Assur will es! Wer sich dem Willen Assurs widersetzt, ob als König, Stadt oder Staat, ist des Todes.

Es gab keine zwei Reiche mehr, ob sie sich wie im 3. Jahrtausend gegenseitig ignorierten oder wie im 2. Jahrtausend anerkannten und kooperierten. Die Welt war eine geworden, wenn auch nur für kurze Zeit. Asarhaddon brachten die Lyder ebenso Tribut wie Elam an der Ostgrenze: die »Söhne Sems« Gen 10,22 stellen nichts weiter dar als eine Auflistung des assyrischen Reiches zur Zeit seiner größten Ausdehnung. Freilich ging Ägypten bald wieder verloren. Vor der assyrischen Invasion in Kleinkönigtümer zerfallen, wurde es unter der Herrschaft der 26. Dynastie (664-525) noch einmal geeint, die ihren Aufstieg als assyrische Vasallen begonnen hatte – und umgehend die Wiederherstellung der ägyptischen Herrschaft in Vorderasien in Angriff nahm (vgl. 2.7). Ihren Herrschaftsanspruch auf alle ehemaligen Provinzen des Neuen Reiches (vgl. 2.3.4) dokumentiert Gen 10,6 mit der Liste der »Söhne Hams«.

Für den letzten großen König auf dem assyrischen Thron, Assurbanipal (669-628/7), gab es faktisch nichts mehr zu erobern. War das bereits der Anfang von Assurs Ende? Er kämpfte am Anfang seiner Herrschaft noch einmal in Ägypten, er kämpfte an der ewig unruhigen Nordgrenze, wo in Urartu (biblisch: Ararat) an den

Grenzen von Assyrien im Verlauf der letzten 100 Jahre ein weiterer »sekundärer Staat« entstanden war, er eroberte 646 v. Chr. Elam, den ständigen Widersacher Babyloniens seit dem späten 3. Jahrtausend. Er warf einen babylonischen Aufstand blutig nieder und zerstörte 648 Babylon, das sein Vater Asarhaddon gerade erst aufgebaut hatte, abermals. Er schlug sich mit den Proto-Beduinen Nordarabiens herum und ließ eine Armee die syrische Wüste, über Palmyra in den Hauran, durchqueren: große Taten für die Historiographen, aber gering war die Ausbeute für den assyrischen Staatsschatz! Assurbanipal wollte als Gelehrter ebenso glänzen wie als Krieger: für seinen privaten Gebrauch ließ er das gesamte Schrifttum in sumerischer und akkadischer Sprache zusammentragen, das sich in den Bibliotheken fand. Dieser königlichen und doch privaten Bibliothek – denn sie diente nicht mehr den Bedürfnissen der Verwaltung oder des Kultes – verdanken wir zum größten Teil unsere Kenntnis der Keilschriftliteratur. Die Tausende von Tafeln und Fragmenten gelangten als archäologischer Fund in die Magazine des Britischen Museums; dort warten sie seitdem in ihrer Mehrzahl darauf, daß sie jemand liest und womöglich veröffentlicht.

Besonders von Assurbanipal sind mehrere »Auflagen« seiner königlichen Tatenberichte erhalten, so läßt sich verfolgen, wie seine Leistungen von Ausgabe zu Ausgabe größer werden, die Berichte komplexer, geschlossener, glatter, sinnvoller, »historischer« – und wie sich diese Historiographie im Laufe ihrer Weiterentwicklung in den Händen der Literaten immer mehr von den Notizen und dürren Berichten der Untergebenen löst, die einmal deren Quellen waren. Wir können beobachten, wie Geschichtsschreibung immer mehr verunklart, was geschehen war, und immer deutlicher formuliert, was hätte geschehen sollen. Geschichtsschreibung im Alten Orient ist rückwärtsgewandte Utopie: die Beschreibung einer Welt, wie sie hätte sein sollen, damit sie auch so bleibt. Die gleiche Beobachtung läßt sich im AT durch einen Vergleich von 1/2 Chr mit deren Quellen, Gen bis 2 Kön, anstellen. Dies freilich ist eine Sicht der Dinge, die den Keim ihres Unterganges schon in sich trägt.

2.6.2. Edom

Während sich Israel und Moab, Aram-Damaskus und Ammon formierten, nachdem die Imperien des 2. Jahrtausends zusammengebrochen waren und bevor sich *das* Imperium des 1. Jahrtausends bemerkbar machte, verdanken Edom und Juda ihre Staatlichkeit den Assyrern. Im Falle Moabs sind politische Erklärungen vonnöten, um die Abwesenheit eines Staates zu erklären. In Edom, mit geringem landwirtschaftlichen Potential ausgestattet, machen nur makro-politische Rahmenbedingungen die gelegentliche Anwesenheit staatlicher Strukturen verständlich.

Juda führt seinen Anspruch auf die Oberhoheit über Edom auf David zurück; es hat eine derartige Souveränität im 9. Jh. v. Chr. wohl auch ausgeübt, bis ein edomitisches Wahlkönigtum die judäische Herrschaft ablöste (vgl. 2 Kön 8,20). Herrschaftsmittel scheinen in dieser Periode, wie schon zur Zeit Ramses II und III, sporadische »präventive Vergeltungsaktionen« gewesen zu sein (2 Sam 8,13; 2 Kön 14,7) – denn zu beherrschen gab es im 10. und 9. Jh. v. Chr. auf dem edomitischen Plateau eigentlich nichts: eine Handvoll Dörfer, die sich an dessen Nordrand klammerten, keine Residenz, keine Festung, keine Stadt. Immerhin hat sich die Mittellage Judas zwischen Jakob/Israel und Esau/Edom, vielleicht auch der davidische Herrschaftsanspruch über beide Nachbarn in der Zuordnung der »Brüder« Jakob und Esau zum Vater Isaak/Juda niedergeschlagen (Gen 25,21-26). Nach dem bis heute im Orient gültigen Schema, wonach mein Nachbar mein Feind, der Nachbar meines Nachbarn ergo mein Freund sein muß, hat sich das edomitische Stammeskönigtum mit Juda und Moab (Am 2,1) geschlagen, sich aber in eine lose Abhängigkeit von Damaskus begeben, weswegen es im Gefolge von Damaskus 796 zum erstenmal in einer assyrischen Tributliste erscheint.

734 v. Chr. wird Edom zusammen mit Südpalästina und Nordwestarabien von Assyrien abhängig, das Land prosperiert. Edom erhält eine Residenzstadt, Bozra, bei deren Bau offensichtlich Architekten mitwirkten, die von Norden kamen; in Edom hatte bislang zur Ausbildung von Baukünstlern wenig Anlaß bestanden. Für den Hof, seine Funktionäre und die mit dem Hof kooperierende Tribal-Aristokratie wird eine neue, teils sehr feine und bemalte

Keramik produziert, die ihre assyrischen Vorbilder in Form und Verzierung nicht verleugnet. Das Land, auch wenn die Residenz Bozra dessen einzige Stadt bleibt, überzieht sich mit Dörfern und Gehöften bis zum Abbruch der syrischen Tafel zur nordarabischen Wüste. Auch unterhalb der 400-mm-Regenlinie wird jetzt Landwirtschaft getrieben, obwohl nur unter großen Investitionen und mit geringem Ertrag möglich. Bis in den zerklüfteten Abbruch des transjordanischen Plateaus hinein legen die Edomiter Vorratshäuser, Gärten und terrassierte Felder an (vgl. Obd 3f). Wozu das alles?

Edom kamen im 7. Jh. v. Chr. zwei wichtige wirtschaftliche Funktionen zu: es war Kupferlieferant und Durchgangsland des arabischen Handels. Die wichtigste Quelle für Kupfer waren im Nahen Osten nach wie vor die Phönizier, die den zyprischen Seehandel in Händen hatten. Trotz zähneknirschender Rücksichtnahme der Assyrer gab es doch Revolten (vgl. 2.5.1; 2.6.1). Die bedeutendsten Kupfererzlager außerhalb Zyperns lagen im *Wadi 'Arabah*, unterhalb des edomitischen Plateaus, im *Feinân*-Gebiet. In Punon (Num 33,42f) spielt die Episode mit der kupfernen Schlange (Num 21,4-9), wenn man der Pentateuch-Schlußredaktion folgt. Diese Lager waren in der Eisen-I-Zeit von negebitischen Gruppen ausgebeutet worden (vgl. 2.4.1), jetzt kontrollierte sie der neu entstandene Staat auf dem Plateau. Das Kupfergebiet war so unwirtlich und unzugänglich geblieben wie zuvor. Nur im Rahmen der gesicherten Verkehrsverbindungen zwischen Assur und seinen Vasallen, des garantierten Marktes durch die Bedürfnisse der assyrischen Armee und des Versuchs, das phönizische Kupferhandelsmonopol zu brechen, war die edomitische Kupferindustrie wirtschaftlich lebensfähig. Die »Straße der Könige« (Num 20,17) von Elat nach Damaskus kam jetzt in Gebrauch; Mescha (vgl. 2.5.3) hatte noch alle Hände voll zu tun, für Straßenverbindungen zwischen dem nördlichen und dem südlichen Moab zu sorgen. Die Arbeiter in den Minen und bei den Schmelzen mußten versorgt werden: daher die plötzliche landwirtschaftliche Aktivität im 7. Jh.v.Chr. in einem Land, das nicht dazu einlädt. 200 Arbeiter und Soldaten würden für 4 Monate mindestens 30 t Getreide brauchen, Öl und Wein noch nicht gerechnet.

Dann mußten auch die arabischen Kamelkarawanen versorgt werden, die seit der zweiten Hälfte des 8. Jh.s v. Chr. Gold,

Weihrauch und Myrrhe – d.h., Aromata brachten und Gold zurückführten. Wie später die Nabatäer, Edoms politische Erben, kontrollierten die Edomiter jenen Punkt, an dem sich die westarabische »Weihrauchstraße« verzweigte, um in Gaza das Mittelmeer, in Damaskus das syrische Straßennetz zu erreichen. Karawanen, die durch Bozra passierten, haben dort Kamelstatuetten als Votivgaben hinterlassen. Edom selbst partizipierte an diesem Handel nach Kräften, wie Ez 27,16 zu entnehmen ist.

Entlang der Handelswege expandierten die Edomiter: nach Westen in den judäischen Negev, wo sie seit dem 7. Jh. v. Chr. anzutreffen sind und den sie 586/582 v. Chr. als Lohn ihrer Loyalität gegenüber der Großmacht, die jetzt Babel heißt, mitsamt dem Süden Judäas bis Hebron in Besitz nehmen konnten; und nach Süden, wo sie in der Oasenstadt Dedan wohl nicht nur ein Konsulat unterhielten (Jer 49,8; Ez 25,13). Anfang des 6. Jh.s v. Chr. betrachteten sie das nordwestliche Arabien, Ijobs Heimat, das Land Uz als Teil ihres Territoriums (Ijob 1,1; Gen 36,28; Klgl 4,21). Dann endete Edoms Herrlichkeit so abrupt, wie sie begonnen hatte. 552 annektierte der letzte neubabylonische König, Nabonid, das Land, das unter indirekter Herrschaft geblüht hatte, als Provinz aber verfiel (vgl. 2.6.3).

Und die Edomiter? Es wäre ein Irrtum, anzunehmen, daß die importierte Staatlichkeit des 7. Jh.s v. Chr. dem edomitischen Stämmesystem den Garaus gemacht hätte. Diese Stämme sind in Gen 36 als »Söhne Esaus« (und dessen Enkel, Urenkel und Ururenkel) getreulich verzeichnet. Vermutlich stammt der Grundbestand dieser »ethnographischen Statistik« aus dem 7. Jh. v. Chr., also der Blütezeit des Staates. Und die Stämme haben den Staat überlebt: die Sippe Manahat ben Schobal findet sich ebenso unter den Edomitern des 7. wie unter den Idumäern des 4. Jh.s v. Chr. (vgl. Gen 36,23 mit 1 Chr 2,52.54). Der Name des edomitischen Gottes Qaus (später Qôs) ist nach dem Untergang des Staates unter Idumäern und Nabatäern noch häufiger belegt als bei den Edomitern der staatlichen Zeit. Damit deutet sich an, daß die Edomiter nicht nur in den südpalästinischen Idumäern der persischen und hellenistischen Zeit fortlebten, sondern auch in den arabischen Nabatäern, die in ihrem Stammland die Macht übernommen hatten – wie die religiöse Kontinuität nahelegt, ohne Völkermord. Wie im Falle Judas hat auch in

Edom die ethnische Kohärenz und der Kult des ehemaligen Staatsgottes den Untergang des Königtums überlebt. In beiden Fällen mag die Einstellung der persischen Zentralverwaltung zur kulturellen Autonomie ihrer Untertanen beigetragen haben, daß deren Traditionen gewahrt, sogar gefestigt wurden.

Edom wird im AT seltsam ambivalent gesehen: einmal als Bruder, der sogar zur Gemeinde Jahwes Zutritt hat (Dtn 23,7f), andererseits als Erzfeind, dessen blindem Haß mit Haß zu begegnen ist (Am 1,11f; Ps 137,7; Obd). Die Feindschaft erklärt sich aus der edomitischen Okkupation des judäischen Südens nach 586/82. Sie erklärt sich weiter mit dem neidischen Blick auf die prosperierende edomitische Kupferindustrie, recht zutreffend, wenn auch hinsichtlich der ergrabenen Schätze übertrieben geschildert in Ijob 28,2-11. Die »edomitische Weisheit«, die Jer 49,7; Obd 8 verspotten, bestand aus technologischen Kenntnissen, nicht Spruchbüchern. Edomitische Taten, mit zur Begründung der Feindschaft aufgeführt, sind hingegen Projektionen, die den Haß schon voraussetzen. Die Bruderschaft Edoms ist schwerer zu verstehen: ein Nachklang aus den Zeiten des davidischen Herrschaftsanspruches? Aber damals hatte man, wie auch später (vgl. 2 Kön 14,7), die Edomiter gar nicht brüderlich behandelt. Eine Rückprojektion der »Zwangsbekehrung« der Idumäer durch Johannes Hyrkan 129/8 v. Chr.? Aber die Texte sind denn doch älter. So sei auf einen Sachverhalt hingewiesen, über dem die Akten der wissenschaftlichen Diskussion zwar noch nicht geschlossen sind, der aber erwägenswert ist. Die Götter der Ammoniter und Moabiter, Milkom und Kemosch, werden im AT explizit unter den »Scheusalen der Völker« genannt, zu denen Israel nicht abfallen dürfe (1 Kön 11,7; 2 Kön 23,13). Der edomitische Gott Qaus kommt im AT hingegen nicht vor. Dafür gibt es Traditionen, wonach Jahwe selbst im edomitischen Gebirge, in Seïr, zuhause sei (Ri 5,4f). »Qaus« heißt »Bogen«, der Bogen ist ein Attribut des Wettergottes; »Jahwe« könnte ein alter Beiname des Wettergottes gewesen sein, bis er sich als Gott Israels von seinen Ursprüngen emanzipiert hat. Gab es unter den Autoren und Tradenten des AT Personen, die noch wußten oder glaubten, daß die Götter Edoms und Israels einmal der gleiche Gott gewesen waren?

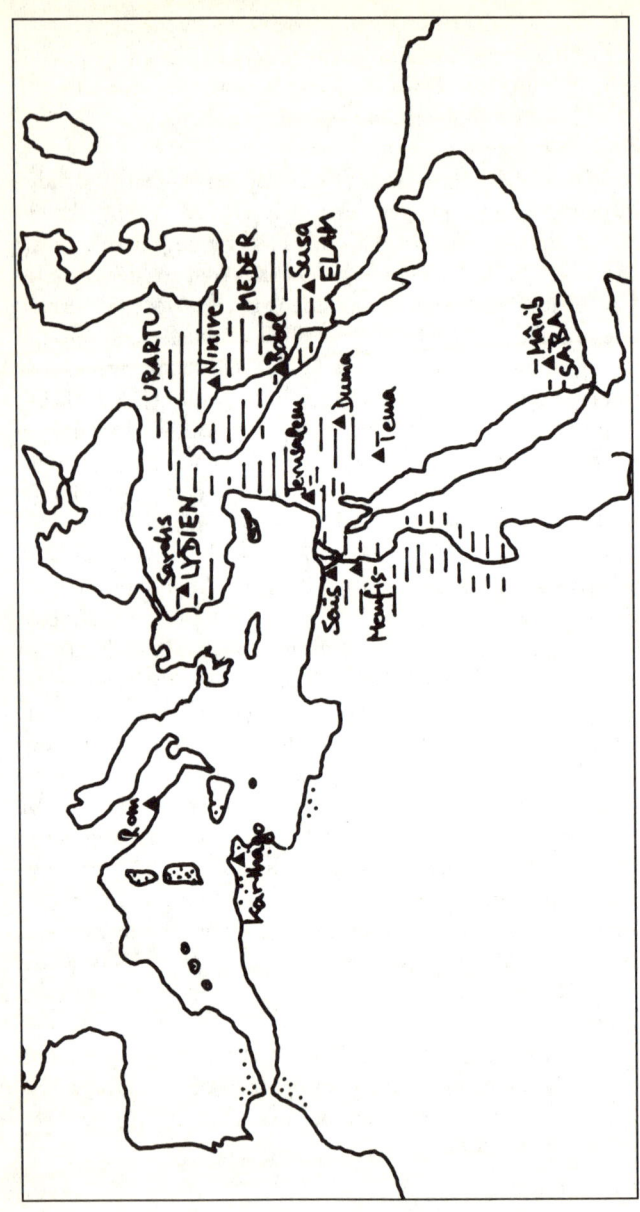

Abb. 11: Assyrien und die Welt um 650 v. Chr.
Assyrien und seine Vasallen (die »Vasallität« ist oft nur nominell)   :·:·:·   Phönizische Kolonisation.

2.6.3. Arabien

Um 750 erreichen phönizische Kolonisatoren Südspanien, die ersten Handelskarawanen aus Südarabien den Eufrat. Das mediterrane Wirtschaftssystem reicht jetzt von Gibraltar bis Aden. Als Tiglat-Pileser III 734 Gaza einnimmt, zahlen umgehend eine Reihe westarabischer Städte und Stämme bis hinunter nach Saba »Tribut«. Gaza war der Endpunkt der »Weihrauchstraße«, des westarabischen Karawanenwegs, auf dem Arabiens Wohlgerüche die Abnehmer in der Mittelmeerwelt erreichten. Die Sabäer arrangierten sich so umgehend mit dem neuen Herren ihres wichtigsten Export-Hafens, daß sie bereits 734 einen Stützpunkt in Nordarabien, etwa in Dedan, unterhalten haben müssen.

Weihrauch war nicht das einzige Produkt, das auf dieser Karawanenstraße gehandelt wurde (vgl. Ez 27,20-22), aber das exotischste. Das Deutsche unterscheidet nicht zwischen Weihrauch als beliebiger Räuchermaterie (englisch *incense*) und dem »echten Weihrauch« (englisch *frankincense*), dem Harz einer Baumart, die ausschließlich beiderseits des Südendes des Roten Meeres vorkommt, im heutigen Somalia, südöstlichen Jemen und Oman. Nachdem der Duftstoff sich einen Markt geschaffen hatte, verhalf die mediterrane Nachfrage den südarabischen Produzenten zu einem Monopol und den arabischen und phönizischen Zwischenhändlern zu einer lukrativen Einnahmequelle ohne großen Arbeitsaufwand. Bis ins 6./5. Jh. v. Chr. glaubten die Griechen, Weihrauch wüchse im Libanon (was nie der Fall war): die phönizischen Zwischenhändler hatten ihre Abnehmer über die Herkunft der begehrten Substanz im Unklaren gelassen. Die Preisstruktur des Weihrauchhandels wird sich seit dem 8. Jh. v. Chr. wenig verändert haben. Die Produzenten, die in den ariden und semiariden Gebieten als Sklaven oder Tagelöhner oder »Nomaden mit Nebenerwerbswirtschaft« die Bäume ritzten und das Harz einsammelten, erhielten am wenigsten – fast nichts (heute maximal 2% vom Großhandelspreis). Reich wurden die Sabäer, indem sie die Ausfuhr aus Südarabien monopolisierten, reich wurden die Beduinenscheichs, die von den Karawanen Zölle, »Schutzgelder« und Kamel-Miet-Gebühren erhoben, aber am reichsten wurden die Händler, die die Distribution im Mittelmeerraum besorgten.

Schon die Ägypter des Neuen Reiches erhielten gelegentlich echten Weihrauch durch maritime Expeditionen in ein Land, das sie »Punt« nannten und das im Umfeld des Horns von Afrika zu suchen ist. Aber einen regulären Handel gab es in der Spätbronzezeit noch nicht. Erst im 8. Jh. v. Chr. war der mediterrane Wirtschaftsraum nach Kaufkraft und Bevölkerungszahl so weit gewachsen, daß er kontinuierlich einige hundert Zentner dieses Luxusprodukts aufnehmen konnte. Weihrauch wurde große Mode, und alle Zivilisationen, die ihn bezogen, rezipierten zugleich die sabäische Bezeichnung für den Stoff: *libân*. Weihrauch wurde sicher auch darum begehrt, weil er teuer war. Man wollte im Prestige-Konsum nicht hinter dem Nachbarn, Konkurrenten oder Kollegen zurückstehen. Beim Räucheropfer verdrängte oder bereicherte (vgl. Ex 30,34; Lev 2,1f; 24,7) Weihrauch ältere Mischungen von Räucherwerk; beim Brandopfer, wie es in Israel und Griechenland üblich war, erfreute er sich als Zusatz zu den zu verbrennenden Schafen oder Stieren wachsender Beliebtheit – leicht vorstellbar, warum. Hinzu kamen bis heute kosmetische Verwendungen als Beräuchern des Gastes im Beduinenzelt, als Bestandteil von Salben und Parfums im Westen. Eine kaufkräftige Oberschicht hat oft das Bestreben, sich auch geruchsmäßig vom »Volk« abzugrenzen.

Weihrauch ist ein typisches Produkt des Karawanenhandels, überhaupt des Fernhandels der Antike: ein kleines Gewichts-Volumen repräsentiert ein großes Kapital-Volumen. Auf der Weihrauchstraße floß der Weihrauch von Süden nach Norden, Kapital wie Ideen von Norden nach Süden. Im Falle Sabas können wir einmal mehr »sekundäre Staatenbildung in Fernstellung« studieren (vgl. 2.1.2), durch Fremd- und Selbstzeugnisse recht gut dokumentiert. Die Beschäftigung mit der Geschichte des alten Südarabien wird von den drei chronologischen Systemen erschwert, die in der Forschung noch nebeneinander stehen: der »langen« Chronologie, nach der die Anfänge des sabäischen Staates schon in das ausgehende 2. Jahrtausend v.Chr. fallen sollen; der »mittleren« *Hermann von Wißmanns*, die durch die Ergebnisse der jüngsten Ausgrabungen im Jemen zunehmend bestätigt wird; und die »kurze«, nach der auch die altsüdarabische Schrift ein Abkömmling der phönizischen sein soll, die sabäische Staatenbildung dann in die Perserzeit fällt (vgl. dagegen 3.2.2 mit Abb 16).

Im 2. Jahrtausend v. Chr. hatte sich im Südwesterker der arabischen Halbinsel, wo die Monsunregen landwirtschaftliche Überschußproduktion ermöglichen, eine Dorfkultur entwickelt, die etwa dem zivilisatorischen Niveau des syrisch-palästinischen späten Neolithikums bzw. Chalkolithikums vergleichbar war (vgl. 1.2). Im 9./8. Jh. v. Chr. hatte sich in Saba eine differenzierte tribale Klassengesellschaft (vgl. Exkurs 2) mit herrschenden und abhängigen Stämmen gebildet. Wie in Palästina sind die Stämme Südarabiens primär territoriale Zusammenschlüsse von Bauern. Die Familien der Stammes-Aristokratie teilten die kultischen und politischen Ämter unter sich auf, z.T. im Turnus-System, um der »Egalität der herrschenden Klasse« Rechnung zu tragen. An der Spitze der sabäischen Stämme stand ein Häuptling, dessen Titel *Mukarrib* verschieden gedeutet werden kann (»Vereiniger«? »Opferherr«?).

Nach den ältesten sabäischen Inschriften, die ins 8. Jh. v. Chr. fallen (allenfalls einige Monogramme und Graffiti könnten älter sein), hat der Mukarrib überwiegend rituelle Aufgaben: er feiert »heilige Gastmähler«, er vollzieht die »heilige Jagd« und trägt damit zur Spendung des allesernährenden Regens bei (vgl. 4.1), er richtet die »Gemeinden« der großen und kleinen Götter, der Stämme, Sippen und Familien ein und stabilisiert damit die Gesellschaftsordnung. Vom 8. Jh. v. Chr. bis zu Karib'il Watar nehmen die Inschriften an Länge und Komplexität zu und an Formelhaftigkeit ab. Zugleich erreicht ihre technische Ausführung eine Perfektion, die eine (am Hof zu suchende?) Steinmetz- und Schreiberschule voraussetzt. Im gleichen Zeitraum rücken die Sabäer in den assyrischen Inschriften von einer Ethnie (734) über ein Häuptlingstum (716) zu einem Königtum auf (zwischen 689 und 683). Karib'il wird nicht nur von den Assyrern als »König« bezeichnet, er ist auch der erste sabäische Herrscher, der sich »König« nennt, ohne daß mit der Einführung des neuen Titels die Bezeichnung *Mukarrib* austirbt. Mit *Karib'il* nehmen die Länge der sabäischen Inschriften und ihr historischer Gehalt inflationsartig zu. Sie berichten detailliert über Eroberungen in einer Weise, daß man meint, Karib'il sei bei den Assyrern in die Lehre gegangen: »Sei grausam und sprich darüber«.

Die unterworfenen Nachbarn übernahmen mit der sabäischen Vasallität anfänglich auch die sabäische Sprache und Schrift. Erst gegen Ende des 6. Jh.s v. Chr. emanzipieren sie sich, jetzt wird auch minäisch, qatabanisch und hadramitisch geschrieben. Um 400 v. Chr. schüttelten die Vasallen das sabäische Joch fürs erste ab (vgl. 2.8.1). Von einem sabäischen »Großreich« sollte man auch vorher nicht reden, Saba blieb, auch wenn es zeitweise weite Gebiete in Südarabien und an der gegenüberliegenden afrikanischen Küste beherrschte, bis zum Ende seines Bestehens ein Stämmestaat.

Seit dem 9. Jh. v. Chr. bildeten sich im Norden, in der syrischen Wüste am Rand der levantinischen Kleinstaaten (vgl. Gen 16,12), kamelzüchtende Stämme mit Großherdenhaltung und entsprechend ausgeprägter sozialer Schichtung mit Stammesaristokratie, einfachen Stammesmitgliedern, Sklaven und Beisassen. Besaßen die Amalekiter im 10. Jh. v. Chr. noch ungefähr 400 Kamele (1 Sam 30,17), so steuerte der Araber Gundab zur Schlacht von Qarqar 853 bereits 1000 Kamele bei, und Tiglat-Pileser erhielt 733/32 gar 10 000 Kamele neben Schafen und Rindvieh als Tribut von der »Araberkönigin« Shamshi. Den Hauptanreiz zur Großherdenhaltung des Kamels haben dessen Transport-Kapazitäten abgegeben, die nicht nur auf der Weihrauchstraße, sondern auch im Handel zwischen Babylonien und Assyrien mit Syrien über Palmyra, mit Ägypten durch den Negev und Sinai eingesetzt wurden. Ohne die logistische Unterstützung arabischer Stämme hätten Asarhaddon und Assurbanipal ihre Ägyptenfeldzüge nicht durchführen können. Auch wenn die nordarabischen Stämme ihren seßhaften Nachbarn vor allem als Räuber und Plünderer auffielen, die sich in den Tiefen der Wüste ihren Verfolgern entziehen konnten (vgl. Ri 6,1-6), setzt die »beduinische Ökonomie« ein florierendes Weltwirtschaftssystem mit Fernhandel voraus, von dem die Beduinen friedlich wie unfriedlich profitieren. Die Gewalt ist die Ausnahme, nicht die Regel – aber die Ausnahmen, die »unerhörten Begebenheiten« herrschen in den Schriftquellen vor, denen das Gewöhnliche, Alltägliche nicht der Aufzeichnung wert ist. Trotz der »Freiheitsromantik«, wie sie konstitutiv zum beduinischen Selbstbild gehört und sich im AT etwa in der Selbstdarstellung der Rechabiter (Jer 35,6-10) ausdrückt und in der Schilderung Ismaels als »Wildeselmenschen« (Gen 16,12), ist gerade die beduinische Kultur extrem kontextabhängig und kontextbedingt. Nordarabien als politische Landschaft, die durch beduinische Großstämme und Fernhandel treibende Oasen-Städte charakterisiert ist, entstand mit dem Aufkommen des neuassyrischen Reiches und endete mit dem Zusammenbruch des Osmanenreiches. Zu den Stämmen, die im 8. und 7. Jh. v. Chr. in assyrischen Texten erscheinen, gehören Ismael und von seinen »Söhnen« die Stämme Kedar, Nebajot, Massa, Adbeel/Nodab, Nafisch, die Städte Duma und Tema (Gen 25,13-15).

Vielleicht schon im 7. Jh., spätestens im 6. Jh. v. Chr. kam im Mittelmeerraum die Legende der *Arabia felix* auf, des »glücklichen Arabien«. Ein Land am Rande der bewohnten Erde, in dem der kostbare und den Göttern wohlgefällige Weihrauch wuchs, war anders als beispielhaft gesegnet nicht vorstellbar. Berichte früher Reisender mögen das ihre zur Legendenbildung beigetragen haben, wenn sie vom Luxus der nordarabischen und der sabäischen Aristokratie berichteten. Denn »glücklich« war auch dieses Arabien nur in der Legende: dem Konsumenten-Preis des Weihrauchs stand kein entsprechendes Einkommen auf seiten der Produzenten gegenüber. Das Kapital, das im Gegenzug nach Arabien floß, ermöglichte der Oberschicht innerhalb einer nicht allzu zahlreichen Bevölkerung die Entfaltung von augenfälligem Luxus und trug damit zu deren Ansehen bei. Sinnvoll investieren konnten auch die Ölscheichs der Antike ihren Reichtum nicht. Wer, von der Legende verführt, in Arabien nach wirklichen Reichtümern suchte, wurde, wie der neubabylonische König Nabonid (vgl. 2.7.2) oder 25/24 v. Chr. der Feldherr des Augustus, Aelius Gallus, bitter enttäuscht.

Im AT hat sich die Legende vom »glücklichen Arabien« im Besuch der »Königin von Saba« (1 Kön 10,1-10.13) niedergeschlagen, der sowenig stattgefunden haben kann, wie es zur Zeit Salomos schon »Tarschisch-Schiffe« (1 Kön 10,22) gegeben hat. Königinnen gab es in Saba nicht, schon gar nicht im 10. Jh. v. Chr., wohl aber Stammesführerinnen unter den Nordarabern des 8. und 7. Jh.s v. Chr. Nachdem die Legende Salomo zum exemplarisch weisen und reichen Herrscher gemacht hatte, muß sein Reichtum von den realen Krösussen der Welt zwischen dem 7. und 5. Jh. v. Chr., Phöniziern und Sabäern, bestätigt werden. Die »Königin von Saba« nimmt den sabäischen Beitrag zur eschatologischen Völkerwallfahrt zum Zion (Jes 60,6) vorweg; dieser Text stammt aus frühpersischer Zeit, als das alte Saba auf dem Höhepunkt seiner Macht und seines Ansehens stand. Wenn für Jona Tarschisch der fernste Ort im Westen ist (Jona 1), wenn für Joel 4,8 die Sabäer das entfernteste

Volk im Osten sind, dann bewegen sich diese Autoren der persischen und hellenistischen Zeit immer noch in den Grenzen jener Welt, die sich im 8./7. Jh. v. Chr. konstituiert hat und die auch die Welt der Salomo-Erzählung ist.

2.7. Zwischenspiel: Babylon, Ägypten und Medien

Aus dem Zusammenbruch des Assyrerreiches gingen drei Nachfolgestaaten hervor: Neu-Babylonien, Medien und Ägypten, die noch einmal für 100 Jahre ein »Gleichgewicht der Großmächte« erreichten, das an die zweite Hälfte des 2. Jahrtausends erinnert (vgl. 2.3.4). Aber dieses Zwischenspiel war kurzlebig. 539 übernahmen die persischen Nachfolger der Meder den neubabylonischen Herrschaftsbereich, 525 eroberten sie Ägypten und vollendeten, wenn auch mit anderen Herrschaftsmitteln, die von den Assyrern angestrebte und vorbereitete politische Einigung des Alten Orients.

Das neubabylonische Reich setzte, wenn auch mit verminderten Kräften, die assyrische Expansions-Politik fort: jetzt werden auch Juda, Ammon, Moab, Edom und Nordarabien Provinzen des Imperiums. Zu mehr als marginalem Nachruhm kamen die Neubabylonier wie Pontius Pilatus ins Credo: durch zweimalige Eroberung Jerusalems (597 und 586) und dreimalige Exilierung von Angehörigen der judäischen Oberschicht (597, 586, 582) wurde Babylon, mehr noch als Assur, zum paradigmatischen Verfolger-Staat des Gottesvolkes.

2.7.1. Der Untergang Assyriens

Imperien fallen schnell: verläßt der erste Stein das Gefüge, bricht bald das ganze Gewölbe ein (vgl. Dan 2; 7). Unter Assurbanipal erreichte das Assyrerreich seine größte Ausdehnung, eroberte Elam im Osten und erhielt von Lydien im Westen Tribut (vgl. Gen 10,22). Aber Psammetich I, der 664 als assyrischer Vasall den Thron bestiegen hatte, einte Ägypten erneut und griff bald in gewohnter ägyptischer Manier nach Vorderasien aus, ohne daß Assurbanipal es hindern wollte oder konnte. 652-648 absorbierte der Bruderkrieg mit Shamashumukin die assyrischen Kräfte, 646 wurde Elam niedergeworfen, danach reichten die Reserven nur noch für Polizeiaktien in der Wüste. 29 Jahre soll Psammetich nach Herodot (II 157; vgl. Jer 25,20) die Stadt Azotos (Aschdod) belagert haben, ehe sie fiel. Von Assurbanipal, der sich in seinen Inschriften auf der Höhe der Macht darstellt, kennen wir nicht einmal das Todesjahr mit völliger Sicherheit (628/7 v. Chr.?). Freilich wird die Überlieferung schon nach ca. 640 auffallend stumm und spärlich. Zuvor hatten seine Redakteure die Kunst der Historiographie zu der Vollendung geführt, die ihr in Assyrien beschieden war (vgl. 2.6.1).

An Vorzeichen der Krise fehlte es nicht: Asarhaddon und Assurbanipal zeigen ein fast neurotisches Interesse für Orakel und astronomische Konstellationen, für »glückliche« und »unglückliche« Tage, schicksalhafte Bedrohungen ihrer Person und Macht, die durch umständliche Rituale abgewendet werden müssen. Man fragt sich fast, wann sie noch die Zeit gefunden haben, zu regieren. Ihr Verhalten läßt sich als Symptom einer tiefen Verunsicherung verstehen, von der die assyrische Elite befallen war: man weiß, man hat die Dinge nicht mehr im Griff, man weiß aber keinen besseren Griff. Man weiß, daß die Annalen und die Inschriften lügen, man hat aber keine Sprache für die Wirklichkeit. Auch im konfuzianischen China konnte der Kaiser nicht anders als siegen, die kaiserlichen Truppen haben in den Berichten der Generäle nach Beijing nie anders als gesiegt – bis die »weißen Teufel« vor aller Augen in die Hauptstadt einrückten. Da war nicht nur ein Krieg verloren, sondern ein Staat, eine Kultur.

Zur Verunsicherung mag beigetragen haben, daß sich im 7. Jh. v. Chr. und in der »deuteronomistischen« Literatur des AT Hinweise auf Epidemien häufen (vgl. Dtn 28,21; Jer 21,6 u.ö.), wie sie aufgrund der weltweiten Ausdehnung des Handels im 8. Jh. und aufgrund der assyrischen Deportationspraxis auch zu erwarten sind. Lokal verbreitete Krankheitserreger kamen jetzt mit Bevölkerungen in Berührung, die noch nicht gegen sie resistent waren. Kriege und Epidemien führen in der Regel nur dann zu einem mittelfristigen Bevölkerungsschwund, wenn sie mit politischen und wirtschaftlichen Krisen einhergehen. Aber das Gefühl einer numinosen Bedrohung des einzelnen blieb.

Militärtechnische Innovationen kamen hinzu. Die assyrische Armee beruhte neben dem obsoleten, aber aus Prestige-Gründen immer noch beibehaltenen Streitwagen-Korps (vgl. 2.3.1) auf einem schwergepanzerten Fußvolk von Bogenschützen, die mit dem teuren, aber effektiven Kompositbogen ausgerüstet waren und denen zur Verteidigung im Nahkampf Schild- und Speerträger beigegeben waren. Hinzu kam eine Reiterei, eine Waffengattung, die Aramäer und Assyrer im Laufe des 9. und 8. Jh.s v. Chr. von ihren nördlichen Nachbarn übernommen hatten, und für Belagerungen eine technische Truppe von Mineuren und Pionieren, die damals ohne Parallele war. Der Kompositbogen hat eine maximale Reichweite von 400 m (im Bogenschuß), eine effektive Reichweite (im Flachschuß) von 50-100 m und er kann auf Entfernungen unter 50 m auch Schuppen- und Kettenpanzer durchschlagen. Dieser Ausrüstung hatte keine Macht des 8. oder 7. Jh.s v. Chr. Vergleichbares entgegenzusetzen. Psammetich I verdankte seine Siege einem Kontingent griechischer Söldner (Her. II 152; 154). Die Griechen hatten inzwischen die Phalanx-Taktik entwickelt: den geschlossenen Angriff von formierter, d.h. in Glieder und Rotten eingeteilter, gepanzerter Infanterie, die helmbewehrt hinter großen Rundschilden den Pfeilhagel unterlief und mit Stoßlanze und Kurzschwert den Nahkampf suchte. Dieser Kampfweise hatte der Alte Orient nichts entgegenzusetzen, und der griechische Hoplit blieb das ganze 6., 5. und 4. Jh. v. Chr. hindurch der gesuchteste und effektivste Soldat, bis die Makedonen das Prinzip der Phalanx noch einmal verbesserten (vgl. 2.9).

Mag das unaufhaltsame Eindringen der Ägypter und ihrer griechischen Söldner in die assyrische Südwestflanke der Anstoß zum Zusammenbruch gewesen sein, der Todesstoß kam aus dem Osten. Nach dem Massaker, in dem der babylonische Aufstand von Assurbanipals Bruder Shamashumukin 648 endete, gelangten Häuptlinge einer Gruppe von Aramäisch sprechenden Bauern-, Viehzüchterund Fischerstämmen aus dem südlichen Babylonien, den Chaldäern, in Babylon zur Herrschaft. 626/5 gründete Nabupolassar das neubabylonische Reich. Die drei großen Herrscher dieser Dynastie tragen alle Namen, die mit Nabû, dem Namen des mesopotamischen Schreiber-Gottes, zusammengesetzt sind, als hätten sie es nötig gehabt, ihre Verehrung für die babylonische Zivilisation besonders zu betonen. Trotz seines Namens wollte der letzte babylonische König, Nabonid, von diesem Gott wenig wissen (vgl. 2.7.2). Seit der neubabylonischen Periode konnte man von der uralten Stadt Ur in Südbabylonien als dem »Ur der Chaldäer« zu sprechen (so Gen 11,28.31).

Allein hätten die Neubabylonier dem Assyrerreich kaum den Garaus gemacht – der Krieg, der wegen des beiderseitigen Anspruchs auf die »Weltherrschaft« nicht enden konnte, wogte lange hin und her. Entscheidend wurde, daß die Neubabylonier in den Medern Verbündete fanden, die eine weitere Waffengattung zur anti-assyrischen Koalition beisteuerten: eine zahlreiche und überlegene Kavallerie. Die Meder und die ihnen verwandten und politisch verbündeten Perser waren inner-eurasische Pferdezüchter-Stämme, die in der Persis, am Rande der altorientalischen Zivilisation, seit dem späten 8. Jh. v. Chr. Kleinkönigtümer bzw. Häuptlingstümer bildeten. Der Pferderücken scheint ihr gewöhnlicher Sitz im Leben gewesen zu sein. Da vor dem Aufkommen von Sattel (ab dem 5. Jh. v. Chr.) und Steigbügel (ab dem 3. Jh. n. Chr.) die individuelle Reitgewöhnung alles war, konnten diesen Reitern die assyrischen Kavalleristen schwerlich widerstehen.

614 fiel der Ausgangspunkt des Assyrerreiches, die Stadt Assur, 612 fiel Ninive vor Medern und Neubabyloniern. Den Fall der Stadt hat Nahum blutrünstig ausgemalt (Nah 2,2 - 3,18); jüngste Ausgrabungen von Ninive sind in einem der Tore auf das Skelett eines gefallenen Reiters samt Pferdes gestoßen, die folgende Zerstörung der Stadt hat das Schlachtfeld konserviert. Nach dem Fall von Ninive beschränkte sich ein assyrisches Restreich des letzten Herrschers, Assur-uballit, auf die assyrischen Provinzen westlich des Eufrat, das heutige Syrien. Der Name »Syrien« ist nichts weiter als eine Verschleifung von »Assyrien«; noch griechische Autoren des 1. Jh.s v. Chr. gebrauchen die vollere Form, wenn das Metrum sie erfordert. Die geographische Bedeutungsentwicklung schreibt die politische Situation von 612-605 bis heute fest. Dementsprechend steht »Assur« in Texten des AT, die nach 612 v. Chr. entstanden sind, für »Syrien« (z. B. Num 24,22; Ps 83,9). 609 setzten die Neubabylonier zum Todesstoß an – aber er wurde noch einmal durch die Intervention des Pharao Necho II, Psammetichs Sohn, abgewendet, der dem ehemaligen Feind zu Hilfe kam, auf daß sich das Gleichgewicht der Kräfte nicht allzusehr zu Ungunsten Ägyptens verändere. Auf seinem Marsch nach Norden beendete der Pharao wie nebenbei die Aspirationen Joschijas von Juda (2 Kön 23,29).

Von 609-605 existierte Assyrien noch als ägyptischer Vasall; in diesem Zeitraum war das territoriale Konzept der »Transeuphratene«, des Landes »vom Eufratstrom bis zum Bach Ägyptens« eine politische Realität, aber als asiatische Provinz Ägyptens (2 Kön 24,7). 605 schlug der Kronprinz Nebukadnezzar Ägypter und Rest-Assyrer vernichtend bei Karkemisch. Die Transeuphratene wurde babylonisch, samt dem ägyptischen Vasallenkönigtum Juda (Jer 46,2-12). Auch Nebukadnezzar hatte inzwischen griechische Söldner in seinem Heer, darunter auch den Bruder des Lyrikers Alkaios.

In Juda hatten nach 630 v. Chr. die hohen Beamten und die großen Familien, die für den minderjährigen Joschija die Regierung führten, ein Herrschaftsprogramm entworfen, das mit dem Zusammenbruch Assurs die Zeit für ein Imperium Jahwes gekommen sah. Mit seiner Volljährigkeit 622 v. Chr. machte Joschija sich dieses Programm zu eigen und ließ den Anspruch desjenigen Jahwes auf Alleinherrschaft verkünden, den seine Beamten, die Väter und Großväter der sogenannten »Deuteronomisten«, nach dem Bilde Assurs geformt hatten (vgl. 2.6). Seine Reform ging zulasten der vielfältigen anderen Jahwes, die in der Bevölkerung lebendig waren. Joschija gelang es, zumindest den Südteil der nun herrenlos gewordenen assyrischen Provinz Samaria mit Bet-El zu annektieren und das alte israelitische Heiligtum, an dem mittlerweile die Worte des Propheten Hosea gesammelt und ediert worden waren, zu zerstören und zu entweihen (2 Kön 23,15). Ägypten war wohl noch damit beschäftigt, die Küste und die Küstenstraße unter seine Kontrolle zu bringen. Als jedoch Necho II in Palästina erschien, als Joschija womöglich in Erfüllung des davidisch-salomonischen Programms in die Jesreel-Ebene und weiter nach Norden ausgreifen wollte, war es um den Kleinkönig geschehen. Von einer Schlacht bei Megiddo sagt 2 Kön 23,29 kein Wort. Vielleicht wollte Joschija verhandeln. Necho sah in ihm jedoch einen treulosen Vasallen und ließ ihn kurzerhand töten. Weitere Zusammenbrüche mußten folgen, bis die Deuteronomisten ihr joschijanisches Erbe zu jenem Programm für ein zukünftiges Israel sublimierten, das jetzt in Dtn – 2 Kön vorliegt. Streckenweise wünscht man, das Programm sei noch etwas sublimer ausgefallen. Aber so oder so: nicht aufgrund seiner Siege, »der großen Taten Jahwes«, hat Israel den drei monotheistischen Religionen ihre Traditionsbasis geschenkt, sondern durch die Verarbeitung seiner Katastrophen und Niederlagen.

2.7.2. *Nebukadnezzar und Nabonid*

Nebukadnezzar II, der 605-562 seinem Vater auf dem babylonischen Thron folgte, war ein großer General und ein noch größerer Bauherr. Die geläufige, im AT überwiegende Form seines Namens ist eine Verballhornung; Nebukadrezzar, wie er in Jer 21,2 - 25,9; 29,21 - 52,30 und in Ez heißt, steht dem babylonischen *Nabû-kudurri-usur* noch näher. Dieser König baute Babylon zur größten Stadt der damaligen Welt aus, die noch Herodot bestaunte (Her. I 178-183): mit über 600 ha Grundfläche übertraf sie sogar Asarhaddons und Assurbanipals Ninive mit ca 500 ha (zum Vergleich: Jerusalem bedeckte im 10. Jh. v. Chr. 3-4 ha, seit Hiskija gerade 20 ha).

So sehr die neubabylonischen Herrscher mit Herrschaftsanspruch und Herrschaftspraxis in die Fußstapfen der Assyrer traten, in ihrer Selbstdarstellung wandten sie sich vom »Kult der Grausamkeit« ab und bekannten sich zu einem »Kult der Frömmigkeit« (RT B 25). Im Verlauf des zwölftägigen Neujahrsfestes durchschritt der höchste Gott Babylons, Marduk, an der Spitze der anderen Götter der Stadt auf dem Weg von seinem Tempel zum Festhaus und zurück zweimal die Prozessionsstraße mit dem Ischtar-Tor in der Gestalt, die Nebukadnezzar Tor und Straße gegeben hatte und die jetzt im Vorderasiatischen Museum in Berlin steht. Die blau- und gelb-glasierten Ziegel der Wände mit ihren Stier- und Drachen-Bildern (vgl. Dan 14,23-28) schützten nicht nur die Lehmziegel vor Erosion, man muß sich vorstellen, wie sie im Schein der orientalischen Sonne gleißen: wahrhaftig eine Mauer aus Gold und Lapislazuli (vgl. Ex 24,10), eine Mauer, vor der die irdische Welt endet, ein Tor zum Himmel (vgl. Gen 28,17) und in gewisser Weise die Erfüllung einer Prophetie (RT B 29 IV 5-8; 21-24) aus der Regierungszeit Nebukadnezzars I (1127-1105). Unter dem früheren Nebukadnezzar war der babylonische Stadtgott Marduk, den im Prolog des Codex Hammurapi (vgl. 2.3.2) die alten großen Götter noch umständlich in seine Herrschaft einsetzen mußten, zum »Höchsten Gott« und Weltschöpfer aufgestiegen. Damals war das babylonische Schöpfungsepos *Enuma elish* (RT B 6) redigiert worden, das im Rahmen des Neujahrsfestes seitdem vor der Statue Marduks rezitiert wurde und den Gott wie die Stadt an den Grund der Welt, die Ordnung der Dinge erinnerte.

604 erschien Nebukadnezzar an der palästinischen Küste und eroberte Aschkelon; aus diesen Tagen stammt der dramatische Hilferuf des Königs von Ekron an den Pharao (TGI 43). Der Vorstoß führte auch Joschijas Nachfolgern vor Augen, wer nun das Sagen hatte (vgl. Jer 36,1; 45,1). Zu Judas Unglück scheiterte ein Vorstoß gegen Ägypten 601 (trotz Jer 46,13-26) mit so schwerwiegenden Folgen für Babylon, daß die Armee völlig reorganisiert werden mußte (vgl. TGI 44 zu den Jahren Nebukadnezzar 4 und 5). Kein babylonischer Herrscher hat den Versuch, wie Assyrien auch über Ägypten zu herrschen, wiederholt. In Jerusalem waren die imperialistischen Hoffnungen der Joschija-Zeit nicht vergessen. Es stritten sich eine »babylonische« und eine »ägyptische« Partei darüber, auf wessen Seite diese Hoffnungen am besten zu erfüllen seien. Die Jeremia-Überlieferung ist von diesem Parteienstreit geprägt. Die »Pro-Ägypter« sahen 601 die Stunde für den Aufstand gegen Babylon gekommen. 599/98 führte Nebukadnezzar seine neuaufgestellte Armee in ein »Manöver unter Ernstfall-Bedingungen« gegen die Araber der syrischen Wüste (TGI 44 zum Jahr 6; Jer 49,28-33). 598/97 zog er dann gegen Jerusalem und nahm es zum erstenmal ein.

Für die Ereignisse um den Untergang Judas scheinen im AT Überlieferungen von Augenzeugen zur Verfügung zu stehen (2 Kön 22-25; Ez 4-24; 33; Jer 1-29; 34-45; 52). Bei diesen Überlieferungen handelt es sich aber z. T. um die Apologien von Parteien im damaligen Meinungsstreit, deren Auseinandersetzung um die wahren Gründe des Unterganges als Streit um die Basis für einen neuen Anfang im Exil und während der Restauration weitergingen. Gerade weil wir Augenzeugen-Berichte haben, sind wir schlecht informiert, und vieles bleibt unklar – zum Beispiel, wer nun der letzte König von Juda war. Für Ezechiël, einen der Exulanten von 597 v. Chr., blieb der damals gefangengesetzte Jojachin weiterhin rechtmäßiger König, Zidkija ein Statthalter (vgl. auch 2 Kön 25,27-30; TGI 46). Für die »Deuteronomisten« war Zidkija der letzte legitime König von Juda, nach dessen Fall sie 586 an der Reihe waren, ins babylonische Exil zu ziehen. Für Jeremia aber war möglicherweise

Gedalja der letzte König, vom AT wegen fehlender davididischer Abstammung nicht anerkannt (*Miller-Hayes* aufgrund inschriftlicher Indizien). Als er von judäischen Fanatikern mit wirklicher oder vermeintlicher ammonitischer Unterstützung ermordet wurde, kam es 582 zu einer dritten Deportation (Jer 52,30). Diese Deportation wird in den Königsbüchern nicht erwähnt, datiert aber wahrscheinlich den Mord an Gedalja (2 Kön 25,22-26; Jer 40,5 - 43,7) und stimmt mit dem Datum der Unterwerfung Ammons und Moabs durch Nebukadnezzar überein (vgl. 2.5.3), die sich nur bei Flavius Josephus findet (*Antiquitates* X 9,7).

Für einen Teil der jüdischen Tradition wurde Nebukadnezzar als Tempelzerstörer zum Inbegriff der übermütigen Vermessenheit, auf den im Lichte von Dan 4 auch Jes 14,12-15 bezogen wurde (Exodus Rabba VIII 2; XV 6; XXI 3). Für Jeremia hingegen, der im Leiden der Krise zum Kosmopolitismus, der »Freiheit der Kinder Gottes«, vorstieß (Jer 29,4-7; 45), war Jahwe als Schöpfer und Herr der ganzen Welt auch Nebukadnezzars Gott, den er als seinen »Knecht«, d.h. etwa »Premierminister«, mit der Weltherrschaft betraut hatte (Jer 27,6). Widerstand gegen Babylon war damit Widerstand gegen Jahwe. Man versteht, daß diese kühne Konstruktion bei den konservativen Zeitgenossen Jeremias nur auf Abwehr und Unverstand treffen konnte. Das Jeremiabuch, wie wir es jetzt besitzen, hat in einem langen und komplizierten Redaktionsprozeß die prophetische Kühnheit mit den Positionen der Gegner, etwa der nationalreligiösen »Deuteronomisten«, auszugleichen versucht. Der Prophet, wie er gelebt und gelitten hat, verschwand schließlich hinter seinem Buch – wie es den anderen »Schriftpropheten« gleichermaßen widerfuhr.

Die Redaktionsgeschichte der großen Propheten-Bücher Jes, Jer und Ez legt nahe, daß die Exilierten von 597, 586 und 582, anders als die Exilierten von 727-720, *Bücher* mit sich nahmen, in denen ihre kulturelle Identität Ausdruck fand; und daß die Daheimgebliebenen mit den nach Babylon Verbrachten und den nach Ägypten Geflohenen (Jer 26,21f; 42-44) über politische und religiöse Fragen korrespondierten (vgl. Jer 29,1-3; 51,59f und 3.3.4). Daß die judäische Oberschicht im 7. Jh.v.Chr. weitgehend literat geworden war, dürfte dazu beigetragen haben, daß die judäische Diaspora, anders als die israelitische Diaspora, auch im Exil zusammenhielt. Die Israeliten von 727/720 konnten in der Tat ihrem Gott »nicht singen im fremden Land« (Ps 137,4), denn ihr Gott war ein Gott Palästinas (vgl. 1 Kön 20,23; 2 Kön 5,17; Hos 9,3-5). Die Judäer konnten es, sie scheinen auch die nötigen Gesangbücher besessen oder damals zusammengestellt zu haben.

Das Danielbuch, in der vorliegenden Form erst Mitte des 2. Jh. redigiert (vgl. 2.9.2), greift in Kap. 2-7 auf Erzählstoffe der Perserzeit zurück. Es macht Nebukadnezzar zum Inbegriff des Weltherrschers, an dessen Hof sich auch hohe Beamte jüdischen Glaubens behaupten müssen und können. Wie die Josefsgeschichte (Gen 37; 39-50) und das Ester-Buch reflektieren die Erzählungen Probleme der exilierten Oberschicht im und mit dem »fremden« Staat (vgl. auch 2 Kön 5,18f). Dan 4 enthält eine Geschichte, von der in Qumran eine ältere Version aufgetaucht ist: der König, der seine schöne und große Stadt verläßt, um unter den wilden Tieren zu leben, hieß ursprünglich nicht Nebukadnezzar, es war der letzte babylonische König Nabonid (556-539).

553 brach Nabonid auf, um den letzten Feldzug Babylons zu führen. Das Unternehmen dauerte 10 Jahre. Als der König zurückkehrte, stand der Perser Kyros schon fast vor den Toren. In Nabonids Abwesenheit führte in der Hauptstadt der Kronprinz die Geschäfte, der Belschazzar hieß. Er tritt in Dan 5 als letzter König Babylons auf, der er nicht war – aber das AT verschweigt Nabonid, wir werden sehen, warum. Nabonids Feldzug führte 553/52 zur Annektion Edoms (vgl. Obd 7 - 8?), im Anschluß daran zur Eroberung der nordarabischen Karawanenzentren Tema, Dedan, Yadi', Fadak, Khaibar und Yathrib (heute al-Medinah; TGI 47). Was Nabonid in die Wüste führte, also »unter die Tiere der Steppe«, läßt sich nicht mit Sicherheit feststellen. War Nabonid das erste Opfer der Legende vom »glücklichen«, vom sagenhaft reichen Arabien (vgl. 2.6.3)?

Wahrscheinlich brauchte der neubabylonische Staatshaushalt – wie der assyrische – den Krieg als Einnahmequelle (Tribut, Beutegut, Selbsterhalt der Armee aus Feindesland). Babylonien erlebte zwischen 560 und 550 eine wirtschaftliche Krise, die Inflation betrug in diesem Zeitraum 100%, Mißernten und Epidemien kamen hinzu. Der König mußte etwas unternehmen; weil Könige der Antike wirtschaftlichen Problemen mindestens so hilflos gegenüberstanden wie heutige Regierungen, tat er, was Könige zu tun pflegten: er zog ins Feld.

Im Norden wurden die Perser, die unter Kyros 559 das Meder-Reich übernommen hatten, immer mächtiger. Perser und Meder waren verschwägert und blieben es; »Meder« wird bis ins 3. Jh. n. Chr. gelegentlich Perser oder persisch ausgestattete Personen bezeichnen (vgl. auch Dan 6,1; 9,1). Die Perser erreichten in diesen Jahren Lydien und das Mittelmeer (Her. I 71-92). Ägypten hatte schon Nebukadnezzar nach 601 nicht mehr anzugreifen gewagt, hatte nicht einmal Tyrus erobern können, trotz 13 Jahren Belagerung (und Ez 26 - 28,19). So blieben nur die Kleinstaaten, Stämme und Städte des Südostens mit ihrer Oberschicht, die ostentativ Luxus zur Schau stellte. Auch heute würde das vereinigte Privatvermögen aller Ölscheichs nicht reichen, um die amerikanischen Staatsschulden zu decken. Der Zug war eine Fehlkalkulation, aber nicht ohne Romantik, darum mangelt es nicht an literarischen Reflexen: neben dem wahnsinnigen Nebukadnezzar/Nabonid von Dan 4, der in der Steppe Gras frißt, sind Jes 21,11-15 als prophetischer Kommentar zum Nabonid-Feldzug und Ez 25,12-14 als prophetische Begleitmusik zum Untergang Edoms 553/2 zu nennen. In Ijob 1,15.17 wird der Reichtum eines Großgrundbesitzers und Großherdenhalters im nördlichen *Hejâz* (dort lag das Land Uz) von chaldäischen (d.i. neubabylonischen) und sabäischen Streifscharen vernichtet. Die Erzählung setzt die Turbulenzen in Nordarabien zwischen 552 und 542 voraus. Die Sabäer räumten ihre Kolonien im Norden und ihre beherrschende Rolle im arabischen Handel kaum widerstandslos, so boten sie den Vorwand für Plünderungen und Massaker, die Nabonid in seinen Inschriften erwähnt.

Die Eroberung Edoms, d.h. der Übergang von indirekter zu direkter Herrschaft in diesem handelspolitisch wichtigen, rohstoffreichen, landwirtschaftlich aber marginalen Land war eine gigantische Fehlkalkulation. Ein Edom, das die Gewinne aus dem Karawanenhandel nicht mehr abschöpfen konnte, war als Staat (oder auch als Provinz) nicht mehr finanzierbar, die Dorfkultur des 7. Jh.s v. Chr. verfiel rasch, Edom wurde Teil der neubabylonischen, dann persischen Provinz Arabien, in der sich Verwaltung und Seßhaftigkeit auf wenige Städte zurückzogen, das Land sich selbst überließen. Die edomitische Oberschicht verstand nicht, was ihr geschah (vgl. Mal 1,4), wir können es einigermaßen präzise beschreiben. Die Bauern gaben die Seßhaftigkeit auf, wanderten zum Teil unter Beibehaltung der Stammesstrukturen nach Westen ab, ins spätere Idumäa, oder schlossen sich Beduinen-Stämmen an, wie den Kedrenern, den eigentlichen Nutznießern von Nabonids Intervention (vgl. Jes 21,16-17). Trotzdem ist eine langfristige Folge von Nabonids Arabien-Zug zu vermerken. Mit der ganzen Konkursmasse des neubabylonischen Reiches übernahmen die Perser auch die Provinz Nordarabien (d.h. die Städte); das »Land« beherrschten Vasallenstämme wie Kedar, da eine andere Art Herrschaft in diesem Bereich nicht möglich war. Die Perser haben dann Nordarabien bis etwa 400 v. Chr. halten können: damals konnte man als Kaufmann problemlos von Memphis nach Innerarabien reisen, konnte der Ijob-Dichter seinen Helden am Rand, aber eben gerade noch innerhalb dieser Ökumene ansiedeln. Die gleichen Städte, die Nabonid als seine Eroberungen nennt, waren zur Zeit des Propheten Mohammed ganz oder teilweise jüdisch; es liegt nahe, die Anfänge der jüdischen Gemeinden dort entweder mit dem Zug Nabonids zu verbinden, der Judäer in seinem Heer gehabt haben wird (vgl. vielleicht Ps 120), oder mit der persischen Ökumene.

Relativ viel von Nabonids Taten fand also seinen Weg ins AT – nur der Name des Täters wird, man muß annehmen bewußt, verschwiegen. Warum? Auch bei seinen babylonischen Untertanen hatte sich der König so verhaßt gemacht, daß sie den Perser Kyros als Befreier begrüßten (vgl. TGI 50). So dachten auch die exilischen Fort-Schreiber der Jesaja-Überlieferung, die unter dem Pseudonym »Deuterojesaja« (IIJes, Jes 40 - 55) figurieren (vgl. Jes 44,28; 45,1). Nabonid war ein Henotheist, aber der Gott, den er als einzigen verehrte, war nicht der babylonische Staatsgott Marduk, dessen Kult der König – nach Meinung seiner Untertanen: sträflich – vernachlässigte, sondern der Mondgott Sin aus der nordsyrischen Heimat seiner Mutter. Henotheismus bedeutet, daß man nur einen Gott verehrt, die Existenz der anderen aber theoretisch nicht bestreitet. Aber solange der König außer Landes blieb, solange konnte in Babylon das Neujahrsfest nicht gefeiert werden! Henotheismus heißt auch, daß man seinem persönlichen einzigen Gott die Macht und die Taten aller Götter zuschreiben kann, also auch Weltschöpfung und -erhaltung. Im Sin des Nabonid erwuchs dem Jahwe der exilischen Theologie, der seit Jeremia und besonders IIJes »allein-verehrungsfähig« geworden war, ein inakzeptabler Konkurrent. Diese Konkurrenz wird im AT subtil, aber deutlich abgewehrt. Hauptorte der Sin-Verehrung waren Harran im Norden und Ur im Süden, also genau die beiden Städte, aus denen der Abraham der P-Traditon auswandert (Gen 11,31f; 12,4). Der Gottesberg in der Wüste, an dem Jahwe einmal beheimatet gewesen war, hieß Sinai. Der Berg hatte zwar nichts mit dem Mondgott Sin zu tun, erinnerte aber jetzt an dessen Namen – also änderte die deuteronomistische Theologie der Exilszeit die historisch-geographische Nomenklatur, indem sie vom Horeb, dem »Wüstenberg«, sprach (L.Perlitt).

Als Kyros 539 in Babylon einzog, begrüßte ihn die Bevölkerung als Befreier von religiöser Tyrannei, als Wiederhersteller der Ordnung (TGI 49; 50). Den letzten Vorsitzenden des Verwaltungsrates der bankrott gegangenen Firma »Babylon (Assur Nachf.)« schickte der neue Eigentümer in einen komfortablen Ruhestand.

2.8. Griechen und Perser

Für Aischylos und Herodot war der griechische Widerstand gegen die persischen Angriffe 490 und 480 v. Chr. der Sieg westlicher Freiheit gegenüber östliche Despotie. Als Gründungslegende des Abendlandes bleiben ihre Gedanken aktuell. Aber als Beschreibung historischer Wirklichkeit taugen Legenden nicht. Das Perserreich war ein Rechtsstaat, für antike wie moderne Verhältnisse erstaunlich tolerant und pluralistisch, während die attische Demokratie das Todesurteil gegen Sokrates gefällt und vollstreckt hat. Die »despotischen« Züge des Großkönigtums, die Hellenen abstießen, beruhten auf der persischen Übernahme des assyrisch-babylonischen Hofzeremoniells. Wie in Griechenland hatten auch bei Medern und Persern tribale Strukturen überlebt, gab es eine Egalität der Aristokratie. Aber während in Athen die implizite Beteiligung der Stammesmitglieder an der Macht des Häuptlings zur expliziten Stimmabgabe mit abwählbaren Machtträgern entwickelt wurde, integrierte sich der persische Tribalismus als Feudalismus ins Imperium. Athen hat die Demokratie erfunden, aber die Athener hielten wenig von etwaiger Mitbestimmung ihrer »Verbündeten«, in Wirklichkeit Untertanenländer, im Rahmen des attischen Seebundes.

Der »Sieg der Freiheit« 480 v. Chr. blieb eine Randnotiz im Buch der Geschichte. Was persisches Militär nicht vermochte, erreichte persisches Geld und die Uneinigkeit der Hellenen. Wie Palästina bildet auch Griechenland ein kleinkammeriges Gebirgsland, das der Entwicklung separatistischer Bauernstämme sehr, der Entstehung von Territorialstaaten hingegen gar nicht dienlich war. Nach dem peloponnesischen Krieg hatte Persien alles wiedergewonnen, was es nach Salamis und Plataä (479 v. Chr.) verloren hatte, und mehr: persische Diplomatie steuerte die griechische Politik auch ohne formale Vasallität. Wie auch die Geschichte Israels zeigt, ist die Souveränität von Kleinstaaten in einer Welt von Großmächten eine kostspielige Illusion.

Daß es überhaupt zur Konfrontation kam, ist ein Indiz für das Hineinwachsen der griechischen Inselwelt in die »Erste Welt«. Griechische Städte und griechische Seefahrt waren dabei, ihren Lehrmeistern, den Phöniziern, den Rang abzulaufen: Salamis war das Fanal – denn selbstverständlich bestand die »persische« Flotte überwiegend aus phönizischen Schiffen. Persien teilte dafür den phönizischen Vasallen, deren Königtümer es bestehen ließ, großzügig Land zu – so erhielt Sidon um diese Zeit Akko, Dor und die Scharon-Ebene. Noch Asarhaddon hatte sich im Westen darauf beschränkt, mit Phönizien auch die phönizischen Kolonien auf Zypern als Vasallen aufzulisten, weiter nach Westen reichte sein Blick nicht. Es hat nicht den Anschein, als hätten die Phönizier den Griechen Salamis übel genommen: denn gerade Phönizien wurde, neben den ionischen Städten in Kleinasien, zum Einfallstor griechischen Kapitals und griechischer Technologie ins Perserreich. Das Geschäft ging weiter, mochten sich auch die Soldaten die Köpfe einschlagen. Der von athenischen Autoren propagierte Dualismus von Hellas und Asien bezeugt letztlich die Gemeinsamkeit der Welt, in der man agierte. Athen wäre trotz seiner Silberminen nie zu seiner beherrschenden Stellung aufgestiegen, hätte nicht die soeben eingeführte Geldwährung Persiens diesem Silber einen riesigen Absatzmarkt erschlossen. Griechische Ärzte und Handwerker fanden im Perserreich Arbeit, griechische Dissidenten Asyl. In den aramäischen Ostraka von Elat am Golf von 'Aqabah – es handelt sich um Geschäftsurkunden und Steuerquittungen – aus dem 5./4. Jh. v. Chr. begegnet bereits ein griechisches Fremdwort.

In die Perserzeit reicht nicht nur die athenische Wurzel der christlich-abendländischen Zivilisation, sondern auch deren biblische: denn aufgrund oberköniglicher Anregung einigten sich die Jerusalemer Parteien auf ein gemeinsames »Grundgesetz«, die Tora, den ersten Teil des jüdischen wie christlichen Bibel-Kanons. Die Perserzeit ist das erste Beispiel einer politisch geeinten Ökumene, in der auch Ausländer wie der Grieche Herodot ungehindert von Kleinasien nach Ägypten, von Ägypten nach Babylonien reisen konnten – und wenn sie wollten, bis an die Grenze Indiens, ohne auch nur einmal einen Paß vorzeigen zu müssen. Das römische Imperium hingegen wird am Eufrat enden, das arabische Reich der Omayyaden (660-750 n. Chr.) wird sich von Afghanistan bis Südspanien erstreckt haben, aber nach kurzer Zeit zerbrechen – und Europa wie der Orient werden in einer langen Nacht der Partikularismen und Nationalismen versinken.

Griechen und Perser betreten die Bühne der Geschichte als Brüder, wenn auch als bisweilen feindliche. So wie im Perserreich die Geschichte der altorientalischen Imperien zu ihrem Abschluß kommt – und keinem schlechten –, so lebt im Mythos Griechenland noch mehr vom Denken und Dichten jener ersten Ökumene der späten Bronzezeit fort, als sich ein Europa, das sich nur als nordwestliche Peripherie des Mittelmeeres kennt, träumen läßt. Homers Zeus, Apollo und Athene erinnern noch sehr an den El, den Reschef und die Anat Ugarits. Suchen wir unsere Wurzeln in der Geschichte, führen sie uns gewiß nach Athen, aber ebenso nach Jerusalem – dem perserzeitlichen Jerusalem; und von beiden Städten weiter in die Tiefen des Alten Orients.

Als der Makedone Alexander 336 v.Chr. aufbrach, vorgeblich, um die persische Aggression gegenüber den Ionischen Städten endlich zu sühnen, den Trojanischen Krieg noch einmal zu gewinnen, in Tat und Wahrheit aber, um die politische Einheit jener Welt herzustellen, die schon seit wenigstens 200 Jahren eine wirtschaftliche und kulturelle Einheit bildete, da bestand das Fußvolk, das der Großkönig den makedonischen Phalangiten gegenüberstellte, aus griechischen Hopliten.

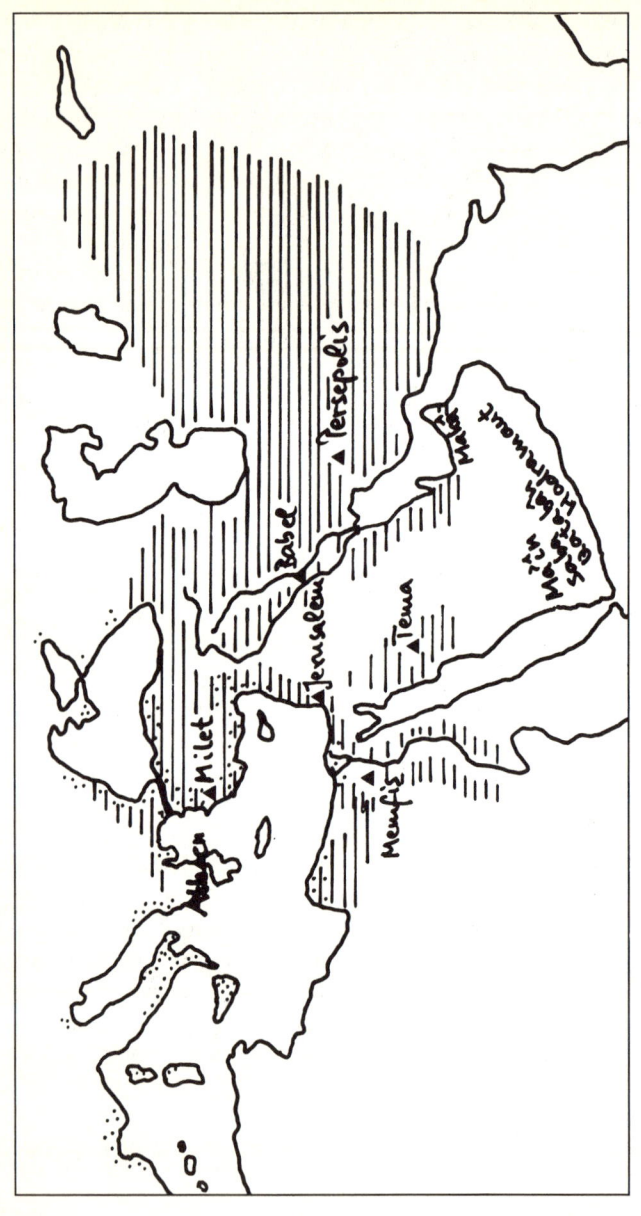

Abb. 12: Das Perser-Reich um 500 v. Chr.
••••• Griechische Kolonisation.

2.8.1. Das Perserreich: Aufstieg und Fall

Als Kyros 539 in Babylon einzog, bestieg er den Thron von Marduks Stellvertreter auf Erden und setzte den Gott und seine Priester wieder in ihre angestammten Rechte ein, die ihnen Nabonid geschmälert hatte. Als sein Sohn Kambyses 525 auch Ägypten eroberte, regierte er dort als erster Pharao der 27. Dynastie. Die Perser respektierten die Traditionen ihrer diversen Untertanen und setzten sie nach Möglichkeit fort. Wenn Kyros auch den Babyloniern ein Babylonier war (vgl. TGI 50), hörte er doch nicht auf, den Persern ein Perser zu sein. Daß er 538 den Wiederaufbau des Jerusalemer Tempels befohlen haben soll (Esra 6,3-5), liegt ganz auf der Linie der herrscherlichen Fürsorge für alle seine Völker. Daß er zugleich den Exulanten allgemein die Rückkehr gestattete (Esra 1,2-4), ist unwahrscheinlich: er hätte dann auch anordnen müssen, wovon sie sich in Palästina ernähren sollten, denn ihr ehemaliger Grundbesitz war konfisziert und neu verteilt (2 Kön 25,12; Jer 39,10). Der »Rückkehrerlaß« ist ein Produkt der ideologischen Konstruktion, daß 586 »ganz Israel« derart nach Babel weggeführt wurde, wie »ganz Israel« in Ägypten gewesen sein soll. Es gab einzelne Rückwandererzüge, teils in königlich-persischer Mission nach Palästina (Esra 1,11; 2,1f; 7,6; Neh 2,7-9), teils von Privatleuten, die reich genug waren, daß sie sich die Reise leisten konnten (Esra 2,64-69). Die im AT spürbare »Propaganda für die Heimkehr« und der Sachverhalt, daß Babylonien bis weit ins Mittelalter hinein ein Zentrum jüdischen Lebens und jüdischer Traditionspflege blieb, deuten an, daß die Mehrzahl der Exulanten längst in ihre neue Heimat integriert war und gar nicht zurückkehren wollte.

Kyros fiel bereits 530 v. Chr. im Kampf gegen die Skythen, einem Verband von Pferdereiter-Nomaden der eurasischen Steppe (im AT Aschkenas, Gen 10,3; Jer 51,27). Es brauchte seine Zeit, bis der persische Verwaltungsapparat auch die abgelegeneren Provinzen erfaßt hatte. Eine effektive persische Regierung Palästinas setzte erst 520 ein, nachdem Dareios I (von zweifelhafter Legitimität) den Bürgerkrieg, d.h. Aufstände von diversen Provinzen und Reichsteilen, der nach dem Tode des Kambyses ausgebrochen war, für sich entschieden hatte. Dareios I (522-486) organisierte das Reich, wenn auch die

20 Satrapien Herodots eine griechische Systematisierung sehr viel komplizierterer Verhältnisse darstellen (Her. III 89-94): ein persischer »Satrap« war ein »Statthalter«. Ob er über einen Reichsteil wie Babylonien oder über eine arabische Kleinstadt wie Tema gesetzt war, geht aus dem Titel nicht hervor. Dareios führte einen einheitlichen Münzfuß ein, basierend auf den goldenen »Dareiken«, der den ganzen persischen Wirtschaftsraum einer gemeinsamen Währung erschloß. Er ließ die altpersische Keilschrift schaffen, eine Silbenschrift mit Vokal- und Konsonant-Vokal-Zeichen, die ihr Modell, die babylonische Keilschrift, entscheidend verbesserte (vgl. 3.2). Die Gründungslegende seiner Herrschaft, seine Erwählung durch den obersten persischen Gott Ahuramazda und den Sieg über die rebellischen »Lügenkönige«, ließ er dreisprachig am Felsen von Bisutun einmeißeln: altpersisch, elamisch und babylonisch. Außerdem kursierte eine aramäische Version auf Papyrus im Reich und gelangte auch in die Bibliothek der jüdischen Militärkolonie von Elephantine am 1. Nilkatarakt. Was nützt die schönste Propaganda, wenn sie niemanden erreicht. Persische Inschriften in Ägypten wurden selbstverständlich in Hieroglyphen verfaßt. Die Perser waren Bewahrer, keine Revolutionäre. Das altertümliche Elamische setzten sie fort, weil Elam der erste Staat mit Schriftkultur gewesen war, den die Perser übernommen hatten. Das einfach zu lernende und zu schreibende Aramäische erfreute sich als Handels- und Verwaltungssprache allerdings größerer Beliebtheit, bis nach Indien, über die Grenzen des Imperiums hinaus.

1765 besuchte und beschrieb der dänische Genie-Leutnant Carsten Niebuhr die Winterresidenz der persischen Könige, Persepolis. Neben ihr bestanden die alte medische Hauptstadt Egbatana, heute Hamadan, und die westliche Hauptstadt Babylon fort. Niebuhrs Abschriften altpersischer Inschriften entzifferte unter der zutreffenden Annahme, daß die Sprache der Texte mit den bekannten jüngeren Stufen des Persischen verwandt sei, 1802 der Göttinger Altphilologe J.A.Grotefend. Als der britische Offizier und Diplomat H.C.Rawlinson dann den Felsen von Bisutun entdeckte und 1843-1847 die dreisprachige Inschrift Dareios' I kopierte und veröffentlichte, war der Grundstock auch zur Entzifferung der babylonischen und elamischen Keilschrift gelegt (vgl. Exkurs 4). So hat Dareios der Nachwelt den Zugang zum Alten Orient eröffnet, indem er die neue persische Schriftsprache nicht anstelle, sondern neben ihre ehrwürdigeren Schwestern stellte. Die viersprachigen Wörterbücher des alten Ugarit: ugaritisch-hurritisch-sumerisch-akkadisch, über die jener Zugang auch zu gewinnen gewesen wäre, wurden erst in den 60er Jahren dieses Jahrhunderts bekannt.

Die Stabilisierung der Verhältnisse nach 520 erlaubte es den Jerusalemern, das Wiederaufbau-Edikt von 538 in die Tat umzusetzen (Esra 3 - 6; Hag 1; Sach 1 - 6). Das Problem, daß der Jahwe-Tempel von Jerusalem als ehemaliger Palast-Tempel der Davididen jetzt als persischer Reichstempel wiedererstand, hatten die biblischen Theologen wahrscheinlich schon gelöst (vgl. 5.8.2). Freilich verbanden sich mit dem Tempelbau messianische Hoffnungen auf eine Wiedererrichtung des davidischen Königtums, die hinter Hag 2; Sach 4,6-14 noch auszumachen sind. Offensichtlich wurden sie im Keim erstickt (vgl. Sach 3,1-7): bei der Einweihung des Neubaus 515 v. Chr. ist vom Davididen Serubbabel, der den Grundstein gelegt hatte, keine Rede mehr. Die sozialen Spannungen in Juda wurden durch die persische Forderung verschärft, die Grund- und Kopfsteuer in Münzgeld zu entrichten (vgl. 1.4; 1.6). Zugleich erhielten die Phönizier, auf deren maritime Kooperation die Perser angewiesen waren, in Palästina Grundrechte und Handelsprivilegien. Diese Erfahrung hat zur »antikanaanäischen« Haltung des AT beigetragen, die sich keineswegs ausschließlich aus der Spätbronzezeit herleitet. Die langsame administrative Durchdringung des Binnenlandes zeigt sich darin, daß Jerusalem erst 445/4 mit einer neuen Mauer versehen, d.h. als Verwaltungszentrum einer Sub-Provinz Yehud ausgestattet wurde. Die lokalen Machtträger der Nachbarschaft versuchten diese Schmälerung ihres Einflusses nach Kräften zu hintertreiben (vgl. Neh 2; 6). Die Rivalität zwischen Jerusalem und Samaria, die letztlich ins 9., wenn nicht ins 10. Jh. v. Chr. zurückgeht, vertiefte sich zur Spaltung der israelitischen Religion in Juden und Samaritaner, die sich in der Ablehnung der »Bewohner des Landes« durch die »Rückkehrer aus dem Exil« (vgl. Ez 33,24-29; Hag 2,10-14) andeutet. Der endgültige Bruch erfolgte erst nach dem Alexander-Zug.

Die Niederlagen von Marathon 490 und Salamis 480 v. Chr. haben das Reich nicht weiter erschüttert, so wenig Morgarten (1315) und Sempach (1386 n. Chr.) den Aufstieg des Hauses Habsburg beeinträchtigt hätten. Einen tieferen Einschnitt hinterließ ein zyprischer Aufstand um 400, der zum Abfall Ägyptens und zum Rückzug Persiens aus Nordarabien führte. Mit diesem Rückzug brachen in Arabien Prestige und Macht der persischen Vasallen und Bündnispartner zusammen. Im Süden wurde Saba die Kontrolle von Weihrauchstraße und Weihrauchhandel von den Minäern entrissen, Qataban und Hadramaut wurden unabhängig. Im Norden mußte die Scheichfamilie der Kedrener einer anderen Sippe ihres Stammes, den Nabatäern, Platz machen. Indem das AT an Staaten in Südarabien nur die Sabäer kennt, Hadramaut nur als Landschaft (Gen 10,26), Qataban und die Minäer gar nicht (abgesehen von problematischen Erwähnungen von »Meïnim« in 1 Chr 4,41; 2 Chr 20,1; 26,7), ist ein Anhalt dafür gewonnen, daß dessen Schriften in ihrer Mehrzahl vor 400 v. Chr. abgefaßt worden sind.

Nun wurde der Süden Palästinas Militärgrenze. Das führte einerseits zur Organisation der Subprovinz Idumäa, andererseits zu verstärkter Münzprägung in den philistäischen Städten (Gaza), denen bald die Subprovinz Yehud folgte. So sehr die lokalen Silber-Prägungen der Perserzeit in ihren Bildprogrammen auf die jeweilige Götter- und Vorstellungswelt Rücksicht nahmen, so wenig stellen sie eine autonome Geldausgabe der Provinzen dar. Schon vor Philipp von Makedonien wußten die Perser, daß zum Kriegführen nur drei Dinge nötig waren: Geld, Geld und Geld. Darum entzogen die Achämeniden durch ihre Steuerpolitik Silber dem Umlauf, um es fast ausschließlich für die Bezahlung von Söldnern auszugeben. Schon transporttechnisch war es am einfachsten, Kleingeld dort prägen zu lassen, wo es unters (Kriegs-)Volk gebracht werden sollte.

Das neuerdings unabhängige Ägypten folgte seiner bekannten Doktrin der Vorwärtsverteidigung, wenn es Revolten in Phönizien unterstützte, so etwa 350/49 den Aufstand des Tennes von Sidon. Wieweit das Bergland Palästinas von diesen Unruhen berührt wurde, ist schwer zu sagen. Man lebte in diesen 200 Jahren in einer recht windstillen Ecke und entging internationaler Aufmerksamkeit (etwa der Herodots). Man scheint an sich und am gelegentlichen Ärger mit den samaritanischen, transjordanischen, aschdoditischen und arabischen Nachbarn genug gehabt zu haben. Aber die Ruhe hielt nicht an: im Gegenzug für den Tennes-Aufstand unterwarf

Dareios III noch einmal Ägypten. Aber schon stand Alexander vor den Toren. Untergegangen ist das Perserreich jedoch sowenig wie das assyrische oder neubabylonische Reich. Jener Alexander, der als Nachfolger Dareios III in Babylon den Thron bestieg, war nicht mehr der Häuptling makedonischer Kriegerhorden – er war zum Entsetzen seiner alten Kampfgefährten der neue Großkönig. Wo die Perser freilich die Koexistenz der Kulturen behutsam zu arrangieren versuchten, hatte der Hellenismus, der mit Alexander anhebt, die Assimilation der Oberschicht und die Ausgrenzung der Unterschicht auf sein Panier geschrieben.

2.8.2. Zentralmacht und Lokalautonomie

Nach der persischen Königsideologie, wie sie sich in den Inschriften Dareios I und seiner Nachfolger äußert, wußte sich der Großkönig von seinem Gott Ahuramazda berufen, durch seine Teilhabe am ständigen Kampf des Guten, der Wahrheit gegen das Böse, das Chaos und die Lüge die Ordnung der Menschen und Dinge zu bewahren. Dieses Verständnis der Ordnung blendet ihre Gefährdung nicht aus; es hat sich im AT in der Vorstellung vom andauernden Mühen des Schöpfers um die Erhaltung der Schöpfung in den Gottesreden des Ijob-Buches (Kap. 38-41) niedergeschlagen (O. Keel). Die persische Weltordnung ist pluralistisch: man muß nicht zum Perser werden, um ein guter Staatsangehöriger zu sein. Das geht soweit, daß im achämenidischen Syrien-Palästina archäologisch so gut wie nichts »Persisches« nachweisbar ist, abgesehen von den seltenen Reichsmünzen (griechische und lokale Prägungen kommen häufiger vor) und gelegentlich einem persischen Namen unter den Beamten. Ihr eigener tribaler Hintergrund mag den Persern die Anerkennung anderer Ethnien im imperialen Rahmen ermöglicht haben. Auch entfaltet sich jetzt die »ethnische Arbeitsteilung« voll, die sich seit der Assyrerzeit angebahnt hatte (vgl. 1.7). *Divide et impera* – man teile seine Untertanen so auf, daß sie sich gegenseitig Konkurrenz machen, wirtschaftlich wie politisch, und das Herrschen fällt leichter.

Um Vielfalt und Eigenleben der ihnen anvertrauten Städte, Stämme und Völker zu pflegen, gewährten die persischen Großkönige ihnen juristische, religiöse und kulturelle Autonomie, soweit sie mit den Interessen des Gesamtreiches vereinbar war. Das Problem der Vielfalt in der Einheit, vor der jede Gesellschaft steht, die mehr als eine ethnische Gruppe umfaßt, haben die Achämeniden als erste erkannt und zu lösen versucht. Auf ihre Veranlassung wurde das ägyptische Gewohnheitsrecht aufgezeichnet, die Krone förderte die politische und religiöse Selbstorganisation in den Griechenstädten Kleinasiens wie im Inneren Arabiens. Die persische Zentralregierung regte die Kompilation und die Redaktion der Tora an, des Pentateuch (Gen – Dtn). Die achämenidische Verwaltung sorgte auch für die Durchsetzung der von den jüdischen Gruppierungen ausgearbeiteten und als persisches Reichsrecht für die Provinz Yehud staatlich in Kraft gesetzten Verfassung, wie an der Mission Esras, des »Schreibers des Gesetzes des Himmelsgottes« (Esra 7,21), deutlich wird.

Die Perser verlangten von den jüdischen Parteien, sich auf einen gemeinsamen Entwurf zu einigen; in die Diskussion eingemischt haben sie sich augenscheinlich nicht. Unter den Bedingungen des persischen Reichsrechtes wird verständlich, warum der Pentateuch so aussieht, wie er vorliegt. Er ist ganz offensichtlich das Werk mehrerer Hände und verschiedener theologischer Richtungen. Was früher von der Bibelwissenschaft als ein in Jahrhunderten gewachsenes Kompilat interpretiert wurde, mit einem »Jahwisten« und einem »Elohisten« aus der frühen Königszeit, einem Dtn aus der Zeit Joschijas, und einer exilisch-nachexilischen »Priesterschrift«, stellt sich heute als ein mühsam ausgehandelter Kompromiß der frühperserzeitlichen Religionsparteien in Jerusalem und Samaria dar. Tonangebend waren eine »deuteronomistische« und eine »priesterliche« Richtung, doch sind auch andere Stimmen zu vernehmen. Erinnern wir uns an den exklusiven, »priesterlichen« Partikularismus eines Ezechiël, für den allein die 597 Exilierten das »legitime« Israel bildeten, die Ez 33,24 den Anspruch der daheimgebliebenen Mehrheit auf den Besitz des Landes kraft Erbes von »ihrem Vater Abraham« brüsk zurückweisen; an den Universalismus Jeremias und einiger seiner Schüler, für die Jahwe ein Gott der ganzen Welt war; an den vermittelnden Entwurf der Jesaja-Schule, für die Israel das Heil der Welt verkörpern und bewirken sollte; an den Jerusalemer Lokalpatriotismus und davididischen Legitimismus der Deuteronomisten; an die besitzrechtlichen Interessen der

Exilierten einerseits, der Kleinbauern und Tagelöhner andererseits, an die enteigneter Grundbesitz verteilt worden war (2 Kön 24,14; 25,12; Jer 52,15f); und schließlich an die Nachfahren der Israeliten von Samaria, die sich zwar im Laufe des 3. und 2. Jh.s v. Chr. als Samaritaner von den Juden abspalten sollten, die aber am Pentateuch-Kompromiß beteiligt gewesen sein müssen. Denn zum einen haben sie die Tora übernommen, nicht aber den ergänzenden Propheten-Kanon aus makkabäischer Zeit (vgl. 2.9.2); zweitens kommt der Pentateuch den Samaritanern entgegen. Zwar enthält die Tora die Kultzentralisationsforderung der Deuteronomisten (Dtn 12,5-9.11-15), sagt aber mit keinem Wort, wo denn nun der Ort sei, an dem »Jahwe seinen Namen wohnen lassen will«. Neben Jerusalemer Traditionen (Gen 14; 22) finden auch Ebal und Garizim, die heiligen Berge der Samaritaner, ihren Platz im Pentateuch (Dtn 27,4-26). Neben der Auffassung, daß Jahwe seit Urzeiten Israels Gott gewesen sei (Dtn 32,8-9), Israels Vorfahren seit Anbeginn keinen anderen Gott gekannt hätten (Gen 2 - 4), steht die Ansicht, daß die Väter auch anderen Göttern, wie El Olam, dem »ewigen (Sonnen-)Gott« (Gen 21,33) oder Elyon, dem »Höchsten« (Gen 14,18-20.22), gehuldigt hätten, oder Jahwe unter dem Namen »El Schaddai« (Gen 17,1; Ex 6,3).

Man muß die Tora also in erster Linie als »Grundgesetz« der perserzeitlichen Provinzen Yehud und Samaria lesen. Das heißt nicht, daß in die Tora nicht altes und ältestes Material eingeflossen sei – im Gegenteil, denn die Israeliten sollten ja persischerseits ihre »althergebrachten« Satzungen und Ordnungen aufzeichnen. Es heißt aber, daß jene Traditionen unter den Bedingungen der Perserzeit redigiert worden sind. So wurden etwa beim Thema »Auszug aus Ägypten« nicht lediglich historische Erinnerungen aus der ausgehenden Spätbronzezeit niedergeschrieben, sondern es wurden alle Erfahrungen reflektiert, die Israel seitdem mit Ägypten gemacht hatte: im 10. Jh. v. Chr. (vgl. 2.5.2), zur Zeit Hiskijas (vgl. 2.6), zur Zeit Joschijas und Zidkijas (vgl. 2.7), im Streit der babylonischen Diaspora mit der ägyptischen.

Strukturparallelen zwischen der Ordnung der Völkerwelt in Gen 10 und achämenidischen Völkerlisten sind sowenig Zufall wie die Bezeichnung des Gottes jenes »Staatssekretärs im Justizministerium« namens Esra als »Himmelsgott« – denn genau das war Ahuramazda. Der Jahwe der Tora war ein mit Ahuramazda kompatibler Gott und mußte es auch sein. Zur gleichen Zeit arrangierten sich die Phönizier mit der neuen Herrschaft, indem sie, die ihre Küste seit spätestens dem 4. Jahrtausend v. Chr. bewohnten, nun eine Ursprungslegende konstruierten, nach der sie vom persischen Golf in den Libanon eingewandert seien – somit Freunde und Nachbarn der Perser seit je. Die Kompatibilität Jahwes und Ahuramazdas wurde gewiß auch von persischer Seite gesehen. Der Perser Kyros, der sich den Babyloniern als Erwählter Marduks präsentierte, hatte schwerlich etwas dagegen, den Juden als Beauftragter Jahwes zu gelten (Jes 44,28; 45,1; Esra 1,2). Die Achämeniden haben nicht alle Götter toleriert; spätestens unter Xerxes I (486-465/4) wurden einige, die als »Dämonen« galten, verfolgt. Aber die Perser haben, was den Namen des obersten Gottes anbelangt, nicht auf dem ihrigen bestanden. Man fragt bisweilen, ob die Achämeniden Monotheisten waren (und dann, ob dieser persische Monotheismus den biblischen beeinflußt habe). Die Frage ist weder sinnvoll noch wichtig (vgl. 4.7). Den Achämeniden wie der Tora ging es um die Qualität Gottes oder der Götter, nicht um deren Zahl.

Wann war die Tora abgeschlossen? Wir wissen es nicht ganz genau. Auf die Probleme der Esra-Datierung wurde schon hingewiesen (vgl. Exkurs 1). 407 v. Chr. schickte die jüdische Militärkolonie in Elephantine, an der ägyptischen Südgrenze, einen Brief nach Jerusalem und nach Samaria und bat um die Erlaubnis, ihren Tempel wieder aufzubauen, der bei einem Pogrom zerstört worden war (TGI 51). Beide Statthaltersitze galten demnach als Autoritäten in Fragen des jüdischen Rechts. Das Anliegen der Juden von Elephantine ist mit dem deuteronomistischen Kultzentralisationsgesetz nicht vereinbar, ihr Pantheon war es auch nicht: denn neben Jahwe (bei ihnen: Jahô) verehrten sie noch eine Anat-Yahô (bzw. Anat-Bet-El) und einen Ishim-Bet-El (bzw. Haram-Bet-El, »Name« bzw. »Heiligtum des Hauses Gottes«). Diese Göttertrias legt nahe, daß die Juden von Elephantine nicht erst mit Kambyses 525 nach Ägypten gekommen waren, sondern wohl schon im 7. Jh. v. Chr. aus dem Nordreich Israel. Zumindest diese Gemeinde hatte vom Dtn noch nichts gehört; ihre Bibliothek enthielt eine Kopie des Achikar-Romans (vgl. 3.3) und des Bisutun-Textes (vgl. 2.8.1), aber keine biblischen Schriften. Die Statthalter von Jerusalem und Samaria und ihre jeweiligen Provinzial-Landstände kannten das Dtn aber offenbar auch nicht: denn sie erlaubten den Juden von Elephantine den Wiederaufbau des Tempels (TGI 52); oder doch – denn sie untersagten ihnen blutige Opfer und beschränkten sie auf Rauchopfer. Galt das Dtn noch nicht, oder galt es eingeschränkt? Wie angedeutet, lassen sich die Patriarchen-Erzählungen der Genesis als Erlaubnis zu einer weitherzigeren Auslegung der Exklusivität Jahwes interpretieren, besonders für Juden im Ausland.

Die Tora, mit der zeitlich und sachlich der biblische Kanon beginnt, erwuchs aus den theologischen Diskussionen des Exils, die unter den Namen der großen Propheten aufgezeichnet sind. Die Tora ist kein imperialistischer Oktroi. Sie ist aber ein Monument der persischen Religions- und Minderheitenpolitik und ein Vermächtnis nicht nur des antiken Israel, sondern auch des letzten der orientalischen Großreiche, das im Kleinen wie im Großen den ganzen Alten Orient noch einmal zusammenfaßte, bevor er westlichen Emporkömmlingen in die Hände fiel.

2.9. Alexander und seine Nachfolger

Westliche Emporkömmlinge auch wir, Bewohner der nördlichen Peripherie der Mittelmeerwelt, verdanken wir dem Hellenismus viel. Wo er brückenschlagend auftrat, wo er die Traditionen der damaligen »Alten Welt« in seine »Moderne« hinüberrettete, setzte er die Traditionen des Achämenidenreiches fort. Aber für den Orient kamen Alexander und seine Nachfolger fürs erste als tiefer Schock.

Der Alexanderzug 336-323, der an die Enden der damaligen Welt und ein wenig darüber hinaus führte, hat die Zeitgenossen nicht weniger fasziniert als die Nachgeborenen. Die Makedonen, bäuerliche Stammeskrieger aus dem Norden Griechenlands, waren im Verlauf des 4. Jh.s v. Chr. zur dominierenden Macht in Hellas aufgestiegen. Für Athener und Thebaner waren diese Nordgriechen, die der urbanen Kultur des Symposiums, des Trink- und Diskutiergelages der Athener Männergesellschaft, verständnislos gegenüberstanden, keine Hellenen. Alexander, von Aristoteles erzogen, hat sich aber selbst als Sachwalter ganz Griechenlands im Kampf gegen den asiatischen »Erbfeind«, als *Achilles redivivus* verstanden. Die

Makedonen verdankten ihren Aufstieg einer verbesserten Infanterietaktik (vgl. 2.9.2), einer erstmals in geschlossener Formation kämpfenden Kavallerie und vor allem, wie zuvor Athen, schier unerschöpflichen Silberminen. Sie änderten die Definition von »Hellene«: freier Grieche war man hinfort nicht mehr durch Geburt (so noch bei Aristoteles), sondern durch Bildung und Erziehung, durch die Beherrschung der Hochsprache, der Kenntnis des gemeinsamen Ursprungsmythos: der homerischen Epen, die griechischerseits das »dunkle Zeitalter« am Ende des 2. Jahrtausends v. Chr. literarisch so zur »Götter- und Heldenzeit« machten wie die Exodus-Überlieferung Verhältnisse der gleichen Epoche für die Israeliten. Die Perser waren nicht auf den Gedanken gekommen, ihren Untertanen das Perser-Werden auch nur zu ermöglichen, sie brauchten es auch nicht, denn ein Chauvinismus, der über einen gewissen Stammesstolz hinausging, war ihnen fremd. Im Hellenismus aber stand es den Untertanen frei, Hellenen zu werden – oder Barbaren, damit Staatsangehörige zweiter Klasse, zu bleiben. Neben der selbstverwalteten Polis, die von den hellenistischen Großkönigen über den ganzen Orient verbreitet wurde, gab es hinfort die Untertanenvölker, die *Ethnê*, bisweilen mit beschränkter Autonomie unter eigenen Ethnarchen (wie Simon Makkabäus 140 v. Chr.; 1 Makk 13,42). Der scharfen Unterscheidung von gesellschaftlichem »oben« und »unten« entsprach eine begrenzte Aufnahmebereitschaft des hellenistischen »oben« für die assimilierungswillige orientalische Aristokratie. Relative Autonomie und Partizipation an der herrschenden Kultur wurde jetzt nicht mehr nur Gruppen, sondern auch Individuen gewährt. Ethnische Konflikte nahmen jetzt aber den Charakter von Klassenkämpfen an – und umgekehrt (vgl. 2.9.2).

Der Alexanderzug bleibt nicht weniger faszinierend, wenn man sieht, daß Alexander lediglich erntete, wo die Perser gesät hatten; daß die makedonischen Heere den Straßen folgten, die griechische und phönizische Kaufleute, Söldner und Spezialisten schon längst gereist waren, nachdem die persische Reichsverwaltung diese Verkehrswege angelegt oder ausgebaut hatte. Wo Alexander, wie in Indien, diese Grenzen überschritt, stieß sein weiteres Vordringen auf unüberwindliche »natürliche« Hindernisse, was die spätere Legende nicht hinderte, Alexander zum ersten Luftschiffer und

Tiefseetaucher zu machen. Bevor Alexander 323 in Babylon, der Hauptstadt des orientalischen Imperiums, erschöpft starb, spekulierte man, wohin der Weg nächstens führen werde: nach Arabien? nach Karthago und ins westliche Mittelmeer? Gemessen an den Reichtümern Babylons wußte man aber schon: es hätte sich nicht mehr gelohnt.

Durch Alexander wurde der Orient mit dem Bild eines Menschen konfrontiert, der aus dem Schatten der Götter herausgetreten war und sich die Welt nicht mehr als Statthalter eines Schöpfergottes, sondern aus eigenem Wollen und eigener Kraft untertan machte: des Menschen, »der tun wird, was ihm beliebt« (Dan 11,3). Dreizehn Jahre lang hatte Nebukadnezzar die Inselfestung Tyrus vergeblich belagert – 332 v. Chr. ließ Alexander einen Damm aufschütten und nahm die gewesene Insel ein: so wenig Respekt hatte er vor den von den Göttern gezogenen Grenzen zwischen Meer und festem Land (vgl. Gen 1,9f; Ijob 38,8-11; Ps 104,9; Spr 8,29; Jer 5,22). Im gleichen Jahr zog Alexander an der syrisch-palästinischen Küste nach Süden und ließ das Bergland vorerst links liegen. Dort entflammte die Hoffnung auf die Errichtung einer davidischen Weltherrschaft, wie sie unter persischer Herrschaft verständlicherweise nur auf kleiner Flamme gekocht hatte, neu (Sach 9,1-8). Doch wird der ersehnte Messias geradezu als Anti-Alexander geschildert (Sach 9,9-10).

Alexander starb, bevor er noch seinen Eroberungen eine dauerhafte Verfassung und Verwaltung hätte geben können. Vielleicht wäre auch er angesichts der divergierenden Kräfte, die schon das Perserreich im 4. Jh. v. Chr. zerrissen hatten, an dieser Aufgabe gescheitert. Seine Generäle teilten sich die Beute. Aus den makedonischen Bürgerkriegen gingen in Antiochia die Seleukiden als Nachfolger der Achämeniden und in Alexandria die Ptolemäer als Nachfolger der Pharaonen als Sieger hervor. Wenn auch politisch geschieden, blieb die hellenistische Welt kulturell geeint. Hellenistische Städte waren auch unter autokratischen Regimen lokal autonome, selbstverwaltete Körperschaften, sie blühten von Massilia (Marseille) bis zum Indus, man konnte von Sizilien bis nach Afghanistan reisen, ohne eine andere Sprache als das Griechische beherrschen zu müssen. Wenn auch eher nach »persischer« als »athenischer« Autonomie-Vorstellung, verbreitete die hellenistische Polis den Politik treibenden Bürger (gewiß, eine kleine Minderheit der

Einwohner) und das Bewußtsein bürgerlicher Verantwortung für das gemeine Wohl über den Erdkreis. Wie auch immer deformiert und zurückgedrängt, ist der Name der Freiheit aus der Mittelmeerwelt und ihren Randgebieten nie mehr ganz verschwunden.

Schon das 7. Jh. v. Chr. war im ganzen Orient, in Assyrien, in Ägypten, in Israel, eine Zeit der Sichtung und Sammlung der je eigenen Tradition gewesen. Schon das Achämenidenreich hatte die Gesamtheit dieser Traditionen in den Dienst des Imperiums gestellt. Jetzt, im Hellenismus, wird der literarische Prozeß der Aneignung auch der fremden Vergangenheit weltweit: in die eine Weltsprache Griechisch übersetzten der ägyptische Priester Manetho die Überlieferungen der Pharaonen, der babylonische Priester Berossus den Inhalt ihm zugänglicher Keilschrifttexte, der Phönizier Philo von Byblos eine wahrscheinlich perserzeitliche Sammlung von Traditionen der Götter von Byblos (RT E 25), und jüdisch-hellenistische Historiker taten das ihre. Mit dieser Übersetzung in eine neue Sprache ging die Übertragung der alten Begrifflichkeit in Denk-Kategorien einher, die den alten Überlieferungen unbekannt waren: eine Grundstruktur freilich jeder Aneignung älteren Gutes. Kulturell begann der Hellenismus als Begegnung und gegenseitige Befruchtung von Orient und Okzident vor Alexander, mit voller Kraft setzte er erst 100 Jahre nach seinem Tod ein, erfaßte noch später unter der Herrschaft Roms den Norden und Westen, und ist, solange die Gedanken eines Sokrates für bedenkenswert, die Stücke eines Aischylos und Aristophanes für sehenswert, die Epen Homers für lesenswert gehalten werden (und sei es in den Variationen und Adaptationen eines Joyce, eines Giraudoux, eines Anouilh), noch nicht zu Ende. Der Erfinder des Begriffs »Hellenismus«, J.G.Droysen, wollte seine Geschichte, die Fragment geblieben ist, von Alexander bis zum Fall von Konstantinopel (1453 n. Chr.) führen.

Es gehört eine Menge Borniertheit dazu, den Hellenismus als »Dekadenz«, als Abfall vom kleinräumigen attischen Ideal abzuqualifizieren. Was sich hier wieder vereint, gründet letztlich in der Einheit der mediterranen Zivilisation, wie sie seit der zweiten Hälfte des 2. Jahrtausends bestand, in der Ägypten wie Assyrien trotz aller ihrer Macht bereits Randfiguren bildeten. Was von dieser Zivilisation blieb, das stifteten nicht die Könige und Generäle, sondern die Sänger und Dichter, Schreiber und Propheten. Liegen die Wurzeln des christlichen Abendlandes in Athen oder in Jerusalem? Diese Frage stellen heißt bereits, die Antwort zu verfehlen.

2.9.1. Ptolemäer und Seleukiden

Das ptolemäische Ägypten wollte sowenig wie das Ägypten früherer Dynastien auf sein asiatisches Vorfeld verzichten. Die Seleukiden gedachten sowenig wie Assyrer, Neubabylonier oder Perser den Süden Syriens ihrem Hauptrivalen zu überlassen. 301 v. Chr. entschieden die Ptolemäer den Streit für die nächsten 100 Jahre zu ihren Gunsten. 201/198 v.Chr. wendete sich das Blatt, aber da war es für die Seleukiden schon zu spät.

Das ptolemäische Ägypten füllte das pharaonische Prinzip der Staatswirtschaft (vgl. Gen 41,34-36.48f.55-57) mit griechischer Effizienz. Der Staat galt als Eigentum des Königshauses. Die Erträge der durchrationalisierten Landwirtschaft stiegen ins bislang Unerhörte – die Steuern und die Steuerarten auch. Hier hätte Amos lernen können, was Ausbeutung bedeutet. Die Wirtschaft wurde nun vollständig monetarisiert, insofern die Ptolemäer als erste Kupfermünzen, Kleingeld für den täglichen Gebrauch auch der Unvermögenden, in Umlauf setzten. Im ptolemäischen Staat waren vorerst alle Spitzenpositionen Makedonen oder Griechen vorbehalten. Die einheimische Elite, die am wirtschaftlichen Aufschwung teilhatte, war von politischer Verantwortung ausgeschlossen.

Diesem Sachverhalt verdanken wir das Buch Kohelet, ein durch und durch hellenistisches Buch, auch wenn es noch nicht auf Griechisch verfaßt ist. Der Autor kennt und preist die Freuden des Lebens, er sieht aber auch die eigene Belanglosigkeit im staatlichen Gewinnerzeugungssystem und erkennt, als abseitsstehender, die Leere des alleinigen Strebens nach Profit (hebr. *yitrôn*, EÜ »Vorteil«, z. B. 1,3; 2,11; 3,9; 10,10f). Kohelet schreibt Hebräisch, aber er denkt griechisch, wenn er den Lehren der Tradition sein bewußtes »Ich aber sah...« entgegensetzt: das empirische Falsifikations-Prinzip hält Einzug in das biblische Denken. Die Empirie hatte sich schon in Ijobs Reden angekündigt, war dort aber noch eingebunden in die Reden der ganz traditionalistischen Freunde. Kohelet geht es um eine Bilanz der Überlieferung gegenüber einer Gegenwart, die rational und individualistisch denken gelernt hat. Sein Ergebnis: Gott bleibt eine mögliche Annahme, wenn man ihn nicht als Herren von Welt und Geschichte, sondern als deren Geheimnis denkt. Im Zuge der Kanon-Bildung wurde dieses Denken als orthodox anerkannt, die Vereinbarkeit von biblischer Tradition und empirischem Rationalismus damit vorausgesetzt. Im Hellenismus Kohelets wird das eigene Erbe nicht ins Griechische übertragen, sondern angesichts und mithilfe des neuen Denkens weitergedacht.

Als 198 v. Chr. Palästina in seleukidische Hände überging, brachte der Herrschaftswechsel den Einwohnern der Provinz zuerst Steuererlasse und Gnadenerweise. Er brachte ihnen auch eine neue Nationalitäten-Politik. Hatten die Ptolemäer ausgesprochen spärlich Städte mit Selbstverwaltung gegründet bzw. bestehende Siedlungen in den Rang einer »Polis« erhoben, den Zugang zum Hellenentum damit restriktiv gehandhabt, so folgten die Seleukiden eher dem achämenidischen Vorbild und förderten lokale Autonomie, freilich unter der Voraussetzung hellenistischer Bildung und Gesittung. Damit stürzten sie das Judentum der Antike in seine schwerste Krise. Anfänglich freilich konnte mit Jesus Sirach (ca. 190/180) ein viel traditionellerer Autor als Kohelet zu Wort kommen – auch ein Indiz der vermeintlichen Restauration. Sein Werk wurde im hebräischen Original in Qumran und bis ins Mittelalter hinein gelesen, fand aber nicht mehr den Weg in den hebräischen Kanon; vielleicht, weil er gegenüber der Tradition zu wenig Weiterführendes sagte? Oder weil er darin »hellenistischer« war als Kohelet, daß er sein Werk unter seinem eigenen Namen ausgehen ließ, nicht dem Namen seines »Helden«?

2.9.2. Der Schatten Roms

Bereits 190/189 v. Chr. erhielt die nunmehr seleukidische Vormacht im Orient einen Stoß, von dem sie sich nicht mehr erholen sollte. Nachdem Antiochos III Ende des 3. Jh.s v. Chr. den Alexanderzug geradezu wiederholt, das Reich, das schon zerfallen wollte, bis an die Grenzen Indiens wiederhergestellt und 198 Palästina endlich den Ptolemäern entrissen hatte, erlag er bei Magnesia in Kleinasien einem römischen Heer. Nur zu gern hatten sich die Römer vom König des Kleinstaates Pergamon zu Hilfe rufen lassen. Der Niederlage folgte ein Frieden, der Prestige und Finanzen der seleukidischen Herrschaft nachhaltig untergrub.

Die Makedonen verdankten ihre militärischen Erfolge einer Weiterentwicklung der griechischen Hopliten-Phalanx: die makedonische Phalanx stand 16 Glieder tief und war mit 6 m langen Spießen, den Sarissen, bewaffnet. Der Stoßspeer der griechischen Hopliten war wesentlich kürzer. Die makedonische Phalanx bildete einen unangreifbaren Igel und warf im Angriff jeden Gegner nieder. Aber wehe, sie geriet in durchschnittenes Gelände – das hätte fast schon bei Issos (333 v. Chr.) zur Katastrophe geführt. Die römischen Legionen wandten mittlerweile die Manipel-Taktik an: Einheiten von 200 Mann, die, jede 6-10 Glieder tief, schachbrettartig in drei Treffen angeordnet wurden, sich flexibel jedem Gelände und jeder taktischen Situation anpaßten und taktische Führung, Eingriffe des Oberkommandos in den Verlauf der Schlacht erstmals ermöglichten wie erforderten. Hier endet das Heerhaufenwesen des Alten Orients, beginnt militärgeschichtlich die Moderne.

Rom war seit dem 2. Punischen Krieg (218-201 v. Chr.) die unbestrittene Herrscherin im westlichen Mittelmeer, auch wenn Karthago erst 146 v.Chr. vollends zerstört werden sollte. Die römische Politik ging nun nahtlos dazu über, sich auch das östliche Becken, die Quelle des Reichtums und den Inbegriff der Zivilisation, zu erschließen: Korinth fiel im gleichen Jahr wie Karthago. Das Seleukidenreich zerbrach an einer Finanznot, der gelegentliche Griffe in etliche Tempelschätze nicht abhelfen konnten. Dafür verstärkten solche Übergriffe der Zentralmacht in die heiligsten Bereiche lokaler Autonomie die zentrifugalen Tendenzen (vgl. 1 Makk 1,21-24; 6,1-4). 130/129 v. Chr. ging der Osten samt Babylonien unwiederbringlich an die Parther verloren, ein eurasisches Reitervolk in der Tradition der alten Meder und Perser. Der Osten des ehemaligen Achämeniden-Reiches blieb nun dem Westen verschlossen. Die Römer konnten die Parther und ihre Nachfolger, die Sassaniden (ab 220 n. Chr.), langfristig nie von der Eufratgrenze vertreiben. Erst das islamische Reich der Umayyaden (660-750 n. Chr.) hat wieder Ägypten, Syrien und Babylonien-Persien umfaßt, drang über Afrika bis nach Spanien vor.

Anlaß der makkabäischen Erhebung waren Übergriffe Antiochus IV (175-164) gegenüber dem Jerusalemer Tempel. Grund dieses innerjüdischen Konfliktes, den die Makkabäer-Bücher als nationalen Aufstand gegen eine Fremdherrschaft stilisieren, war aber die erfolgreiche Hellenisierungspolitik der Seleukiden (E.Bi[c]kerman[n]): eine Förderung, nicht Forderung der Selbst-Hellenisierung der Untertanen. Die Oberschicht genoß die neueröffnete Freiheit von manchen Fesseln der Tradition, sie bereitete die Umwandlung Jerusalems in eine griechische Polis vor, und sie sah nicht ein, warum der alte Jahwe nicht auch, für die Gebildeten unter seinen Verehrern, unter dem Namen eines Zeus Olympios oder Himmels-Baal verehrt werden dürfe. Es ist anzunehmen, daß Vorläufer dieser Gruppe oder Partei schon im 5. Jh. v. Chr., bei der Schlußredaktion des Pentateuch, ihre Stimme geltend gemacht hatten (vgl. 2.8.2). Man fühlt sich auch an den Protest des Ijob-Autors erinnert, der dem von Esra und Nehemia repräsentierten national-religiösen Sozialprogramm (Neh 5) einen exemplarisch frommen Nicht-Israeliten aus Arabien entgegensetzt, und ihren Reformen zugunsten eines schon damals wirtschaftlich ineffizienten Kleinbauerntums einen moralisch vorbildlichen Großgrundbesitzer und Großherdenhalter. Der Aufstand der Makkabäer war in erster Linie ein Aufstand der traditionalistischen Kleinbauern gegen die hellenistisch akkulturierte städtische Elite. Er führte erst in zweiter Linie im Chaos des untergehenden Seleukidenreiches zur politischen Formation einer autonomen Ethnie (140 v. Chr.; vgl. 1 Makk 13,42). 129 v.Chr. – soeben hatte Johannes noch Heeresfolge beim letzten katastrophalen Zug eines Seleukiden nach Parthien, in die Landschaft Hyrkanien geleistet und danach den Beinamen Hyrkan angenommen – wurde aus der Lokalautonomie politische Selbständigkeit, mehr von den Seleukiden gefördert als Gegenleistung für erbrachte oder erhoffte Dienste als gegen die Seleukiden auf dem Schlachtfeld erstritten. Dies alles geschah mit Duldung und Förderung Roms, das den Makkabäern ein Bündnis gewährte (1 Makk 8; 12,1-18; 14,16-24) nach dem alten Prinzip: der Feind meines Feindes ist mein Freund solange, bis er mein Nachbar ist. Denn mein Nachbar ist selbstverständlich mein Feind, bis sein Land auch mein Land wird. Aber umgekehrt: hätten im makkabäischen Bürgerkrieg die hellenistisch assimilierten Juden gesiegt, wäre womöglich nicht das Christentum die Gestalt geworden, in der die biblische Tradition Eingang in die Mittelmeerwelt gefunden hat.

Wie bei der Bildung und Behauptung der Staaten Israel und Juda, wie bei Joschija, wie bei den Hoffnungen, die der Alexanderzug 332 geweckt hatte, setzte auch jetzt politische Selbstständigkeit in Palästina eine weltgeschichtliche Windstille voraus, die stillschweigende Duldung einer Großmacht – oder deren vorübergehende Abwesenheit. Die Geschichte eines erfolgreichen Befreiungskampfes, wie sie die Makkabäer-Bücher zeichnen, ist eine Illusion mit katastrophalen Folgen, mit Folgen freilich auch für die Entstehung der hebräischen Bibel. Das ca. 165 v. Chr. abgeschlossene Danielbuch dokumentiert die messianischen Hoffnungen der Zeit auf die endliche Verwirklichung der Weltherrschaft des Gottesvolkes. Es muß gleichzeitig eine palästinisch-jüdische Pentateuch-Redaktion gegeben haben, die von den Samaritanern wie von den hellenisierten Juden Alexandrias nicht mehr rezipiert wurde, denn das chronologische System der Urgeschichte des masoretischen Textes läuft auf 164 v. Chr. hinaus, das Datum der Neueinweihung des Tempels nach dem »Greuel der Verwüstung«, als Vollendung eines Weltjahres von 4000 Jahren (vgl. Exkurs 1). Ebenfalls in makkabäischer Zeit, also in der 2. Hälfte des 2. Jh.s v. Chr., dürfte der Propheten-Kanon, der zweite Teil der hebräischen Bibel (Jos Ri Sam Kön Jes Jer Ez Hos-Mal), abgeschlossen worden sein. Denn die deuteronomistische Land-Eroberungstheologie, die im Rahmen des Grundgesetzes der persischen Provinz Yehud nicht konsensfähig war, dominiert diesen Teil des Kanons zusammen mit dem Interesse an der »Reinheit« des Jerusalemer Heiligtums. Im Propheten-Kanon werden keine Zweifel mehr daran gelassen, daß Jerusalem der Ort sei, »wo Jahwe seinen Namen wohnen läßt«. Die Juden hatten sich unwiderruflich von ihren älteren Brüdern, den Samaritanern, getrennt, wie sich später die Christen von den Juden, die Muslime von beiden trennen werden.

Auch scheinen die Makkabäer die ersten gewesen zu sein, die das deuteronomistische Programm der »ethnischen Säuberung« Palästinas in die Tat umzusetzen versuchten (vgl. 1 Makk 5,5.35.51f; 13,11.43-47). Unmittelbar nach seiner Rückkehr vom Partherzug (129/28 v.Chr.) dezimierte Johannes Hyrkan die Samaritaner, bekehrte die Idumäer zwangsweise zum Judentum und bewirkte derart, daß schließlich ein Idumäer, Herodes d. Gr., der letzte bemerkenswerte Herrscher auf dem Thron Davids sein sollte.

Die deuteronomistisch-makkabäisch-zelotische Interpretation des Willens des einzigen Gottes führte in den blutigen und sinnlosen Aufständen gegen Rom 66-73 n. Chr. und 132-135 n. Chr. zur politischen Katastrophe des antiken Judentums. Die Überlebenden des Zusammenbruchs legten fest, was in den dritten Teil des hebräischen Kanons, in die »Schriften« (Ps Spr Ijob Rut Koh Hld Klgl Est Dan Esra Neh Chr) Aufnahme fand, wobei diese Bücher als solche sämtlich Ende des 2. Jh.s v. Chr. abgeschlossen vorlagen. Im dritten Teil des jüdischen Kanons wird allgemeinmenschliche Vernunft und Liebe, Hoffnung und Frömmigkeit sehr groß, nationalistische Militanz aber recht klein geschrieben.

Man meint bisweilen, der Abschluß des hebräischen Kanons sei auch eine Abgrenzung gegen das aufkommende Christentum gewesen. Dann ist gerade im dritten Kanonteil diese Abgrenzung schlecht gelungen. Eher ließ die Abkehr des rabbinischen Judentums von der hellenistischen Kultur der Stadt alles aussondern, was nicht oder nicht mehr auf Hebräisch vorlag (wie die Makkabäerbücher, ohne die der Prophetenkanon kaum verstanden werden kann), während gleichzeitig das Christentum so sehr zur städtischen Religion wurde, daß im 5. Jh. n. Chr. »Dörfler« (lat. *paganus*) gleichbedeutend wurde mit »Heide«.

Die Schilderung der »Umwelt des AT« erreicht da ihren zeitlichen Endpunkt, an dem die hebräische Bibel, wie wir sie heute kennen, abgeschlossen vorliegt. Es ist zugleich der Zeitpunkt, an dem sich Judentum und Christentum trennen und je ihre Version der Ersten Bibel mit sich nehmen.

Exkurs 3: Ethnizität und Nationalität

Wir haben die Geschichte, aus der heraus das AT entstanden ist, als eine Geschichte von Wirtschaftsräumen, Stämmen und Staaten betrachtet. »Völker« kamen in dieser Geschichte nicht vor. Was wir uns angewöhnt haben, ein »Volk« zu nennen, hat es in der Antike und bis weit in die frühe Neuzeit hinein nicht gegeben.

Der moderne Begriff der *Nation* wurde 1789 n. Chr. geboren und in jenem Bereich europäischen Denkens, der auf 1789 hinführt, gezeugt. Die Nation, die Gesamtheit der Bürger (*citoyens*) des Staates ersetzt als Legitimationsinstanz den Gott, von dessen Gnaden die Bourbonen Könige waren. Herrschaft hat schon immer auf der, und sei es stillschweigenden, Zustimmung (Duldung, Kollaboration) der Beherrschten beruht. Mit der neuzeitlichen Demokratie ist diese implizite Struktur explizit geworden. Die Nation ist ein Produkt des revolutionären amerikanischen und französischen Staates. Man kann ethnisch Bretone, Korse, Baske oder Elsässer sein, man ist durch seine Staatsbürgerschaft französischer Nationalität.

Hat im Falle Frankreichs und der USA der Staat seine Nation geschaffen, war es in Deutschland scheinbar umgekehrt: seit 1813 verlangte die bürgerliche Elite im Namen des »Volkes« nach dem Einheitsstaat, den ihr Bismarck 1871 bescherte. Bei näherem Zusehen freilich stellt sich der deutsche Begriff des »Volkes« als unvollständige Rezeption des westlichen Begriffes der »Nation« heraus: statt als antizipatorische Bürgerschaft in einem noch zu schaffenden demokratischen Deutschland, das 1848/49 für den Rest des Jahrhunderts und die erste Hälfte des folgenden scheiterte, verstand sich das »Volk« als eine Kultur-, Sprach- und Abstammungsgemeinschaft unter zunehmendem Einfluß rassistischen Gedankenguts (etwa der Opposition des »vitalen« Germanen gegenüber den »dekadenten« Romanen). Der deutsche Begriff des »Volkes« setzt Nationalität und Ethnizität gleich. Der biologistische Volksbegriff hat zur Ideologie der Völker als Subjekte der Geschichte geführt. Was man für die eigene Gegenwart erkämpfen wollte oder erkämpft glaubte, wurde in die Geschichte projiziert, die sich gegen Projektionen nicht wehren kann. Der »Weg des Volkes« zum Einheitsstaat wurde zum Paradigma, nach dem dann auch die Geschichte Israels dekliniert wurde. Dagegen formulierte der französische Orientalist E.Renan zutreffend: »Eine Nation – das ist ein tägliches Plebiszit«. Der Zusammenhalt ethnischer wie politischer Gemeinschaften beruht auf nichts anderem als dem Willen, zusammenzuhalten.

Überdies hat auch im Fall der Deutschen der Weg »vom Staat zur Nation« geführt: denn die Propaganda für einen deutschen Einheitsstaat, gipfelnd in der Deklaration des »Zweiten

Kaiserreiches«, berief sich auf ein Erstes, ein »Heiliges Römisches Reich Deutscher Nation«. Nur makaber, daß sich jenes »Erste Reich« zu Lebzeiten, d.h. bis 1806, niemals offiziell als »Reich Deutscher Nation« bezeichnet hat, es diesen nationalistischen Zusatz erst posthum verliehen bekam. Solange es bestand, sah es sich als christliche Fortsetzung des römischen Imperiums und war, wie alle Imperien, supranational.

Diese Abschweifung in unsere jüngste (aber kaum erinnerte) Vergangenheit ist nötig, um die Brille zu erkennen, die wir bei der Betrachtung des Alten Orients besser ablegen. Wie sieht es mit »Völkern« in der Antike aus? Auch antike Bevölkerungen haben sich ethnisch abgegrenzt: »Wir, die Menschen« gegenüber »Sie, die elenden Sandbewohner« in Ägypten (vgl. 2.1.2), »Wir, die Schwarzköpfigen« gegenüber »Sie, die elenden Amurru (= Westlandbewohner), die ihre Toten nicht begraben und rohes Fleisch essen« in Mesopotamien. Solche Stereotype vom »Fremden«, die man beileibe nicht wörtlich nehmen darf (vgl. 1.6), konstituieren aber keine »Völker«. Ebenso wenig vermögen es die »Pseudo-Völker« der Sprachwissenschaft: Amurriter meinte in Ur am Ende des 3. Jahrtausends (»Westlandbewohner«) und in Mari um 1700 v. Chr. (Angehöriger eines eher kleinen Stammes in der Nachbarschaft) durchaus verschiedenes, beide Verwendungsweisen decken sich wiederum nicht mit der Menge aller Menschen des Alten Orients, die einen Dialekt jener Sprache beherrschten, die wir heute »Amoritisch« nennen.

Das Phänomen der Ethnizität gibt es, seit Menschengruppen Nachbarn haben, zu denen sie Nähe oder Ferne, Gemeinsamkeit oder Verschiedenheit ausdrücken wollen oder müssen. Ethnische Identität ist, besonders in Tribalgesellschaften mit ihrem genealogischen Ordnungssystem, flexibel. In der Völkertafel Gen 10 rückt sich Israel als Nachfahre Sems so weit wie möglich von Kanaan, dem Nachfahren Hams ab – ein Willensakt, der uns nicht hindern kann, Israelitisch wie Judäisch als kanaanäische Sprachen zu klassifizieren. Dabei ist die Grundstruktur der Liste politisch, steht also modernem »völkischem« Denken so fern wie nur möglich (vgl. 2.7).

Personen und Gruppen deklarieren ihre Ethnizität in Auseinandersetzung mit ihrer jeweiligen Situation: so mögen Keniter, Jerachmeeliter und Kalibbiter sich auch als Judäer bezeichnet haben, ohne als Israeliten anerkannt worden zu sein (Ri 1,10-16; 1 Sam 27,10; 30,26-30), so waren Gilead und Manasse zu Zeiten zwei Stämme und zu anderen Zeiten einer. Gideon war Häuptling der Sippe Abiëser, sein Verhältnis zu anderen Sippen des Stammes Manasse war gespannt (Ri 6,34 - 8,17). Ethnizität ist ihrer Praxis nach wirklich »ein tägliches Plebiszit«.

Auch der antike Staat schuf sich seine Nation: Edom war zuerst eine Landschaft, dann ein Königreich, das diese Landschaft beherrschte, und erst nach dem Untergang dieses Staates eine zusammenfassende Bezeichnung für Stämme, deren Zusammenhalt einst der Staat konstituiert hatte und die weiter den Gott Qôs verehrten. Die assyrischen Könige waren bestrebt, alle Welt zu »Untertanen des Landes der Stadt des Gottes Assur« zu machen, ein Untertanenverhältnis, das den Gebrauch einer nicht-assyrischen Sprache im Reich, des Aramäischen, keineswegs ausschloß, sondern gerade förderte. Die Assyrer unterwarfen Stämme (»die Leute von X«) und Bevölkerungen (»Die Einwohner des Landes Y«) – »Völker« kannten sie nicht.

Ein Begriff, den man mit »Völkerschaft« wiedergeben könnte, taucht im Alten Orient zuerst bei den Achämeniden auf, die sich von ihrem Gott beauftragt wußten, die friedliche Ordnung einer Welt zu bewahren, die aus Ländern und ihren Bevölkerungen oder Bevölkerungen und ihren Gebieten bestand – der gleiche altpersische Ausdruck *dahyu* deckt beide Aspekte ab. Wenn dann in den Unterschriften der Völkerliste Gen 10 Begriffe auftauchen, die unserem Verständnis von »Nationen« nahekommen, ist es kein Zufall: »Das sind die Söhne des X nach ihren Sippen, ihren Sprachen, ihren Ländern und ihren Völkern« (Gen 10,5.20.31).

Als Tribalgesellschaft hatte das alte Israel ein reichhaltiges Repertoire zur Bezeichnung sozialer und ethnischer Gruppen, von »Sippen« über »Stämmen« zu »Bevölkerungen« (hebr. *gôy*, nachbiblisch »Heide«) und »Abstammungs- und Kult-Gemeinschaften« (hebr. *'am*). Nichts steht ihrem Verständnis mehr entgegen, als vertraute Kategorien der Gegenwart an sie heranzutragen. Wenn erst die Perserzeit einen Begriff für die »Völkerwelt« entwickelte, kann sich auch Israel erst in der Perserzeit als »Volk« definiert haben. So konnte die Jerusalemer Bürger-Tempel-Gemeinde eine Körperschaft bilden, der religiöse und innenpolitische Autonomie zustand. Sie konnte das Erbe der untergegangenen Staaten Israel und Juda reklamieren, ohne die Restitution dieser Staaten zu betreiben und damit gegenüber den Persern Hochverrat zu begehen. Wenn das »Grundgesetz« der perserzeitlichen Bürger-Tempel-Gemeinde, die Tora, ein »Volk Israel« aus Ägypten bis an die Grenzen des gelobten Landes, d.h. an den Rand der Gegenwart kommen läßt (Ex 1 – Dtn 34), den gescheiterten Staat also ausspart, entwirft es eine seinerzeit sinnvolle ideologische Konstruktion, beschreibt aber keine vergangene Wirklichkeit.

Was aber war »Israel« vor der Perserzeit? Nimmt man die Inschrift des Pharao Merenptah ernst, gab es 1208 v. Chr. in Zentralpalästina einen Stamm dieses Namens, den er vernichtet hat: das »erste Israel« (vgl. 2.3.5). Das Israel, dessen Gott Jahwe wurde, hat den Namen geerbt. Aber die Landschaft, in der das erste Israel zu suchen ist, heißt im AT Efraïm. Der Landschaftsname Efraïm wurde zum Namen des größten der »Zwölf Stämme«, der sich folglich erst gebildet haben kann, als das erste Israel untergegangen war. Der Name »Israel« wird wieder greifbar mit dem Häuptlingstum Sauls, das er als Gemeinschaft von wenigstens drei Stämmen (Benjamin, Efraïm und Gilead) gründete. Unter seinem Sohn Eschbaal ist dieses Israel weiter gewachsen (2 Sam 2,9), es wird in Ri 5 als Stämmebund beschrieben (Ri 5 bleibt im geographischen Horizont von 2 Sam 2,9 und kann darum weder wesentlich älter noch jünger sein). Unter Omri wird dieses Israel in der ersten Hälfte des 9. Jh.s v. Chr. vollends zum Staat und ging 720 unter. Nennen wir dieses »zweite Israel« das »alte Israel«. Es gab in diesem Israel zweifellos so etwas wie eine israelitische Staatsangehörigkeit, zumindest für die Funktionäre und Eliten, es gab aber weiterhin auch Tribalismus und Regionalismus (vgl. 2.5.3). Dieser Staat war sprachlich und religiös alles andere als homogen. Nur beim militärischen Aufgebot dieses Israel kann man vom »Kriegs-Volk Jahwes« (Ri 5,11) sprechen, von Jahwe als dem Gott, der Israel in seinen Kriegen anführte (vgl. 4.5). Noch im Dtn ist das fiktiv angeredete »Volk« der Heerbann, der gerüstet bereitsteht, den Jordan zu überschreiten. Dann übernahm Juda als verbleibendes »Jahwe-Volk« nach 720 in Abgrenzung von den überlebenden Israeliten, den späteren Samaritanern, »Israel« als religiös-politischen Anspruch auf dessen Rechtsnachfolge, so wie das reformierte Kirchenvolk noch jetzt zum Erntedankfest singt: »Freue dich, Israel, seiner Gnaden!« und damit sich selber meint. Nennen wir dieses »dritte Israel« das »deuteronomistische Israel«. Dann konstituierte sich nach dem Exil über den Trümmern der vorexilischen Geschichte und Traditionsbildung die Jerusalemer Bürger-Tempel-Gemeinde, das vierte, das »persische Israel«. Dieses Israel hat im Versuch, sich zu definieren und einzugrenzen, der mit der Perserzeit begann und mit dem Abschluß des Kanons endete, das fünfte, das »biblische Israel« entworfen: eine Utopie, die seitdem zwei Religionen mit jeweils mehreren Konfessionen als für sich verbindlich ansehen. Es ist ein Aspekt der Wirkungs- und Rezeptionsgeschichte des biblischen Israel, daß es seit 1948 wieder einen Staat – und jetzt auch eine Nation – Israel gibt. Für die historische Betrachtung kommt es aber darauf an, auf die Verschiedenheiten zu achten: die Vielfalt der diversen Israels, die ein rückprojizierter »Volksbegriff« einebnen würde. Die Frage nach der eigenen Geschichte steht immer im Dienst des Versuchs, eine Identität zu entwerfen. Wo mehr als einer fragt, wird es auch mehr als eine Antwort geben. Lernen wir, die Vielfalt ethnischer, politischer und religiöser Existenzen in der Geschichte wahrzunehmen, dann lernen wir vielleicht auch, sie in der Gegenwart zu ertragen.

Lit: *E.Hobsbawm*, Nations and Nationalism since 1780. Programme, Myth, Reality (Cambridge 1990); *K.Hackstein*, Ethnizität und Situation (Wiesbaden 1989); *P.R.Davies*, In Search of 'Ancient Israel' (Sheffield 1992); *T.L.Thompson*, Early History of the Israelite People (Leiden 1992)

3. Sprachen, Schriften und Literaturen: der intellektuelle Kontext des AT

Zwar gab es in der Welt des AT keine »Völker«, aber doch Sprachgemeinschaften. Es gab keine Verleger und keinen Buchhandel, aber es gab Bücher: in der Form von Rollen bei jenen, die mit Tinte auf Leder oder Papyrus schrieben, als Serien von Tontafeln bei den Keilschrift-Benutzern. Im Bereich der Tintenschrift brauchte es 3000 Jahre, bis man merkte, daß ein Buch sich leichter erschließt, eine Stelle schneller nachzuschlagen ist, der Schriftträger sich weniger schnell abnützt, wenn man das Leder oder den Papyrus in Blätter gleicher Größe zerschneidet und diese stapelt. Vom Kodex, wie man diese Buch-Form nennt, war es dann nicht mehr weit bis zum gebundenen (oder heute nur noch geleimten) »Band«. Konservativ, wie Religionen ihrer Natur nach sind, dürfen für die Lesung der Tora und der Megillot (der Festrollen: Rut Hld Koh Klgl Est) im Synagogen-Gottesdienst bis heute nur Rollen verwendet werden, obwohl sich für das private Schriftstudium schon lange der Kodex und dann das gebundene Buch durchgesetzt haben.

Die Sprachgemeinschaften deckten sich im Alten Orient sowenig mit Staatsgrenzen wie heute. Man konnte in Sukkot eine etwas andere Sprache schreiben als in Samaria und doch zum gleichen Staat Israel gehören, man schrieb in Tyrus und Sidon faktisch die gleiche Sprache und war doch Bürger zweier konkurrierender Staaten. Vor allem war schon im Alten Orient die Elite, bald ein größerer Teil der Bevölkerung mehrsprachig. Seit ein internationales Staatensystem, ein Weltwirtschaftssystem aufgekommen war, gab es auch eine Weltsprache: Akkadisch im 2. Jahrtausend v. Chr. (vgl. 2.3.4), Aramäisch im 1. Jahrtausend (vgl. 2.6). Vielleicht war Mehrsprachigkeit eher die Regel als eine Ausnahme. Ein Beamter im südjudäischen Arad um 600 sprach gewiß den lokalen Dialekt wie auch die Amtssprache der Hauptstadt Jerusalem, er konnte sich irgendwie mit den edomitischen und arabischen Nachbarn verständigen, und er beherrschte wohl das Aramäische hinlänglich, um mit einem durchreisenden ägyptischen oder neubabylonischen Funktionär zu kommunizieren. Mit der Verteilung von Proviant-Rationen an griechische Söldner war er auch befaßt. Daß er jemals in seinem Leben ein Wörterbuch gesehen hat, ist unwahrscheinlich, Grammatiken oder Sprachkurse gab es nicht.

Nun waren die meisten Sprachen, die der judäische Beamte vermutlich beherrschte, miteinander verwandt. Aber was heißt das?

3.1. Sprachen

Hebräisch ist eine semitische Sprache wie das Akkadische, das Aramäische und das Edomitische. Griechisch ist eine indoeuropäische Sprache wie das Altpersische, das Lateinische, das Litauische, das Niederländische und das Deutsche. Wer Deutsch kann, kann niederländische Texte mehr oder weniger leicht lesen, aber nicht litauische. Wer Biblisch-Hebräisch gelernt hat, kann auch Ammonitisch, Moabitisch und Edomitisch, aber noch nicht Akkadisch, Arabisch oder Aramäisch.

Wir kennen die Sprachen des Alten Orients nur als Schriftsprachen. Damit ist nur ein kleiner Ausschnitt aus der vergangenen sprachlichen Wirklichkeit erhalten; einiges läßt sich mit verschiedenen Graden von Sicherheit rekonstruieren, aber nicht alles. Sprachen verändern sich ständig: wer kennt heute noch die Modewörter der 20er Jahre? Schriftsprachen dagegen, von Lehrern mithilfe des Rohrstocks vermittelt (Spr 29,15), von einer Staatsbürokratie für standardisierte Verwaltungsvorgänge eingesetzt, haben die Tendenz, die »*Rechtschreibung*« zu bewahren, während sich die Lautung längst gewandelt hat. Daß englisch *knight* einmal das gleiche Wort wie deutsch *Knecht* war, sieht man nur noch der Schreibung an. Auch Schriften haben ihre Geschichte; aber in Jerusalem hätte man in der Perserzeit eine Steininschrift Davids noch lesen können, wie sie jedoch im 10. Jh.v.Chr. geklungen hat, wußte man damals sowenig wie heute. Daraus, daß Goethe »neige« auf »Schmerzensreiche« reimen konnte, läßt sich schließen, daß seine Aussprache in einigen Punkten nicht dem heutigen Standard entsprach, aber nicht, wie der ganze »Faust« in Goethes Mund geklungen hat. Würde König David heute von der Zitadelle von Jerusalem herab seine Klage auf Jonatan singen (2 Sam 1,19-27), würde der Prophet Mohammed heute in Mekka zu den Pilgern predigen: kein Mensch verstünde ein Wort, bis zufällig anwesende Linguisten (möglicherweise aber erst nach mehrmaligem Abhören von Tonbandaufnahmen) die jeweilige Sprache klassifizieren könnten.

Jede Sprache reflektiert das Leben ihrer Benutzer und ist darum eine wichtige Quelle für die Sozial- und Wirtschaftsgeschichte. Im Englischen hat das »Vieh auf den Beinen« angelsächsische Namen (*cattle, sheep, swine, deer*), das »Vieh auf dem Teller« normannisch-französische (*beef, mutton, pork, venison*): die normannischen Ritter aßen das Fleisch, daß ihre angelsächsischen Bauern produzierten. So ist es sozialgeschichtlich erheblich, daß im Aramäischen und einem Teil des Kanaanäischen das Wort für »Land-Stadt« wahrscheinlich als« Ort des Treffens, der Zusammenkunft« abgeleitet werden muß, der entsprechende hebräische Begriff aber sicher von »Burg, Zitadelle«. Hier steht die Innen-Ansicht der Stadt gegen ihre Außen-Ansicht. Was allerdings ein Phönizier und ein Israelit des 9. Jh.s v. Chr. mit »Stadt« jeweils meinten, hat nichts mehr mit Sprachgeschichte, aber viel mit der Gestalt und den Funktionen damaliger Städte zu tun.

Die Sprachen der Welt bilden typologisch drei Gruppen: isolierende, agglutinierende und flektierende Sprachen. Die älteste Schriftsprache der Welt ist das Sumerische. Sumerisch ist eine agglutinierende Sprache (wie etwa das Baskische und das Türkische). Der Abstand von 4000 Jahren zwischen dem Aussterben des Sumerischen und der Gegenwart ist wohl zu groß, als das Verwandte dieser Sprache noch entdeckt werden könnten. Allerdings war es unter türkischen Intellektuellen der ersten Hälfte dieses Jahrhunderts Mode, sich für Nachfahren der Sumerer zu halten und die eigenen Namen ein wenig zu sumerisieren. So gab es einen türkischen Archäologen E.Akurgal, der seinen Namen als »Wasser des großen Berges« verstand. Man könnte ihm folgen, wenn Sumerisch keine agglutinierende, sondern eine isolierende Sprache (wie das Chinesische) gewesen wäre:

a (= Wasser) **kur** (= Berg) **gal** (= groß)

Aber im Sumerischen lagern sich an den unveränderlichen Wortkörper Vor- und Nachsilben an, die semantische und grammatische Kategorien und Relationen ausdrücken. »Wasser des großen Berges« erforderte ein Genetiv-Suffix nach »groß«: **a-kur-gal-a(k)**. Da die Sumerer den Staat erfunden haben, überrascht es nicht, daß die

Bezeichnung für »Palast, Tempel« im Akkadischen, Ugaritischen, Hebräischen und Aramäischen aus dem Sumerischen entlehnt ist: *êkallum, hêkhâl* aus é.gal (wörtlich »großes Haus«, die gleiche Bedeutung hat der als »Pharao« entlehnte ägyptische Titel).

Agglutinierende Sprachen waren auch das Hurritische, das Elamische und wahrscheinlich das Kassitische. Isolierende Sprachen sind aus dem Alten Orient nicht bekannt. Flektierende Sprachen hingegen drücken grammatische Kategorien und Relationen durch Veränderungen im und am Wortkörper aus. Diese Sprachen verbinden ein Minimum an bezeichnendem Aufwand mit einem Maximum an bezeichnetem Sinn. Nur zwei der vielen hundert Sprachfamilien der Welt gehören zu dieser Gruppe: Hamito-Semitisch und Indoeuropäisch. Dieser Sprachtyp ist uns also bestens vertraut. Zugleich sind uns von den nicht-indoeuropäischen Sprachen die semitischen am wenigsten fremd.

3.1.1. Semitisch und Indoeuropäisch

Man kann es nicht oft genug wiederholen: »Semitisch« und »Indoeuropäisch« bezeichnen Sprachverwandtschaften und weiter nichts. Im Nationalismus des 19. Jh.s n. Chr. verwurzelte Forscher sind oft der Versuchung erlegen, aus empirisch feststellbaren Sprachfamilien »Pseudo-Völker« zu konstruieren, die es, wie »die Semiten«, »die Indoeuropäer«, nie gegeben hat. Sprecher semitischer Sprachen können »Weiße« oder »Schwarze« sein, sie können tribalen Bauern- und Viehzüchtergesellschaften angehören oder den höchstentwickelten Staaten ihrer Zeit. Sprachwissenschaftlich sind Französisch und Spanisch nahezu »Dialekte« des Romanischen, was die spanischen und französischen Politiker des 16. und 17. Jh. n. Chr.s nicht gehindert hat, sich erbittert zu bekämpfen. Die enge linguistische Verwandtschaft des Deutschen, Französischen und Russischen genügt nicht, um Texte der jeweils anderen Sprachen intuitiv zu verstehen.

Persisch wie Griechisch sind indoeuropäische Sprachen, und doch bildeten die Perser für die Griechen den Inbegriff des »dekadenten«, »tyrannischen« Orients. In der Völkertafel Gen 10 gelten die (altwestsemitisch sprechenden) Südaraber (10,7) ebenso als Nachkommen Hams wie die (ostsemitisch sprechenden) Babylo-

nier und Assyrer (10,8-12) und gar die (indoeuropäisch sprechenden) Philister (10,14) und die (zentralsemitisch sprechenden)
Kanaanäer (10,15), von denen wiederum die (indoeuropäisch sprechenden) Hetiter (10,15) und die (aramäisch sprechenden) Hamati-
ter (10,18) abstammen sollen. Das Organisationsprinzip der Völkertafel bildeten politische Machtbereiche im 7. Jh. v. Chr. (vgl.
2.7.1); umso seltsamer berührt, daß »Sem« und »Ham« aufgrund
dieser biblischen Liste zu Bezeichnungen der semitischen und der
»hamitischen« Sprachfamilien wurden. Als »hamitisch« faßt man
Altägyptisch, Berberisch, Kuschitisch und Tschadisch zusammen.
Mittlerweile ist klargeworden, daß »Semitisch« und »Hamitisch«
eine gemeinsame, dem Indoeuropäischen vergleichbare Sprachfamilie bilden, wobei die semitischen Sprachen einander so nahe stehen wie die Romanischen- also sehr. Die »hamito-semitische«
Sprachfamilie wird angemessener »Afro-Asiatisch« oder »Afrasiatisch« genannt.

Wann wurden diese sprachlichen Verwandtschaften entdeckt?
Die vergleichende indogermanische Sprachwissenschaft entstand
im späten 18. Jh. n. Chr., feierte im 19. Jh. Triumphe und lernt bis
heute dazu. Die »Afrasiatik« hat erst in der zweiten Hälfte des 20.
Jh.s festen Boden unter den Füßen bekommen, hat gegenüber der
Indogermanistik also noch viel aufzuholen. Die Verwandtschaft der
semitischen Sprachen wurde spätestens von den jüdischen Gram-
matikern im arabischsprachigen Nordafrika und Spanien seit dem
9./10. Jh. n. Chr. entdeckt und für die Bibelauslegung nutzbar
gemacht. Seitdem zieht man zur Erklärung schwieriger hebräischer
Wörter verwandte Wörter des Arabischen und Aramäischen heran
und weiterer semitischer Sprachen, sobald sie hinlänglich bekannt
geworden sind. Mehrsprachigkeit bildet: die Lautgesetze sind nicht
schwer zu entdecken, wenn man täglich sowohl auf Hebräisch mit
Shalom und auf Arabisch mit *Salâm* grüßt und gegrüßt wird.
Frühestens aber erkannte schon das AT die Verwandtschaft. Denn
in den Unterschriften der Völkertafel Gen 10,5.20.31 bildet »Sprache« neben »Wohnsitz« ein Unterscheidungsmerkmal der Völker;
in den entsprechenden Unterschriften zur Ismaeliter-Liste Gen
25,16 und zur Edomiterliste Gen 36,19.30.43 fehlt aber die »Sprache«. Erschienen den Verfassern der »Priesterschrift« das Altnordarabische und Edomitische dem Hebräischen zu ähnlich, um eine

Differenz zwischen Esau, Ismael und Israel zu konstituieren? Andererseits wehren sich Esra und Nehemia gegen Mischehen unter anderem mit dem Argument, die Kinder aus solchen Ehen sprächen kein »reines« Hebräisch mehr, sondern »Aschdoditisch« und »Ammonitisch« – zu dieser Zeit sicher nur noch Dialekte einer südkanaanäischen Koine, wenn nicht des Reichsaramäischen (Neh 13,24); analog fühlt sich ein Deutschschweizer durch nichts so verunsichert wie durch Sprecher des Hochdeutschen. Ob eine Sprache als »fremd« empfunden wird, ist immer auch eine politische Entscheidung.

Das Semitische hat die linguistischen Möglichkeiten der Flexion am konsequentesten entwickelt. Die lexikalische Bedeutung eines Wortes haftet an den Konsonanten, der sogenannten Wurzel, die grammatische Form an den Vokalen und etwaigen Vor- und Nachsilben, dem Schema. Aus **K.T.B.** »Schreiben« und .a.a.a »abgeschlossene Handlung eines einzelnen männlichen Subjekts« wird so *kataba* »er schrieb, hat geschrieben, hatte geschrieben«. Daß die überwältigende Mehrheit der semitischen Wurzeln aus drei Konsonanten besteht, ist gegenüber dieser Grundstruktur von »Wurzel x Schema« sekundär. Man kann sich leicht ausrechnen, daß zwei Wurzelkonsonanten nicht genügend Bedeutungsträger ergeben (maximal 1428, für ein derart kleines Lexikon war die Welt schon im 5. Jahrtausend v. Chr. zu komplex). Dagegen ist das Potential aller möglichen Drei-Konsonanten-Wurzeln so groß, daß es nicht nur in keiner semitischen Einzelsprache, sondern auch in allen hamito-semitischen Sprachen zusammen nicht ausgeschöpft ist: nicht alle lautgesetzlich möglichen Wurzeln sind belegt.

Die Vokalsysteme aller afrasiatischen Sprachen lassen sich aus einer Tiefenstruktur herleiten, der nur 6 Vokale angehören: *a, i, u* und *â, î, û.* Vokal- wie Konsonantenlänge sind im Semitischen bedeutungstragend, vgl. zur Vokallänge deutsch *ihr* [i:r] mit *irr* [ir]; Konsonantenlänge kennt das Deutsche im Gegensatz zum Italienischen nicht: das *nn* in *kennt* markiert lediglich das *e* als kurz und betont (die gleiche orthographische Konvention kannten auch die Assyrer), das *nn* in *Madonna* ist doppelt bis dreifach so lang wie das *n* in *bona sera*. Alle Lautveränderungen und -übergänge, die aus der Geschichte des Afrasiatischen bekannt sind, kommen auch in anderen Sprachen vor. Wer rheinisch *dat jibbet nisch* und berlinerisch

Balina auf die entsprechende hochdeutsche Form zurückführen kann, hat die Phonologie des Altägyptischen schon verstanden.

Das afrasiatischeVerbalsystem drückt Tempus (relative Zeitlage) und Aspekt (abgeschlossene gegenüber unabgeschlossener Handlung) in verschiedenen Mischungsgraden aus wie die verschiedenen indoeuropäischen Sprachen auch. Aspekt wird z. B. beim altgriechischen, französischen und russischen Verb berücksichtigt und spielt auch im Englischen eine Rolle (*I went* gegenüber *I was going*), hingegen ist das Mittel- und Neuhebräische eine reine Tempussprache wie das Deutsche. Das Afrasiatische kennt drei Kasus: den Nominativ als Subjektskasus, den Genetiv als adnominalen Kasus und den Akkusativ als adverbalen Kasus. Wie das Indoeuropäische ist auch das Afrasiatische eine Subjekt-Objekt-Sprache, hinter der sich nur Restbestände eines älteren, ergativischen Systems erkennen lassen. Hingegen waren Sumerisch und Hurritisch-Urartäisch Ergativ-Sprachen (das Subjekt des intrasitiven Verbs steht im gleichen Kasus wie das Objekt des transitiven Verbs).

Afrasiatisch und Indoeuropäisch stehen sich also näher, als dem Glauben an einen tiefen Graben zwischen »Orient« und »Okzident« recht sein kann. Das geht bis ins Lexikon hinein: »Wein« und »Stier« (und ähnliche Kulturwörter) sind aus dem Semitischen ins Indoeuropäische entlehnt. Als sich die ur-indoeuropäische Sprache zwischen dem 6. und 4. Jahrtausend v. Chr. am nördlichen Rand des »fruchtbaren Halbmonds« formierte, geschah es im Ausstrahlungsbereich der ersten jungsteinzeitlichen Kulturen (vgl. 1.1 und 1.2), trieben Sprecher semitischer Sprachen schon erfolgreich Garten- und Ackerbau. Umgekehrt ist in den semitischen Sprachen des 2. Jahrtausends v. Chr. das Wort für »Pferd« indoeuropäischer Herkunft, denn dieses Tier stammt aus den Steppen Eurasiens. Wichtiger als solche Kulturwörter, die mit der Verbreitung der Kulturgüter wandern, die sie bezeichnen, sind die festgestellten grammatischen Übereinstimmungen. Auch bei den Personalpronomen, einem Herzstück jeder Sprache, gibt es gleiche Bildungselemente:

	Akkadisch	Hebräisch	Lateinisch
»ich«	anâku	anôkhî	ego
»du«	antâ	attâ	tu

Bilden also das Indoeuropäische und das Afrasiatische zwei Glieder einer gemeinsamen »Superfamilie«, des »Nostratischen«? Doch diese Vermutung bewegt sich jenseits des empirisch Überprüfbaren: hinter die »neolithische Revolution« (vgl. 1.1.) läßt sich die Geschichte der Sprachen nicht verfolgen, denn erst damals entstanden »Großsprachräume« mit mehreren Tausenden, bald Zehn- und Hunderttausenden von Sprechern. Wenn Benutzer des Semitischen nicht von Anfang an Träger der »neolithischen Revolution« waren, sind sie es spätestens im 6. Jahrtausend v. Chr. geworden (vgl. 3.1.2). Als sich in der eurasischen Steppe (oder auch in Kleinasien) die Ur-Proto-Indoeuropäer formierten, lebten sie bereits im Ausstrahlungsbereich der fortgeschritteneren vorderasiatischen Zivilisation. Semitisch und Indoeuropäisch historisch zu verbinden wäre nur dergestalt möglich, daß es sich beim Ur-Indoeuropäischen um eine Art »Pidgin-Semitisch« gehandelt hätte: eine Sprache, die einige, aber nicht alle ihrer konstitutiven Elemente aus dem Semitischen übernommen hätte. Die Ausbreitung des Indoeuropäischen in Europa ist offensichtlich verbunden mit der »Neolithisierung« der betreffenden Landschaften (C. Renfrew); und zumindest der Anstoß zur bäuerlichen Aneignung der Welt kam aus dem Orient.

3.1.2. Geschichte der semitischen Sprachen

Sprachverwandtschaft entsteht durch die Fortentwicklung einer Ausgangssprache oder durch Kulturkontakt. Man kann sich streiten, ob Mittelhochdeutsch und das Deutsch des 20. Jh.s n. Chr. zwei Sprachen seien oder zwei Phasen derselben Sprache. Eine Sprachgeschichte gleicher Art hat vom Vulgärlatein zum Katalanischen, Rätoromanischen und Rumänischen geführt. Durch Kulturkontakt erwerben Sprachen gemeinsames Gut, das sie nicht von einer gemeinsamen Vorgänger-Sprache ererbt haben. Wie das gesprochene Französische hat auch das Süddeutsche das ererbte Präteritum (*er kam, il vint*) verloren und durch das Perfekt ersetzt (*er ist gekommen, il est venu*). Trotzdem ist Süddeutsch keine romanische Sprache. Die grammatische Kategorie »bestimmter Artikel« taucht im Ägyptischen in der zweiten Hälfte des 2. Jahrtausends auf, dringt im 1. Jahrtausend ins Zentralsemitische (Kanaanäisch, Aramäisch, Arabisch) und ins Südsemitische ein, erfaßt auch das

Griechische, fehlt aber im Lateinischen, wo ein Artikel erst im Romanischen auftaucht.

Im Falle genetischer Verwandtschaft müssen sich eine Reihe von Neuerungen (Innovationen) nachweisen lassen, die das grammatische System der jüngeren Sprache aus dem System der älteren Sprache herleiten. Hat eine Sprache in einem Punkt altes Gut bewahrt, in dem einige oder alle der verwandten Sprachen Neuerungen vorgenommen haben, liegt ein Archaismus vor, oft in Form eines Fossils, einer erstarrten, im morphologischen System der Gegenwart nicht mehr durchschaubaren und nicht mehr produktiven Form: die Konjunktion *weswegen* wird im Deutschen das Aussterben des Genetivs gewiß überleben. Bei der Rekonstruktion einer »Ursprache« kann man darum nicht das Gemeinsame aller ihrer Abkömmlinge zusammenstellen, oder gar diejenigen Züge, die von den meisten der Abkömmlinge, unbeschadet ihrer Stellung im Stammbaum, geteilt werden. Wäre das Latein unbekannt, führte dieses Verfahren im Falle der romanischen Sprachen zu einem »Ur-Romanischen« mit bestimmtem Artikel. Auch im Fall der Sprachgeschichte gilt das »historische Unvollständigkeits-Axiom«: man kann keinen vergangenen Zustand der Welt vollständig rekonstruieren, weil nicht alle Vergangenheit Spuren hinterließ. Im Fall des Afrasiatischen ergibt die Summe aller Archaismen weder eine vollständige Grammatik noch ein vollständiges Lexikon, es muß Elemente der Ursprache gegeben haben, die sich in keinem der bekannten Abkömmlinge erhalten haben. Zugleich gibt es keine belegte Sprache, und sei sie noch so alt, die nicht gegenüber der Ursprache bereits Innovationen enthielte; und es gibt keine Sprache, und sei sie noch so jung, die nicht ältestes Gut in einem versteckten Winkel erhalten haben könnte.

Soweit wir heute aufgrund der Arbeiten von M. I. Diakonoff, O. Rössler, R. Hetzron und R. M. Voigt die Geschichte der semitischen Sprachen überblicken, gehörte zum Grundbestand des urafrasiatischen Verbalsystems ein Aorist *yaktub* »er schrieb« (abgeschlossene Handlung), ein Imperfekt *yakattub* »er schreibt gerade« (unabgeschlossener Handlung) und ein Stativ *katib* »einer der geschrieben hat/etwas geschriebenes« (das Verb KTB »schreiben« ist als leicht aussprechbares Beispiel gewählt – natürlich war dieses Verb dem Ur-Semitischen noch unbekannt).

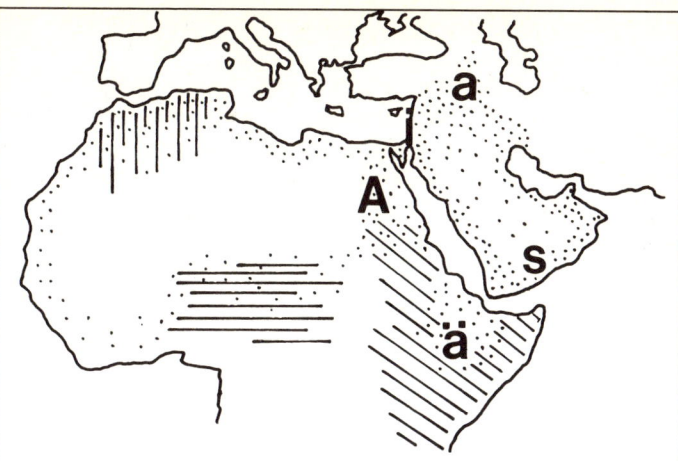

Abb.13: Die heutige Verbreitung des Afrasiatischen
IIIIIIII Berber ══════ Tschadisch \\\\\\ Kuschitisch
∵∴∵∴ Semitisch, in der Regel Arabisch
A Altägyptisch-Koptisch (nur noch Liturgiesprache)
a Neu(ost)aramäisch (im Aussterben)
ä Äthiopische Sprachen
i Neuhebräisch (Ivrit)
s Neusüdarabisch (vom Aussterben bedroht)

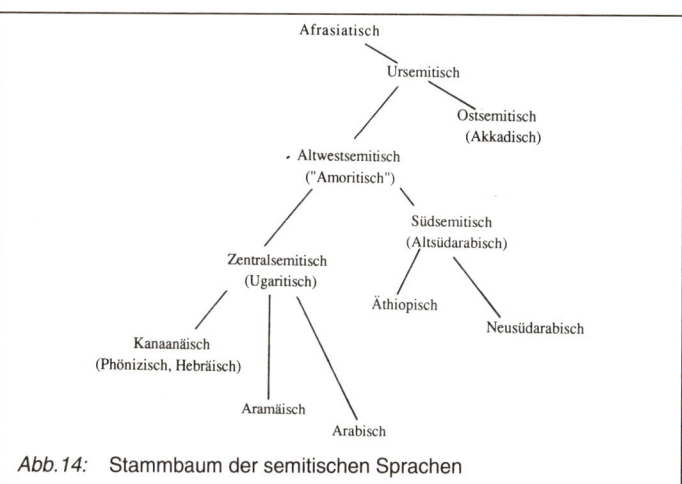

Abb.14: Stammbaum der semitischen Sprachen

Die afrasiatischen Sprachen verteilen sich heute rund um die Sahara: das vom maghrebinischen Arabisch bedrohte Berberische in den Bergen Marokkos und Algeriens; das Tschadische südlich der Sahara; das Kuschitische südöstlich der Sahara bis zum Horn von Afrika; das ausgestorbene Altägyptische, in seiner jüngsten Form, dem Koptischen, noch als Liturgiesprache der ägyptischen Monophysiten im Gebrauch, im Niltal; und die semitischen Sprachen, heute vor allem das Arabische, das in seinen Dialekten von Persien bis Marokko und Malta verbreitet ist, das Neuhebräische (Ivrit) als offizielle Sprache des Staates Israel, verschiedene neu-aramäische Dialektinseln vom Anti-Libanon bis zum Kaukasus, neusüdarabische Sprachinseln in Jemen und Oman und die semitischen Sprachen Äthiopiens (Tigre, Tigrinnya, Amharisch, Harari und die Gurage-Sprachen). Von den fünf semitischen Schriftsprachen Akkadisch, Kanaanäisch (einschließlich Hebräisch), Aramäisch, Arabisch und Äthiopisch ist das Akkadische ausgestorben, das Aramäische heute im Begriff, auszusterben. Der größte Teil der Aramäisch sprechenden Christen aus dem Tûr 'Abdîn in der Südosttürkei lebt heute in Deutschland. Bedenkt man, daß die Sahara nicht seit jeher wüst war, sondern bis zum 6. Jahrtausend v. Chr. eine Savanne, die Jäger-Sammler-Gruppen günstige Lebensbedingungen bot und früh an der »neolithischen Revolution« beteiligt gewesen sein mag, liegt es nahe, hier den Ursprung der Ur-Afrasiaten zu suchen. Im 6. Jahrtausend gab es einen ersten, klimabedingten Austrocknungs-Schub (vgl. 1.2), der Bewohner der Savanne in benachbarte Regionen getrieben haben muß. Spätestens damals muß das Semitische in Vorderasien aufgetreten sein, wenn es den Übergang von Afrika nach Asien nicht schon im 9. Jahrtausend gemacht hatte. Spätere Trockenzeiten, die zusammen mit menschlicher Übernutzung jene Wüste schufen, die wir vor Augen haben und die in unseren Tagen weiter wächst, trieben die Vorfahren der Ägypter ins nicht mehr sumpfige Niltal (vgl. 2.1.2), die der Tschader und Kuschiten nach Süden bzw. Südosten. Nur die Berber blieben, wo sie wohl schon immer gesessen hatten.

Die Proto-Ägypter vollzogen im Niltal eine sehr schnelle linguistische Evolution. Wie der Vergleich von »städtischen« mit »ländlichen« Dialekten zeigt, scheinen große Bevölkerungskonzentrationen das Tempo des sprachlichen Wandels zu beschleunigen: mehr

Leute reden mehr und häufiger miteinander. Das Altägyptische, die älteste afrasiatische Schriftsprache, hatte gegen Ende des 4. Jahrtausends v. Chr. bereits etwa die Hälfte der ererbten Konsonanten verloren, hat dafür aber Laute erhalten, die es im Semitischen nicht mehr gibt. Infolge der phonetischen Verarmung, die nicht mehr zwischen »Ich schrieb« und »Er schrieb« zu unterscheiden erlaubte, brach im Ägyptischen schon vor der Schrifterfindung die ererbte Konjugation zusammen, *yaktub* und *yakattub* wurden durch nominale Kompositionen ersetzt (»sein Schreiben« – »mein Schreiben« – »sein Geschriebenhaben«). Als das gesprochene Aramäische gegen Ende des 1. Jahrtausends n. Chr. sein Perfekt verlor, weil »er schrieb« und »sie schrieben« in der Aussprache zusammengefallen waren, entwickelte es vergleichbare Konstruktionen.

Wenn es schon Sprecher eines Ur-Semitischen waren, die in Syrien-Palästina die »neolithische Revolution« trugen, erklärt sich das Anwachsen und die Verbreitung der Sprachgruppe hinlänglich aus der Bevölkerungsexplosion, die mit dem Übergang zur nahrungsproduzierenden Lebensweise eingeleitet war. Stießen sie erst später, nach dem Zusammenbruch der früh-jungsteinzeitlichen Kultur der Groß-Dörfer, dazu (vgl. 1.2), könnte die Einfachheit und Leistungsfähigkeit der semitischen Sprache im Unterschied zu isolierenden oder agglutinierenden Vorgänger-Sprachen ebenfalls den Erfolg des Semitischen erklären, ohne daß eine Völkerwanderung mit Massenmord an etwaigen Vorbewohnern anzusetzen wäre. Nicht allzuviele Römer zogen nach Gallien, nach Thrakien, und doch hat sich ihre Sprache dort durchgesetzt. Die Gruppen, die im 6., aber auch noch im 5., 4., 3. und 2. Jahrtausend v. Chr. wanderten, bildeten keine großen Stämme, sondern kleine Sippen oder Banden, die Ackerbau und Viehzucht betrieben; daneben gründeten Dörfer bis ins 20. Jh. n. Chr. Satellitensiedlungen und damit neue Siedlungskerne, solange noch oder wieder Neuland zu erschließen war. Dergestalt verbreiteten sich semitische Sprachen über den »fruchtbaren Halbmond«.

Betrachtet man das Vokabular, das allen Hauptzweigen des Semitischen gemeinsam ist, ohne entlehnt zu sein, dann führt der erhaltene Wortbestand des Ursemitischen in eine Welt, in der es Häuser und Felder, Weizen, Linsen, Ölbäume und Weinstöcke gab. Schaf und Ziege wurden ebenso gezüchtet wie Rind und Schwein, es gab

Häuptlinge, Stammesaristokraten und Sklaven. Es gab noch keine Pferde, keine Kamele und keine Städte. Wir erkennen in dieser Welt unschwer die entwickelte Dorfkultur der späten Jungsteinzeit und der Kupfersteinzeit. Ausbreitungszentrum des Semitischen in Vorderasien war das chalkolithische Syrien-Palästina, nicht die arabische Wüste.

Auch archäologische Indizien legen ein langsames Vordringen bäuerlicher syrischer Gruppen nach Mesopotamien im 5. und 4. Jahrtausend v. Chr. nahe. Sobald die mesopotamische Keilschrift einsetzt, tauchen vereinzelte Träger semitischer Namen auf, es werden im Laufe des nächsten Jahrtausends immer mehr, bis kurz nach 2000 das Sumerische als gesprochene Sprache ausstirbt. Das *Ostsemitische* (das Akkadische) ist im wesentlichen dadurch charakterisiert, daß es an den Innovationen, die in Syrien-Palästina nach dem 3. Jahrtausend v. Chr. erfolgen werden, nicht mehr teilnimmt. Das Akkadische steht in seinem Verbalsystem dem Ur-Afrasiatischen noch sehr nahe. Der Lautbestand wird jedoch spätestens im Laufe des 2. Jahrtausends radikal reduziert und ist für die frühere Zeit nur mit Mühe zu rekonstruieren, da uns die Sprache in einer Schrift vorliegt, die nicht für sie geschaffen worden ist (vgl. 3.2.1). Aus dem *Altakkadischen* des 3. Jahrtausends, von dem das *Eblaitische* wohl nur einen westlichen Dialekt darstellt, entwickelten sich im 2. Jahrtausend die *babylonische* und die *assyrische* Literatursprache mit mehreren Phasen. Da das Babylonische Sprache der Gebildeten war und die Orthographie des Assyrischen tief prägte, waren die Unterschiede zwischen beiden Sprachen größer, als es die Keilschrift-Texte vermuten lassen. Seit dem 8./7. Jh. v. Chr. erlagen beide Sprachen im Alltag dem Aramäischen, wurden von Priestern und Gelehrten aber noch bis ins 1. Jh. n. Chr. gepflegt.

Das *Westsemitische*, dem bereits das *Amoritische* zuzurechnen ist, trennte sich vom Ur-Semitischen, indem es den Stativ *katib* »einer der geschrieben hat/etwas das geschrieben ist« durch das Perfekt *kataba* »er hat geschrieben« ersetzte. Diese Innovation ist in Ebla (Nordsyrien) um 2300 v.Chr. noch nicht sicher nachzuweisen, wohl aber in palästinischen Orts- bzw. Stammesnamen der gleichen Zeit. Sie scheint also vom Süden ihren Ausgang genommen zu haben. Der Zusammenbruch der proto-urbanen Kultur Palästinas um 2300 (vgl. 2.2.) erklärt, wie das Alt-Westsemitische, charakterisiert durch die Koexistenz des Perfekts *kataba* mit dem Langimperfekt *yakattub*, nach Arabien kam: durch die Reduzierung der Anbau-Intensität wurde eine größere Anbau-Fläche benötigt, man ging an den Rändern auf Wanderschaft, getrieben vom Nachdrängen entwurzelter Bauern, und erreichte schließlich Südarabien, von dort aus letztlich die gegenüberliegende Küste Afrikas. Zum Alt-Westsemitischen gehören die *altsüdarabischen* Sprachen *Minäisch*, *Qatabanisch* und *Hadramitisch* (geschrieben seit etwa 500 v. Chr.), die einerseits in den *neusüdarabischen* Sprachen *Mehri*, *Djibbâli* und *Soqotri*, andererseits im *Geez* weiterleben. Vom Geez, der Literatur- und Liturgiesprache Äthiopiens, oder von verwandten Dialekten südarabischer Kolonisten der ersten Hälfte des 1. Jahrtausends v. Chr. stammen das *Amharische*, die Schriftsprache des modernen Äthiopiens, und das *Tigre* und *Tigrinnya* Eritreas ab. Wegen des geographischen Bereichs, in dem es überlebt hat, ohne dort entstanden zu sein, wird das Alt-Westsemitische auch als *Südsemitisch* bezeichnet.

Im Laufe des 2. Jahrtausends v. Chr. kam es in Syrien-Palästina zu einem neuen Aufschwung (vgl. 2.3.1). In der ersten Hälfte dieses Jahrtausends vollzog sich dort die nächste entscheidende Innovation, die nun das nach Südarabien vorgedrungene Südsemitsche nicht mehr mitmachte: das Imperfekt *yakattub* »er schreibt gerade« wurde durch *yaktubu* ersetzt. Das derart entstandene *Zentralsemitische* umfaßt das *Aramäische*, das *Arabische* und das *Kanaanäische*. Altzentralsemitisch sind bereits das *Ugaritische* und vermutlich das *Sabäische*, die noch keinem der drei späteren Zweige angehören, sowie die kanaanäischen Glossen in den Amarna-Briefen (vgl. 2.3.4).

Die Sprache, in der Mohammed den Koran verkündigte, ist noch nicht im 2. Jahrtausend v. Chr. entstanden, um in einem verborgenen Winkel Arabiens auf ihre große Stunde zu warten. In der Geschichte des Arabischen, des Aramäischen wie des Hebräischen bewahrheitet sich der Satz, daß am Anfang jeder Geschichte einer Standard-Sprache Dialekte und Regionalsprachen stehen, bis politische Konstellationen einer davon überregionale Geltung verschaffen. Im *Altaramäischen*, im 9. und 8. Jh. v. Chr. belegt, unterscheiden sich die Sprachen von Hamat, Aleppo und Gozan merklich. Die assyrische Deportationspolitik sorgte seit dem 7. Jh. für die

Entstehung einer aramäischen internationalen Verkehrssprache, des *Reichsaramäischen*, die sich erst im Mittelaramäischen (2. Jh. v. Chr. bis 2. Jh. n. Chr.) in eine Reihe lokaler Varianten (*jüdisch-palä-stinisch, nabatäisch, palmyrenisch, edessenisch*) auflöste mit relativ geringen Dialektunterschieden. Im Spätaramäischen trennte sich dann die Sprache in ein West- (*Galiläisch-Aramäisch*, Christlich-Palästinisch bzw. *Syro-Palästinisch*) und ein Ost-Aramäisch: *Syrisch*, seit dem 3. Jh. n. Chr. Literatursprache, seinerseits bald religionsgeographisch in das jakobitische Westsyrische und das nestorianische Ostsyrische gespalten, *Babylonisch-Jüdisch* (der Sprache des babylonischen Talmud) und *Mandäisch*. Als Neu-Aramäisch haben sich Abkömmlinge beider Zweige bis in die Gegenwart gehalten; doch die letzten Sprecher des *Neuwestaramäischen* in *Ma'lûlâ* im Antilibanon sterben wohl in diesen Jahrzehnten aus, das *Neu-Ostaramäische* läßt sich heute in Tel Aviv oder in Berlin besser aufnehmen als in seiner Heimat.

Verschiedene *altnordarabische* Sprachen sind seit dem 7. Jh. v. Chr. in Inschriften belegt, von denen die meisten unter der unglücklichen Bezeichnung *Thamudisch* zusammengefaßt werden: unglücklich, weil es einen Stamm dieses Namens tatsächlich gab, mit dem aber 99% dieser Inschriften nichts zu tun haben, unglücklich auch, weil sich innerhalb des »Thamudischen« ganz verschiedene Schriften und Sprachen identifizieren lassen. Bemerkenswert ist die schriftliche Hinterlassenschaft der *Safaiten*, Graffiti in der Basaltlandschaft Südsyriens und Nordjordaniens aus dem 3./2. Jh. v. Chr. bis zum 5./6. Jh. n. Chr., dadurch, daß in ihr Selbstzeugnisse einer nomadischen Kultur der Antike vorliegen. Während der bestimmte Artikel in den altnordarabischen Inschriften wie im Kanaanäischen die Form *ha(n)-* hat, ist das *Früh-Hocharabische* bereits durch den Artikel *al-* charakterisiert. Zum Frühhocharabischen gehört der Dialekt der *Nabatäer*, die ihre offiziellen Inschriften freilich im internationalen Aramäisch verfaßten, doch verraten ihre Eigennamen, manchmal auch Wörter und ganze Zeilen, welche Sprache sie gesprochen haben. Aufgrund der handelspolitischen Dominanz dieses Stammes (vgl. 2.7.2) hat sein Dialekt eine arabische Gemeinsprache in den Oasen der ganzen Halbinsel verbreitet, die noch im Konsonantentext des Korans nachweisbar ist. Seit dem 4. Jh. n. Chr. wurde an den Höfen der arabischen Klientel-»Könige«

der Byzantiner und Sassaniden und in den Zelten der Stammesführer eine aristokratische, archaisierende Dichtung gepflegt. Diese arabische Dichtersprache führte im 7. Jh. n. Chr. durch die Islamisierung der Dichtung und die »hochsprachliche« *relecture* des Koran zum »*klassischen Arabisch*«. Dieses Arabische ist in der Formenbildung archaischer als das Altaramäische des 9./8. Jh.s v. Chr., in der Syntax jünger als das Biblisch-Hebräische des 5. Jh.s v. Chr. Das »klassische Arabisch« lebt in der arabischen Schriftsprache der Gegenwart fort, während sich das gesprochene Arabisch der einzelnen Regionen von der Schriftsprache und voneinander stark unterscheidet. Im maghrebinischen Arabisch sind wie im Berberischen die langen Vokale kurz geworden, die kurzen geschwunden, im syrischen Arabisch sind wie im Reichs-Aramäischen die Interdentale (wie englisch *th*) zu Dentalen (*t*) geworden, in jemenitischen Dialekten leben Formen und Wörter aus dem Südarabischen fort. Die arabische Welt ist durch Zweisprachigkeit, Diglossie, von Hochsprache und Umgangssprache gekennzeichnet. Diglossie herrscht verschieden stark auch in einigen europäischen Regionen (dem alemannischen Raum, Katalonien, Griechenland), sie wird auch im Alten Orient die Regel gewesen sein.

Das AT erweckt hingegen den Eindruck, als habe »ganz Israel« von Anfang an nichts als biblisches Hebräisch geredet. Das ist ebenso Fiktion wie bereits das Konzept von »ganz Israel«. Empirisch kann man als *Hebräisch* die südkanaanäischen Sprachen des 1. Jahrtausends v. Chr. zusammenfassen, also alle *kanaanäischen* Sprachen dieser Zeit außer dem Phönizischen: *Israelitisch, Judäisch, Moabitisch, Ammonitisch* und *Edomitisch*. Alle hebräischen Sprachen stehen sich etwa gleichermaßen nahe oder fern. Im Falle des Israelitischen fällt auf, daß die Geschichte des Nordreiches offenbar zu kurz war, um eine einheitliche Staats-Sprache zu schaffen, oder es mangelte am Bedürfnis. Wir kennen aus dem alten Israel drei »Dialekte«: den einer Inschrift aus Geser, ca. 900 v.Chr.; den einiger Lieferscheine aus Samaria, ca. 790 v.Chr.; und den einer Prophetenlegende aus Sukkot, ca. 770/60 v. Chr. Keine zwei dieser drei Dialekte stimmen linguistisch überein. Dabei ist der Gegensatz zwischen dem westjordanischen Hof, dessen Sprache fast Phönizisch ist, und dem ostjordanischen Tempel, dessen Text man fast für Altaramäisch halten könnte, besonders ausgeprägt. Innerhalb des AT läßt sich nur für Ri 5 israelitische Herkunft philologisch nachweisen, für Teile von Hos und wenige Partien in Kön und Spr vermuten.

Das im 7. und 6. Jh.v.Chr. in Jerusalem, Lachisch und Arad belegte *Judäische* ist hingegen eine einheitliche Sprache mit lokalen oder auch nur individuellen Eigenheiten einiger Schreiber; in Arad fiel es jemandem schwer, p und b zu unterscheiden. Das Judäische ist die unmittelbare Vorstufe des *Biblisch-Hebräischen* der Perserzeit. Der im 5. Jh. v. Chr. redigierte Konsonantentext der Tora unterscheidet sich vom Judäischen hauptsächlich in der Orthographie. Biblisch-Hebräisch ist die Literatur- und Bildungssprache der Perserzeit, während das Volk wohl schon eine frühe Form des Mittelhebräischen sprach. Das Biblisch-Hebräische kennt noch altes *yaktub* »er schrieb« als Erzähl-Tempus (in Prosa immer mit *wa-* »und, da« verbunden). Das *Mittelhebräische*, literarisch geworden in der Mischna, aber schon in der Orthographie und Syntax von 1/2 Chr, Koh, Hld, Ps, Est nachzuweisen, hat hingegen die Opposition von »Kurzimperfekt«(*yaktub*, Aorist) und »Langimperfekt« (*yaktubu*, Imperfekt) aufgegeben, zum Ausdruck der Vergangenheit dient nur noch das Perfekt. Einige Züge des Mittelhebräischen wie der Plural auf -*în* statt -*îm*, die Relativ-Partikel *shä*-, stammen wahrscheinlich aus dem Israelitischen. Immerhin lag die persische Provinz Yehud zur Hälfte auf ehemals israelitischem Territorium.

Nach dem Aussterben des Mittelhebräischen als gesprochener Sprache um 200 n.Chr. lehnte sich das *rabbinische Hebräisch* in der Formenbildung stärker an das Biblisch-Hebräische an, blieb es syntaktisch dem Mittelhebräischen verpflichtet. Als Sprache der jüdischen Gelehrsamkeit (jeder Jude muß, um den Forderungen seiner Religion nachzukommen, zumindest lese- und schreibkundig sein) war Hebräisch nie ganz tot, es war als Sprache einer Poesie, die im islamischen Spanien mit der arabischen wetteiferte, sogar zeitweise besonders lebendig. Allerdings entwickelten sich lokale Aussprache-Traditionen, die zur Fixierung der Lesung des Bibeltextes durch verschiedene Gelehrtenschulen führten – 1000 Jahre, nachdem der Konsonantentext der Tora festgelegt worden war. Auch wenn sich von verschiedenen Ansätzen eine Vokalisierung durchsetzte (die »tiberiensische« nach dem Ort, an dem die betreffende Schule tätig war), wurde sie dann doch im Jemen oder im Irak, in

Portugal oder in Wilna wieder ganz verschieden gelesen. Es liegt auf der Hand, daß »Schabbes« auf eine andere Aussprachetradition zurückgeht als *Shabbât*, »Ganove« als *Gannâv*, »Knast« als *Knésset*. Das *Ivrit* als letzte Phase der hebräischen Sprachgeschichte vereinigt eine mitteleuropäische Aussprache der Konsonanten mit einer westeuropäischen der Vokale und hat, um den Bedürfnissen einer modernen Industriegesellschaft zu genügen, zahlreiche Anleihen bei verschiedenen europäischen Sprachen gemacht. Man fragt bisweilen, ob Ivrit »noch« eine semitische Sprache sei. Das ist es zweifellos: es ist gegenüber dem Ursemitischen nicht stärker lautlich verarmt als das Assyrische, Syrische, Maltesische. Betrachtet man die semantische Struktur, kann man allenfalls sagen, daß Ivrit eine europäische semitische Sprache sei.

3.2. Schriften

Aufgrund der Bedürfnisse ihrer Verwaltung, die bald einen Daten-Umfang bewältigen mußte, der die Gedächtnis-Leistung des menschlichen Gehirns überstieg, haben alle Staaten Schriftsysteme entwickeln oder übernehmen müssen. Damit wurde Kommunikation möglich, die Raum und Zeit überwand. Damit war aber auch dem menschlichen Geist ein »externer Speicher« eröffnet, der im Laufe einer sehr langen Zeit dem Denken Komplexitätsgrade erschloß, die in einer nur »mündlich« funktionierenden Gesellschaft schlechterdings unerreichbar sind. Man kann einzelne Konsequenzen der Gleichung e = mc² in der Alltagssprache mitteilen, aber nicht die Formel ableiten. Aber damit sind wir schon zu den letzten Folgen der Schriftentwicklung gesprungen, zu denen vorher die altorientalische Königsinschrift, die Bibel, die Entstehung eines Buchhandels in Athen um 400 v. Chr., die Geometrie Euklids, der Buchdruck, die gebührenfreie Grundschule, die Stadt-, Landes- und Universitätsbibliothek und die Tageszeitung gehören.

Nichts wäre falscher als die Annahme, daß mit der Erfindung der Schrift die Menschheit sogleich ihr gesamtes Wissen in Texten niedergelegt hätte. Am Anfang, in Mesopotamien etwa für die ersten 500 Jahre, war die Schrift weitgehend auf den Sektor beschränkt, für den sie entwickelt worden war: Verwaltung, Steuer- und Rechnungswesen. Erst nach und nach haben Priester ihre Überlieferungen, Könige ihre Taten aufgezeichnet oder aufzeichnen lassen. Erst viel später gab es einen »Markt« für Texte, der sie den engen Kreisen ihrer Produzenten und Überlieferer entzog und einer (zahlungskräftigen, gewiß) Allgemeinheit zugänglich machte (vgl. 3.3.4). Die ersten Schriftsysteme waren kompliziert und konnten nur von einer kleinen Zahl von Spezialisten beherrscht werden (vgl. 3.2.1). Aber auch im Bereich der Alphabetschriften blieb im 2. und 1. Jahrtausend v. Chr. der Kreis der Schreib- und Lesekundigen relativ klein (vgl. 3.2.2). Mehr als zwei Drittel der Bundesbürger besitzen (und lesen) keine oder nur wenige Bücher, können also praktisch als illiterat bezeichnet werden. Trotzdem macht die Schrift als Voraussetzung des freien Zugangs zum »veröffentlichten« Buch im Prinzip das Wissen aller allen zugänglich, die sich darum bemühen wollen.

Es gibt keine Staatlichkeit ohne Schrift und ohne schriftliche Zeugnisse. Umgekehrt aber wurde die Schrift auch in vor-staatlichen Gesellschaften rezipiert: sei es zur Kommunikation mit den Zentren der Macht, sei es – zum Spiel, zur Imitation der dominanten Zivilisation. Mehr darüber im zweiten Abschnitt dieses Kapitels.

3.2.1. Vom Zeichen zur Schrift

Von »Schrift« kann nur die Rede sein, wo ein System von Zeichen Sprache darstellt. Vor-schriftliche Zeichen und Zeichensysteme beginnen spätestens mit den Höhlenbildern der Altsteinzeit, in denen das Bild des Tieres das Tier »bezeichnet«, das vor der Jagd rituell erlegt oder dem Erlegen geweiht wird. Die »Sprache der Bilder«, die lange vor der Schrifterfindung einsetzt, bricht mit der Schrift nicht ab. Sie ist und bleibt so selbstverständlich, daß allzu textbesessene Bibelwissenschaftler und Bibelwissenschaftlerinnen sie oft ignorieren (vgl. dagegen NSK-AT 30). Das Bild als Informationsträger ist im heutigen internationalen Verkehr nicht wegzudenken: wir müssen nicht wissen, was »Überholen verboten« auf Französisch heißt, um auf einer provençalischen Landstraße dem entsprechenden Zeichen Folge zu leisten, und wir müssen den italienischen Ausdruck für »Billetschalter« nicht kennen, um auf dem Bahnhof von Chiasso einen zu finden.

Mit solchen »Begriffs-Bilderschriften« hat es angefangen. Wenn wir auf einem frühen Tontäfelchen aus Südmesopotamien oder dem Industal 4 Striche, einen Fisch, 3 Striche und ein Brot sehen, können wir den »Text« lesen als »4 Fische 3 Brote«, ohne zu wissen, wie der Schreiber diese Dinge genannt hat, und ohne zu wissen, ob es sich um eine Zahlungsanweisung, eine Steuerquittung oder eine Umrechnungstabelle handelt. Altertumsforscher sind fast immer in der Lage von Leuten, die fremde Post lesen und daher die »Vorinformation« oder den »Kontext« oft nicht kennen, die der Absender bei seinem Adressaten voraussetzen konnte. Der Übergang vom Begriffsbild zum Wortzeichen wurde bei den Sumerern dadurch vollzogen, daß die Gegenstands-Bilder gleichklingende Wörter mitvertreten konnten. Denn um komplexere und vor allem nichtgegenständliche Sachverhalte auszudrücken, genügte eine Begriffsschrift nicht, es sei denn, man hätte willkürlich neben dem Bild für »König« ein Bild für »Königtum« eingeführt – das Chinesische ist tatsächlich diesen Weg gegangen.

Das Sumerische enthält zahlreiche einsilbige, homophone Wörter (*Mal* und *Mahl* sind im Deutschen homophon, *night* und *knight* im Englischen). So könnte man auf Englisch ein bekanntes Shakespeare-Zitat in die Form bringen: **2 B or & 2 B** (& ist Symbol für Knoten, engl. knot) ... und hat damit das Prinzip der sumerischen Keilschrift erfaßt. Eine derartige Schrift ist immer nur mit einem gewissen Maß an Scharfsinn zu lesen. Um ihren Schreibern und Lesern zu helfen, haben die Sumerer das System noch ein wenig kompliziert und neben Silbenzeichen (der neuen Errungenschaft der Schrifterfindung) weiter Wortzeichen verwendet (ein Überbleibsel der Begriffsschrift), die Wortzeichen dann gelegentlich mit »phonetischen Komplementen« versehen, um ihre Aussprache sicher zu stellen, und schließlich die Texte noch mit semantischen »Steuerzeichen«, sogenannten Determinativen, versehen, die auf der Ebene der Sprache stumm waren, aber auf der Schriftebene angaben, zu welcher Klasse von Gegenständen (Göttern, Männern, Frauen, Ländern, Steinen, Hölzern...) das folgende Wort gehörte. In abgemilderter Form findet man derartige Schreibungen auf dem Asphalt amerikanischer Straßen, auf dem den Autofahrern gelegentlich ein **Xing** entgegenlacht, kein Fremdwort aus dem Chinesischen, sondern ein Wortzeichen mit phonetischem Komplement: CROSSing.

Die Keile der Keilschrift sind nichts weiter als abstrahierte, den Schreibutensilien (Griffel und Ton) angepaßte Bilder. Das bereits komplizierte sumerische Schriftsystem verwandelte sich unter den Akkadern in eine Art abgemildertes Chaos. Man fing damit an, die sumerischen Wortzeichen nun Akkadisch auszusprechen. Fehlen phonetische Komplemente und syllabische Schreibungen, läßt sich oft nicht sagen, ob ein sumerischer oder ein akkadischer Text vorliegt. Bis zum Ende der Keilschriftliteratur mußte, wer Keilschrift lernte, darum zugleich Sumerisch lernen. Bereits bei den Sumerern gab es polyphone Zeichen: so stand AN »Himmel« auch für die Silbe *an*, für DINGIR »Gott« (und als Determinativ »Gott« vor einem Gottesnamen). Jetzt kamen zu den sumerischen Lautwerten noch entsprechende akkadische hinzu: AN behielt alle Bedeutungen, die es schon hatte, erhielt zusätzlich noch den Laut-Wert *il* und *el* und den Wortwert *ilu(m)*, weil »Gott« auf Akkadisch *ilum* hieß. Im Laufe der Zeit kamen – lokal oder international – ständig neue Lautwerte alter Zeichen hinzu, alte starben aus (und wurden nach Jahrhunderten von einem traditionsbewußten Schreiber »wiederentdeckt«). Dasselbe Zeichen hat verschiedene Lautungen, die gleiche Silbe kann mit verschiedenen Zeichen geschrieben werden. Die Assyriologie hat die Keilschriftzeichen darum durchnummeriert: *kur, kúr* (lies: kur-2), *kùr, kur$_4$*.

Man muß sich fragen, warum die Akkader und nach ihnen die Assyrer und Babylonier und die Elamer und Hetiter ein Schreibsystem überhaupt übernahmen, das zur Struktur ihrer Sprache überhaupt nicht paßte: so mußten besonders am Anfang einzelne sumerische Konsonanten ganze akkadische Konsonantenreihen vertreten, ZA also sowohl für *za, tsa,* und *ts'a* herhalten. Für geschlossene Silben stand oft kein Konsonant-Vokal-Konsonant-Zeichen zur Verfügung, so daß etwa die Silbe *man* als *ma-an* geschrieben werden mußte. Vokal- und Konsonantenlänge mithilfe der Silbenschrift auszudrücken, war so mühsam, daß die Schreiber es meistens unterließen (also schrieben sie *dayyânûtum* »Richtertum« als *da-ia-nu-tum*). Aber die Tradition war übermächtig: wird Sprache zur Schrift, erhält sie eine Orthographie, wird fixiert, normativ, und muß es sein, da eine verwilderte Orthographie die Kommunikation gefährdet (»ich taile ire anamen« – Ihre? irre?). So schreibt man im Englischen immer noch *knight* und spricht längst [nait], so kommt seit Jahrzehnten eine deutsche Orthographie-Reform nicht vom Fleck, weil sie denjenigen, die das gegenwärtige Regelwerk beherrschen, das Schreiben und Lesen fürs erste erschweren würde. Jedes Bildungssystem hat ein gewisses Beharrungsvermögen, wofür schon die Lehrer sorgen, deren Autorität auf der bleibenden Gültigkeit ihres Wissens beruht. Nachdem der altorientalische Lehrbetrieb etabliert war, ging so viel Energie in dessen Aneignung, erfüllte die Beherrschung der Schwierigkeiten die Adepten mit soviel Stolz, daß auf die Verbesserung des Systems kein Gedanke verschwendet wurde. So blieb es Fremden überlassen, Barbaren, die nächsten Schritte zu tun.

Einen wichtigen Schritt weiter gingen die alten Ägypter – aber sie merkten es nicht. Für die Vermutung, daß die ägyptische Schrift ihre Entstehung einem gewissen Hörensagen von der sumerischen verdanke (vgl. 2.1.2), spricht, daß die altägyptische Schrift im Prinzip wie die sumerische aufgebaut ist: Wortzeichen, Silbenzeichen, Determinative, phonetische Komplemente. Dafür spricht auch, daß das Ägyptische in einem Punkt ganz eigene Wege ging, also die Ägypter der Schriftentwicklungszeit nicht Sumerisch gelernt hatten, denn sonst wären sie womöglich ebenfalls in die altorientalische »Schulbetriebsblindheit« verfallen: den Ägyptern war bereits klar, daß in einer afrasiatischen Sprache die Vokale aus dem Kontext vorhersagbar sind, also nicht unbedingt geschrieben werden müssen. *Dsr stz st ncht nml schwr vrstndlch* – irgendwie ginge es sogar im Deutschen. Das Erstaunliche ist, daß die Ägypter imgrunde ein Alphabet geschaffen hatten, es aber nicht merkten. Es gibt im Ägyptischen eine Reihe von Wörtern (daher auch Zeichen), die nur einen Konsonanten hatten, wodurch das Ägyptische neben Drei- und Zwei-Konsonantenzeichen auch einen vollständigen Satz von Ein-Konsonantenzeichen besaß, mit denen sich jedes ägyptische Wort hätte schreiben lassen. Aber wieder machte der intellektuelle Trott blind. Freilich hilft ein Zug der ägyptischen Orthographie, der erst kürzlich entdeckt wurde, diesen extremen Konservativismus verstehen: Zwei-Konsonantenzeichen wurden für geschlossene Silben verwendet, die Schreibung markierte damit die Wort-Struktur und verhalf zur richtigen Lesung (W.Schenkel).

In ihrer monumentalen Form blieben die ägyptischen Schriftzeichen immer Bilder, war Orthographie immer auch eine Frage der

Ästhetik. »Böse« Bilder waren tabuisiert, wurden gemieden und umschrieben. Das Bild, der Text war für die Ägypter die Sache selbst. Das Geschriebene war die Wahrheit, dergegenüber die ungesagt bleibende Wirklichkeit recht eigentlich nicht existierte: ein früher Beleg für die Macht der Intellektuellen über die Konstituierung dessen, was für eine Zivilisation die Welt bedeutet. Im Brief des Pharao an seinen Vasallen, den der Bote verliest, steht nicht, was Pharao im fernen Ägypten gesagt hat oder dem Vasallen sagen will, sondern Pharao redet durch Brief und Boten hier und jetzt. Mit der Unterwürfigkeitsformel des Vasallen gegenüber Pharao im Eingangsteil seines Antwortbriefes sagt er nicht, daß er sieben mal siebzigmal vor Pharao, seiner Sonne, seinem Herrn, auf Bauch und Rücken niederfallen würde, wenn er persönlich anwesend wäre, sondern er tut es durch den Text, der ihn repräsentiert. Das Hebräische hat für »Sache« keinen anderen Ausdruck als für »Wort«. Wenn uns auch der Kontext nie im Zweifel läßt, was mit *davar* nach unseren Kategorien jeweils gemeint sei, müssen wir uns doch hüten, unsere Ansicht vom erkennenden Subjekt und erkannten Objekt bei den alten Hebräern vorauszusetzen. Anders als Herodot oder Thukydides geht der hebräische Geschichts- oder Geschichtenerzähler nie auf besprechende Distanz zu seiner Erzählung. Erst im Ijob-Buch wird die Kongruenz von Wort und Welt zum Problem, erst bei Kohelet ist sie aufgegeben.

3.2.2. Von der Wortzeichen-Silben-Schrift zum Alphabet

Das Alphabet wurde in den Küstenstädten Syrien-Palästinas in der ersten Hälfte des 2. Jahrtausends v.Chr. entwickelt. Es ist weder von der mesopotamischen Keilschrift noch von den ägyptischen Hieroglyphen direkt abhängig, setzt aber die Kenntnis beider Schriftsysteme und ihrer Nachteile voraus: eine unnötig hohe Anzahl von Zeichen mit unnötig vielen möglichen Lesungen des jeweiligen Zeichens. Das Alphabet wurde nicht in einem genialen Wurf erfunden, sondern in drei Schritten, deren letzten erst die Griechen machen sollten.

In einer Stadt wie Byblos überlagerte der mesopotamische Kultureinfluß seit 2300 v.Chr. den ägyptischen, ging aber im 2. Jahrtausend v. Chr. wieder mit ägyptischer Herrschaft einher (vgl. 2.1.2;

2.2.; 2.3.1). Für die internationale Korrespondenz benutzte man das ganze 2. Jahrtausend hindurch die akkadische Sprache, lernte also Keilschrift. Für die Aufzeichnung der eigenen west- bzw. zentralsemitischen Sprache entwickelte man in Byblos recht früh im 2. Jahrtausend ein Schriftsystem, das sich in den Zeichen-Formen – Bildern oder abstrahierten Bildern – an das ägyptische, in der Zeichen-Funktion aber an das mesopotamische System anlehnte. Diese Silbenschrift bestand nur noch aus Konsonant-Vokal-Zeichen. Im Gegensatz zur mesopotamischen Keilschrift mit ihren u, $\acute{u}$, $\grave{u}$, u_4, …u_x-Zeichen gab es für jede mögliche Silbe des Byblitischen nur noch ein Zeichen oder eine eindeutige Zeichenkombination: ba, bi, bu und ba-$k\o$ für bak. Die »byblische Silbenschrift« des frühen 2. Jahrtausends ist noch nicht entziffert. Es liegen eine Reihe von Lesungsvorschlägen vor, von denen keiner bislang allgemein überzeugt hat. Das Textmaterial könnte gerade ausreichen, um eine Entzifferung zu ermöglichen (vgl. Exkurs 4). Was sich aber schon sagen läßt: es handelt sich um ein Schriftsystem der beschriebenen Struktur, da sich anders der bekannte Typ der Sprache, die damals in Byblos gesprochen wurde (ein Altwestsemitisch mit 22 – 30 Konsonanten und 3-7 Vokalen) und die Zeichenzahl (60-120) nicht vereinbaren ließen.

Die byblische Silbenschrift war, dem kleinen Textbestand nach zu urteilen, nur sehr kurz im Gebrauch, vielleicht um die 100 Jahre. Lange genug aber, um auf Kreta Nachahmung zu finden, dessen Silbenschriftsysteme auf dem gleichen Prinzip eindeutiger Konsonant-Vokal-Zeichen basieren. Daß Kreta seine Schrift (oder zumindest die Anregung zu ihrer Entwicklung) aus dem Osten erhalten hat, geht aus dem Wort für »Summe« in »Syllabisch A« hervor: ku-ro, d.i. wahrscheinlich $kullu$ »Gesamtheit«.

Der byblischen Silbenschrift war wohl vor allem deshalb ein so kurzes Leben beschieden, weil ihre Benutzer bald merkten, daß man in einer semitischen Sprache die Vokale weglassen kann. Statt dreier Zeichen für ba, bi, bu genügt ein Zeichen B für den Konsonanten mit beliebigem oder auch keinem Vokal. So war das Alphabet geboren – aber war es ein Alphabet? Man kann die semitischen Konsonantenalphabete immer noch Syllabare nennen, die eben kein Zeichen für b enthalten, sondern eines für bv – b mit irgendeinem Vokal. In den frühen Alphabetschriften Syrien-Palästina herrscht eine große Vielfalt von lokalen Zeichensätzen, die Texte sind durchweg kurz und oft mehrdeutig, oder, wie im Falle der »proto-sinaitischen« Inschriften um 1500 v. Chr., schlecht geschrieben und noch schlechter erhalten. Es handelt sich bei diesen Graffiti um die »literarische« Hinterlassenschaft südpalästinischer Metallarbeiter und Bergleute in den ägyptischen Kupfer- und Türkisminen auf der westlichen Sinaihalbinsel. Viele Zeichen erinnern aber an das syllabarische Repertoire von Byblos. Während an einem Ort das Zeichen für *ba* zum *b*- wurde, wählte man anderenorts das *bi*. Der Buchstabe ' (das Zeichen für den Stimmabsatz) hieß *'alpu* »Ochse« (hebräisch Aleph, griechisch Alpha), der zusammen mit B (von *bêtu* »Haus«) den Anfang des »Alpha-Bets« bildete. Als Darstellung des »Ochsenkopf-Buchstabens« konkurrierten dessen Seiten- und Frontalansicht (vgl. Abb. 15).

Neben Varianten der Buchstabenformen gab es Unterschiede in der Buchstabenzahl, die Dialekte des frühen Zentralsemitischen waren so zahlreich wie die Kleinstaaten Kanaans. Ein umfangreicher Textbestand blieb nur aus einer dieser lokalen Sprachen erhalten, aus Ugarit, da man dort ein frühes Alphabet dem Schreiben auf Ton anpaßte und so ein Keilschrift-Alphabet schuf. Die Reihenfolge der Buchstaben im ugaritischen Alphabet setzte sich im späteren phönizisch-aramäisch-hebräischen Alphabet fort, nur daß im Phönizischen jene Zeichen fehlen werden, die der sprachgeschichtlichen Entwicklung zum Opfer fallen. Ein ABC in ugaritischer Schrift, aber ganz anderer Anordnung stammt aus Südpalästina, aus Bet-Schemesch (13. Jh. v. Chr.). Hier stimmt die Reihenfolge der Zeichen mit dem späteren südarabischen und äthiopischen Alphabet überein. Auch die »südsemitische« Schrift entstand demnach in Syrien-Palästina. Sie ging eindeutig aus einem der »altkanaanäischen« Alphabete hervor und nicht, wie alle anderen Alphabetschriften des 1. Jahrtausends v. Chr., aus dem phönizischen Alphabet (vgl. Abb.15). Diese Schrift muß vor 1200 v. Chr., als sie in ihrem Heimatland ausstarb, ihren Weg nach Süden angetreten haben. Wie die »protosinaitischen« Inschriften zeigen, wurde die Alphabetschrift nicht nur zur staatsinternen Korrespondenz und zur Aufzeichnung der lokalen Mythen und Epen verwandt, sondern auch von Leuten, die nur ihre Namen schreiben wollten oder einen frommen Wunsch, eine Weihung, einen

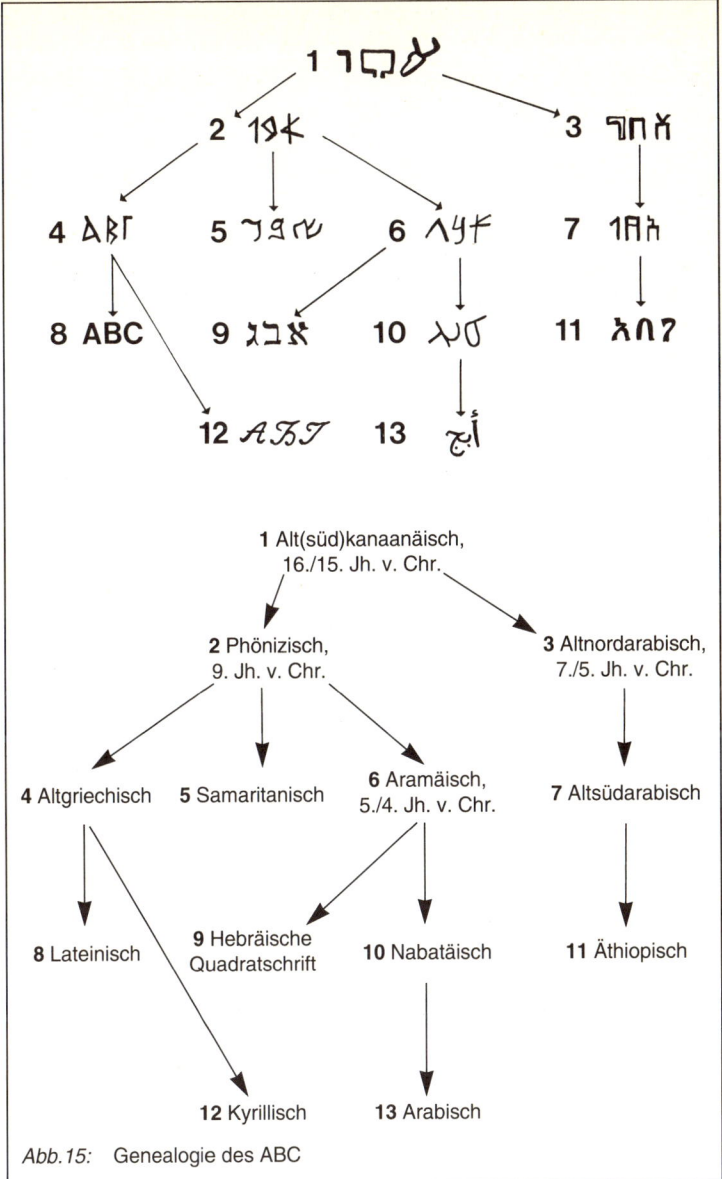

Abb.15: Genealogie des ABC

215

Gruß. Das Alphabet brachte keine Bildungsexplosion, die Zahl der Alphabetinschriften des 2. Jahrtausends ist klein, die Zahl der Schreiber war es wohl auch, aber das Alphabet führte schnell zum Graffito. Jedenfalls waren es Handwerker, Bauern und Hirten (bzw. deren Häuptlinge und Priester), die die Schrift nach Südarabien brachten, 500 Jahre, bevor die erste Handelskarawane von Saba in Richtung Mittelmeer aufbrechen sollte.

Die Tradition lokaler Schriften bricht im Zuge des »dunklen Zeitalters« (vgl. 2.4) weitgehend ab. Die kretische Silbenschrift verschwindet aus Kreta und aus Griechenland, hält sich auf Zypern; das Alphabet überlebt in den phönizischen Städten und auch an einzelnen Orten Palästinas. Das phönizische Alphabet wird zur Mutter aller Alphabete außer dem südsemitischen in dem Maße, in dem phönizischer Handel das Mittelmeer und sein Hinterland erschließt. Selbst wo, wie in der Umgebung von Betlehem, eine ererbte Schrift des 2. Jahrtausends überdauert hat, wird sie dem phönizischen Standard angeglichen. Nun war das urbane Phönizische in der Vereinfachung des Lautstandes besonders weit fortgeschritten. Die konservativeren Sprachen des Binnenlandes, die das Alphabet übernahmen, hatten mit der Schwierigkeit zu kämpfen, daß für zwei oder sogar drei ihrer Laute im Phönizischen nur ein Buchstabe zur Verfügung stand. Dieses Problem entstand sicher im Altaramäischen, im Ost-Israelitischen und im Judäischen, sehr wahrscheinlich auch im Ammonitischen, Moabitischen und Edomitischen. Die Legende, daß man in Alphabetschriften »schriebe, wie man spräche«, gilt nicht einmal für diese frühe Zeit: man schreibt, was man spricht, wie die Phönizier es schreiben würden. Die Phönizier selbst schrieben für »Kopf« *r-'-sh*, weil das Wort in urdenklichen Zeiten einmal *ra'shu* gelautet hatte, aber sprachen längst *rôsh*. In jedem Schriftsystem ragt die Geschichte der Sprache in die Gegenwart.

Eine starke Vermehrung von Schriftzeugnissen setzt erst 1000 Jahre nach der Erfindung des Konsonanten-Alphabets ein, in Juda etwa im 7. Jh. v. Chr. Die Zahl der Alphabet-Inschriften des 8. und 7. Jh.s beträgt etwa das Zehnfache aller bekannten Inschriften des 18. bis 9. Jh.s v. Chr. Wenn die Führung eines beschrifteten Siegels ein Zeichen für die Lesekundigkeit seines Besitzers ist, dann kann man seit dem 7. Jh. in Juda mit einer literaten Oberschicht von

Grundbesitzern und Beamten rechnen – ein Sachverhalt, der für die Entstehung und Überlieferung der biblischen Literatur nicht unerheblich ist (vgl. 3.3.4). Erst ab dem 2. Jh. n. Chr. konnte wohl jeder Bauer seinen Namen auf Griechisch schreiben. Aber mit dieser Kunst ging es nach dem 6. Jh. n. Chr. wieder schnell bergab. Die Forderung des Dtn, regelmäßig öffentlich verlesen zu werden (Dtn 31,9-13), deutet an, daß es noch im 6./5. Jh. v. Chr. nicht nur die Unerschwinglichkeit von Büchern war, die damals die meisten Israeliten davon abhielt, eine Bibel (oder was es davon schon gab) zu besitzen.

Die weitere Geschichte des Alphabets, so spannend sie ist, kann hier nur angedeutet werden. Nachdem sich aus dem phönizischen Alphabet in der ersten Hälfte des 1. Jahrtausends die lokalen Alphabete der israelitischen, judäischen, ammonitischen, moabitischen, edomitischen und der verschiedenen aramäischen Verwaltungen entwickelt hatten, wobei Ammoniter und Moabiter die Schrift sozusagen aus zweiter Hand erhalten hatten: von den Israeliten, den Aramäern, dominierte in der zweiten Hälfte des 1. Jahrtausends die eigenständig gewordene aramäische Schrift die Entwicklung. Mit dem Reichsaramäischen wurde auch dessen Schrift für das ganze Assyrer-, später Perserreich normativ. Aus dieser aramäischen Schrift hat sich einerseits die hebräische Quadratschrift entwickelt, während die Samaritaner einer Form der altisraelitischen, d.h. letztlich phönizischen Schrift verpflichtet blieben, die bei den Juden als letzter Bar Kochba (132-135 n. Chr.) auf seinen Münzen verwandte. Die gleiche aramäische Schrift mündete andererseits in verschiedene Kursiven (d.h. Schriften für den Gebrauch mit Tinte, wobei die Buchstaben zunehmend miteinander verbunden wurden), so in Palmyra, Hatra, Edessa und bei den Nabatäern. Aus dem Edessenischen entwickelten sich die syrischen Schriften, die sich, wie die entsprechenden Sprachen, entlang konfessioneller Linien in eine westsyrisch-jakobitische und eine ostsyrisch-nestorianische Form aufteilten. Von den Nestorianern lernten die Mongolen schreiben. Die älteste früh-hocharabische Inschrift von 328 n.Chr. ist noch in nabatäischer Schrift verfaßt. Aus ihr wurde zwischen dem 5. und dem 7. Jh. n. Chr. das Kufische als älteste Form der arabischen Schrift.

Im südsemitischen Bereich wurde die ererbte Schrift im 7. Jh. v. Chr. zur sabäischen Monumentalschrift fortentwickelt, die bald von Minäern, Hadramitern und Qatabanern übernommen wurde.

Für den Hausgebrauch benutzte man auch dort Kursiven. Mit dem südarabischen Handel kam die südsemitische Schrift zurück nach Nordarabien und wurde dort in verschiedenen lokalen Ausprägungen von Händlern und Oasenbauern, Beduinen und Hirten für überwiegend kurze und formelhafte »Memorialinschriften« auf Stein benutzt. Während die altnordarabischen Schriften zwischen dem 3. und 5./6. Jh. n. Chr. ausstarben, hat die südsemitische Schrift in Äthiopien überlebt. Dort wurde das Alphabet durch Variationen der Buchstabenform wieder zum Syllabar mit 202 Zeichen.

Das Alphabet, in dem nun wirklich jedem bedeutungstragenden Laut der Sprache ein und nur ein Zeichen zugeordnet wurde, haben erst die Griechen vollendet, als sie von den Phöniziern oder von den Aramäern im Laufe des 8. Jh.s v. Chr. schreiben lernten. Sie machten sich den Sachverhalt zunutze, daß einer ganzen Reihe von semitischen Konsonanten keine griechischen Laute entsprachen. So benutzten sie Aleph für A und 'Ain für O, He für E und Waw für Y.

Von den Griechen haben dann die Etrusker das Alphabet übernommen, die aus dem Gamma ein Camma machten, von den Etruskern die Römer, die darum das G neu erfinden mußten. Von den Römern bezog das Abendland die Schrift, von den Griechen hingegen der slawische Osten. Es mag erstaunlich klingen angesichts der Vielfalt und Unterschiedenheit heutiger Alphabetschriften: sie gehen alle auf eine gemeinsame Wurzel zurück, die an der Küste Syrien-Palästinas im frühen 2. Jahrtausend v. Chr. entsprang.

Die intellektuelle Leistung, die das Kollektiv der Schrifterfinder von den Sumerern am Ende des 4. Jahrtausends v. Chr. über die Ägypter, die Byblier, die Phönizier bis zu den Griechen im 8. Jh. v. Chr. vollbracht hat, mag uns im Nachhinein banal erscheinen. Aber nichts ist schwerer als das Einfache. Daher die lange Zeit, die es brauchte, den Fluß der Sprache erst in Wörter, dann in Silben zu teilen, um schließlich bis zu den Lauten hinabzugehen.

Exkurs 4: Wie entziffert man tote Sprachen in unbekannten Schriften?

Die Antwort ist einfach: überhaupt nicht. Eine gänzlich unbekannte Sprache in einer völlig unbekannten Schrift stellt ein prinzipiell unlösbares Gleichungssystem dar. Doch wissen wir eine Menge über Sprachen und Schriften des Alten Orients (und lernen täglich hinzu), die zwischen ihrem Aussterben und dem 19. Jh. n. Chr. niemandem geläufig waren. Wie geht das an?

Die Antwort ist wieder einfach: zwar waren die Schriften außer Gebrauch geraten, aber die Sprachen waren *im Prinzip bekannt:* es handelt sich durchweg um ältere Verwandte von Sprachen, die noch heute leben. Der Entzifferer der Hieroglyphen, J. F. Champollion, hatte jahrelang das Koptische studiert in der richtigen Vermutung, darin einen Nachfahren der Sprache der Pharaonen vor sich zu haben. G. F. Grotefend nahm zu Recht an, daß die Sprache der altpersischen Königsinschriften eine ältere Form des heutigen Persischen sei. Und das Akkadische war trotz seines komplizierten Schriftsystems zu meistern, weil es eine semitische Sprache ist, die demjenigen, der sich zuvor mit Hebräisch, Aramäisch, Arabisch und Äthiopisch beschäftigt hat, nicht allzu viele Überraschungen bereitet.

Wegen der komplizierten Schrift mit ihren Hunderten bis Tausenden von Zeichen brauchte Champollion einen Einstieg, den ihm eine Bilingue verschaffte, ein ptolemäischer Text, der sowohl in Hieroglyphen wie auf Griechisch vermutungsweise das Gleiche sagte. Der »Stein von Rosette«, am 2.8.1799 von einem französischen Ingenieur bei Schanzarbeiten im Nildelta »ausgegraben«, erlaubte es, die Namen »Kleopatra« und »Ptolemaios« im Ägyptischen zu identifizieren. Das genügte Champollion; jemand, der das Koptische nicht so beherrschte wie er, hätte mit dieser Entdeckung jedoch nichts anfangen können.

Ohne Bilingue wurden das Altpersische entziffert und das Ugaritische. In beiden Fällen ist das Inventar der Zeichen sehr klein, und es genügte die Vermutung, daß man es eben mit einem persischen oder einem semitischen Text zu tun habe, um in relativ kurzer Zeit den Code zu knacken. Umgekehrt stellt uns das Hurritische trotz zweisprachiger hetitisch-hurritischer Keilschrifttafeln vor Probleme: wir können die hurritischen Konstruktionen nachvollziehen, wenn wir wissen, was sie heißen, aber wir tappen noch ziemlich im Dunkeln, wo uns keine antike Übersetzung zu Hilfe kommt. Anders als das Altsemitische, Altägyptische und Altpersische ist Hurritisch eine mausetote Sprache. Im Falle des gleichermaßen toten Sumerischen helfen akkadische Wörterbücher, Grammatiken und Übersetzungen – aber von einer vollständigen und widerspruchsfreien sumerischen Grammatik ist die Forschung noch weit entfernt.

Ob eine Schrift der Antike entziffert werden kann, hängt also einerseits davon ab, ob ein Zusammenhang zwischen ihrer Sprache und einer bekannten Sprache begründet vermutet werden kann; andrerseits von der Menge des Textes, der zur Verfügung steht. Kurze Inschriften lassen sich bisweilen von rechts nach links ebensogut lesen wie von links nach rechts, eine Kombination von drei unbeholfen eingeritzten Zeichen läßt sich u. U. gleichermaßen überzeugend als Griechisch interpretieren wie als Altnordarabisch. Gerade in Alphabetschriften ergeben sich wegen der beschränkten Zahl gefälliger und einfacher geometrischer Formen Zufallsübereinstimmungen: ein P in einem griechischen Text ist eben ein R, ein X steht in einem phönizischen Text für ein T, in einem griechischen für ein Ch.

Kein Entzifferungsprozeß ist je abgeschlossen. Im Akkadischen werden weiter neue Lesungen einzelner Zeichen erschlossen. Bei der Bestimmung der Lautwerte lag der Lautstand junger Texte des 1. Jahrtausends v. Chr. zugrunde. Erst langsam setzt sich die Erkenntnis durch, daß ein Zeichen, das im 1. Jahrtausend *sha* zu lesen ist, im 3. Jahrtausend noch ein *tha* bezeichnete. Vor – nach altorientalischen Maßstäben – relativ kurzer Zeit hieß H_2O im Deutschen (bzw. dessen Vorgänger-Sprachen) *water* und dann *wazer*, bevor es zu *Wasser* wurde. Auch die Sprachen des Alten Orients veränderten sich, aber oft, ohne daß der Lautwandel in der Schreibung Spuren hinterließ. Darum sind Transkriptionen eine Sache, ihre phonologische Interpretation eine andere. Wer in Mexiko nach Meksiko-City fragte, würde nicht unbedingt verstanden, kein Einwohner von Paris kennt »Pahrieß« und kein alter Ägypter, könnte man ihn befragen, würde »Ägyptologisch« verstehen.

Man entziffert antike Schriften nicht anders als moderne Geheimschriften und Codes: indem man glaubt, die Sprache zu (er)kennen. Ob man recht vermutet hat, zeigt der Erfolg oder Mißerfolg. Wer nie eine Vermutung wagt (wie jene, daß westlich der Azoren Land zu finden sei), wird dem Denken nie einen neuen Kontinent erschließen.

Literatur: *E. Doblhofer*, Die Entzifferung alter Schriften und Sprachen. Reclam UB 8854. Stuttgart 1993; *W.Schenkel*, Einführung in die altägyptische Sprachwissenschaft. Darmstadt 1990; *J.F.Healey*, The Early Alphabet. London 1990; *J.Chadwick*, Linear B and Related Scripts. London 1987, [2]1989.

3.3. Literaturen

In Ägypten und Mesopotamien brauchten angehende Beamte, um die komplizierte Schrift zu erlernen, früh Zeichenlisten, die der Natur vieler Zeichen als Wort-Zeichen nach zugleich Listen von Gegenständen waren, deren Abfolge zugleich beanspruchen konnte, eine Ordnung der Welt zu repräsentieren: die Wissenschaft war geboren. Texte, die keinem unmittelbar praktischen Zweck dienten, sondern dem »Vergnügen«, der »Unterhaltung«, aber auch der Selbst-Vergewisserung gegenüber Menschen und Göttern, hat es wohl gegeben, seit es Sprache gibt. Ihre Verschriftlichung setzt jedoch erst einige Jahrhunderte nach der Schrifterfindung ein und verfolgte ebenfalls praktische Zwecke: die Mythen, Hymnen und Gebete dienten der Berufsausübung der Priester, die Annalen und das Heldenlied der Selbstdarstellung des Palastes. Auf dieser Stufe kann man nur in dem Sinne von Literatur sprechen, daß manche dieser Texte später als Literatur rezipiert wurden.

Literatur gehört zu jenem Luxus, jenem Bereich des Nicht-Notwendigen, der für eine zivilisierte Gesellschaft lebensnotwendig ist, will sie ihre Freiheit gegenüber den Zwängen der Wirklichkeit und dem normativen Anspruch des Faktischen behaupten. Literarische Texte unterscheiden sich von Gebrauchstexten dadurch, daß sie nicht völlig in den Funktionen aufgehen, um derentwillen sie einmal produziert und konsumiert worden sind. Jeder Literaturbetrieb braucht seine gesellschaftliche Basis oder schafft sie sich: die Gemeinschaft der Produzenten, Konsumenten und Tradenten. Literatur setzt aber Distanz zum »gelebten Leben« und seinen

Ansprüchen voraus, entfremdet Gattungen ihrem gesellschaftlichen Herkunftsort. Literatur liegt bereits im präliterarischen Umgang mit Texten vor, wenn palästinische Bauern und Bäuerinnen ein Hochzeits- oder Kriegslied auch bei der Erntearbeit singen, »weil's so schön ist«. Dagegen handelt es sich bei einen Schöpfungsmythos im Tempelarchiv, der erklärt, was am Neujahrsfest gefeiert wird, noch um einen Gebrauchs-Text.

Wenn man das zitierte Tempelarchiv als ersten Schritt zur Literaturentstehung zählen will, dann machte die altorientalische Schule den zweiten, indem sie ihren Schülern Lesen und Schreiben anhand von Texten lehrte, die für das eigene Selbstverständnis als prägend galten oder es durch die Tätigkeit von Schulen, die jeder zukünftige Amtsträger und Funktionär zu durchlaufen hatte, wurden. Neben »Eigenproduktionen« des Schulbetriebs gelangte nun auch der eine oder andere Tempel- oder Palast-Text in den »Bildungskanon« und wurde damit über seinen Produktionsort hinaus gelesen und überliefert. Mit dem altorientalischen Bildungskanon kam im 2. Jahrtausend v. Chr. das Gilgamesch-Epos nach Megiddo, einem Ort, der mit diesem legendarischen König von Uruk am Anfang des 3. Jahrtausends nichts zu tun gehabt hatte. Wer im 2. Jh. v. Chr. nach griechischer Bildung strebte und Griechisch schreiben und lesen lernen wollte, übte es anhand der Ilias und lernte so zugleich die Götter, die Werte und das Menschenbild der Hellenen kennen.

Der letzte und endgültige Schritt zur Literatur fand statt, als sich bemittelte Leser Privatbibliotheken zuzulegen begannen. Dichter und Geschichtenerzähler hat es schon immer gegeben – die Literatur verdankt ihre Existenz dem Leser. Einer der ersten hieß Assurbanipal und befahl aus privatem Bildungsinteresse, nicht zur Erleichterung seiner königlichen Amtsausübung, die gesamte literarische Hinterlassenschaft des Zweistromlandes zusammenzutragen. Spätestens um 400 v. Chr. wurde in Griechenland das Buch zur Ware, gab es gewerbliche Abschreiber, gewerbliche Buchhändler und Verleger, damit einen Büchermarkt, der seine Leute ernährte. Nicht dazu gehörten die Autoren. Der frühe Büchermarkt entfremdete vielmehr das Produkt, das Buch, den Kreisen, die es produziert und tradiert hatten, machte es ohne deren Zustimmung zugänglich und konstituierte damit eine bisher unerhörte Freiheit im Zugang zu Wissen und Bildung. Im Osten, im Bereich nichtgriechischer Schriften, hatte sich noch im 2. Jh. v. Chr. kein Buchmarkt bilden können: »Wenn ihr eins von diesen Büchern wollt, dann laßt es euch holen« schrieben die Juden Jerusalems an die Juden Alexandriens (2 Makk 2,15). Tempel und Synagoge behielten die Kontrolle über den Zugang zu den von ihnen gehüteten Überlieferungen. Es scheint, daß es im Orient nur einen Weg gab, sich eine Privatbibliothek aufzubauen: sich die Texte, die man besitzen wollte, selber abzuschreiben. Aus dem gleichen Grund entstand mit der Institution der Universität im Hochmittelalter die Unterrichtsform der Vorlesung. Zwar gab es schon gewerbliche Buchhändler und Abschreiber, aber ihre Dienste waren für den gewöhnlichen Scholaren unerschwinglich. Also diktierte man ihnen ihre zukünftige Handbibliothek in die Feder.

Ob es um 400 v. Chr. bei den Juden von Elephantine schon Privatbibliotheken gab, wissen wir nicht, da die Papyri nicht aus kontrollierten Grabungen, sondern aus dem Antiquitätenhandel stammen. Teilweise rekonstruieren lassen sich sowohl einige Privatarchive (mit Kauf-, Darlehens-, Heirats- und Scheidungsurkunden) als auch ein Tempelarchiv (mit der Kopie des Schreibens an die Satrapen in Samaria und Jerusalem betr. Wiederaufbau des Jaho-Anatjaho-Ishim-Bet-El-Tempels, TGI 51). Es liegt nahe, die beiden literarischen Texte aus Elephantine, Fragmente des Achikar-Romans und der aramäischen Fassung der Bisutun-Inschrift Dareios I, dem Schulbetrieb des Tempels zuzuweisen. Der Achikar-Roman ist eine aramäische Weisheitsschrift aus dem 7./6. Jh. v. Chr. Er bildet einen Vorläufer des biblischen Ijob-Romans: ein exemplarischer Weiser geht durch Unglück seiner Wiederherstellung entgegen; im Laufe der Handlung findet er reichlich Gelegenheit, seine Gegner mit Sprüchen über das rechte Verhalten in der Welt, besonders bei Hofe, zu quälen. Der Bisutun-Text ist Grundurkunde des persischen Staatsverständnisses (vgl. 2.8.1). Beide Schriften waren in der Schule einer Militär-Kolonie im persischen Dienst sicher der lebenskundlichen Belehrung dienlich.

Bücher können ihre Autoren um Jahrhunderte, selbst Jahrtausende überleben – aber auch Bücher sterben, wenn sie keine Leser mehr finden. Man versuche nur, ein Werk eines vergessenen Autors des letzten Jahrhunderts (wie etwa G. L. Hesekiel) in einer Buchhandlung oder Bibliothek zu finden. Die Abhängigkeit des Buches von seinen Überlieferern war vor dem Aufkommen der kommerziellen Buchproduktion ungleich größer: der potentielle Leser war zugleich ein potentieller Schreiber und Multiplikant, Kommentator und Fortsetzer. Obwohl es auch in der orientalischen Antike individuelle Verfasser gab (besonders in Mesopotamien) bzw. Zuschreibungen an »Idealverfasser« (besonders in Ägypten), standen neben Texten, die als »fertiggeschrieben«, damit »kanonisch« galten, solche, die weiter als »Gruppeneigentum« ihrer Überlieferer galten und noch fortgeschrieben wurden. Der Achikar-Roman wurde in zahlreichen Versionen bis in die Spätantike und darüber aus- und umgestaltet, der hellenistische Alexander-Roman läßt in manchen Fassungen seinen Helden nicht nur Luft-fahren und Tief-see-tauchen, sondern führt ihn auch mit dem Propheten Jeremia zusammen.

Auch Bücher halten nicht ewig. Texte auf Papyrus, Leder oder Pergament haben sich aus der Antike nur im Niltal oder am Toten Meer bis in unsere Tage erhalten, wo es nicht regnet. Sonst ist nach einer Reihe von Jahrzehnten mit dem physischen Verschwinden eines Textes zu rechnen, der nicht rechtzeitig kopiert worden ist. Hier liegt eine der möglichen Begründungen, warum das AT nicht weiß, wie lange David und Salomo wirklich regiert haben.

Man beklagt sich heute, wie teuer Bücher geworden seien. Dabei waren sie im Vergleich zum Durchschnittseinkommen noch nie so preiswert wie heute. Beschreibmaterial waren in Palästina, aber auch in Ägypten (Tintenschriften!) für Notizen, Briefe, Quittungen und Einberufungsbefehle großflächige Scherben zerbrochener Vorratskrüge (sogenannte *Ostraka*). Das Büchermachen war in der ganzen Antike eine teure und zeitintensive Angelegenheit, der Besitz von Büchern öffentlichen Institutionen oder reichen Privatleuten vorbehalten. Auch darum stand die Geschichte vom Propheten Bileam in Sukkot auf einer getünchten Wand (bzw. gemauerten Stele, vgl. Dtn 27,2f), verlangt das Dtn, in regelmäßigen Abständen vorgelesen (Dtn 31,9-13), ja auswendig gelernt zu werden (Dtn 30,14): die einzigen Möglichkeiten einer Ver-Öffentlichung. Nur dem König mutet das Dtn zu, ein eigenes Exemplar zu besitzen (Dtn 17,18f). Erst in hellenistischer Zeit stand Beschreibmaterial auch der Mittelschicht in einem Umfang zur Verfügung, der privates Bibelstudium erlaubte (vgl. Ps 1,2).

Der altorientalische Literaturbetrieb hatte also vier »Sitze im Leben«: die Schule, den Palast, den Tempel und die »Privatbibliothek«. Gehen wir ihnen im einzelnen nach!

3.3.1. Vom Lagerfeuer auf die Schulbank?

Die sogenannte »Formgeschichte« hat die Texte des AT auf Gattungen zu verteilen und jeder Gattung einen spezifischen »Sitz im Leben« zuzuweisen versucht. Der Versuch mußte scheitern: ein Text, eine Gattung werden »literarisch«, indem sie ihren »Sitz im Leben« verlassen. Der Schauspieler und Theater-Mitbesitzer W. Shakespeare hat auch Sonette verfaßt, ohne dadurch zum Höfling geworden zu sein. Gewiß hat es vor und neben der schriftlichen eine mündliche Überlieferung gegeben, besonders, wenn ein anspruchsvoller Text (wie Ijob) keine oder fast keine Vokale enthielt, zu seinem Verständnis also auf eine begleitende Lese-Tradition angewiesen war. Man kann über die »mündliche Vorgeschichte« biblischer und altorientalischer Texte spekulieren; was uns aber vorliegt, sind weder Tonbänder noch Transkripte ethnologischer Feldforscher der Antike, sondern gekonnt gestaltete Texte. Der Rückgriff auf das Lagerfeuer als Ursprung der einen oder anderen Tradition erklärt wenig, jedenfalls nicht den vorliegenden Text in seinem jetzigen Kontext, und kompliziert viel.

Die ethnologische Feldforschung auf dem Gebiet nicht-literater Gesellschaften hat gezeigt, daß mit jedem Vortrag eines Stoffes eine Neu-Schöpfung erfolgt, eine Aneignung der Überlieferung im Interesse des Vortragenden und seines Publikums. Gewiß kennt ein Beduine seine Genealogie bis ins 10. oder 15. Glied und muß sie kennen, um seinen Rang in der beduinischen Gesellschaft behaupten zu können. Gewiß setzen Zeitgenossen jeder »Aufwertung« der eigenen Abstammung starken Widerstand entgegen. Gerade darum widersprechen sich die Stammbäume einzelner Sippen und Gruppen: die einen reklamieren eine prestigeträchtige Herkunft, die andere bestreiten. Kennt man derartige Genealogien aus verschiedenen Jahrhunderten, ergeben sich erstaunliche Auf- und Abstiege einzelner Familien und Sippen. Bei einer Momentaufnahme ist mit konkurrierenden Ansprüchen zu rechnen. So ist Dischon in Gen 36,21 ein Sohn von Seïr, in 36,25 nur noch dessen Urenkel.

Das bekannte Märchen vom Rotkäppchen war tatsächlich in Frankreich und Deutschland in zahlreichen Varianten verbreitet. Peinlicherweise finden sich diejenigen Züge des Märchens, die jüngst für tiefenpsychologische Interpretationen besonders maßgeblich wurden, in den ältesten Belegen noch nicht (wie zum Beispiel das rote Käppchen). Die Brüder Grimm haben den Stoff auch nicht aus dem »Volksmund«: sie fanden es in einer französischen Märchensammlung, die 1697 zur Unterhaltung des Hofes von Versailles publiziert wurde. Das Lob des Schwarzbrotes im Munde der Übersättigten, die Sehnsucht nach dem einfachen Leben ist wohl so alt wie die Entstehung einer Luxus-Klasse überhaupt, Schäferspiele und Schäferromane waren nicht nur am Hofe des 14., 15. und 16. Louis beliebt, sondern schon im Hellenismus. Sie lassen sich unschwer auch in den Liedern des Hld (1,5-8) als »Travestie nach unten« seitens Jerusalemer Bürger der persischen oder hellenistischen, vielleicht schon der assyrischen Zeit erkennen, neben der das »Königsspielen« als Travestie nach oben steht (Hld 1,4.12). Erinnern wir uns auch des ammonitischen Königs um 600 v. Chr. auf seinem Landgut (vgl. 2.4.3) und daran, daß »Paradies« ein persisches Lehnwort im AT darstellt: es bezeichnete den herrschaftlichen Park, den Tier- und Lustgarten, bevor es zum Begriff für einen »seligen Urzustand« wurde.

Kehren wir an den Punkt zurück, an dem die Frage nach dem »Sitz im Leben« altorientalischer Literatur festen Boden berührt: zur Schule. Neben Lese- und Schreibfähigkeit wurden zukünftigen Beamten auch Verhaltensmaßregeln vermittelt, die ihnen ein erfolgreiches Berufsleben eröffnen sollten. Derartige Texte werden als *Weisheit* im engeren Sinne bezeichnet und finden sich nicht nur im AT (vgl. etwa Spr 25-29), sondern genauso in Mesopotamien, in Ägypten (Spr 22,17 - 23,11 gehen auf ein ägyptisches Weisheitsbuch zurück) und bei den Aramäern (Achikar). Diese Weisheit ist charakterisiert durch den Glauben, daß jede gute Tat ihre irdische Belohnung, jede ordnungswidrige Handlung ihre baldige Strafe nach sich ziehen. Es liegt auf der Hand, daß damit die Stabilität einer Gesellschaft beschworen wird, in der die Träger dieser Ideologie eine privilegierte, staatstragende und die proklamierte Ordnung durchsetzende Rolle spielten. Daß sich die Lehre keineswegs immer mit der Erfahrung deckt, war auch den Weisen des altorien-

talischen Schulbetriebes bewußt. Aber Empirie hatte keinen argu-
mentativen Wert: als richtig galt, was überliefert war (vgl. Ijob 8,8-
10). Der Protest gegen dieses Denken im Namen des Individuums,
das im Weltordnungsprozeß unter die Räder gerät, war erst nach
dem Untergang des judäischen Staates im Ijob-Buch möglich, die
Falsifikation der Tradition durch die Empirie erst in hellenistischer
Zeit bei Koh.

Man faßt aber »Weisheit« und die Arbeit der »Weisen« zu eng,
wenn man sie auf die explizit »Weisheitsschriften« genannten Texte beschränkte. Denn die altorientalische Schule hatte über die
Berufsbildung hinaus in die Traditionen der eigenen Kultur, ihr
Gottes-, Welt- und Menschenbild einzuführen. Darum mußten
zukünftige Schreiber des Akkadischen im bronzezeitlichen Megiddo Gilgamesch, Adepten des Griechischen im hellenistischen Jerusalem die Ilias abschreiben (und auswendig lernen). Keine Zivilisation kann ohne einen »Bildungskanon«, einen Grundbestand von
maßgeblichen Texten und Überlieferungen, lange überleben. Nach
einer ansprechenden Vermutung (A.Lemaire, N.Lohfink) geht
auch im Falle des AT der »Bildungskanon« dem biblischen Kanon
voraus: nach 70 n. Chr. wurden im Judentum ebenjene Texte kanonisch, die zuvor dem Schulbetrieb des Jerusalemer Tempels zugrunde gelegt hatten. Diese Tempelschule wäre dann das institutionelle Band gewesen, das alle Bücher des AT vereint. Dafür sprechen
einige Beobachtungen.

Die Tora, die »Lehre« schlechthin, lehrt nicht nur, was ein Jude
zu tun und zu lassen hat, um Jude zu sein. In Gen 1 - 10 enthält die
Tora eine Kosmologie (Gen 1; 6 - 8), eine Anthropologie (Gen 2 -
4), eine Zoologie (Gen 1; 6 - 8, vgl. auch Lev 11) und eine Geographie (Gen 10) von universalem Anspruch, in der breite Ströme des
altorientalischen Wissens zusammenfließen. Der Intellekt war auch
im Alten Orient international (vgl. 1 Kön 5,10f; Spr 30,1; 31,1; Ijob
1,1). Die Listen der Urväter und die Völkerlisten setzen vergleichbare mesopotamische Listen fort, deren älteste bis ins 3. Jahrtausend v. Chr. zurückgehen. Über das göttliche Schöpferwort (Gen 1)
haben schon ägyptische Theologen spätestens des 8. Jh. v. Chr. (RT
A 1) nachgedacht. Von der Erschaffung des Menschen als »Arbeits-
sklaven« der Götter zur Entlastung der zuvor in einen Streik getre-
tenen kleinen Götter (vgl. Gen 2,5. 15), von der Vernichtung der

übergroß und lärmig gewordenen Menschheit durch die sich gestört fühlenden Götter mittels einer Flut, von der Rettung eines Kerns der Menschheit durch einen Teil der Götter (Gen 6-8) hat schon das altbabylonische Atramhasis-Epos gehandelt (RT B 12). Aber auch Prophetenbücher wurden in der Schule gelesen und tradiert, oder die Nachschrift eines ob der sprachlichen Schwierigkeiten des Textes verzweifelnden Benutzers zum Hosea-Buch bliebe unverständlich (Hos 14,10 [anders EÜ]: »Wer ist weise genug, dies alles zu begreifen, wer so klug, um es zu verstehen?«). Also auch die Schriften der Propheten galten, nachdem die Geschichte diesen Kritikern der israelitischen und judäischen Politik Recht gegeben hatte, als Quelle von Wissen über Gott und die Welt (vgl. auch Ijob 4,12-16). Hier deutet sich das Weltbild der Apokalyptik an: die Ansicht, den zukünftigen Verlauf der Geschichte vorauswissen zum können, wie sie voll ausgebildet in Dan 7 - 12 begegnet.

Die Erzählung des Ägypters Sinuhe aus dem 20. Jh. v. Chr. (vgl. 2.3.1.) war in den ägyptischen Schulen ausgesprochen beliebt: er verbindet mit einer spannenden Erzählung von abenteuerlicher Flucht und fremdländischer Exotik Informationen über ägyptische Interessengebiete und bestärkt die angehenden Beamten in der Auffassung, daß Ägypter zu sein das höchste Glück darstelle. Die Geschichte von Gilgamesch, dem König von Uruk, hat in der Schule ihre Vollendung gefunden, auch wenn die ersten Epen und Episoden an Höfen Südmesopotamiens entstanden sein sollten (vgl. 3.3.2.). Die Literaturgeschichte Gilgameschs demonstriert, daß altorientalische Literatur nicht in Tagen und Wochen, sondern in Jahrhunderten und Jahrtausenden entstanden ist. Am Anfang standen Einzel-Epen, die noch auf Sumerisch aufgezeichnet wurden. In altbabylonischer Zeit (im 18. Jh. v. Chr.?) wurde daraus ein akkadisches Epos auf 6 Tafeln gestaltet, das einige (nicht alle) der bekannten sumerischen Episoden vereinigte. Im 11. Jh. fand das Epos dann seine kanonische Gestalt auf 12 Tafeln: Gilgamesch ist jetzt nicht mehr der heroische Raufbold, der nah und fern auf Abenteuer ausgeht, sondern der Mensch, der in der Revolte gegen das Todesgeschick zur Akzeptanz dessen gelangt, was dem Menschen auf Erden beschieden ist. Hier mündet ein Redaktionsprozeß nach Jahrtausenden in eine Endgestalt, von der die Verfasser der sumerischen Episoden noch nicht träumen konnten. Aber diese Literaturgeschichte ist verfolgbar, weil ihre einzelnen Phasen belegt sind. Man mag darüber spekulieren, wie die »Einzel-Episoden« aussehen würden, wenn man sie aus dem 12-Tafel-Epos rekonstruieren müßte. Einige könnten vielleicht ungefähr erraten werden, manche kaum, andere gar nicht.

Es braucht zum redaktionellen Wachstum auch nicht immer Jahrtausende: bei den Annalen Assurbanipals haben sich atemberaubende Vervollkommnungen der nicht optimal geschehenen Geschichte innerhalb zweier Jahrzehnte abgespielt. Umkehrbar ist der Redaktions-Prozeß aber nur in Grenzen. Man sieht einem Text an, daß er komponiert und redigiert ist. Je präziser und ausgiebiger man aber Stufen und Hände unterscheiden will, umso größer ist die Gefahr, eine Fiktion (die der Einheitlichkeit des Textes) durch eine andere zu ersetzen (die eines Redaktionsprozesses, der genau so geschehen sein soll, wie ihn sich sein Rekonstrukteur vorstellt).

Gilgamesch wie Assurbanipal haben bereits von der Schule hinüber zum Palast geführt – notwendigerweise, denn den Bedürfnissen des Palastes, des Staates diente die Schule schließlich.

3.3.2. Der Palast

Was haben die Harfner an den sumerischen Königshöfen im 3. Jahrtausend vorgetragen? Wahrscheinlich (auch) Heldenlieder wie die Sänger an den Höfen des Adels im archaischen Griechenland, aus denen im Verlauf des 8. und 7. Jh.s Ilias und Odyssee zusammengestellt werden sollten. Für die *Epik* ist im AT der gleiche »Sitz im Leben« zu vermuten. Der einzige Beleg für diese Gattung, das Debora-Lied (Ri 5), zeigt durch seinen sprunghaften Szenenwechsel, aber auch durch sein Verweilen bei einzelnen Aspekten einer evozierten Szene die Grundstruktur der Rhapsodik. Als Ursprungsort des Liedes kommt nach dessen geographischem Horizont (vgl. 2 Sam 2,9) wie aufgrund des Bemühens, zur noch nicht selbstverständlichen Solidarität mit »Jahwe, dem Gott Israels« aufzurufen, der Hof Eschbaals infrage, wie der Hof Sauls vorzustellen als das Hauptquartier eines Heerkönigs in Permanenz. In solchen Kreisen produzierte und tradierte Lieder waren vermutlich auch im »Buch des Aufrechten« (Jos 10,12f; 2 Sam 1,18-27; 1 Kön 8,12f [nach dem griechischen Text]) und im »Buch der Kriege

Jahwes« (Num 21,14f) vereint. – Weil nach Königsjahren datiert wurde (vgl. Exkurs 1), waren Jahreslisten zu führen, aus denen die *Annalistik* hervorging. Wo Annaleneinträge den Umfang eines Jahresnamens (wie »Schlagen der Amurru«) überschritten, ging in sie auch der (königliche) *Tatenbericht* ein, worin ein Herrscher gegenüber seinen Göttern (oder, besonders in Ägypten, auch ein hoher Beamter gegenüber König und Nachwelt) nachwies, seine Pflichten erfüllt zu haben (vgl. die Inschrift des moabitischen Königs Mescha, 2.4.3, und die assyrischen »Annalen«, die der gleichen Gattung angehören und manchmal als Briefe an einen Gott stilisiert sind). In welchem Umfang in 1/2 Kön Exzerpte aus den »Annalen der Könige von Israel« (vgl. 1 Kön 14,19 u.ö) oder aus judäischen Annalen (1 Kön 14,29 u.ö.) bewahrt sind, ist umstritten. Sicher geht das chronologische Gerüst von Jerobeam I / Rehabeam an auf solche Annalen zurück. Ein judäisches Annalen-Exzerpt außerhalb des AT enthält die Schiloach-Inschrift (TGI 38, kurz vor 701 v. Chr.), die unvollendet blieb: oberhalb der Inschrift war der Fels geglättet, also zur Aufnahme weiteren Textes vorbereitet. Während das Annalen-Exzerpt (der Tunnel-Baubericht) eingemeißelt wurde, blieb der Platz für die königliche Titulatur leer, offensichtlich weil den Verfassern im Zuge der Arbeit bewußt wurde, daß die Inschrift an diesem Ort (im Tunnel) kaum ein großes Publikum erreichen würde.

Nur bedingt in den Bereich des Palastes gehören *Rechtssammlungen*. Zwar galt der König als Garant des Rechts und präsentierte sich (etwa Hammurabi, 2.3.2) als Gesetzgeber. Doch ist das Recht, das Hammurabi proklamiert, weitgehend mit dem syrischmesopotamischen Gewohnheitsrecht identisch, dessen Pflege in der Hand der Ortsgemeinde, d.h. der lokalen Aristokratie lag. Recht wurde in Israel im Stadttor gesprochen (vgl. Rut 4,1-11; Ps 127,4f [in EÜ in der Anm.]); da wir mehrere Stadttore der Königszeit kennen, läßt sich leicht ausrechnen, ein wie kleiner Teil der Bevölkerung der »Rechtsgemeinde« angehörte. Bis zur joschijanischen Reform, wenn nicht bis zum Exil, war der König nur für Rechts-Fälle in seinem eigenen »Haushalt« zuständig (vgl. 1 Sam 30,25), allenfalls noch für solche Fälle, für die keine Rechtsgemeinde kompetent war oder sein wollte (vgl. 1 Kön 3,16-28). Dennoch ist damit zu rechnen, daß Sammlungen des Gewohnheitsrechtes auch am Hofe existierten, ihre Kenntnis zur Ausbildung von Beamten gehörte (womit wir wieder bei der Schule wären). Als Beispiel einer noch vorexilischen Sammlung des Gewohnheitsrechtes läßt sich Ex 21 - 23, das »Bundesbuch«, lesen.

Schließlich trug der Hof auch zur Überlieferung der *Prophetie* bei, dann nämlich, wenn das Auftreten eines Propheten oder einer Prophetin den König betraf. In diesem Fall war eine Akte anzulegen und eine Untersuchung einzuleiten, falls es sich nicht um eine Person von schon erwiesener prophetischer Begabung handelte: handelte es sich um einen Scharlatan, der wegen groben Unfugs oder auch Königs- wie Götterlästerung zu bestrafen war, oder um eine inspirierte Person, derer man sich besser für zukünftige Dienste versicherte? Daß Unruhestifter mit prophetischem Anspruch festgesetzt (vgl. 1 Kön 22,26-28) oder symbolisch »verhaftet« wurden (durch Beschlagnahme von Gewandsaum und Haar, RT B 30b.c.d.e), stellte keine »Verfolgung« der Propheten dar, sondern eine begründete staatliche Vorsichtsmaßnahme. Propheten-Akten fanden sich im Archiv von Mari (RT B 30). Auch am Hof von Byblos beim Besuch Unamuns (TGI 17) oder in Hamat Anfang des 8. Jh.s v. Chr. (RT E 2) hat es (u. U. festangestellte) Propheten gegeben; die Assyrerkönige Asarhaddon und Assurbanipal führten mit ihren Hofpropheten eine ausführliche Korrespondenz. In Jes 7,4-9.14-16 liegt ein Heilsorakel für den König Ahas während der Krise von 734 v. Chr. vor, mit dessen Aufzeichnung und Überlieferung seitens des Hofes zu rechnen ist.

3.3.3. Der Tempel

Am Tempel wurde das Wissen gepflegt, das die Priester zur Ausübung ihres Berufes brauchten. Der *Mythos*, die Geschichte der Götter, vermittelte nicht nur die Kenntnis der Himmlischen und ihrer Verhältnisse untereinander, er kommentierte zugleich den Kult, der am betreffenden Tempel gefeiert wurde. Ein Schöpfungsbericht mußte nicht am Neujahrstag rezitiert werden (aber er wurde es z.B. Babylon), um den Zelebranten zu sagen, welches Handeln der Götter sie im Kult vergegenwärtigten. Die aus Ugarit bekannte Geschichte vom Kampf Baals und seiner Schwester Anat gegen den Todesgott Mot begründete, welche Tat der Götter im Herbst zu feiern war, wenn neuer Regen dem ausgedörrten Land seine Fruchtbarkeit zurückgab (vgl. RT D 1-18). Weil der Regen eine göttliche Gabe war, konnte er für das je nächste Jahr erhofft werden, solange das Verhältnis zur regenspendenden Gottheit ungetrübt blieb (so auch Am 4,6-8; Hos 6,1-3; Hag 1,2-11). In gewisser Weise ist die Bibel Alten wie Neuen Testaments, in besonderem Maß aber das »Leben Jesu«, die Kultlegende des Kirchenjahres: von der Ankündigung der Geburt Jesu bis zu Tod, Auferstehung und Himmelfahrt.

Neben Mythen (und theologischer Spekulation in mythischer Begrifflichkeit, wie sie besonders in Ägypten beliebt war: RT A 1-6) produzierte und überlieferte die Priesterschaft *Rituale* als Teil des Berufswissens (vgl. Lev 1 - 7), im weiteren Sinne auch Kultkalender, »Götteradreßbücher« und Liturgien bzw. Teile von Liturgien wie *Kultgesänge*, die in Mesopotamien schon im Laufe des 3. Jahrtausends aufgezeichnet wurden. Einige Lieder aus der Praxis des Jerusalemer Tempels sind in den Psalter eingegangen wie »Toreinlaßliturgien« (Ps 15; 24) oder »Toda-Gebete« (Ps 22), die als Vorlage für familiäre Feiern am Tempel (vgl. Dtn 12,7) gedient haben mögen. Bei der Toda-Feier rekapituliert der Kranke, der von der Gesellschaft, d.h. dem Bereich des Lebens ausgeschlossen gewesen war, anläßlich seiner Gesundung seine Not und Klage, um mit dem Lob des rettenden Gottes zu enden und im Kreis von Tempel und Familie seinen Wiedereintritt ins »Leben« zu feiern. Der Psalter als Ganzes ist freilich eine theologische Komposition, die in hellenistisch-römischer Zeit der privaten Erbauung von Lesern diente (vgl. Ps 1).

Zum Priesterwissen gehörten Bereiche, die wir heute Medizin und Naturwissenschaft zuordnen würden: welche Art von Ausschlag führt zu kultischer Unreinheit (Lev 13 - 14)? Welche Tiere, welche Tierarten sind zum Opfer bzw. zum Verzehr zugelassen (Lev 11; Dtn 14,1-20)? Der Glaube an eine erkennbare Ordnung der Welt führt in Mesopotamien zu Sammlungen von Vorzeichen, besonders, aber nicht ausschließlich, von Voraussagen aufgrund der Beschaffenheit der Leber eines Opfertieres. Solche Sammlungen von Omina fanden im 2. Jahrtausend ebenfalls ihren Weg nach Palästina, etwa nach Hazor. »Wenn die Leber links einen Fleck hat, wird der König sterben. Wenn die Leber rechts einen Fleck hat,

wird der Sohn des Königs sterben...«. Hier liegt ein extremes Beispiel für den Trugschluß der »unvollständigen Induktion« vor (weil
ich einen weißen Schwan gesehen habe, nehme ich an, daß alle
Schwäne weiß seien; weil ich einmal über einen Balken stolperte,
nachdem ich unter einer Leiter hindurchgegangen bin, gehe ich
niemehr unter einer Leiter hindurch). Spotten wir nicht: wir stehen
am Anfang des empirischen Denkens, ein Anfang, der in abergläu-
bischen Einstellungen und Verhaltensweisen auch heute noch verbreitet ist. Zu besonderer Fertigkeit (und internationalem Ruhm)
brachten es die Babylonier in der Zukunftsdeutung aufgrund der
Bewegungen der Himmelskörper, wovon noch Mt 2,1-7 handelt.
Als die Sterne noch Götter waren, lag es freilich nahe, dem Stern-
bild, das den Eintritt der Regenzeit ankündigte, die Macht zuzuschreiben, den Regen zu bringen. Wie bei der Zoologie von
Lev 11,6 (man darf den Hasen nicht essen, weil er zwar Wieder-
käuer ist, aber keine gespaltenen Klauen hat) handelt es sich
auch bei den babylonischen Wahrsage-Büchern um erste Versuche,
die schier unendliche Vielfalt der Dinge und Ereignisse in der
Welt zu beherrschen, indem man unter ihnen Verbindungen her-
stellt.

Schließlich trug der Tempel auch zur Tradierung prophetischer
Texte bei. Auch dort (wie an Königs-Höfen) pflegten Propheten
aufzutreten, gerufen wie ungerufen. Bei »freischaffenden« Propheten war wieder ein Protokoll auf- und zu den Akten zu nehmen
(vgl. Am 7,10-17, auch wenn es sich dabei vielleicht eher um eine
Anekdote als einen Tatsachen-Bericht handelt). Es ist denkbar, daß
die Anklagen, die Hosea an die Priester von Bet-El richtete (Hos 4),
dort nach dem Untergang Israels 720 v. Chr. Anlaß zu einer Besin-
nung auf die Ursache der Katastrophe wurden und daß ein Grundbestand des jetzigen Hos-Buches (Hos 4 - 11) dem Heiligtum einen
neuen Anfang ermöglichte, bis Joschija es zerstörte (2 Kön 23,15-
16). Schon immer hat Jer 2 - 6 an die Sprache Hoseas erinnert. Persönliche Bekanntschaft zwischen den beiden Propheten scheidet
aus – beide trennen 100 Jahre. Aber wenn der Priestersohn aus dem
nordjudäischen Anatot in Bet-El zur Schule gegangen wäre? Womit
wir wieder bei der Schule wären. Im transjordanischen Sukkot
(jetzt Tell *Dêr 'Allâ*) wurde eine Geschichte vom Auftreten eines
Propheten namens Bileam nicht nur im Archiv verwahrt, sondern

durch eine Abschrift auf einer Mauer veröffentlicht (TUAT II, 128-148; erste Hälfte des 8. Jh.s v. Chr.).

3.3.4. Die ersten Privatbibliotheken

Das AT besteht überwiegend aus literarischen Texten, für deren Entstehung weder Hof noch Tempel und ihre jeweiligen Schulen einen plausiblen institutionellen Hintergrund bereitstellen. In den ältesten Geschichten von Abraham und Jakob, in den Büchern Am und Jes, Hos und Jer sind sprachliche Kunstwerke vereinigt. Wo konnten Intellektuelle im Alten Orient eine derartig hohe Meisterschaft im Umgang mit der Sprache entwickeln? Sicher im Dienst des Hofes. Aber diese Literatur ist gegenüber Tempel und Palast sehr kritisch eingestellt. Nach dem Scheitern der offiziellen judäischen Politik, nach dem Untergang des Staates und seiner Institutionen war es naturgemäß die Opposition, die sich ins Recht gesetzt fühlte und den Grund zum Neuanfang legte, aus dem in persischer Zeit die Tora (vgl. 2.8.2; 3.2.2) und die kanonischen Prophetenbücher erwuchsen. Das Überleben der judäischen Religion im Exil und die Fortdauer des Parteien-Streites aus den letzten 100 Jahren des davididischen Königreiches ist wahrscheinlich auf den Besitz von Büchern außerhalb von Tempel und Palast zurückzuführen. Sowohl Jer 45 und 36 als auch die exilische Fortschreibung des Jes-Buch setzen solchen Bücherbesitz voraus (vgl. 2.7.1).

Assurbanipal war nicht der einzige, der im 7. Jh. v. Chr. Zeugnisse des eigenen kulturellen Erbes sammelte, vermutlich im uneingestandenen Bewußtsein von dessen Bedrohung durch den Verfall der akkadischen Sprache, das Vordringen des Aramäischen. Zugleich erlebte Ägypten die sogenannte »saitische Renaissance«, in der Texte des Alten Reiches, also der Zeit vor 2000 Jahren, gesammelt, kopiert – und imitiert wurden. Der Kulturschock des 7. Jh.s v. Chr., die unausweichliche Feststellung, daß die Welt *eine* geworden war (vgl. 2.6.1), traf nicht nur Juda, sondern Ägypten und Assyrien gleichermaßen. Daß damals auch in Juda ein antiquarisches Interesse einsetzte, daß die Materialien bereitgestellt wurden, aus denen später Tora und »deuteronomistisches Geschichtswerk« komponiert werden sollten, ist schon wahrscheinlich. Aber in der »antiquarischen Bewegung« des 7. Jh.s v. Chr. waren immer noch Hof und Schule aktiv, mithin staatliche Institutionen.

Eine Literatur außerhalb staatlicher Trägerschaft entwickelte sich zur gleichen Zeit in Griechenland, das soeben in den Bereich der Zivilisation eingetreten war. In Griechenland führen die Anfänge einer »bürgerlichen« Literatur nach den »höfischen« Werken der Rhapsoden (vgl. 3.3.2) ebenfalls ins 7. Jh. v. Chr. Lyriker wie Archilochos, Alkaios, eine Lyrikerin wie Sappho schrieben ihre Werke ohne Ewigkeitsanspruch, für private Freundeskreise der reicher werdenden, zugleich aber von der aufkommenden Tyrannis politisch marginalisierten Aristokratie. Die regelmäßigen Zusammenkünfte solcher Kreise, die Symposia (sg. Symposion, »Gastmahl«), dienten dem Vergnügen, dem gemeinsamen Trinken, Singen, aber auch dem oppositionellen Politisieren, gelegentlich der Vorbereitung eines Tyrannenmords. In privaten Sammlungen solcher aristokratischer Zirkel, deren Qualität sich herumsprach und die – etwa durch Ausleihe – verwandten Zirkeln zugänglich gemacht wurden, überlebten die Werke der frühgriechischen Lyriker, bis ein kommerzieller Literaturbetrieb und – die Schule sich ihrer annahmen (W. Rösler). Geben wir uns nicht der Illusion hin, bei jedem Symposion hätten die Unterhaltungen das Niveau von Platos gleichnamiger Abhandlung erreicht. Oft werden diese Zusammenkünfte nichts weiter als Saufgelage gewesen sein – wurden dann aber von den Mitgliedern anderer »Clubs« in treffenden Versen kritisiert.

Auf einen vergleichbaren institutionellen Hintergrund der frühen judäischen Literatur im 7. Jh. v. Chr. deuten eine Reihe von Indizien. Bei den »klassischen Propheten« handelt es sich um politische Lyrik auf hohem sprachartistischen Niveau (die Andeutungen und Wortspiele gehen beim Übersetzen oft verloren), um Kabarett (Jes 5,1-7) und Straßentheater (Jer 27). Mit der im ganzen Alten Orient verbreiteten Prophetie – sei es, daß eine bislang unauffällige Person eine Vision hatte, die sie meinte, öffentlich mitteilen zu müssen, sei es, daß erwiesenermaßen mantisch begabte Personen einzeln (vgl. 1 Sam 9,9) oder in Gruppen (1 Sam 10,5-6.10f), »freischaffend« oder im Dienste eines Tempels oder Palastes (2 Sam 7 [vgl. NSK-AT 7, 157f]; 1 Kön 18,19; 22,6) ihre Fähigkeiten anboten – hat die verschriftete Prophetie des AT nichts mehr gemein, noch weniger in ihrer kanonisierten Form, in der die »anerkannten« Propheten als Träger eines unveränderlichen göttlichen Wortes »wie Mose« (Dtn 18,18) fungieren. Die Selbstcharakterisierung des Landedelmanns Amos aus Tekoa ist nicht nur für das Amos-Buch ernst zu nehmen: »Ich bin kein Prophet und kein Angehöriger einer Propheten-Genossenschaft« (Am 7,14). Die Texte eines Amos, eines Hosea wenden sich nicht an das »Volk«, das ihre sprachlichen Feinheiten und Gemeinheiten kaum hätte goutieren können, sondern an die Verantwortungsträger, ihre Standesgenossen. Dem griechischen Symposion vergleichbare aristokratische Trinkgelage im Israel des 8. und im Juda des 7. Jh.s v. Chr. setzt die verschriftete Prophetie voraus, wenn sie den geistlosen Genuß scharf kritisiert (Jes 5,11-12.21-23; 28,1.7-8; Hos 7,5f; 9,5; Am 3,12 [vgl. Abb. 6]; 6,4-6).

So läßt sich die Vermutung formulieren: soweit die Sprüche der Propheten nicht bei Hof oder in Tempelarchiven überdauerten, kommen für ihre Überlieferung wie für die Ausbildung ihrer Kunst-Sprache und Sprach-Kunst oppositionelle Kreise der Aristo-kratie infrage, deren häufige, u.U. regelmäßige Zusammenkünfte durch die Freizeit und den Wohlstand ermöglicht wurden, die der Elite durch den Wirtschaftsaufschwung des 8./7. Jh.s v. Chr. zur Verfügung standen. In die gleiche Richtung führen Beobachtungen an der literarischen Prosa des AT. Der Abraham von Gen 12-16; 19-22 ist, wie Amos aus Tekoa, ein Großherdenhalter. Er ist der para-digmatische landjudäische Aristokrat, der Könige als seinesgleichen behandelt (Gen 12,10-20; 20) und sich ihnen gegenüber, wenn es sein muß mit List, durchsetzt. Für die Überlieferung des Amos-Buches wie der frühen Abrahamgeschichten lassen sich (durchaus politisch motivierte, in der Opposition gegen Jerusalem stehende) landjudäische Aristokraten-Kreise vermuten, die sich in Hebron getroffen haben könnten, wo auch ein wesentlicher Teil der David-Geschichten sein geographisches Zentrum hat (1 Sam 27; 30; 2 Sam 2; vgl. zu »David« als Hoffnungsträger landjudäischer Kreise, die Jerusalem gegenüber kritisch eingestellt waren, Mi 5,1). Das erste Jes-Buch war vielleicht in oppositionellen Kreisen Jerusalems beheimatet. Die Entstehung einer nicht mehr an die staatlichen Institutionen geknüpften Literatur in Griechenland wie in Juda im 7. Jh. v. Chr. war das Produkt einer gesellschaftlichen und wirt-schaftlichen Entwicklung, in der eine reiche Oberschicht sowohl über Muße und Geld verfügte als auch Lesen und Schreiben gelernt hatte (vgl. 3.2.2).

Literatur ist Luxus, aber nicht jeder Luxus ist Literatur. Der Hof von Versailles gab Unsummen für Schneider, Dekorateure und Parfumeure aus – aber auch Summen für Lully und Racine. Gemeingut einer Sprachgemeinschaft, schließlich der Welt werden Texte wie Gilgamesch, Homer oder die Bibel nicht durch ihre Produktion, sondern durch ihre Rezeption. Das letzte Wort haben die Leser.

4. Götter, Göttinnen und der Eine Gott: der religiöse Kontext des AT

Oft stößt das Ansinnen, sich mit anderen Göttern als dem eigenen beschäftigen zu sollen, auf Unsicherheit, Angst und Ablehnung. Das Problem, daß auch Religionen und Gottesvorstellungen (einschließlich der eigenen) ihre Geschichte haben, daß gleiche Namen verschiedene Götter, verschiedene Namen gleiche Götter bezeichnen können, ist weder rein akademisch noch neu. Hosea nannte den Jahwe seiner Zeitgenossen einen Baal. Unter den jüdischen Theologen der persischen und hellenistischen Zeit war umstritten, ob und wenn ja, mit welchen Gottesvorstellungen der Umwelt der biblische Gott kompatibel sei (vgl. 2.8 2; 2.9.2).

Der biblische Gott hat in den vielfältigen gesellschaftlichen Funktionen, in die er im Laufe der Zeit eingetreten ist, das Erbe vieler Götter übernommen: Baal, El, Jupiter Optimus Maximus. Auch der Eine Gott hat die Entstehung konkurrierender Gottesbilder und sich bekämpfender Bekennergemeinschaften nicht verhindern können. Juden, Christen und Muslime glauben nicht auf die gleiche Weise an den Einen Gott, obwohl alle drei Religionen aus einer gemeinsamen, der alttestamentlich-biblischen Wurzel gewachsen sind. Im Frankreich des 16. Jh.s n. Chr. denunzierten sich Ligisten und Hugenotten gegenseitig als »Baalspropheten« und »Diener Belials«, wie es schon die Qumran-Gemeinde gegenüber den Anhängern des Jerusalemer Tempels tat.

Das Christentum hat sich von Anfang an mit der Übernahme der Ersten Bibel einerseits, den begrifflichen Errungenschaften der griechischen Philosophie andererseits zu dem langen Denk- und Überlieferungsprozeß bekannt, aus dem es erwachsen ist. Man kann diese Geschichte von Traditionen und Rezeptionen, wenn man will, als »Offenbarungsgeschichte« qualifizieren. Auch das ist kein moderner Gedanke. Für einen der ersten christlichen Theologen, Justin Martyr (geboren in Neapolis, dem heutigen *Nâblus*, in Palästina, hingerichtet 165 n. Chr. in Rom), waren Abraham und Sokrates Christen, war »was immer und vom wem immer an Wahren gesagt worden ist, unser, der Christen, geistiges Eigentum«

(Apologie II 13). Der biblische Gott gewann sein Profil in der Auseinandersetzung mit den Göttern und Göttinnen, die vor und neben ihm waren, in einer Auseinandersetzung, die nicht nur aus Ablehnungen, sondern auch aus Auf- und Übernahmen bestand.

4.1. Die Große Göttin und der Herr der Tiere

In dem Maße, wie seit dem Ende der Altsteinzeit die Sammeltätigkeit der Frauen und damit die Produkte der Erde für die menschliche Selbsterhaltung immer wichtiger wurden, kristallisierte sich als beherrschende Gestalt unter den Mächten und Gewalten die »Große Göttin« heraus, eine Mutterfigur, deren gebärende und nährende Organe betont wurden (vgl. Abb. 16 und 17). Der Vorstellungskomplex von der »Großen Göttin« steht noch im 5. Jh. v. Chr. hinter Ijob 1,21: »Nackt kam ich aus meiner Mutter Schoß, nackt kehre ich *dorthin* zurück.« Diese Auffassung von Ursprung und Ziel des Menschen äußert sich vom 10. bis zum 6./5. Jahrtausend v. Chr. in der Bestattung der Toten in Embryo-Lage, oft unter dem Fußboden des eigenen Hauses, also im »Schoß der Familie«. Noch im spätbronzezeitlichen Ugarit warteten gemauerte Krypten unter den Häusern auf die Toten. Der Glaube an eine fortdauernde Verbundenheit der Verschiedenen mit ihrer Sippe führte im jungsteinzeitlichen Jericho dazu, daß die Schädel der Toten (bestimmter Toter?) mit Lehm/Ton ausmodelliert und im Haus aufbewahrt wurden. Insofern hat der Glaube an »Götter der Väter«, bzw. der »Väter (und Mütter?) als Götter«, der ebenfalls in Ugarit und in letzten Reflexen, im jetzigen Kontext freilich nahezu unerkennbar, in den Göttern der Väter Abraham, Isaak und Jakob belegt ist, jungsteinzeitliche Wurzeln. Die Vorstellung, daß man die Toten von Zeit zu Zeit nähren, an Mahlfeiern der Familie teilhaben lassen muß, lebt im Mittelmeerraum bis heute fort. In Israel und Juda blieb das Familiengrab, nun freilich außerhalb der Ortschaften gelegen, die normale Bestattungsform zumindest der ländlichen Ober- und Mittelschicht. Darum wird nicht einmal der Tod Rut und Noomi scheiden können (Rut 1,17).

Der Großen Göttin als Erdmutter entspricht der Himmels- und Regengott, der bis ins 5. Jahrtausend v. Chr. als kleine, dünne, drahtige Gestalt dargestellt wird (oft mit starker Betonung des einzigen

Abb.16: Die »Großen Göttinnen«
und kleinere Gottheiten der
frühjungsteinzeitlichen Siedlung
von 'Ain Ghazâl (bei Amman) in
Fundlage (Ausschnitt).
Nach B.Mershen, Museum of
Jordanian Heritage (Irbid 1988),
22.

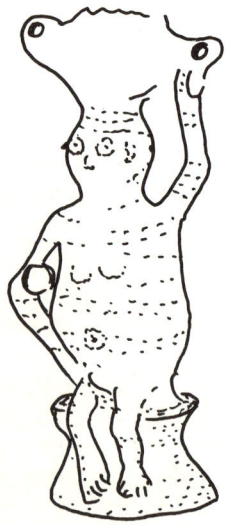

Abb.17: Die »Große Göttin« in
der Kupfersteinzeit. Das Butterfaß
auf dem Kopf symbolisiert den
Ertrag der Herden, der Mörser
oder der Mühlenuntersatz, auf
dem sie sitzt, die Fruchtbarkeit der
Felder und Gärten.
Nach Weippert, Palästina, 130
Abb.2.31.4.

240

Organs, mit dem er zum Fortbestand des Lebens beiträgt). Im Rahmen der jungsteinzeitlichen Produktions-Verhältnisse wurde die Jagd der Männer zunehmend zum Ritual (vgl. 1.1; 1.2). Aus jägerischer Vorzeiten erbte der Kleine Gott die Rolle des »Herrn der Tiere«, d.h. des jagbaren Wildes. Die Institution der »heiligen Jagd« setzt die jungsteinzeitliche Marginalisierung der Jagd als Nahrungsquelle ebenso voraus wie die neue Rolle des Gottes als Wettergott. Die »heilige Jagd« gilt den Symboltieren des Himmelsgottes, um ihm beim Regnen zu helfen oder ihn dazu zu veranlassen. Der Ritus hat sich bis heute in Südarabien behauptet, wo er schon im 8. und 7. Jh. v. Chr. als Pflicht des »Priesterfürsten« oder »Oberhäuptlings« der Sabäer inschriftlich belegt sind (vgl. 2.6.3). Daß der Brauch auch in Palästina gepflegt wurde, bezeugen ein »Jagdlager« mit kultischen Installationen und monumentalen Tierbildern in der 'Arabah (Biq'at 'Uvdah, 6./5. Jahrtausend v. Chr., als die Ernährung längst vom Ackerbau abhing) und aus dem 5./4. Jahrtausend, schon aus der Kupfersteinzeit, ein Tempel bei En-Gedi (heute nicht von ungefähr ein Reservat des Steinbocks), zu dem ein Tempelschatz mit Zeremonialkeulen und Kronen gehörte, in dessen Symbolik Hörnertiere und Vögel den dort verehrten Gott identifizieren. In Südarabien sind Stier, Ibex und Antilope bis heute Symbole des Mond- und Regengottes, sie waren es in der Antike in weit stärkerem Maß. In Palästina westlich des Jordan lassen sich nach dem 3. Jahrtausend v. Chr. keine Belege für die »heilige Jagd« mehr beibringen, in der unmittelbaren Umwelt des alten Israel scheint sie aber noch von den Edomitern praktiziert worden zu sein (vgl. 2.6.2), denn nur im Rahmen dieses Vorstellungskomplexes machen Esaus Verhalten und Jakobs Segen in Gen 27 Sinn: Esau jagt nicht als »Jägernomade« (solche gab es im geographischen Horizont Israels nicht mehr), sondern des himmlischen Segens, der Fruchtbarkeit der Felder wegen.

Der »Herr der Tiere« scheint in der Gestalt eines lange rätselhaften Gottes seinen Weg ins AT gefunden zu haben: als El Schaddai (EÜ: »der Allmächtige«). »Schaddai« ist die israelitische Entsprechung von judäischem und biblisch-hebräischem sadê/saday, dem »Gefilde«, dem Lebensraum der Wildtiere, im Gegensatz zum Ackerland. Tatsächlich wird auf israelitischen Bildsiegeln des 10.-8. Jh.s v. Chr. der »Herr der Tiere« dargestellt (vgl. Abb. 18). Die

Nennung dieses Gottes im Jakobssegen Gen 49,25 (und vielleicht noch in Ps 68,15) steht ganz in der Tradition des »Herrn der Tiere und des Regens«. Die Judäer durchschauten diesen Gottesnamen nicht mehr und haben ihn mit einer neuen Etymologie versehen, die dem »Allmächtigen« der EÜ zugrundeliegt (Jes 13,6; Joel 1,15). In der priesterlichen Tradition darf dieser Gottesname aus der grauen Vorzeit »Jahwe« vertreten (Gen 17,1; Ex 6,3).

Mit dem Aufkommen des Pfluges spätestens im 4. Jahrtausend v. Chr., der Entstehung von Häuptlingstümern und dem frühen Staat wird die »Große Göttin« schrittweise zurückgedrängt (vgl. auch Gilg. VI i 24-79, eine wütende Polemik gegen Ischtar, die ebd. 109-113 Züge der Großen Göttin trägt). Aber es wird lange dauern, bis sie ganz verschwunden ist, noch Judäer der ersten Hälfte des 1. Jahrtausends v. Chr. beteten zu Jahwe *und* zu seiner Aschera. Der Wettergott als Gott der herrschenden Männer hat eine steile Karriere vor sich. Davon handeln die folgenden Kapitel. Im 3. Jahrtausend wird im städtischen Bereich die Göttin (in größeren Götterhimmeln: eine Göttin) zur »Herrin der Tiere«, sie wird an den Rand der Zivilisation verdrängt. Der junge Gott als »Herr der Stadt« (phönizisch *Melqart*), »Herr« (sc. des Ackerlandes), kanaanäisch *Ba'al*, wird zum aktivsten, der Göttervater *El* zum obersten Gott. Nur am Rand der städtischen Kultur hält sich der »*Herr der Tiere*« bis ins 1. Jahrtausend v. Chr. Der Wandel deutet sich im 5./4. Jahrtausend v. Chr. in den Bestattungssitten an: man setzt die Gebeine, nachdem zu Erde ward, was von der Erde genommen sein mochte, erneut in Knochenhäuschen (Ossuaren) in Höhlen bei, die nach Westen schauten, zum Sonnenuntergang – offensichtlich ein früher Beleg vom Glauben an ein »Totenreich im Westen«, wo die Toten im ewigen Licht fortexistieren. Dieser Glaube hat sich von der Vorstellung einer Rückkehr in den Schoß der Großen Göttin entfernt, er liegt dann der ägyptischen Vorstellung von einem potentiell angenehmen Leben nach dem Tode zugrunde, falls die Hinterbliebenen genug für den Toten aufwenden, ihn für seine Fortexistenz ausstatten. In Mesopotamien, Griechenland, aber auch Syrien-Palästina dominiert hingegen die Vorstellung von einem eher freudlosen Fortwesen im unterirdischen Schattenreich, das aber, wie die irdische Welt, Herrscherin oder Herrscher hat (Gilg. VII iv 40-54; Od. XI 23-99; 471-491; 1 Sam 28; Jes 38,18; Ps 6,6).

4.2. Die kleinen Götterhimmel bäuerlicher Stammesgesellschaften

Aus dem jungsteinzeitlichen Götterpaar »Mutter Erde – Vater Himmel« wird nach dem Aufstieg des Himmelsgottes zum obersten Gott die Götterfamilie, die vom 3. Jahrtausend bis ins 1. Jahrtausend v. Chr. in Syrien-Palästina, Kleinasien, Griechenland und Arabien die Götterwelt strukturiert. In ihrer Minimalform bildet sie, besonders im ländlichen Bereich, ein Götterpaar: so Dusares und Allât bei den Nabatäern, Jahwe und seine Aschera in Juda. Verbreiteter ist aber eine göttliche »Kernfamilie« mit drei Mitgliedern: einem Vater (etwa: *Ilu*/El), seiner Frau (*Athiratu*/Aschera) und deren gemeinsamen Sohn (*Haddu*/*Ba'lu*/Baal/Hadad). Die Familie kann weitere Mitglieder integrieren, zum Beispiel eine Schwester/Frau (vgl. Hld 4,12; 5,1) des jungen Gottes (*'Anatu*/Anat). Selbst deifizierte Mächte wie *Môt*, der Tod, oder *Rishpu*/Reschef (Begleiter Jahwes Hab 3,5), der Seuchengott (wie Apollo Il. I 9f; 37-54) finden noch unter den »Söhnen Els« Platz.

Der himmlische Hofstaat ist nicht einfach eine Spiegelung des Irdischen – Religionen sind konservativ und bewahren soziale Strukturen lange, nachdem sie auf Erden ausgestorben sind. Christen, die egalitär-demokratischen Gesellschaften angehören, sprechen ihren Gott immer noch als »Herrn« und »König« an. Religionen ergänzen zugleich die Wirklichkeit, im 2. Jahrtausend »durfte« Anat im Himmel, was eine Frau auf Erden höchstens in der Phantasie der Männer durfte: in die Schlacht ziehen und im Blut der Erschlagenen baden (RT D 2; so auch Athene in der Il. XVIII 516-519). Der Mythos von der »Gegenwelt« der Amazonen hat in Griechenland seit dem 7. Jh. v. Chr. die Gemüter in dem Maße zunehmend beschäftigt, in dem die Frau aus der Öffentlichkeit verbannt wurde. Aber es gibt Entsprechungen zwischen irdischer und überirdischer Welt: je komplexer Wirtschaft und Gesellschaft, desto komplexer auch der Götterhimmel, desto mehr Hierarchie; z. T., weil man ja auch der Götter der Handels- und Bündnispartner Rechnung tragen mußte (vgl. 4.3). Von »Diesseits und Jenseits« zu sprechen, ist freilich ein Vorgriff, denn transzendent, d.h. Bewohner einer eigenen Welt, werden die Götter in Syrien-Palästina erst im Verlauf des 2. Jahrtausends v.Chr.

Die Götter bilden sowohl eine Familie wie einen Staat, worin sich die segmentäre Struktur auch staatlich verfaßter orientalischer Gesellschaften spiegelt (vgl. Exkurs 2). Selbstverständlich ist das göttliche Staats-Stammes-Familien-Oberhaupt männlich und alt, darum braucht es neben ihm den aktiven, jungen Gott, der sich der kämpferischen Aufgaben annimmt, so wie der Kronprinz ins Feld zog, wenn der König zu alt dazu war.

Der Polytheismus in jener Ausprägung, die er in den Mythen Ugarits oder den homerischen Epen gefunden hat, stellt eine nicht zu unterschätzende theologische Leistung dar: er reduziert die Komplexität der Welt nicht im Übermaß, er ermöglicht Glauben und Vertrauen in persönliche Schutzgötter (vgl. Odysseus und Pallas Athene), ohne daß bei Unglücksfällen gleich das Gespenst des Atheismus sein Haupt erhebt. Die Götter können nicht immer, wie sie wollen, weil sie sich mit anderen Göttern arrangieren, gegen andere durchsetzen müssen, und Odysseus treibt 10 Jahre auf dem Meer. Der Ijob-Autor wird, um das Theodizee-Problem zu lösen, im Prolog einen »himmlischen Staatsanwalt«, den Satan, einführen müssen und in den Gottesreden (Ijob 38 - 41) ein namenloses, dem Schöpfer und Erhalter fortwährend widerstehendes Chaos. Die Götter haben ihre Ressorts, man weiß, an wen man sich mit welchem Anliegen wenden kann. Sie haben ihre gesellschaftlichen Funktionen. Als Staatsgötter sind sie Garanten des jeweiligen Staates, auch nach außen, insofern bei Staatsverträgen die Flüche der Götter beider Parteien auf das Haupt der Vertragsbrüchigen herabbeschworen werden – Hosea kann an diese Praxis anknüpfen, wenn er im Namen Jahwes die israelitische Schaukelpolitik zwischen 732 und 720 kritisiert (vgl. Hos 7,11; 8,1; 10,4.10). Als Stammes- und Sippen-Götter mehren sie die Nachkommen, verleihen sie den Sieg über Feinde oder Konkurrenten, garantieren sie den Zusammenhalt der Verehrergemeinschaft, vorzugsweise durch deren Versammlung zu jährlichen Festen. Als Familiengötter stehen sie dem einzelnen in seinen alltäglichen Anliegen zur Verfügung (vgl. Gen 31,19; Ri 17, wobei der Fortgang der Geschichte in Ri 18 zeigt, mit welcher Leichtigkeit Götter die Ebene ihrer Zuständigkeit wechseln können). In einer uns heute schwer nachvollziehbaren Weise war im Alten Orient (aber auch noch im europäischen Mittelalter) jede Ebene der gesellschaftlichen Schichtung durch Gottheiten beschützt und garantiert.

Abb.18: Der »Herr der Tiere« auf israelitischen Siegeln aus Dan und Samaria. Nach O.Keel – Ch.Uehlinger, Göttinnen, Götter und Gottessymbole (Freiburg etc. 1992), 207 Abb. 196a; 197a.

Abb.19: Die kanaanäische Götterfamilie in Ugarit.
a) El/Zeus empfängt den König (nach H.Gese, Die Religionen Altsyriens, in: Die Religionen der Menschheit 10/2 (Stuttgart 1970), 99).
b) Aschera als Himmelskönigin (ebd. 159, wo sie freilich als Anat interpretiert wird).
c) Baal mit dem Blitz (ebd. 131).
d) Anat (ebd. 160).

Prinzipiell konnte jeder Gott und jede Göttin in jedem Bereich aktiv werden; in der Familie auch für jedes Anliegen. Dennoch gab es schon im 2. Jahrtausend Mittlergestalten zwischen Götter- und Menschenwelt: Götterboten von der einen, Heroen, d.h. nach ihrem Tod deifizierte Menschen wie Könige oder Stammesahnen von der anderen Seite, denen im nachhinein eine halbgöttliche Abstammung zugeschrieben werden konnte (vgl. Gen 6,1-4), die aber auch zu einem sagenhaften Volk der Vorzeit degradiert werden konnten (so die Rafaïter, vgl. Jes 14,9 [EÜ: »Totengeister«] mit Dtn 2,11 u.ö.). Von den Numina mancher Flüsse (vgl. Gen 32,24-32?), Quellen, Berge, Wüsten, Bäume und Steine (vgl. Jer 2,27?) ist im Rahmen der Götterfamilie ebenfalls abzusehen, diese Mächte ragten aus einer viel älteren, z. T. vor-jungsteinzeitlichen Phase herüber und widersetzten sich ihrer Domestizierung durch Eingliederung in den Götterhimmel. Mittlergestalten und »kleine Götter« wie die Wald- und Feld-Geister (vgl. Jes 13,21) scheinen unverzichtbar, sobald die Götter (oder später, der Eine Gott) eine gewisse abschreckende Majestät und Würde angenommen haben. So haben sowohl Christentum wie Islam einen blühenden Heiligenkult hervorgebracht, in dem mehr als einer der alten Götter volksnah weiterlebt (in Rom: *S.Maria sopra Minerva*). Freilich haben beide Erbengemeinschaften der Religion Abrahams auch ihre hoseanischen Eiferer erlebt, denen die Fröhlichkeit und Farbigkeit eines bevölkerten Himmels ein Greuel war und ist.

Die Götter Ugarits und die Götter Homers, Altkleinasiens und Altarabiens gleichen sich sehr. Sie alle herrschten in kleinkammerigen, sippenbäuerlich besiedelten, regenbewässerten Bergländern am Rande der Städte- und Staatenwelt. Anat und Athene, Hera und Aschera treten in den gleichen Rollen auf. Wie auf Erden, so folgen auch im Himmel die Kronprinzen nach einiger Zeit ihren Vätern auf den Thron, nur daß im Falle der Götter die Sukzession Jahrhunderte dauert. Der blitzeschleudernde Zeus war einmal ein Gott vom Baal-Hadad-Typ, bis er seinen Vater Kronos entthronte; ebendies tat auch Baal, freilich weniger gewaltsam, der im Laufe des 1. Jahrtausends v. Chr. als »Himmelsherr« zu einer El-Gestalt aufstieg. Auch Jahwe, in Dtn 32,8f noch ein Sohn Els, hat in der Endgestalt des AT als Einziger Gott Titel und Funktionen seines Vaters übernommen. In Jes 6 hat Jahwe als Vorsitzender des himmlischen

Ministerrats Els Sessel eingenommen, während er in Gen 28,13, wie es dem jüngeren gebührt, noch *stand*.

Die »erweiterte Götterfamilie« bewohnte den Himmel über den Metropolen des 2. und frühen 1. Jahrtausends: Ugarit, Tyros und Sidon, auch Byblos und Jerusalem. In der Kleinstadt, gar im Dorf waren die Verhältnisse einfacher, manchmal gab es nur ein Götterpaar, manchmal eine Trias, selten mehr. In Jerusalem mochte man theologisch über die Verwandtschaft zwischen Jahwe, El und den anderen Göttern spekulieren, in einem Dorf bei Hebron genügte es, daß Jahwe Judas Stammesgott und für den Regen zuständig war und Aschera seine Frau, die er von El geerbt hatte. In Israel scheint Jahwe schon im 8. Jh. auch im Staatskult zum »höchsten Gott« aufgestiegen zu sein, wenn man die Trias von Elephantine (vgl. 2.8.2) mit Jahwe, Jahwes Anat und deren Sohn Ishim-Bet-El (der vergöttlichte Ort, an dem die Gottheit präsent und ansprechbar war, vgl. 4.4) aus dem israelitischen Staatsheiligtum Bet-El herleiten darf. In Israel hatte Jahwe mit Anat also Baals Frau übernommen. Eine Trias verehrte man auch im 8. Jh. im transjordanischen Sukkot: El, Schagar und Aschtart, zwei Töchter des Göttervaters, die beide für die Fruchtbarkeit der Herden zuständig waren (vgl. Dtn 7,13, wo die Namen der Göttinnen im Hebräischen das bezeichnen, was sie schützen: »Kälber, Lämmer und Zicklein«). Hier, am Rand der Zivilisation, hat El an der Spitze des Pantheons überlebt. Es ist umstritten, ob Sukkot zur Abfassungszeit der Bileam-Inschrift, die jene Gottheiten nennt, unter israelitischer oder aramäischer Herrschaft stand (vgl. 2 Kön 10,32f). Aber so oder so kommen in dem lokalen Götterhimmel weder die Staatsgötter von Israel noch die von Aram-Damaskus vor.

Je kleiner ein Pantheon ist, desto mehr Funktionen müssen der einzelne Gott/die einzelne Göttin übernehmen: also etwa zugleich Regengott und Staatsgott und Mondgott und »Herr der Tiere« und Kriegsgott sein. Dabei ist in Juda, Moab, Ammon und Edom, aber noch nicht im Israel des frühen 8. Jh.s die Tendenz zu beobachten, daß in der Namengebung der Siegelbesitzer, d.h. in der Familienfrömmigkeit der Oberschicht, der jeweilige Staatsgott dominiert, während die großen Familien in Sidon oder Tyros sich pluralistischer gaben. Daß keine der südkanaanäischen Gesellschaften jener Zeit monotheistisch war, geht aus hinreichend vielen Bezeugungen von Göttinnen hervor. Die Präferenz für den obersten Staatsgott, der noch nicht notwendigerweise der »oberste Gott« der Theologie sein mußte, seitens der Oberschicht erklärt sich leicht aus deren enger Bindung an den Staat und aus dem Gewinn, den sie aus dieser Stellung zogen (vgl. 3.3.1).

Die relative Einfachheit der Götterwelt in Regenfeldbau treibenden Stammesgesellschaften Staaten wurde dadurch wieder kompliziert, daß im Laufe der Geschichte Beinamen von Göttern sich selbständig machten, daß Beinamen den Eigennamen verdrängten, daß Götter miteinander verschmolzen. So gingen bei den vorislamischen Arabern aus der »Himmels-'Athtar« im Laufe der Zeit wenigstens zwei Göttinnen hervor: al-'Uzzâ »die Starke« und Allât »die Göttin«. So behält Haddu/Hadad seinen Namen bei den Aramäern, während er bei den Kanaanäern schon im 2. Jahrtausend fast durchweg Baal »Herr, Besitzer« gennant wird. So wurde bei den Aramäern im 1. Jahrtausend aus 'Athtar(t) und Anat Attargatis. Daneben bestanden lokale Manifestationen der gleichen Gottheit: Assurbanipal ruft gleichzeitig die Ischtar von Ninive und die Ischtar von Arbela an, die Inschriften von Kuntillet 'Ajrûd im Negev (um 800 v. Chr.) kennen einen »Jahwe von Samaria« neben einem »Jahwe des Südens«. »Höre, Israel, Jahwe unser Gott ist einer« (Dtn 6,4) war – wie die Kultzentralisationsforderung des Dtn – wohl ursprünglich gegen einen »Polyjahwismus« gerichtet (H. Donner), gegen einen »religionsinternen Pluralimus« (M. Weippert). Daß es daneben Israeliten gab, die Jahwe und Baal für verschiedene Namen des gleichen Gottes hielten, und andere, die darin zwei grundverschiedene Götter sahen, steht wieder auf einem anderen Blatt.

Auch religiös war keine Kultur der Antike eine Insel. Durch die Präsenz eines kolonialistischen ägyptischen Staates, später der Assyrer und ihrer Nachfolger in Palästina, durch die Internationalität von Bildung und Wissenschaft kamen die Theologen Kanaans auch mit Religionen eines ganz anderen Typs in Berührung: denen der imperialistischen Staaten, die sich im Niltal und entlang von Eufrat und Tigris gebildet hatten – also in Flußoasen, in denen dem Regengott geringe Bedeutung zukam.

4.3. Die großen Götterhimmel der imperialistischen Staaten

In Mesopotamien entstand der imperiale Staat aus Agglomerationen von Stadtstaaten. Es lag nahe, die Götter der Unterworfenen in den eigenen himmlischen Hofstaat zu übernehmen, so wie man deren Soldaten ins eigene Heer einreihte (vgl. 2.1.1; 2.6). Seit der Mitte des 3. Jahrtausends v.Chr. war das religiöse Leben des Zweistromlandes von der sumerisch-akkadischen Symbiose geprägt. Die Götter, die von den Vorfahren der Akkader aus Nordsyrien mitgebracht worden waren, wurden sumerischen Göttern gleichgesetzt: Inanna = Ischtar. Später wird man Zeus mit Jupiter identifizieren, Hera mit Juno, Allât mit Venus/Aphrodite. Freilich veränderten die alten Götter unter den neuen Lebensverhältnissen ihr Wesen: der Wettergott (H)Adad wurde in Mesopotamien zum himmlischen »Deichgrafen«, d.h. Schleusenwärter. Komplexe Genealogien regeln jetzt die Beziehungen zwischen alten und jungen, ererbten und zugewanderten Göttern. Der Polytheismus ist in der Begegnung mit neuen Gottheiten flexibel und tolerant, sofern die fremden Götter nicht aus dem Rahmen fallen, in dem die eigene Religion göttliche Rollen verteilt und beschreibt. Die »Gleichsetzungstheologie« bewahrt ihre völkerverbindende Kraft bis in römische Zeit, ist auch dem AT nicht ganz fremd, wenn Jahwe in nachexilischer Zeit zum »obersten Himmelsgott« wird (vgl. 2.8.2).

Der oberste Staatsgott (Assur in Assyrien, Marduk in Babylonien) ist keineswegs der älteste Gott, sein Aufstieg zum »Mächtigsten« und »Obersten« läßt sich durch die Jahrtausende verfolgen. Im Prolog des Codex Hammurabi wird Marduk noch umständlich von den großen Göttern Anu und Enlil in die Herrschaft über Babylonien eingesetzt (vgl. Dtn 32,8f), erst im Weltschöpfungsepos vom Ende des 2. Jahrtausends (RT B 6) wird er Schöpfergott und damit Herr der Welt. Der oberste Staatsgott ist keineswegs immer der »persönliche Gott« des Königs oder seiner Dynastie. Assurbanipal hatte eine besonders enge Beziehung zur Ischtar von Arbela, der Patron der chaldäischen Dynastie war Nabû, der Gott des Schreibens und der Wissenschaft, was Nabonid nicht hinderte, im Mondgott Sin von Harran seinen persönlichen Gott zu sehen (vgl. 2.7.2).

Die geschichtete Gesellschaft auf Erden setzt sich im Himmel fort. Die großen Götter schaffen die kleinen Götter, um ihnen die Arbeit aufzubürden, die im himmlischen Hofstaat anfällt. Als die kleinen Götter unter ihrer Last rebellieren, schaffen die großen Götter die Menschen aus dem Leib eines getöteten Gottes (bzw. einer Göttin). Als die Menschen die Ruhe der Götter stören, beschließen sie deren Vernichtung durch eine Flut. Aber während im AT Jahwe seinen Vernichtungsbeschluß durch dessen rechtzeitige Bekanntgabe an Noach selbst unterlaufen muß (Gen 6,13 - 7,4), sind es in Mesopotamien eine Göttin oder ein Gott, die ihre Kollegen hintergehen, sich der Menschheit erbarmen, den Sintfluthelden (Atra[m]hasis, Utnapischtim; RT B 12; 13) retten und von der Götterversammlung nachträglich bestätigt werden, als sich die ausgehungerten Götter »wie die Fliegen« um den ersten Opferrauch scharen, der nach der Flut aufsteigt (vgl. Gen 8,21). Der qualitative Unterschied von Herrschenden und Beherrschten, im Himmel wie auf Erden, führt bis zur Vorstellung, daß der König sich einem besonderen Schöpfungsakt neben der Menschenschöpfung verdankt.

In Ägypten hatten schon vor der Reichseinigung (vgl. 2.1.2) die einzelnen »Gaue« ihre Tempel, Kulte und Götter. Der Kampf einzelner Provinzen um die Vorherrschaft im Reich während der Krisenzeiten strukturierte den Götterhimmel gemäß den Traditionen der Sieger um. Während die mesopotamischen Götter menschengestaltig dargestellt werden, Mischwesen sich nur unter den Dämonen finden, erscheinen die ägyptischen Götter zum größten Teil als Menschenleiber mit Tierköpfen. Man kann spekulieren, ob sich hier »Herren und Herrinnen der Tiere« aus jägerischer Zeit in die Staatlichkeit herübergerettet haben, oder ob diese Darstellungsweise ein sehr früher Versuch ist, die Transzendenz der Götter, die in keiner irdischen Vorstellung ganz aufgehen, durch die Kombination des Unzusammengehörigen anzudeuten.

Der oberste Gott ist in Ägypten der Sonnengott, was in Mesopotamien, Syrien, Arabien und Griechenland bis zur »Solarisierungswelle« im 2./3. Jh. n. Chr. nicht der Fall war. Fremde Götter wurden von den tendenziell xenophoben Ägyptern zögerlich und bisweilen nicht sehr ehrenhaft ins eigene Pantheon integriert: eine Einstellung des Niltales mit seinen scheinbar so scharf definierten natürlichen Grenzen, die sich das nach allen Seiten offene Syrien und Mesopotamien nicht leisten konnten. Der kanaanäische Baal wurde von den Ägyptern mit dem Unhold Seth geglichen, der Osiris tötet und zerstückelt. Umgekehrt benutzte man in der kanaanäischen Provinz auch noch nach dem Rückzug Ägyptens (nach 1175 v.Chr.) ägyptische Bildersprache zur Darstellung der eigenen Götter. Ob ein Palästinenser im 12./11. Jh.v.Chr. bei Darstellungen von Seth und Amun an Baal und El oder an ihre ägyptischen Entsprechungen oder an beide gedacht hat, läßt sich schwer eruieren. So bilderfreudig die Ägypter waren: ihren obersten Gott, den Sonnengott Re, haben sie nie im Bild dargestellt. Dem ägyptischen Polytheismus war es möglich, die Verborgenheit, die Unverfügbarkeit des Gottes zu denken und zu achten. Verbindungen, die von hier zum Bilderverbot des AT führen mögen, sind noch unzureichend erforscht.

Die relative Homogenität Ägyptens, seine lange Zeit ungebrochene autonome Entwicklung und ein ausgesprochenes Harmoniebedürfnis führten dazu, daß in Ägypten die Frage nach dem Verhältnis der Götter zueinander und zu einem gemeinsamen, der »Gattung Gott« zugrundeliegenden »Göttlichen« nachdrücklicher gestellt wurde als etwa in Syrien-Palästina oder in Mesopotamien. Die ägyptische Weisheit kann schon lange vor dem »Ketzerpharao« Echnaton (14. Jh.v.Chr.; vgl. 2.3.4) vom »Gott« schlechthin sprechen. Echnatons gewaltsamer Versuch, eine Alleinverehrung des Sonnengottes Atum durchzusetzen, kam nicht ganz unvermittelt und stand doch im Gegensatz zur religiösen wie denkerischen Tradition. Vor allem scheiterte er daran, daß ein alleinexistenter guter Gott im Rahmen des ägyptischen Welt- und Menschenbildes das Böse in der Welt nicht mehr erklären konnte (wer an Seth neben Osiris glaubte, konnte es). Gegen Ende des 2. Jahrtausends bringt das »Tausend-Strophen-Lied« (RT A 9) die Frage nach dem Verhältnis der Götter zueinander, aber auch die Frage nach dem Verhältnis der Verborgenheit der Götter zu ihrem Offenbar-Sein auf eine bis zur Formulierung des trinitarischen und christologischen Dogmas im 4. und 5. Jh. n. Chr. nicht überbotene Formel:

Drei sind alle Götter:
Amun, Re und Ptah ...
Seinen Namen verbirgt er als Amun,
er erscheint als Re,
und sein Leib ist Ptah.

4.4. Die Wohnung der Götter

Aus der Zeit, in der Erde und Himmel selber Götter oder göttlicher Natur waren (vgl. 4.1), haben sich lange Relikte erhalten. In Kleinasien, im Assyrien des 3. Jahrtausends, in Phönizien noch im 1. Jh. n. Chr. (»Der Karmel ist ein Berg und zugleich ein Gott«, Tacitus, Historien II 78,3), in Arabien bis zum Islam kann ein Berg als solcher (sozusagen substantiell) ein Gott sein. Das scheint schon 1 Kön 18,20-40 nicht mehr verstanden zu haben, wo Jahwe und Baal *auf* dem Karmel konkurrieren. Seit spätestens dem 3. Jahrtausend v. Chr. ist, parallel zur Verdrängung der »Großen Göttin«, ein schrittweiser Rückzug der Götter aus der Welt zu beobachten, der sich anfänglich darin äußert, daß die Götter transzendent werden. Sie wohnen nun auf den Spitzen der höchsten bekannten Berge, die oft genug von Wolken umgeben, damit menschlichem Blick entzogen sind: dem Olymp in Griechenland, dem »Nord-Berg« (heute *Jebel el-Aqra'*) in Ugarit. Nach Ri 5,4 hat auch Jahwe einmal auf dem Sinai, also außerhalb Palästinas, gewohnt, nach 1 Kön 8,12 »im Wolkendunkel«. Noch in Hos 5,15 kann Jahwe sich von seinem Volk abwenden und an seinen Wohnort zurückkehren. Hat man keine Berge für seine Götter (vgl. Gilg. IV i 47-50; ii 49 – iii 2), wie im südmesopotamischen Schwemmland, baut man ihnen welche: das ist der Ursprung des Ziggurats, des babylonischen Stufentempels, auf dessen höchster Plattform sich die Begegnung mit dem Gott (oder der Göttin) vollzog. Ein derartiger »Turm von Babel« war also gerade keine »himmelstürmende« Unverfrorenheit der Menschen, wie es eine (falsche) Auslegung von Gen 11,1-9 sieht, sondern eine aufwendige Anerkennung der Entzogenheit der Götter.

Bald aber wurde der Ort der Götter jenseits des sichtbaren, »ersten« Himmels verlegt, oder im Fall der chthonischen Gottheiten von »in der Erde« zu »unter der Erde«. Waren anfänglich Sonne, Mond und Sterne selbst Götter, wurden sie bald Manifestationen, Erscheinungen der Götter (aus denen man immer noch, wie in Babylonien, deren Beschlüsse ablesen konnte). Noch in der »Hierarchie des Seins«, die in Gen 1 vom Unbelebtesten (Erde und Meer) bis zum Belebtesten (dem Menschen) aufsteigt, rangieren die Himmelskörper über den Pflanzen, aber unter den Tieren.

Die irdischen Orte göttlicher Gegenwart sind die Tempel. »Jahwes Angesicht suchen« ist im AT synonym mit »ein Jahwe-Heiligtum aufsuchen«. Der Tempel ist ein Abbild des Himmels auf Erden, er umgrenzt eine Sphäre, die in der Welt zugleich der Welt entzogen ist (vgl. die »Einlaßliturgien« Ps 15; 24, und die diversen, nicht nur biblischen, Reinheits-Forderungen für die Tempelbesucher und besonders die Priesterschaft). Die Gottheit kann im Tempel selbst Wohnung nehmen, wie Salomo es im (wohl authentischen) Tempelweihspruch proklamiert (1 Kön 8,12f):

Die Sonne hat er [der im 10. Jh. v. Chr. noch nicht mit Jahwe verschmolzene Schöpfergott El; EÜ identifiziert den im Text ungenannten Gott im Sinne der jüngeren Tradition mit Jahwe] an den Himmel gesetzt – Jahwe aber hatte entschieden, im Wolkendunkel zu wohnen. Ich jedoch habe dir ein fürstliches Haus gebaut, deine Wohnung (von jetzt an) für immer.

Im Alten Orient wohnt der Gott im Tempel in Gestalt seines Kultbildes. Dabei *ist* das Bild nicht einfach die Gottheit, es ist der Ort der *Anwesenheit* der Gottheit, die zugleich ihren transzendenten Wohnsitz beibehält und überdies erscheint, wo sie will. Die klassischen Griechen haben den Zusammenhang ästhetisiert: Athene wird am und im Bild des Phidias epiphan, erscheint darin ihren Athenern. Die babylonische Bilder-Theologie – man muß hier von einer wohlüberlegten Theologie sprechen – steht hinter der Bilder-theologie der orthodoxen Kirche kaum zurück (A. Berlejung). Man kann der biblischen Bilderpolemik (vgl. etwa Jes 41,21-29; 44,9-20; 46,1-8) den Vorwurf nicht ersparen, die fremde Kultur abzulehnen, ohne sie zuvor verstanden zu haben (oder gar, ohne sie verstehen zu wollen). Wohl konnte man nach altorientalischer Auffassung den Gott in den eigenen Dienst stellen, indem man als Eroberer sein Bild exilierte (vgl. die Ladeerzählung 1 Sam 4-6). Zugleich konnte die verwaiste Priesterschaft eine solche Verschleppung – etwa Marduks nach Elam oder Assur – als freiwilliges und befristetes Exil des Gottes interpretieren, womit er Verfehlungen seiner Anhänger strafte (vgl. Ez 10,8-19; 11,22-23). Der Feind konnte schon vor den biblischen Propheten als Straf-Werkzeug im Dienst des eigenen Gottes (vgl. Jes 5,26-30; Jer 27) verstanden werden.

Mit der »Repräsentanz-Theologie« des Bilder-Kultes ist die Vorstellung vom Tempel als Wohnung der Gottheit bereits verlassen zugunsten der Vorstellung vom Tempel als Ort, an dem der Gott *erscheint* und durch seine freie Wahl präsent ist. Diese Vorstellung hat im AT (das in seiner Endgestalt eine materielle Vergegenwärtigung Jahwes nicht mehr kennen konnte) zur deuteronomistischen Formulierung »vom Ort, an dem Jahwe seinen Namen wohnen läßt« (Dtn 12,14 u.ö.) bzw. zur priesterlichen Konzeption des Einwohnens der »Herrlichkeit Gottes« (Ex 40,34) geführt. Beide Formulierungen stellen sicher, daß der Gott im Tempel auch bildlos präsent und ansprechbar ist.

Eine spezifische Form der göttlichen Wohnung kennen Syrien-Palästina und Altarabien in Form der Mazzeben, aufgerichteter, meist unbearbeiteter Steine, deren phönizischer Name Bethyl (d.i. *bêt'il* oder *bêtîl*, hebr. Bet-El), »Haus Gottes« sagt, worum es sich handelt: um einen Ort, dem ein Gott einwohnt und der entsprechend behandelt wird. Gen 28,18 ist demgegenüber schon eine rationalistische »Entmythologisierung« des Kultobjekts, die es zu einem bloßen Erinnerungsmal macht; dennoch wird die Mazzebe von Jakob wie ein Götterbild geehrt, gesalbt und getränkt. Man könnte hier ein archaisches Relikt vermuten, besonders weil zum typischen früh-israelitischen Freilicht-Heiligtum, der »Kulthöhe« neben dem hl. Stein noch ein hl. Baum gehörte, doch spricht der archäologische Befund dagegen. Die ersten Stelenheiligtümer tauchen erst am Ende der Jungsteinzeit auf, sie bilden einen groben Ersatz für die pfeilerförmigen, aber zugleich anthropomorph stilisierten Götterfiguren der älteren Jungsteinzeit. Wir finden Mazzeben in der Mittelbronzezeit im bäuerlichen Kontext, in der Spätbronzezeit auch im städtischen (Geser, Hazor), und in Phönizien, das religiös in vieler Hinsicht konservativ war, bis in die ausgehende Antike (vgl. Abb 20). Die Mazzebe ist demnach ein Ersatz der Statue, der diese auf ihr Wesen reduziert: nicht etwa, den Gott abzubilden, sondern Ort seiner Anwesenheit zu sein. Natürlich kann sich mit der Bevorzugung von Mazzeben gegenüber Bildern eine ärmere, ländliche Bevölkerung gegen eine zahlungskräftigere, städtische Kultur absetzen. Wie die Beispiele aus Phönizien zeigen, muß der Stadt-Land-Gegensatz bei der Mazzeben-Verehrung aber keine Rolle spielen.

Woher kommt dann das at.liche *Bilderverbot?* Auf diese vielverhandelte Frage kann hier nur unter dem Gesichtspunkt eingegangen

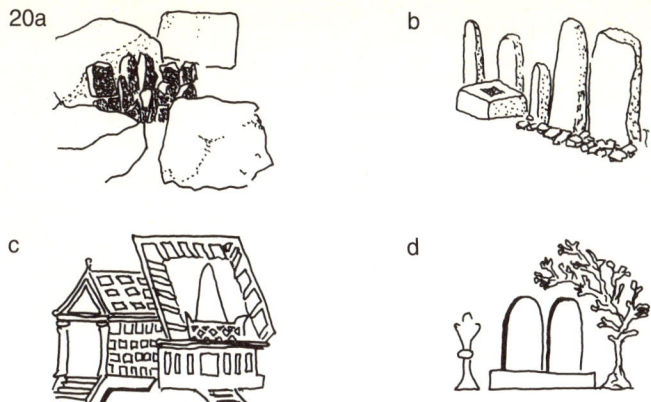

Abb.20: Kanaanäische Mazzeben.

a) Biq'at 'Uvdah, ausgehende Jungsteinzeit (vgl. die Göttinnen-Ansammlung Abb. 16; Nach Weippert, Palästina, 116 Abb. 2.25.2). –

b) Geser, 1.Hälfte des 2. Jahrtausends v. Chr. (nach *Galling*, Reallexikon, 207 Abb. 49).

c) Byblos (Münze, 217/18 n.Chr. nach *O.Keel*, Die Welt der altorientalischen Bildsymbolik und das Alte Testament (Zürich und Neukirchen [3]1980), 161 Abb. 246).

d) Tyrus (Münze, 3./4. Jh. n. Chr.; nach Keel, aaO, Abb. 247).

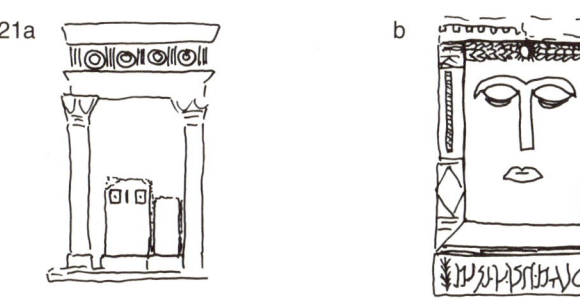

Abb.21: Arabische Mazzeben.

a) Relief im Sîq von Petra.

b) Die »Göttin des Hayyan«, die in einem Tempel der Allat deponiert war; 1. Jh. n. Chr. Nach M.Lindner, Eine al-'Uzzâ-Isis-Stele und andere neu aufge- fundene Zeugnisse der al-'Uzzâ-Verehrung in Petra (Jordanien), Zeitschrift des deutschen Palästina-Vereins 104 (1988), 84-91, Tafel 4B und 6B.

werden, inwiefern die Kenntnis der Umwelt des AT zu ihrer Beantwortung etwas beiträgt. Es steht außer Frage, daß dieses Verbot schon innerbiblisch eine lange und komplizierte Anwendungs- und Auslegungsgeschichte hat, erst recht nach-biblisch, in Bilderstürmen und Bilderstreiten, die es in Judentum, Christentum und Islam gleichermaßen gegeben hat. Nicht haltbar ist die Ableitung des Bilderverbotes aus »nomadischen« Religionsformen, zum einen, weil die Vermutung einer »nomadischen« Herkunft Israels und seiner Religion inzwischen widerlegt ist, zum anderen, weil es »spezifisch nomadische« Religionsformen nicht gibt. Wie das Nomadentum gegenüber dem Bauerntum im Allgemeinen sind auch dessen religiöse Äußerungen »abgesunkenes Kulturgut« (W.Caskel). Es stimmt, daß wir unter den vorislamischen Arabern den Mazzeben-Kult finden – aber zuvor unter den palästinischen Bauern der Bronzezeit. Gerade die ältesten arabischen Belege, die Bethyle von Tema, der Lihyan und der Nabatäer, zeigen eine abstrakte, aber markante bildnerische Gestaltung. Sie sind mindestens mit Augen, oft mit Nasen und bisweilen auch einem Mund versehen. Hier gibt es keinen Gegensatz zwischen Bild und Nicht-Bild, sondern zwischen anthropomorphen, fremden (hellenistisch-syrischen) Bildern, wie sie die Nabatäer oder ein Teil der Nabatäer auch kannten, und den geometrisch stilisierten Bildern der eigenen altarabischen Tradition (vgl. Abb. 21).

Ebenfalls unhaltbar ist die Annahme, daß der Gott Jahwe in seiner nordwestarabischen (midianitischen) Heimat bildlos verehrt worden sei, denn gerade aus der »midianitischen« Nutzungsphase des Tempels von Timna im *Wadi 'Arabah* (12./11. Jh. v. Chr.) stammen einige Götterdarstellungen, die weder ägyptischer noch ganz palästinischer Tradition folgen: ein thronender alter Gott, also eine El-Gestalt, und ein ausgesprochen viriler junger Gott (Abb. 22). Es ist nicht sicher, ob eins dieser Bilder Jahwe darstellt, aber es ist nun gewiß, daß die Midianiter Götterbilder kannten. Als frühen Beleg für das Bilderverbot kann man einen Kultständer aus Taanach (10. Jh. v. Chr.) ansehen, an dem eine Göttin, Aschera, durch ihre Symbole und als Person, ein Himmels-Regen-Wetter-Gott aber nur durch seine Symbole dargestellt ist. Dem stehen aber judäische Siegel des 10/9. Jh.s v. Chr. gegenüber, auf denen ein »Herr der Strauße« eingraviert ist, möglicherweise ein Indiz für die Verehrung

a   b

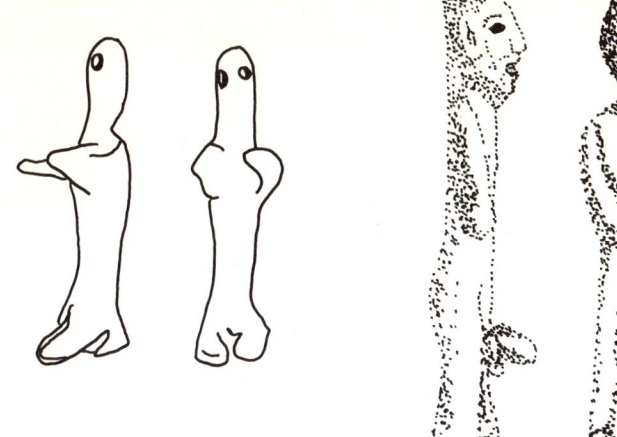

Abb.22: Die midianitischen Götter aus Timna, 12./11. Jh. v. Chr.
a) sitzender Gott (»El«)
b) stehender, viriler Gott (»Baal«). Nach *B.Rothenberg* u.a., The Egyptian
   Mining Temple at Timna (London 1988), fig. 53:1 und 2.

Abb.23: Der »Herr der Strauße« auf palästinischen Siegeln des 10. Jh.s v.
Chr. Nach *Keel-Uehlinger,* Göttinnen, 155 Abb. 162a, c, d.

des Wüstengottes Jahwe (O.Keel – C.Uehlinger). Als »Wüsten-
gott« ließ sich Jahwe ohne weiteres kanaanäisch als *ein* spezifischer
»Gott des Gefildes« (israelitisch *El Schaddai*, vgl. 4.1) interpretieren
(vgl. Abb. 23).

Es steht außer Frage, daß sich auch die Israeliten ihren Gott menschengestaltig vorgestellt haben (Jes 6; Ez 10). Doch stand im israelitischen Reichsheiligtum von Bet-El kein Jahwe-Bild, sondern
Tierpostamente bezeichneten den Ort der Anwesenheit der göttlichen Familie (vgl. 4.2). Das ausformulierte Bilderverbot ist angesichts des außerbiblischen Befundes wohl nur im Kontext jener
theologischen Bemühungen verständlich, die Jahwes Einzigartig-
keit und Unverfügbarkeit betonten (vgl. Hos 5,6.15) gegenüber
jeder Spielart kultischer Selbst-Versicherung.

4.5. Die Taten der Götter

Der Alte Orient wie das AT machen hinsichtlich des Handlungs-
raumes der Götter keinen Unterschied zwischen Natur und
Geschichte. Die Geschichte Israels, die das AT erzählt, beginnt in
Gen 1 mit der Naturgeschichte. »Naturreligionen« kennt der Alte
Orient nicht. Das protologische Handeln der Götter schafft die Welt
und richtet sie ein (RT A 1-4; B 1-6); seit dem 3. Jahrtausend v. Chr.
in Mesopotamien und Ägypten, seit dem 2. Jahrtausend in Syrien-
Palästina sind die Götter nicht mehr Teil der Natur, sondern deren
Herren, vielleicht ihr Geheimnis. Die Götter handeln kosmologisch,
indem sie die von ihnen geschaffene Welt erhalten – oder auch nicht,
falls sich die Menschen gegen deren Ordnung auflehnen. Abgesehen
von den verschiedenen Varianten der Flut-Geschichte liegt die Vorstellung einer andauernden Herrschaft der Götter über die Natur
vor, wenn immer das Ausbleiben des Regens, Dürre, Unfruchtbar-
keit, Krieg und Epidemien auf das Wirken des einen oder anderen
Gottes zurückgeführt werden; nach den Ursachen des Unglücks
wird auf seiten der Menschen gesucht (vgl. den Babel-Text Asarhaddons, 2.6.1, im AT Joel 1; Am 3,6; 4,6-11; Hag 1,6-11). Die Götter
handeln schließlich politisch, indem sie Könige erwählen und ver-
werfen, wie Marduk Nabonid verwarf und Kyros erkor, ihre Völker
zu Siegen führen oder ihnen in ihrem Zorn Niederlagen bereiten,
wie Kemosch seinen Moabitern vor Mescha (vgl. 2.4.3).

Die Schöpfung ist einerseits nach altorientalischer Auffassung ein historischer Akt – der Aufbau der Welt wird in Gen 1 nicht beschrieben, sondern ihr Zustandekommen wird erzählt. Die Schöpfung begann mit dem 1.1. des Jahres 1. Sie ist andererseits unabgeschlossen, weil das Chaos, aus dem anfänglich geschaffen wurde, weiterbesteht und jederzeit droht, die Schöpfung zu verschlingen (vgl. RT A 6). Eine *creatio ex nihilo* war im Alten Orient undenkbar, vorstellbar war das Nichtvorhandensein von etwas Bestimmtem, nicht ein »Nichts« an sich. Schöpfung ist Sieg über das Chaos (so auch Gen 1,2-3; Ijob 38 - 41). Darum haben Götter wie Könige die Aufgabe, Ordnung zu mehren und Unordnung zu mindern. Alle Götter des Alten Orients wollen, daß Recht herrsche und nicht Unrecht, wenn auch über der Frage, wessen Recht herrschen sollte, Assur und Jahwe uneins waren. Die Könige dienen der Ordnung (d. h. der Stabilität ihrer Staaten und Gesellschaften), indem sie die Schwachen beschützen und die Mächtigen im Zaum halten, vor allem aber durch Bauen und Kriegführen: zwei Topoi, die in keinem Tatenbericht eines altorientalischen Königs fehlen. Der Feind, in Ägypten und Mesopotamien besonders der unzivilisierte Feind, ist eine Verkörperung des Chaos, die schon durch ihre Existenz die Ordnung bedroht (vgl. Ps 2; 46; 48,5-9).

Die Götter erwählen sich die Könige, durch die sie auf Erden für Ordnung sorgen wollen (vgl. 2 Sam 7,8-16). Asarhaddon begründet den Wiederaufbau Babylons mit den Worten:

> Eben mich, Asarhaddon, hast du [Marduk], um jenem Übelstand [Babylons Verwüstung] abzuhelfen, inmitten meiner älteren Brüder getreulich berufen und deinen heilsamen Schirm über mich ausgebreitet; alle meine Feinde hast du wie ein Wogenschwall niedergeworfen und alle meine Gegner getötet; du ließest mich mein Verlangen erreichen und hast mich zur Beruhigung des Herzens deiner großen Gottheit und zur Besänftigung deines Gemütes mit der Hirtenschaft über Assyrien belehnt. (Asarhaddon, Babel-Inschrift A, Episode 11 nach *Borger*, a.a.O. [2.6.1], 16).

Ihre Aufgabenbereiche haben sich auch die »jungen Götter« nicht ausgesucht, er wurde ihnen vom Göttervater oder den großen Göttern zugewiesen (vgl. Dtn 32,8f). Wenn Jahwe in der deuteronomistischen Theologie das ganze Volk Israel erwählt, liegt darin eine derart radikale Ausweitung der Vorstellung vom erwählten Herrscher vor, daß die Entwicklung und Verbreitung dieses Gedankens zur Zeit des noch existierenden judäischen Staates schwer vorstellbar ist.

Die Götter sind es schließlich, die bei Assyrern wie Israeliten, Hellenen wie Römern die Kriege ihrer Gläubigen führen, sie durch Orakel leiten (vgl. 2 Sam 2,1), ihnen in der Schlacht vorangehen (vgl. Ex 14,14), die Feinde in Schrecken versetzen und verjagen (vgl. Ex 14,25; 2 Chr 20; Mescha [2.5.3] und Asarhaddon [2.6.1]). Der Krieg beginnt mit einem Opfer (1 Sam 13,9), das Voranziehen der Götter ist wörtlich zu nehmen, denn die ägyptischen Feldzeichen, die assyrischen Standarten wie die römischen *signa* waren selbst Götterbilder. So verhält sich auch das altisraelitische Kriegs-Palladium, die Lade, in 1 Sam 4,21; 5,1-4 wie ein Kultbild, das die Gegenwart Jahwes repräsentiert, und wird entsprechend behandelt. Im ganzen alten Orient war Kriegführen eine kultische Handlung, die ohne den erklärten Willen der Götter nicht stattfinden konnte. Es scheint dem Menschen doch schwerer zu fallen, als man glauben möchte, aus nichts als eigensüchtigen Motiven seinesgleichen zu töten. Das alte Israel teilte die Kriegstheologie und -praxis des Alten Orients, es teilte auch dessen Friedens-Ideologie: »Schwerter zu Pflugscharen« (Mi 4,3f; vgl. auch Jes 11,1-10). Nicht um ein pazifistisches Programm geht es hier, sondern um den Zustand der Welt nach dem »letzten Sieg« der eigenen Sache. Auch das hat der Alte Orient nicht anders gesehen, nicht anders gehofft (vgl. RT B 8 und 9, bereits aus dem 3. Jahrtausend v. Chr.).

4.6. Der Verkehr mit den Göttern: Feste, Priester und Propheten

Es ist anzunehmen, daß schon in der Altsteinzeit die jägerische Behändigung eines Tieres nur mit Zustimmung des »Herrn der Tiere« möglich war und dessen Beteiligung am anschließenden Mahl erforderte. Bis zur Einführung des säkularen Schlachtens durch das Dtn (12,15ff), in Arabien bis zum Aufkommen des Islam, war die Tötung eines Tieres nur als gottesdienstlicher Akt denkbar, gab es Fleischgenuß nur anläßlich der großen Jahresfeste (Frühjahrsfest, Erntebeginn, Ernteende) oder um einen Gast zu ehren (Gen 18). Zur Eröffnung des Symposions – auch beim Anbruch eines neuen Kruges – brachten noch die Griechen den Göttern eine Trankspende dar, die Himmlischen feierten mit; die Gelage der israelitischen

und judäischen *leisure class* im 8. und 7. Jh. v. Chr. waren kaum are-
ligiös, was ihre prophetischen Kritiker umso mehr erzürnte (Hos
8,13; 10,1; Am 6,4-11).

Der Familienkult kam ohne Priester aus, der *pater familias* war
berechtigt, den Göttern ihren Anteil zukommen zu lassen. In der
deuteronomistischen Gesetzgebung, die für jedes Opfer den Jerusalemer Tempel als Kultort obligatorisch macht, liegt der Versuch
vor, auch die Familienreligion staatlicher Aufsicht (oder in persischer Zeit der Aufsicht der öffentlich-rechtlich organisierten Reli-
gionsgemeinschaft) zu unterstellen. Ein solches Ansinnen war dem
Alten Orient und dem vordeuteronomistischen Israel ganz fremd;
ihm hat sich nur die Passa-Feier auf Dauer entziehen können. In
nachexilischer Zeit verlangte die Jerusalemer Priesterschaft dann
einen regulären Anteil vom familiären, zum Gemeinschaftsmahl
bestimmten Opfer (Dtn 18,1-5; Lev 3; 7,11-21.28-36).

Im Kult des Stammes oder des Staates walteten berufsmäßige
Priester, war es doch von öffentlichem Interesse, die Götter sich
wohlgesonnen zu erhalten und ihren Willen zu erforschen, wären
Formfehler im Umgang mit den Unsterblichen für den Staat doch
verheerend gewesen (vgl. 1 Sam 13,8-14; 15,9-33). Gemäß ihrem
sakral begründeten Amt (vgl. 2.1) waren freilich auch Häuptlinge
(Ri 6,18-28) und Könige (2 Sam 6,17f) berechtigt, Opfer darzubrin-
gen. Ein primär *staatliches* Opfer war das in Kleinasien, Griechenland und Syrien-Palästina verbreitete Brandopfer (hebr. *'ôlâh*, lat.
holocaustum), bei dem Tiere, in Griechenland Hunderte von Tieren
(Hekatomben), der Gottheit verbrannt wurden, um Verfehlungen
zu tilgen und die Götter gnädig zu stimmen. Die Vorstellung, daß
die Götter als ätherische Wesen sich durch die Nase ernähren, finden wir auch in Babylonien:

> Ein Schüttopfer spendete ich auf dem Gipfel des Berges;
> Sieben und abermals sieben Räuchergefäße stellte ich hin,
> In ihre Schalen schüttete ich Süßrohr, Zedernholz und Myrte.
> Die Götter rochen den Duft,
> Die Götter rochen den wohlgefälligen Duft,
> Die Götter scharten wie Fliegen sich um den Opferer

berichtet der Sintflut-Held Utnapischtim (Gilg. XI 156-161). Aber
bis zur lebensverachtenden und übelriechenden Praxis des Brand-
opfers verstiegen sich Ägypter und Babylonier nicht, sie kannten,

lange vor dem Import des echten Weihrauchs aus Südarabien (vgl. 2.6.3), Räucheropfer mit verschiedenen Mischungen und vor allem das Speiseopfer, das den Göttern auf Gabentischen serviert wurde (vgl. Dan 14,1-22). Das Ganzopfer des Einzelnen (vgl. Ijob 1,5; 42,8, eine Karikatur der priesterschriftlichen Sühne-Theologie) stellt in Israel erst eine nachexilische Entwicklung dar (vgl. Lev 1). Damals wurden einige theologische Vorstellungen vom nicht mehr existenten Königtum auf die Gesamtheit der Israeliten übertragen, vom »Heilsorakel an den König« in der exilischen Jesaja-Schule (vgl. etwa Jes 41,8-13) über die deuteronomistische Erwählungs-Theologie bis hin zum kollektiv verstandenen Messianismus (vgl. Gen 12,1-3).

Die Priester des Alten Orients waren keineswegs vorzugsweise Opfer-Spezialisten. Familienväter wie Könige konnten lange selber opfern (Gen 12,7f; 1 Sam 13,9; 2 Sam 6,13.17; 8,18). Die Priester waren Träger der religiösen Tradition und des theoretischen Wissens, Ärzte, Naturkundler, Bankiers (als Verwalter des Tempelvermögens) und vor allem Mantiker (vgl. 3.3.3): Spezialisten in der Erforschung des Gotteswillens aufgrund bewährter und erlernter Techniken. Ungefähr alles, womit gegenwärtiger Aberglaube die »Zukunft« zu erfahren trachtet, wurde praktiziert: die Wahrsagung aufgrund der Rauchentwicklung des Opfers, aus der Leber des Opfertieres, aus Öl und Wein, mithilfe von Würfeln und Losen, dem Werfen oder Drehen von Pfeilen. Bei den »Urim und Tummim«, die noch nachexilisch der Hohepriester trägt (Ex 28,30; Lev 8,8), handelt es sich um den Rest eines Orakel-Instruments (Num 27,21; 1 Sam 28,6). Wenn immer im AT jemand geht, »Jahwe zu befragen«, ist diese Person im Begriff, ein technisches, priesterliches Orakel einzuholen.

Gegenüber dem priesterlichen Berufswissen um das Einholen eines Gottesbescheides steht die spontane, prophetische Äußerung des göttlichen Wollens: ein Gott erscheint u. U. einer bislang unbescholtenen Person und macht ihr Mitteilungen, oder versetzt diese Person in die Ratsversammlung der Götter (vgl. Micha ben Jimla 1 Kön 22,19-22, Bileam in Sukkot). In Mari (RT B 30) wie in Israel, in Byblos (TGI 17) wie in Hamat (RT E 2) waren die Götter frei, ihren Willen zu äußern, wann, wo und wemgegenüber sie wollten. Prophet zu sein war primär kein Beruf, sondern ein Schicksal. Es liegt auf der Hand, daß die Adressaten jedem neu auftretenden Propheten oder jeder Prophetin gegenüber zuerst skeptisch waren: sprach hier wirklich eine seherisch begabte Person oder ein Betrüger, ein Wichtigtuer, gar ein Agent des Feindes? Daher die verschiedenen Bestrebungen, sich der Person zu bemächtigen, bis sich die Frage: wahrer oder falscher Prophet? entscheiden ließ. Hatte ein Prophet recht behalten, war er wirklich eine von den Göttern ausgezeichnete Person, dann wurde Prophet bisweilen doch zu einem Beruf. Man versicherte sich der weiteren Dienste eines solcherart begabten Menschen durch Festanstellung am Hof oder am Tempel. Daneben bildeten sich Prophetengenossenschaften, in denen sich prophetisch veranlagte (oder: durch physische Prädispositionen in eine gesellschaftliche Sonderrolle gedrängte) Personen »freiberuflich« zusammenschlossen. In diesen Genossenschaften wurden »Offenbarungsempfangspraktiken« geübt, die nach unserem, aber offensichtlich nicht altorientalischem Verständnis den Bereich des Technischen streifen: ekstatische Tänze (vgl. 1 Sam 10,5-6; 2 Kön 2,15; 4,38-44; 6,1-7), eventuell auch Genußmittel (vgl. die Polemik gegen »betrunkene Propheten« Jes 28,7; 29,9). Dennoch: Prophet zu werden, konnte jedem passieren, und Amos ist ernst zu nehmen, wenn er beteuert: »Ich bin kein Prophet und kein Mitglied einer Prophetengenossenschaft« (Am 7,14). Propheten konnten in jedem gesellschaftlichen Kontext vorkommen oder eintreten.

In Israel gab es Propheten wie im ganzen Alten Orient. Nur erscheinen die Propheten, die im alten Israel real existiert haben, in der Bibel überwiegend unter den »falschen Propheten«. Die Schriftpropheten sind ein Produkt der Überlieferung. »Wahrer Prophet« im Sinne der deuteronomistischen Theologie, wonach Jahwe je und je »einen Propheten wie Mose« (Dtn 18,15. 18) zur Rechtleitung seines Volkes senden würde, war man nicht, man wurde es – bisweilen Jahrhunderte nach dem eigenen Tod. In den Büchern Am und Jes lassen sich noch einzelne prophetische »Auftritte« isolieren und rekonstruieren, in Hos schon nicht mehr. Je umfangreicher das biographische Material über die Propheten wird, wie im Falle Jeremias, umso mehr wächst der Verdacht, daß hier eine Biographie einem »Idealtypus« vom verfolgten Gerechten angepaßt wurde. Die Person tritt am Ende hinter dem Buch ganz zurück, Prophetie ist im Exil (in Jer, Ez und IIJes) nicht mehr aktuell auszurichtende Gottesbotschaft, sondern Fortschreibung, Sammlung und Kommentierung vorliegender prophetischer Literatur. Kanonisch wurden die »klassischen Propheten« in nachexilischer Zeit mit dem Sieg der vorexilischen Opposition. Mit der Durchsetzung des »prophetischen Programms« in der Kanonisierung der Tora durch Esra (vgl. 2.8.2) hörte nach Meinung der Sieger das Wehen des Geistes, die Prophetie auf. Nach Auffassung derer, die sich in persischer Zeit nicht durchsetzen konnten, redete der Geist weiterhin. Johannes Hyrkan soll prophetisch begabt gewesen sein (Flavius Josephus, Jüdische Altertümer, XIII 10,7; vgl. Ps 108,8-14). Das Verhältnis der Schriftpropheten als »Helden« der Bücher, die ihre Namen tragen, zu vergangener biographischer Realität ist nicht weniger gebrochen als das des Kleist'schen Prinzen von Homburg zum gleichnamigen brandenburgischen Reitergeneral des 17. Jh.s n. Chr., oder das von Kaspar, Melchior und Balthasar zu Mt 2,1-12. Was blieb, haben einmal mehr die Literaten gestiftet.

4.7. Der Eine Gott und die Götter

Der Monotheismus ist kein Spezifikum der biblischen Religion. Er ist auch nicht Inhalt der Offenbarung: nach christlicher und jüdischer Auffassung offenbart Gott sich selbst denen, nach deren Gemeinschaft ihn verlangt; er offenbart seinen Willen, daß Recht sei und nicht Unrecht; er offenbart nicht theologischen Richtigkeiten über sich selbst. Der Monotheismus gehört noch nicht zur Ausstattung, mit der eine ethnische Gruppe namens Israel am Ende der Spätbronzezeit in die Geschichte eingetreten wäre (vgl. Exkurs 3). Der erste Theologe, der die alleinige Verehrung Jahwes in Israel forderte, scheint zwischen 734 und 720 v. Chr. Hosea gewesen zu sein. Dabei setzen seine Polemiken voraus, daß ihm die Existenz anderer Götter nicht zweifelhaft war; auf der gleichen Linie liegt das 1. Gebot. Der erste Theologe, der die Göttlichkeit der anderen Götter bestritt, war Jeremia (2,11; 2,28 u.ö.) – zugleich der erste Theologe, bei dem Jahwe zum Schöpfergott wurde (5,21-25; 27,5f), eine Funktion, die im Jerusalem des 7. Jh.s v. Chr. noch El ausgeübt hatte. Der Monotheismus, nicht ohne strukturelle Parallelen zur persischen Staatsreligion (vgl. 2.8.2), wurde konstitutiv für die nachexilische

Restauration. Vor und neben dem langen Weg der theologischen Reflexion Israels zum Monotheismus gab es andere Denk-Versuche in der gleichen Richtung.

Das große Thema der altorientalischen Religionsgeschichte, wenn man auf diesem komplexen Gebiet mit seinen vielfältigen Religionsformen, Religionsprovinzen und lokalen Religionsgeschichten überhaupt von einem großen Thema sprechen kann, ist die Verdrängung der Großen Göttin, ein Prozeß, der nicht vor der Mitte des 1. Jahrtausends v. Chr. abgeschlossen war und selbst dann nicht vollständig: als Kybele, als Dea Syria (Atargatis von Hierapolis) überlebte die Göttin noch lange, strahlte weit ins Imperium Romanum aus. Das Thema hat noch einen anderen Aspekt: das Transzendent-Werden der Götter, das ebenfalls im 3. Jahrtausend v. Chr. begonnen hatte und sich in den folgenden Jahrhunderten vertiefte, bis schließlich der »Gott der Philosophen« denkbar wurde – und denknotwendig. Waren in Palästina die Götter am Anfang des 2. Jahrtausends v. Chr. noch durchaus substanzhaft Stein und Baum, Mächte hinter der natürlichen Welt (nicht: Naturgewalten), so nahmen sie in der 2. Hälfte dieses Jahrtausends, in der Spätbronzezeit, endgültig personhafte Züge an. Gewiß: gerade in der Religion stirbt Altes nur sehr langsam, wirkt Vergangenes noch lange nach. So wirbt Baal um seine Schwester und Geliebte Anat mit den Worten:

Eile zu mir mit deinen Füssen
lauf zu mir auf deinen Beinen!
Denn ich habe ein Wort und will es dir sagen
einen Spruch und will ihn dir rezitieren:
das Wort des Baumes und den Zauberspruch des Steins
das Geflüster des Himmels mit der Erde
des Ozeans mit den Sternen.
Ich verstehe den Blitz, den der Himmel nicht weiß,
das Wort, das Menschen nicht kennen,
Erdengewimmel nicht versteht.
Komm, und ich will es dir offenbaren...

(KTU 1.3 III 18-26; die abweichende Übersetzung RT D 3 mag einen Eindruck von den Problemen vermitteln, mit denen die Übersetzung unvokalisierter poetischer Texte des 2. Jahrtausends zu kämpfen hat). Die Götter Kanaans sind endgültig keine »Mächte«

in der Natur mehr, sie sind allenfalls das Geheimnis der Natur. Je himmlischer und abstrakter die Götter aber werden, desto unschärfer wird die Abgrenzung zwischen den einzelnen Göttergestalten. In der 2. Hälfte des 2. Jahrtausends v. Chr. verschmelzen schon Aschera und Anat, Anat und Astart(e) gelegentlich, übernehmen Rollen voneinander: Anat vertritt in Ugarit Aschera als »Herrin der Tiere«. Die Göttinnen werden Eine Göttin.

Der religionsgeschichtliche Prozeß, der die Götter immer jenseitiger macht, setzt sich in der Eisenzeit fort: man konnte Jahwe, konnte Baal bildlich darstellen (vgl. Abb. 19 und 23) – aber man tat es außerhalb des Hauskultes meistens nicht mehr. Man repräsentierte die Götter nicht mehr durch ihre Bilder, sondern durch ihre Symbole, den Himmelsgott etwa durch eine geflügelte Sonnenscheibe, unter Hiskija geradezu das »Wappen« Judas, den Mondgott durch eine Mondsichelstandarte, Aschera durch den »heiligen Baum«. Kann man hier schon von Monotheismus sprechen? Man kann es nicht, denn es blieb bewußt, wen die Symbole meinten. So konnte in einer Krisenzeit ein neuer Kult der Himmelskönigin aufkommen (Jer 7,18; 44,15-19).

Was »Monotheismus« eigentlich sei, ist keineswegs scharf definiert. Manche Anthropologen und Ethnologen sprechen von Monotheismus schon dann, wenn es einen »höchsten Gott« gibt, dem alle anderen Götter und Mächte untergeordnet sind. Dann wäre der Orient schon im 3. Jahrtausend v. Chr. monotheistisch gewesen. In der Tat ist die Frage, ab wann Jahwe Israels »höchster Gott« war, religionsgeschichtlich viel wichtiger als die Frage, ab wann Jahwe als einziger Gott gedacht wurde. Historisch sinnvoll sind zwei Ausprägungen des »Glaubens an einen einzigen Gott« zu unterscheiden: der inklusive Monotheismus, nach dem hinter der Vielfalt der tatsächlich von der eigenen Gemeinschaft wie von anderen verehrten Göttern ein allen Göttern gemeinsames, in allen Göttern repräsentiertes Göttliches steht; und der exklusive Monotheismus, wonach nur der eigene Gott der wahre wäre, alle anderen falsche Götter seien.

Der inklusive Monotheismus wurde in Ägypten spätestens am Ende des 2. Jahrtausends v. Chr. formuliert (vgl. 4.4), man kann argumentieren, daß er in der ägyptischen Bildungstradition schon seit einiger Zeit angelegt war. Wenn man die persische Staatsreligion monotheistisch nennen will – schwierig wegen des betonten Dualismus zwischen dem »guten« Ahuramazda und der Macht des Bösen, Ahriman –, wird man ihn dem inklusiven Monotheismus zuordnen müssen, da die Perser nicht nur nichts dagegenhatten, sondern es förderten, wenn ihre verschiedenen Untertanen den »höchsten Gott« unter ererbten, einheimischen Namen verehrten. Inklusiver Monotheismus fand seinen treffendsten Ausdruck in der Ringparabel Nathans des Weisen, er bildet zumindest implizit die Grundlage des heutigen interreligiösen Gesprächs unter den abrahamitischen Religionen. Man kann im impliziten Monotheismus den logischen Abschluß der altorientalischen Religionsgeschichte und des sich darin ausdrückenden Denk-Prozesses sehen. Was unterscheidet wirklich den ugaritischen El mit seinem himmlischen Hofstaat vom reich bevölkerten Himmel des mediterranen Christentums? Selbst bei Karl Barth muß Gott nicht auf die Gemeinschaft der Engel verzichten.

Der »exklusive Monotheismus« findet sich zuerst beim »Ketzerpharao« Echnaton, der im 14. Jh. mit mehr als einer ägyptischen Tradition brach und seinen persönlichen Schutzgott Atum, die Sonnenscheibe, zum alleinzuverehrenden Gott proklamierte. Man mag hier noch von »Henotheismus« reden, der Alleinverehrung eines Gottes bei theoretischer Anerkennung der Göttlichkeit der anderen, doch geht Echnaton in seiner Atum-Verherrlichung so weit, daß die Göttlichkeit seiner Mit-Götter durch aktives Verschweigen doch bestritten wird. Die Erscheinung des Henotheismus ist nicht auf Echnaton (oder Hosea) beschränkt: er war ein nicht häufiges, aber durchaus geläufiges Mittel der Krisenbewältigung. So läßt er sich auch bei Hosea verständlich machen: in einer Krise erwartet man durch besonders hingebungsvolle Verehrung eines Gottes dessen besonders wirksame Hilfe. Was es nicht gab, war gewohnheitsmäßiger Henotheismus bestimmter Personengruppen, etwa der öfters bemühten »Nomaden«. Wo genügend Belege vorliegen, erscheinen Nomaden im Alten Orient als genauso polytheistisch wie ihre seßhaften Zeitgenossen. Wieviele Götter jemand in der Grußformel seiner Briefe oder in seinen Graffiti nannte, hing weitgehend von dem Platz ab, den er zur Verfügung hatte und der Mühe, die er sich mit dem Schreiben machen wollte. Meistens nannte man nur einen Gott oder eine Göttin, seine persönliche Schutzgottheit oder seinen »höchsten Gott«; wieviele Götter im Familienschrein repräsentiert waren oder bei anderer Gelegenheit angerufen wurden, steht dahin. Es soll vorgekommen sein, daß ein Beter nacheinander in drei Tempeln zu drei Göttern sagt: »Du bist mein einziger Gott«, und in keinem Fall gelogen hat.

Von der Praxis des krisenbedingten Henotheismus läßt sich eine Brücke zum exklusiven Monotheismus schlagen, so wie ein Weg vom »höchsten Gott« zum inklusiven Monotheismus führt. Man hat Echnaton vorgeworfen, wegen seines religiösen Fanatismus das Regieren vergessen zu haben. Nun, die Staatskanzlei funktionierte, aus ihr stammen die »Amarna-Briefe« (vgl. 2.3.4). Vielleicht war die Einsicht, daß das Imperium mit den ihm zur Verfügung stehenden politischen, verwaltungstechnischen und militärischen Mitteln nicht zusammenzuhalten war, der Grund, daß sich Echnaton verzweiflungs- wie hoffnungsvoll seinem Gott Atum in die Arme warf. Der allmächtige Einzige Gott ist immer in Gefahr, zur Projektion menschlicher Allmachtsphantasien zu werden, eine Gefahr, der Götter, deren Macht durch andere Götter begrenzt wird, weniger ausgesetzt sind. Daß auch Machtinteressen bei der Ausprägung des biblischen Monotheismus eine Rolle spielten, ist nicht auszuschließen: der Streit zwischen Exulanten und Daheimgebliebenen darum, wer denn nun das »wahre« Israel sei, »richtig« an den »richtigen« Jahwe glaube und daher von Rechts wegen das Land besitze, war für die Exulanten jedenfalls dadurch leichter für sich zu entscheiden, daß sie ihren Gott zum Einzigen Gott proklamierten.

Auch der militante Monotheismus ist kein Spezifikum Israels. Zeitgleich mit der exilischen Jesaja-Schule entwickelte am anderen Ende des griechischen Mittelmeeres Xenophanes von Kolophon den philosophischen Monotheismus. Seine Polemiken, sein Spott über die Bilderverehrer stehen an Schärfe dem biblischen nicht nach. Religionssoziologisch ist der Monotheismus nicht in der Wüste zuhause und auch nicht in einer Großstadt wie Ninive oder Tyrus, Babylon oder Ugarit. Eher führt seine Spur in die Kleinstadt am Rande des Geschehens (Achet-Aton, Jerusalem, Elea), wo man die Komplexität der Welt wahrnehmen kann, ohne sie unbedingt zu genießen.

Festzuhalten bleibt, daß für den religiösen Menschen nicht Fragen der himmlischen Arithmetik, sondern die heilvolle Gegenwart je seiner Gottheit ausschlaggebend sind, daß die Gottesliebe immer nur ein Gegenüber haben kann, jedenfalls im gleichen Augenblick. Das wußten auch die Polytheisten des Alten Orients. Vielleicht ahnten sie noch mehr. Daß hinter allen Göttern eine Gottheit stehen soll, konnten auch die Römer akzeptieren, für die philosophisch Gebildeten unter ihnen war es selbstverständlich. Daß alle Götter bis auf den Gott der Christen falsche Götter sein sollten, konnten sie nicht nachvollziehen. Sie erhoben gegen das Christentum den Atheismus-Vorwurf, der schon dem Todesurteil gegen Sokrates zugrunde gelegen hatte, als hätten sie geahnt, daß der Bestreitung der Wirklichkeit der Götter die Bestreitung der Wirklichkeit des letzten Gottes eines Tages folgen müsse, daß aus dem Rückzug der Götter aus der Welt einmal ein leerer Himmel resultieren würde. Nicht daß der Mensch aufhören könnte, religiös zu sein: für den militanten Atheisten gibt es keinen Gott, aber er ist sein Prophet, unvergebbar wird die Sünde gegen den Geist der Partei.

4.8. Der Tod der Götter

Daß ein Gott tot sein kann, ist keine Entdeckung der jüngsten Vergangenheit. Im Gegensatz zur modernen »Gott-ist-tot«-Theologie wußten die Denker des Alten Orients allerdings, daß Götter ihren Tod überleben.

Aber sie sterben trotz ihrer Unsterblichkeit: sei es, daß Götter oder Göttinnen im Schöpfungsakt geschlachtet werden (RT B 6 IV 129-140; VI 31-40), um aus ihren Leibern Himmel und Erde, dann die Menschen zu formen, sei es, daß sie gewohnheitsmäßig sterben und wiederauferstehen, wie der Vegetationsgott Tammuz in Mesopotamien (seit dem 4. Jahrtausend v. Chr. nachzuweisen) oder der ugaritische Baal (RT E 12-17). In zumindest einer Version des Mythos besiegt Baal allerdings nicht aus eigener Kraft den Tod, sondern wird von seiner Schwester Anat gerettet (RT E 16) wie der von seinem Gegenspieler Seth zerstückelte und über ganz Ägypten verteilte Osiris. Riten aus dem Bereich des sterbenden und wiederauferstehenden Vegetationsgottes (phönizisch Adonis nach 'adôn = »Herr«) waren nach prophetischen Polemiken auch unter Israelitinnen üblich (Jes 17,10f; Ez 8,14).

Das AT ist das Werk konkurrierender Theologen und Politiker, nur in gelegentlichen Anspielungen kommt in ihm die gelebte Religion Israels vor. Eine der wichtigsten Funktionen von Religion ist es, den Menschen mit jenen Grundgegebenheiten seines Lebens zu versöhnen, in denen er seine Begrenztheit und Bedingtheit erfährt: Geburt, Liebe und Tod. Während das AT zum Thema Geburt sagt, was dem männlichen Interesse daran genügt, ist seine Behandlung des Themas »Heirat« bereits defizitär. Die israelitische Ehe ist ein zivilrechtlicher Vertrag, würde das AT die israelitische Religion vollständig beschreiben, wäre das alte Israel die einzige Kultur der Welt gewesen, in der eine Ehe ohne religiöse Rituale, ohne den Beistand der Götter abgeschlossen wurde. Die im AT enthaltenen Theologien versagen vor dem Tod vollends, sie grenzen Jahwe als »lebendigen Gott« vom regelmäßig sterbenden Baal-Adonis-Tammuz ab. Weil aber die Götter, die im Totenreich herrschten, in der monotheistischen Endgestalt des AT verschwiegen werden müssen, wird das Jenseits zum gottlosen Ort, zum schwarzen Loch. Damit kann man nicht leben und nicht sterben. Erst ganz spät kann Jahwe, der in seinen Anfängen *einer* der Götter war und daher *nicht* für alles zuständig, seine Macht auch in der Unterwelt entfalten (Ps 139,8).

Einiges läßt sich aus der Bestattungspraxis der Eisenzeit erschließen. Im Familiengrab vereinigt man sich im Tode mit seinen Vorfahren (Gen 25,8.17; 35,29; 49,33; Rut 1,17) – wenig scheint sich in der bäuerlichen Vorstellungswelt seit der Jungsteinzeit geändert zu haben (vgl. 4.1), abgesehen davon, daß die Gräber nicht mehr unter den Häusern liegen, sondern außerhalb der Siedlungen. Koh zitiert eine Auffassung, wonach die Seele des Menschen, im Gegensatz zur Seele des Viehs, nicht zur Unterwelt hinab, sondern nach oben hinauf steige (Koh 3,21), aber er teilt sie nicht. Im 7. Jh. v. Chr. brachten Judäer apotropäische (das »Böse« abwehrende) Bilder in Gräbern an, gespreizte Hände oder Löwen; aber nicht außen, um die Ruhe der Toten zu schützen, sondern innen, um die Toten von den Lebenden abzuhalten. Es gab eine Welt der Lebenden und eine Welt der Toten, zwischen denen beinahe Feindschaft herrschte.

Nicht von ungefähr fand das AT erst dann zu religiöser Rede über Liebe und Tod, als die liebenden und bisweilen sterbenden Götter des Alten Orients für den gläubigen Juden ebenso wie für den philosophisch gebildeten Griechen tot waren. Die bleibende Antwort auf die todesbedingte Absurdität der menschlichen Existenz gibt das Hld (8,3) – und setzt dabei bei seinen Lesern die Kenntnis des Tammuz-Baal-Adonis-Komplexes voraus:

> Wie der Tod gewaltig ist die Liebe,
> wie die Unterwelt brennt Leidenschaft.
> Wasserfluten löschen sie nicht aus...

Das erst im 3. Jh. v. Chr. abgeschloßene Hld ist keine zufällige Sammlung von Liebesliedern, sondern eine weisheitliche Abhandlung über die Liebe in allen ihren Aspekten unter Benutzung traditioneller wie hinzugedichteter Lyrik. Es ist kein Kultdrama, das die »heilige Hochzeit« zwischen Himmel und Erde bzw. deren rituellen Nachvollzug durch König und Priesterin besingt, obwohl die Vorstellung einer hochzeitlichen Heiligkeit in ihm durchaus präsent ist – als »sympathetischer Zauber«, der im Frühjahr die Liebenden aufs Feld zieht, damit sie den Pflanzen vormachen können, was jetzt zu tun ist (Hld 2,10-13). Solche Bräuche, letztlich jungsteinzeitliche Relikte, waren auch im alten Israel bekannt und wurden ohne schlechtes Gewissen praktiziert, bis Hosea und seine Nachfolger sie als »Götzendienst« denunzierten. Aber der Brauch ist im Hld lyrisch geworden, subjektiv, er steht nicht mehr im Dienst von Göttern, deren Namen man gerade vergaß, sondern er dient zur Umschreibung der Liebe und ihrer Macht. Im ganzen Hld sind die Liebenden »theomorph« verfremdet (oder: vereigentlicht), verkleiden sie sich als Götter so, wie sie sich auch als König und Königin oder Hirtin und Hirte ausgeben. Bei der Beschreibung des Geliebten in 5,14-15 hat ein Götterbild Pate gestanden, bei der Aufforderung 4,8 gar die »Herrin der Tiere«:

> Zu mir, Braut, vom Libanon,
> zu mir vom Libanon komm:
> steig vom Gipfel des Amanus
> von Hermon und Senir, und von
> den Löwenklüften
> den Panthertriften.

Denn auf dem Libanon, dem Senir und dem Hermon wohnten Götter, nicht Menschen (vgl. 4.4). Löwen und Panther waren schon in Ugarit Begleiter der Göttin Aschera-Anat und werden es noch lange bleiben. Auch der Geliebte – »Siehe, da kommt er, hüpft über Berge, springt über Hügel« (Hld 2,8) – kommt nicht wie ein Mensch zu seiner Freundin, sondern wie Baal zu Anat, oder auch Jahwe zur Schlacht (Ri 5,4f). Das Hld beschreibt die Liebe als »theomorphe Steigerung des Menschlichen« (H.-P.Müller), es kann das Vorstellungsinventar, das mit den Göttern verbunden gewesen war, zum Ausdruck menschlicher Grunderfahrung heranziehen, die an das Unsagbare stößt. Das Hld vermag die Prädikationen der Götter auf Menschen zu übertragen, weil es die Götter nicht mehr gibt. Und doch ist es kein Spiel mit Worthülsen, sondern tiefer Ernst. Auch als Tote leben die Götter in der Sprache der Dichtung fort, die nicht aufhören kann, sie zu beschwören.

Das hieße, daß in der Spätzeit des Alten Orients, in der Spätzeit des AT ein spielerischer Umgang mit den Göttern möglich geworden ist, weil man schon weiß, daß sie eigentlich nicht mehr gelten, aber noch weiß, was man an der Sprache hat, die sie besang. In der Spätzeit der Antike wird Sallustius, Freund des Kaisers Julian, gegen das unaufhaltsam vordringende Christentum noch einmal die Wahrheit der Geschichten von den alten Götter verteidigen: »Das alles ist niemals geschehen, aber es bleibt für immer wahr«. Die Dichtung des Hld legt die Vermutung nahe, daß der Alte Orient an seinem Ausgang ein Bewußtsein vom Mythos, aber auch von der spezifischen Wahrheit des Mythos hatte, das die Versuche neuzeitlicher Entmythologisierer hinter sich läßt. Bei allem Widerspruch zu altorientalischen theologischen Aussagen tritt das AT selten seiner Umwelt räsonnierend gegenüber, es tritt aus seiner Welt nicht heraus, sondern erzählt eine Geschichte weiter, die lange vor dem ersten Israeliten begonnen hatte. Ganz im Einklang mit den Möglichkeiten des Alten Orients, von den Göttern zu reden: triumphalistisch und verzweifelnd, klagend und anklagend, ernsthaft und spaßhaft – bezeugt auch die im AT gesammelte Theologie den einen Grundton aller Versuche, von Gott zu reden: die Sehnsucht des Menschen nach Gott, nicht zu stillen, es sei denn durch einen Gott.

Abkürzungsverzeichnis

Auf nicht-biblische Texte wurde nach folgenden Sammlungen und Übersetzungen mit folgenden Siglen verwiesen:

Her. = Herodot: Historien, übers. von *A.Hornefer*, ed. *H.W.Haussig*. Kröners Taschenausgabe Bd. 224. Stuttgart [4]1971.

Il. = *H.Rupé*, Homer: Ilias. Griechisch und deutsch. München 1961.

Gilg. = *A.Schott – W.v.Soden*, Das Gilgamesch-Epos. Reclams Universal-Bibliothek 7235/35a. Stuttgart 1958/1974/1988

Od. = *A.Heubeck – A.Weiher*, Homer: Odyssee. Griechisch und deutsch. München [4]1974.

RT = *W.Beyerlin* ed., Religionsgeschichtliches Textbuch zum Alten Testament. ATD.E 1. Göttingen [2]1985.

TGI = *K.Galling* ed., Textbuch zur Geschichte Israels. Tübingen [2]1968; [3]1979.

TUAT = *O.Kaiser* ed., Texte aus der Umwelt des Alten Testaments. Gütersloh 1982ff

Literatur

Zu allen Stichwörtern, die im Text genannt werden, wie zu jenen, die man hier vermissen mag, finden sich weiterführende Artikel und Literaturangaben bei
M.Görg – B.Lang ed., Neues Bibel-Lexikon. Zürich 1988ff.

Wer mehr wissen will und vor Fachchinesisch nicht zurückschreckt, wird in größeren Bibliotheken mit Gewinn konsultieren
The Anchor Bible Dictionary, ed. *D.N.Freedman*. 6 Bde. New York 1992.
Lexikon der Ägyptologie, ed. *W.Helck* und *W.Westendorf*. 6 Bde. Wiesbaden 1975-1986.
Real-Lexikon der Assyriologie und vorderasiatischen Archäologie, begründet von *E.Ebeling* und *B.Meissner*, ed. *D.O.Edzard*. Berlin(-Leipzig) 1932ff.

Kurzinformationen zur griechisch-römischen Antike:
Der Kleine Pauly. Lexikon der Antike. Ed. *K.Ziegler* und *W.Sontheimer*. 5 Bde. München 1975 (Taschenbuchausgabe 1979)

Zum Mittelmeer als Gravitationszentrum der Geschichte des Alten Orients und Europas bis ins 17. Jh. n.Chr.:
F.Braudel, La Méditerranée et le monde méditerranéen à l'époque de Philippe II. Paris 1949 (zweibändige englische und dreibändige französische Taschenbuchausgaben; eine unerschwingliche deutsche Übersetzung erschien 1991).

Zum »zweiten mediterranen Weltwirtschaftssystem« als Rahmen der biblischen Geschichte:
Robert B. und *Mary P. Coote*, Power, Politics, and the Making of the Bible. An Introduction. Minneapolis 1990.

Zum Verhältnis von Geschichte, Geschichtsforschung und Geschichtsschreibung:
D.Edelman ed., The Fabric of History. Text, Artefact and Israel's Past. JSOT Suppl. 127. Sheffield 1991.

Zur Einführung in die Kulturgeographie:
J.Wagstaff, The Evolution of Middle Eastern Landscapes. An Outline to A.D. 1840. London 1985.

Die archäologischen Funde in Palästina faßt bis 1985 zusammen
H.Weippert, Palästina in vorhellenistischer Zeit. Handbuch der Archäologie: Vorderasien II 1. München 1988.

Die Beziehungen zwischen Städtern Bauern und Nomaden behandeln
H.M.Niemann, Herrschaft, Königtum und Staat. Skizzen zur soziokulturellen Entwicklung im monarchischen Israel. FAT 6. Tübingen 1993.
Th.Staubli, Das Image der Nomaden im Alten Israel und in der Ikonographie seiner seßhaften Nachbarn. OBO 107. Freiburg/Schweiz und Göttingen 1991.

Von der Steinzeit zum frühen Staat führt
H.J.Nissen, Grundzüge einer Geschichte der Frühzeit des Vorderen Orients. Darmstadt [2]1990

Die wichtigsten Texte zur Geschichte Palästinas vor der Entstehung Israels stammen aus Ägypten:
W.Helck, Die Beziehungen Ägyptens zu Vorderasien im 3. und 2. Jahrtausend v.Chr. Wiesbaden [2]1971.
W.L.Moran, Les lettres d'el-Amarna. Correspondence diplomatique du pharaon. Littératures anciennes du Proche Orient 13. Paris 1987

Zu Israels Nachbarn im 1. Jahrtausend v. Chr.:
E.Lipiński ed., Phoenicia and the Bible. Studia Phoenicia XI. Leuven 1991.

274

U.Hübner, Die Ammoniter. Untersuchungen zur Geschichte, Kultur und Religion eines transjordanischen Volkes im 1. Jahrtausend v. Chr. ADPV 16. Wiesbaden 1992.

P.Bienkowski ed., Early Edom and Moab: The Beginning of the Iron Age in Southern Jordan. Sheffield Archaeological Monographs 7. Sheffield 1992.

Den assyrischen Imperialismus und eine biblische Reaktion darauf stellt exemplarisch dar:
C.Uehlinger, Weltreich und »eine Rede«. Eine neue Deutung der sogenannten Turmbauerzählung (Gen 11,1-9). OBO 101. Freiburg/Schweiz und Göttingen 1990.

Zu Verwaltungspraxis und Staatsideologie der Achaemeniden:
P.Frei – K.Koch, Reichsidee und Reichsorganisation im Perserreich. OBO 55. Freiburg/Schweiz und Göttingen 1984.

Zur Einführung in die hellenistische Welt und ihre Randgebiete:
M.Hengel, Juden, Griechen und Barbaren. Aspekte der Hellenisierung des Judentums in vorchristlicher Zeit. Stuttgart 1976.
M.Lindner, Petra und das Königreich der Nabatäer. München [5]1989.

Die beste Einführung in Theorie und Praxis der vergleichenden semitischen Sprachwissenschaft, aber auf hohem Niveau:
R.M.Voigt, Die infirmen Verbaltypen des Arabischen und das Biradikalismus-Problem. Akademie der Wissenschaften und der Literatur, Mainz: Veröffentlichungen der Orientalischen Kommission, Bd. XXXIX, Stuttgart 1988.

Ein beachtlicher Versuch zur Koordination von Sprachgeschichte und Archäologie anhand der indoeuropäischen Sprachen sowie zur Theorie antiker Migrationen:
C.Renfrew, Archaeology and Language. The Puzzle of Indo-European Origins. London 1987.

Zu den sozio-ökonomischen Voraussetzungen einer Literaturproduktion:
D. W. Jamieson-Drake, Scribes and Schools in Monarchic Judah. A Socio-Archeological Approach. SJOT.S 109 = SWBA 9. Sheffield 1991.

Zum Verhältnis von Polytheismus und philosophischem Monotheismus am Beispiel der ägyptischen Religion:
E.Hornung, Der Eine und die Vielen. Darmstadt 1971 ([4]1990).

Zur Anwesenheit der Götter in Bildern und Tempeln:
A.Berlejung, Die Theologie der Bilder. Das Kultbild in Mesopotamien und die alttestamentliche Bilderpolemik. Diss. theol. Heidelberg 1994.

Die religionsgeschichtliche Entwicklung in Palästina/Israel vom 2. bis zur Mitte des 1. Jahrtausends v. Chr. dokumentieren

O.Keel-C.Uehlinger, Göttinnen, Götter und Gottessymbole. Neue Erkenntnisse zur Religionsgeschichte Kanaans und Israels aufgrund bislang unerschlossener ikonographischer Quellen. Quaestiones disputatae 134. Freiburg-Basel-Wien 1992.

Zum Problem des »höchsten Gottes«:

H.Niehr, Der höchste Gott. Alttestamentlicher JHWH-Glaube im Kontext syrisch-kanaanäischer Religion des 1. Jahrtausends v. Chr. BZAW 190. Berlin 1990.

Index

2. Namen und Sachen